O MAIOR DIA DA HISTÓRIA

O MAIOR DIA DA HISTÓRIA

Como a Primeira Guerra Mundial realmente terminou

Nicholas Best

Tradução: Patricia de Queiroz Zimbres

© Nicholas Best 2008

Título original: The Greatest Day in History
First published by Weidenfeld & Nicolson, London

Tradução: Patricia de Queiroz Zimbres
Revisão da tradução: Vivian Mannheimer
Revisão: Cecília Madarás
Projeto gráfico e diagramação: Acqua Estúdio Gráfico
Capa: Miriam Lerner

CIP-BRASIL. CATALOGAÇÃO-NA-FONTE
SINDICATO NACIONAL DOS EDITORES DE LIVROS, RJ.

B465m

Best, Nicholas, 1948
O maior dia da história : como a primeira guerra mundial realmente terminou /
Nicholas Best ; [tradução Patricia de Queiroz Zimbres]. — São Paulo : Paz e
Terra, 2009.
: il.

Tradução de: The greatest day in history
Inclui bibliografia
ISBN 978-85-7753-093-9

1. Guerra Mundial, 1914-1918 – Armistício. 2. Dia do Armistício. I. Título.

09-0490.   CDD: 940.439
                                  CDU: 940(100)"1914-1918"
                                                    010858

EDITORA PAZ E TERRA S/A
Rua do Triunfo, 177
Santa Ifigênia, São Paulo, SP — CEP 01212-010
Tel.: (011) 3337-8399
E-mail:vendas@pazeterra.com.br
Home page: www.pazeterra.com.br
2009
Impresso no *Brasil / Printed in Brazil*

Para meus dois avós
que lutaram na Frente Ocidental,
e para minha avó,
cujos irmãos ainda estão lá, em algum lugar.

SUMÁRIO

Lista de fotografias   12

Agradecimentos   15

Capítulo 1: Segunda-feira, 4 de novembro de 1918   19

Os neozelandeses capturam Le Quesnoy; Wilfred Owen é morto;
um californiano na RAF; Herbert Sulzbach da artilharia alemã;
general Ludendorff sofre um colapso nervoso; general Gröner
é convocado para ir a Berlim; rebelião em Kiel; o kaiser sofre
um ataque na Bélgica; Lloyd George em Paris; general Pershing
se opõe ao Armistício; soldado Graham segue com o ataque.

Capítulo 2: Terça-feira, 5 de novembro de 1918   41

General Rawlinson faz 10 mil prisioneiros; soldado Hulme percebe o
medo das mulheres; Harry Truman colhe flores; uma bala fura
a manga de Douglas MacArthur; capitão De Gaulle num campo de
prisioneiros; general Gröner ajuda a monarquia; príncipe Heinrich
foge para se salvar; Hindenburg considera a morte do kaiser;
Sulzbach bombardeia um vilarejo francês; A Guarda Escocesa
captura Bemeries; capitão Glubb vê um alemão morto; presidente
Wilson comemora as notícias da Europa.

Capítulo 3: Quarta-feira, 6 de novembro de 1918 58

Príncipe Max negocia um Armistício; rebelião em Wilhelmshaven; bolcheviques atrás das linhas alemãs; franceses assistem aos alemães partirem; mulheres famintas destroçam uma mula; Flora Sandes luta pela Sérvia; general Von Lettow-Vorbeck invade a Rodésia; presidente Wilson perde a eleição; Matthias Erzberger aceita uma tarefa difícil; a comissão do Armistício deixa Berlim.

Capítulo 4: Quinta-feira, 7 de novembro de 1918 75

Hindenburg envia uma mensagem a Foch; a comissão do Armistício chega a Spa; brigadeiro MacArthur é capturado como espião; Teilhard de Chardin marcha rumo à Alsácia; capitão Hitchcock aproxima-se de Scheldt; rebelados de Wilhelmshaven conseguem armas; Konrad Adenauer quer matar os bolcheviques; o rei da Baviera foge; Roy Howard consegue um furo jornalístico; os Estados Unidos celebram prematuramente; Darryl Zanuck não consegue entrar em ação; J.B. Priestley captura um adolescente alemão; Fen Noakes duvida da notícia; a comissão do Armistício cruza as linhas francesas.

Capítulo 5: Sexta-feira, 8 de novembro de 1918 99

Os alemães são levados a Compiègne; os termos do Armistício são explicados; soldados alemães temem serem castrados; dois Leinsters são mortos por fogo amigo; Lord Curzon em Lille; Cecil Cox dá biscoitos a um oficial inimigo; Ludwig Wittgenstein está de luto por um amigo britânico; Thomas Mann teme a revolução em Munique; um inglês em Bayreuth; príncipe Max quer a renúncia do kaiser; o kaiser resiste; príncipe Max está inflexível; princesa Blüncher em Berlim; Richard Strauss no Opera House; capitão Von Helldorf impossibilitado de cruzar para o lado alemão; general Gröner em Spa.

Capítulo 6: Sábado, 9 de novembro de 1918 124

Hindenburg se convence; o kaiser recebe notícias de casa; revolução em Berlim; almirante Wemyss visita as ruínas de Soissons; HMS

O MAIOR DIA DA HISTÓRIA **9**

Britannia é atingido por torpedos no cabo Trafalgar; iroquês
canadense recebe a Cruz Militar; um oficial americano tranquiliza
uma camareira; o kaiser propõe uma abdicação parcial; príncipe Max
toma uma decisão; o kaiser traça um plano; princesa Blücher assiste
à revolução; Philipp Scheidemann proclama a república; Karl
Liebknecht faz o mesmo; o kaiser pensa em suicídio; Lloyd George
está exultante; princesa Blücher tenta dormir; Ludendorff compra
uma barba postiça; Marlene Dietrich repudia o motim; Kurt Weil
deleita-se com a agitação; general Gröner analisa os termos do
Armistício; o kaiser concorda em abdicar; Vladimir Lenin delicia-se
com as notícias de Berlim.

Capítulo 7: Domingo, 10 de novembro de 1918 152

Princesa Blücher vê os combates; o kaiser parte às escondidas;
a comissão do Armistício descobre onde ele está; os Leinsters se
aproximam de Fontenoy; príncipe de Gales acompanha a guerra
perto de Mons; Howard Vincent O'Brien passa por Zeebrugge; Harry
Truman declara seu ódio pelos alemães; num campo de prisioneiros,
George Coles ouve o barulho de canhões; princesa Blücher foge;
a proclamação da república é comemorada em Wilhelmshaven;
Hindenburg manda uma mensagem para o exército; cabo Hitler
chora; Maude Onions toca órgão; Foch exige uma resposta;
o chanceler responde; o kaiser pede asilo; presidente Wilson
decodifica mensagens; os alemães desejam conversar.

Capítulo 8: Segunda-feira, 11 de novembro de 1918, primeiras horas da manhã . . . 181

O Armistício é assinado; os conflitos continuam; os canadenses
tomam Mons; atrocidades perto de Valenciennes; soldados alemães
são violentados; a RAF desiste dos combates; capitão Glubb já sente
falta da guerra; Herbert Sulzbach desaprova a rendição; o kaiser é
vaiado na Holanda; Harry Truman se desfaz de toda a munição;
George Coles num campo de prisioneiros; mulher australiana em
Leipzig; Erich Maria Remarque se exibe num uniforme; Henry
Asquith vai a um funeral; presidente Wilson fica sabendo da notícia;

americanos são mortos enquanto avançam; generais se recusam a cancelar ataque; os britânicos em Mons; Ernst Kielmayer anseia voltar para casa; Georg Bucher é atingido por um ataque a gás; a guerra continua até o último segundo.

Capítulo 9: Segunda-feira, 11 de novembro de 1918, 11 horas da manhã........ 210

Um bôer fica sabendo da notícia; os granadeiros ainda tinham contas a acertar; paz em Malplaquet; euforia nas redondezas; os Leinsters sequer saudaram; lanceiros são atacados faltando dois minutos para as 11; o último homem a morrer; soldados americanos ainda não sabiam do acordo; Eddie Rickenbacker assiste do céu; Georg Bucher desconfia dos americanos; Octave Delaluque toca corneta; atirador alemão saúda os sul-africanos; general Pershing bebe de um capacete alemão; Paris vira uma festa; HMS *Amazon* ainda não sabe; Dickie Dixon dá um susto na mãe; a multidão toma o Palácio de Buckingham; Winston Churchill assiste à agitação; Vera Brittain está triste demais para comemorar; Olive Wells é dispensado dos deveres de casa; Virginia Woolf se emociona; Bertrand Russel assiste maravilhado; Agatha Christie se recusa a dançar; um prisioneiro austríaco teme outra guerra; sinos tocam em Southwold; não é possível tomar chá em Liverpool; Yankees marcham por Southampton; alunos de Eton celebram em Windsor; pacifistas são atacados em Cambridge; a viúva de Napoleão III se alegra; o mundo inteiro comemora.

Capítulo 10: Segunda-feira, 11 de novembro, tarde...................... 245

Silêncio arrebatador na Frente Ocidental; Douglas Haig em Cambrai; alemães saqueiam Bruxelas; fome em Berlim; Clemenceau em Paris; Dwight Eisenhower não consegue lutar na guerra; um oficial britânico nos Estados Unidos; um grupo tenta linchamento; presidente Wilson fala ao Congresso; Chaim Weizmann no número 10; rei George circula pelas ruas; os Owen recebem um telegrama; um espião alemão em Liverpool; Eamon de Valera numa cadeia de Lincoln; Lord French em Dublin; Aliados estupram em Boulogne;

o imperador austríaco deixa o palácio; Lady Susan Townley ataca o kaiser.

Capítulo 11: Segunda-feira, 11 de novembro de 1918, noite 278

Um espião britânico na Holanda; um prisioneiro de guerra conhece o kaiser; prisioneiros britânicos alimentam crianças alemãs; moça alemã se encanta com o soldado Bickerton; enfermeiras britânicas na Sérvia; celebração no Egito; alegria na Palestina; na Índia, comemoração no refeitório; Mahatma Gandhi pensou em se apresentar como voluntário; animação na Austrália; bôeres raivosos nas ruas da Cidade do Cabo; Manhattan se ilumina; Martin Niemöller ergue o periscópio; Ernest Hemingway conta os ferimentos; silêncio incomum na Bélgica; pandemônio na França; gaitas-de-foles são tocadas em Rouen; *quakers* da Pensilvânia em Troyes; gripe em Lille; pais inconsoláveis em Wimereux; André Maurois recebe uma homenagem; Maurice Chevalier canta em Paris; o kaiser se senta para jantar; os marinheiros da Grande Frota bebem; Winston Churchill janta no número 10; rei George recebe cumprimentos; amargura no Ritz; Siegfried Sasson briga; Maynard Keynes teme as consequências econômicas; Noël Coward tem uma noite emocionante; crianças bombardeadas se assustam com os fogos de artifícios; presidente Wilson participa de um baile; Harry Truman não consegue dormir; Adolf Hitler decide entrar para a política.

Bibliografia 313
Índice remissivo 317

LISTA DE FOTOGRAFIAS

Os alemães já avistavam a Torre Eiffel quando sua ofensiva final fracassou. (Mary Evans Picture Library, Londres)

Atirador alemão, morto em Villers Devy Dun Sassey, em 4 de novembro de 1918. (Corbis)

Capitão Charles de Gaulle (1890-1970), c.1915-16, por Paul Darby. (Bridgeman Art Library/Archives de Gaulle, Paris)

Harry Truman. (Getty Images)

Sargento-major Flora Sandes, filha de um clérigo britânico, servindo na infantaria sérvia. (TopFoto/Keystone)

Herbert Sulzbach. (Weidenfeld Archive)

Depois de uma rápida ceia em Homblières, os delegados alemães do Armistício voltam a seu carro para a viagem de volta a Compiègne. (Imperial War Museum, Londres)

Mathias Erzberger, chefe da delegação alemã. (Getty Images)

Príncipe Max von Baden, chanceler da Alemanha por apenas algumas semanas. (AKG-Images, Londres/Latinstock)

General Wilhelm Gröner. (Getty Images)

Philipp Scheidemann à janela da chancelaria em Berlim. (AKG-Images, Londres/Keystone)

Vista do topo do Portão de Brandemburgo, em Berlim, durante a revolução. (AKG-Images, Londres/Keystone)

Princesa Blücher. (Weidenfeld Archive)

Soldados no Portão de Brandemburgo. (AKG-Images, Londres/Keystone)

Cabo Teilhard de Chardin. (Editions Grasset)

Ludwig Wittgenstein. (Getty Images)

Segundo-tenente George Coles. (Imperial War Museum, Londres)

O kaiser espera a chegada de seu trem em Eisden, 10 de novembro. (Acervo da Ullstein Bild/Keystone)

Lady Susan Townley, mulher do embaixador britânico em Haia. (National Portrait Gallery, Londres)

O marechal Foch assina o Armistício em nome da França, pouco depois das cinco da manhã, em 11 de novembro. (TopFoto/Keystone)

Os canadenses descansam na praça principal de Mons, na manhã do Armistício. (National Archives of Canada)

A Guarda Irlandesa em Mauberge, cinco minutos antes do Armistício. (Getty Images)

Patricia Carver. (Coleção particular)

Multidão no Palácio de Buckingham, na manhã do Armistício. (Getty Images)

Multidão na Casa Branca, 1918. (Getty Images)

Jornalista Roy Howard. (Getty Images/Time & Life Pictures)

Australianos no Martin Place, em Sydney, no dia do Armistício. (Australian War Memorial)

Tropas americanas dançam nas ruas de Paris no dia do Armistício. (Bridgeman Art Library/Archives Larrousse, Paris/Giraudon)

Henry Gunther, oficialmente o último soldado americano a morrer na guerra. (Baltimore Sun)

Piloto americano Eddie Rickenbacker. (Getty Images)

Bogart Rogers. (Weidenfeld Archive)

Ernest Hemingway de uniforme. (Weidenfeld Archive)

Agatha Christie. (Getty Images/Illustrated London News)

John Maynard Keynes (1883-1946). (coleção particular / Roger-Viollet, Paris / Bridgeman Art Library)

Mahatma Ghandi. (Getty Images)

T. E. Lawrence. (Imperial War Museum)

Marlene Dietrich e Erich Maria Remarque. (Getty Images)

André Maurois. (Getty Images)

A vedete francesa Mistinguett (1875-1956)e Maurice Chevalier (1888-1972). (Bridgeman Art Library/ Bibliothèque de L'Arsenal, Paris)

O chanceler Friedrich Ebert cumprimenta as tropas "invictas" no Portão de Brandemburgo, em 10 de dezembro. (AKG-Images, Londres/Latinstock)

AGRADECIMENTOS

Agradeço às seguintes permissões de usar citações de documentos do Imperial War Museum: Mary Coles (G.T. Coles 03/58/1), Jeanne Davies (W.W. Johnstone Wilson 97/5/1), M.R.D. Foot (R.C. Foot 86/57/1), Cynthia Ford (H.M. Wilson 04/1/1), D.A. Hamilton (A.S. Hamilton 93/31/1), espólio de H. W. House (H.W. House 88/56/1), P.M. McGrigor (A.M. McGrigor P399), Diana Stockford (H.C. Rees, 77/179/1), Estelle Wells (Ernest Cooper P121), Miss E. Wells (Olive Wells 91/5/1) e a Richard Davies, da Biblioteca Brotherton, da Universidade de Leeds, pela permissão de citar a carta de S.C. Marriot, de 11 de novembro de 1918, da Coleção Liddle.

Agradeço também às seguintes permissões de citar trabalhos publicados: Juliet Nicolson (*Peacemaking*, de Harold Nicolson, Constable, 1933), University Press of Kansas (*A Yankee Ace in the RAF*, de Bogart Rogers, UPK, 1996), Random House (*The Question of Things Happening: Letters of Virginia Woolf*, Hogarth Press, 1976), Oxford University Press (*Journey from Obscurity*, de Harold Owen, OUP, 1965) e Decie Denholm (*Behind the Lines*, de Ethel Cooper, Collins, 1982).

Os demais detentores de direitos autorais foram difíceis de encontrar. Eles poderão entrar em contato comigo, se assim o desejarem.

Agradeço também a Jane Wilson, Robin Boyd e à equipe do departamento de documentação do Imperial War Museum, e a Pamela Clark, do Royal Archives.

"A maior notícia da história do jornalismo,
e talvez da história da humanidade. Uma notícia que
duzentos milhões de pessoas – o mundo inteiro –
aguardavam prendendo a respiração. Uma notícia que,
para dezenas de milhões, queria dizer que
seus filhos, seus maridos e seus namorados
voltariam para casa vivos e ilesos...
Em nenhuma ocasião, anterior ou posterior, uma notícia
significou tanto para tantas pessoas. O Armistício!"

Webb Miller, *United Press*

"O maior dia da história"

London Daily Express

1
Segunda-feira,
4 de novembro de 1918

Os neozelandeses estavam arrasando. Já havia semanas que vinham perseguindo os alemães através da França, forçando-os a recuar ininterruptamente em direção à fronteira com a Bélgica. À sua frente, agora, estava a velha cidadela de Le Quesnoy, atravessada pela estrada que levava à fronteira mais além. Um empurrão final, e o exército alemão estaria fora da França.

Le Quesnoy erguia-se num ponto alto, em meio a um terreno anguloso. Há oitocentos anos ela servia como fortaleza, suas grossas muralhas há muito eram familiares aos ingleses, que lá sentiram pela primeira vez o gosto dos tiros de canhão, em 1346. Mais tarde, no século XVII, as muralhas foram fortificadas pelo marechal Vauban, que restaurou os parapeitos para suportar um longo cerco. Agora, elas se erguiam a 18 metros de altura, cobertas por plataformas de canhões e fortemente defendidas pela guarnição alemã que ocupava a cidade.

Os neozelandeses irromperam bem cedo da névoa da manhã, numa segunda-feira, dia 4 de novembro de 1918. Primeiro, passaram pela cidade, limpando os campos de soldados alemães das redondezas antes de se concentrarem na cidadela. Para a artilharia moderna, ela era um alvo fácil. Os neozelandeses, se quisessem, poderiam tê-la reduzido a escombros em pouquíssimo tempo. Mas havia 5 mil civis franceses em Le Quesnoy, além da guarnição alemã. Os neozelandeses preferiam não usar a artilharia, se fosse possível poupá-la.

Em vez disso, alguns prisioneiros foram despachados para a cidadela com a missão de explicar aos alemães que sua situação era desesperadora.

Os alemães não tinham dúvidas quanto a isso, mas o comandante da guarnição relutava em se render sem combate. Quando os prisioneiros não retornaram, uma mensagem foi jogada de avião, insistindo que o comandante se entregasse e prometendo que seus homens seriam tratados de forma honrada se içassem a bandeira branca. Quando o comandante, mesmo assim, se recusou a negociar, os neozelandeses decidiram capturar Le Quesnoy à moda antiga, atacando a fortaleza e escalando as muralhas com escadas móveis.

Antes de mais nada, eles expulsaram os soldados alemães dos muros, destruindo a barreira armada no parapeito exterior enquanto o pelotão de assalto avançava protegido por uma cortina de fumaça. Após uma breve e encarniçada luta, os neozelandeses conseguiram atravessar a muralha externa, forçando caminho pelo fosso. Enquanto rodeavam o parapeito interno à procura de uma maneira de escalar o muro, granadas alemãs jogadas do alto choviam sobre eles. A única rota viável era por uma ponte que cruzava o fosso. Eles calcularam que uma escada de nove metros colocada sobre a ponte seria suficiente para alcançar a muralha interna que cercava a cidade.

Enquanto metralhadoras Lewis disparavam em direção ao parapeito para manter baixas as cabeças alemãs, um destacamento do 4° batalhão neozelandês avançou carregando uma escada. De olho nas granadas, eles conseguiram, de maneira precária, erguer a escada contra o muro. Fez-se um silêncio sinistro quando o tenente Leslie Averill começou a subida. O único som que ele conseguia ouvir era o borbulhar da água no fosso. Ao atingir o declive gramado no topo do muro, deparou-se com dois alemães assustados, que fugiram imediatamente.

Averill disparou contra eles e, arrastando-se, escorregou pelo declive e entrou na cidade, seguido de perto pelo segundo-tenente H. W. Kerr e pelo restante do batalhão. Em poucos minutos, haviam conquistado um ponto de apoio em Le Quesnoy e perseguiram os alemães pelas ruas, estimulados pela população da cidade, que aplaudia loucamente das janelas.

Enquanto o quarto batalhão escalava as muralhas, o 2º e o 3º Batalhões neozelandeses atacavam do outro lado da cidade. O soldado James Nimmo e dois outros foram mandados na frente para saber o que havia aconte-

O MAIOR DIA DA HISTÓRIA **21**

cido a uma patrulha de reconhecimento que desaparecera. Cautelosamente, eles se aproximaram das muralhas, mas, ao rodeá-las para chegar ao portão, não viram os soldados alemães. Porém, os alemães ainda estavam lá, como Nimmo recordou numa carta à sua família:

> Como ainda estou vivo para escrever esta carta hoje, não sei. No mínimo, eu deveria estar tão ferido que eles teriam de me mandar de volta para Blighty.* Entramos na cidade e fomos simplesmente cercados por uma multidão de civis. Rindo, chorando e quase loucos de alegria. Demorou uns dez minutos para que conseguíssemos nos livrar deles. Então, dois de nós procuraram por toda a parte em volta do portão, mas não encontramos nenhum *jerry.* * Descobrimos então, com a ajuda de uma ou duas palavras que sabíamos de francês e da língua de sinais, que um dos nossos rapazes estava ferido, mais adiante naquela mesma rua. Os civis achavam que não havia nenhum *jerry* por ali, então decidimos ir buscá-lo.

Os franceses ofereceram comida e bebida aos neozelandeses antes de eles partirem. Nimmo pegou uma panqueca para comer no caminho, enquanto um civil os levava até o ferido:

> Eu só tinha dado uma dentada quando os alemães começaram a atirar de uma distância de uns 45 metros, naquela mesma rua. O civil levou um tiro na mão. Um dos meus camaradas levou um na perna e outro no braço. Não havia abrigo, nem nada a fazer, a não ser correr. Uns bons noventa metros. Eu podia ver as balas ricocheteando nas pedras do calçamento à nossa frente, e estilhaços de tijolo nos atingiam vindos de trás, mas nenhum de nós saiu ferido. Na metade do caminho, vi uma porta e, no mesmo instante, decidi entrar. Me joguei contra ela com tanta pressa, que fui atirado para trás, como uma bola quicando. Da segunda vez, fui com mais calma, e consegui uns minutos para tomar fôlego. Então, tentei de novo, e alguém abriu a porta assim que eu apareci e me ajudou no trecho final do caminho. O coitado de um

---

* Termo de gíria para a Grã-Bretanha, usado principalmente pelas tropas servindo no exterior. (N.T.)
* Gíria britânica para alemão, principalmente para soldados alemães. (N.T.)

cachorrinho correu atrás de nós, latindo feito louco, e teve uma perna arrancada por uma bala.

Mas o combate não durou muito. A guarnição logo se rendeu, sabendo-se derrotada. Ao cair da noite, a cidade, enfim, estava livre dos alemães, e quase mil deles marcharam mansamente para fora dos portões como prisioneiros de guerra. O soldado Nimmo não gostou muito de vê-los partir, porque ele não tinha tido a chance de coletar lembrancinhas antes de os alemães irem embora. O que os neozelandeses gostavam mais era de relógios de pulso, embora revólveres e binóculos também fossem úteis ou, em caso de emergência, até mesmo uma Cruz de Ferro. Até pornografia servia, se não houvesse nada melhor. Os alemães sempre tinham boa pornografia.

No entanto, ainda havia muito a ser tirado deles. Os alemães estavam se rendendo aos milhares agora e não mais às centenas. Naquela manhã de segunda-feira, o exército britânico havia atacado numa frente de 54 quilômetros, forçando um avanço impetuoso de Valenciennes até o rio Sambres. Homens, tanques e artilharia estavam em ação desde bem antes do amanhecer. O exército francês avançava também, assim como os americanos, em Argonne. Em todas as frentes, os alemães recuavam, ou numa debandada caótica ou correndo pelos campos com as mãos ao alto, com a intenção de se render enquanto podiam.

Alguns ainda lutavam, aferrando-se tenazmente às trincheiras, mas a maioria já não tinha mais ânimo para o combate, nem estômago para a guerra. Tudo o que queriam era o fim dos tiroteios para poderem ir para casa. À medida que o dia avançava, e os relatórios chegavam ao quartel-general britânico, tornava-se cada vez mais óbvio que o exército alemão estava enfim se desintegrando, derrotado de fato, embora não oficialmente. Os alemães estavam prontos para depor as armas e parar de lutar de uma vez por todas. Era a vitória que todos esperavam.

Enquanto os neozelandeses triunfavam em Le Quesnoy, o segundo-tenente Wilfred Owen, do Regimento de Manchester, liderava seus homens em direção a Ors, 16 quilômetros ao sul. As ordens vindas do Regimento eram de cruzar o canal Sambre-Oise logo acima da cidade e desalojar os alemães que ainda ocupavam o lado oposto do rio. Não era tarefa fácil, com as pontes destruídas e o inimigo imobilizados por um primeiro bombardeio cujo objetivo havia sido acabar com eles. Os homens de Owen alcançaram o canal sem contratempos, mas foram atingidos por fogo cerrado vindo da outra margem. Eles devolveram o fogo na mesma medida, mantendo os alemães de cabeças abaixadas enquanto um destacamento dos Engenheiros Reais arrastava para a água uma ponte móvel flutuante feita de plataformas e boias de cortiça, montando-a para a travessia.

A ponte estava quase pronta quando foi atingida por fogo de artilharia. Os engenheiros fizeram o que podiam para reparar os danos, mas eram abatidos um por um pelas metralhadoras alemãs. Em resposta, o segundo-tenente James Kirk, do Regimento de Manchester, agarrou uma metralhadora Lewis e remou até o inimigo num dos flutuadores de cortiça. Ele abriu fogo a uma distância de nove metros, contendo o ataque alemão até que os engenheiros terminassem os consertos. Kirk foi ferido no rosto e no braço, mas continuou disparando até os engenheiros conseguirem fazer a ponte flutuar e atingir a margem oposta.

Os soldados do Manchester atravessaram a ponte numa corrida desenfreada. Dois pelotões conseguiram chegar à outra margem e se atiraram sobre o lado alemão. Um terceiro ia segui-los, mas outra saraivada atingiu a ponte, fazendo-a novamente desmoronar. Dessa vez os danos foram maiores, e difíceis de consertar rapidamente. Mas se a ponte não podia ser reparada a tempo, as plataformas flutuantes ainda podiam ser usadas como balsas para a travessia. Os soldados do Manchester as lançaram na água de uma só vez.

Owen estava no centro da ação, incentivando seus homens aos gritos, andando de um lado para o outro, dando-lhes tapinhas no ombro enquanto eles lidavam com as balsas improvisadas. Sem que nenhum de seus homens soubesse, ele escrevia poemas nas horas vagas, pequenas estrofes sombrias sobre os horrores da guerra que lutavam. Owen odiava a guerra e tudo o que a cercava. Reservava um sarcasmo particular para os civis que, de casa, justificavam a carnificina com absurdos chavões latinos sobre a honra de morrer pela pátria. Owen vira homens morrerem em ataques com gás e conhecia bem a realidade:

> Se pudesses ouvir, a cada solavanco, o sangue
> Espumar em borbotões de pulmões corrompidos...

Não contarias com tanta veemência
A crianças ansiando por uma glória desesperada
A velha mentira: *Dulce et decorum est*
Pro patria mori.

Os alemães mantinham um fogo cada vez mais esparso enquanto os Manchesters trabalhavam. James Kirk foi baleado na cabeça e caiu morto sobre sua metralhadora Lewis. Mais tarde, foi condecorado por bravura com a Cruz da Vitória. Owen estava às margens do canal quando, ele também, foi abatido, embora ninguém o tenha visto morrer. A última lembrança que ficou foi ele, entre seus homens, dizendo "Bom trabalho" a um, e "Você está indo muito bem, rapaz", a outro. Muitos pensaram que ele havia embarcado numa das balsas antes de ser atingido, mas ninguém sabia ao certo. Voavam balas demais para que se tivesse certeza de alguma coisa.

"Quem tange sinos fúnebres para eles, que morrem como gado?" É certo que não houve sinos para Wilfred Owen à hora de sua morte. Foi dada a ordem de cessar fogo logo depois, e os Manchesters se retiraram do canal, levando o corpo de Owen para ser enterrado no cemitério municipal de Ors. Esse foi um raro fracasso para os britânicos, num dia de sucessos memoráveis por toda parte.

Enquanto o Regimento de Manchester estava de luto por Wilfred Owen, o tenente Bogart Rogers, da recém-formada Força Aérea, sofria por seu amigo Alvin Callender, abatido alguns dias antes por um Fokker alemão. Há algumas semanas, os dois pilotos americanos participavam do avanço britânico, bombardeando os alemães que batiam em retirada e atacando suas linhas de estrada de ferro e seus campos de pouso, sempre que as condições do tempo permitiam. Mas a sorte de Callender se esgotou, e ele não resistiu aos ferimentos num hospital de campanha canadense. Rogers foi designado para substituí-lo como líder de voo do Esquadrão 32, promoção que o teria deixado muito mais feliz em outras circunstâncias.

Rogers estava no Esquadrão 32 desde maio. Era um rapaz da sociedade californiana, um entre as muitas centenas de americanos que preferiram se alistar voluntariamente na Força Aérea Real a ter que esperar o próprio país entrar na guerra. A princípio, Rogers achou tudo uma grande aventura, até se dar conta da realidade dos combates. Durante a travessia do Atlântico, vira um navio americano de transporte de tropas ser torpedeado, e a perda de centenas de vidas. Em Londres, ficou chocado ao ver mulheres vestindo uniformes cáquis e soldados britânicos chegando às estações de trem direto do campo de batalha:

> Vemos os *tommies** chegando cobertos com a lama de Flandres, rifles ao ombro e capacetes atados às costas, e nos damos conta de que talvez há menos de 24 horas eles estivessem nas trincheiras da linha de frente... Eu não fazia ideia do acontecimento horroroso que é uma guerra, de como tudo é terrível, e do quanto o povo britânico vem trabalhando e se sacrificando.

Após algumas semanas na Inglaterra, Rogers cruzou o canal até Boulogne, onde teve outro choque ao assistir um trem transportando feridos chegar da frente de batalha e ser descarregado. Não demorou muito para que ele mesmo fosse enviado à linha de frente e, nos últimos seis meses, ele sobrevoara o território inimigo em duas patrulhas diárias, enquanto os britânicos respondiam à ofensiva de primavera dos alemães para, em seguida, atacar. Ele havia recebido o crédito de ter confirmadamente abatido seis aviões inimigos, embora o número real fosse, sem dúvida alguma, muito maior.

Uma vez, Roger quase fora morto quando voava perdido em devaneios, pensando na Inglaterra e no quão encantador era o país. Uma rajada de metralhadora disparada de um avião alemão o trouxe de volta à realidade e ele, rapidamente, conseguiu fugir. Via a guerra no ar como algo muito solitário, sem ninguém para conversar e sem nada de audível além do ronco de seu motor.

Rogers gostava tanto dos ingleses que, brincando, dizia a seus amigos que estava se tornando um britânico típico, apreciando o chá da tarde e fazendo brindes ao rei nos jantares do alojamento. Uma vez, tentou cantar o hino nacional britânico, até lembrar que não sabia a letra. Mas, de coração, ele continuava americano, celebrando o 4 de julho com os outros americanos do esquadrão e fazendo o possível para ensinar os ingleses a jogar beisebol com um taco de críquete.

---

* Gíria para soldado britânico. (N.T.)

Desde 2 de novembro, o esquadrão estava em La Brayelle, um campo de pouso próximo a Douai, há pouco capturado dos alemães. O barão Von Richthofen havia decolado de lá, e seu chalé particular era objeto de fascínio para os recém-chegados. Rogers foi alojado num velho castelo francês convertido em hospital que, fora alguns buracos feitos por bombardeios em uma das alas, era muito confortável, bem melhor que a base antes ocupada pelos oficiais. O quarto de Rogers estava intacto, exceto por uma janela quebrada e as marcas de uma saraivada de balas na parede. Ele esperava permanecer lá por algum tempo, com seus dois companheiros de quarto.

À medida que o avanço prosseguia, o Esquadrão 32 fora reduzido a apenas nove pilotos e sete aviões, menos da metade do que deveria ter. "Apenas três oficiais de voo do esquadrão já estavam aqui quando cheguei", comentou Rogers em setembro. "Faz eu me sentir estranho e experiente. É terrível quando eles se vão. Mas o melhor a fazer é simplesmente esquecer que algum dia você já sentiu uma coisa chamada emoção, ou que você tem nervos, e continuar como se nada tivesse acontecido. Não é de admirar que alguns rapazes tenham um colapso nervoso."

Em 4 de novembro, a situação havia se deteriorado ainda mais, com outras baixas: "As coisas por aqui andam péssimas, outro combate horroroso, uns dois dias atrás. Tivemos sorte de voltar inteiros. Dois rapazes não voltaram. Consegui atingir um outro alemão. Tenho quase certeza de que ele não conseguiu escapar, mas outros cinco vieram atrás de mim. Alemães demais!."

Depois disso, Rogers foi levado ao hangar para receber um avião de reposição e conduzi-lo de volta para La Brayelle. Durante o voo, caiu uma tempestade, com nuvens tão baixas que ele teve de voar quase o tempo todo pouco acima das copas das árvores para trazer o avião para a base. Mas esses aviões de nada serviam sem pilotos, e havia pouquíssimos. A intensidade dos combates fazia Rogers temer que logo não haveria mais pilotos, se a guerra não terminasse em breve.

Do outro lado da linha, o tenente Herbert Sulzbach, da 63ª Artilharia de campo alemã, passara o dia inteiro sob o fogo cerrado das metralhadoras francesas ao longo do canal de Oise-Aisne. O fogo havia começado antes do alvorecer e continuado sem tréguas desde então, com milhares de projéteis de alto calibre ricocheteando no solo e transformando num charco o chão que os alemães pisavam. Sulzbach, a certa altura, percebeu que nem um centímetro quadrado permanecia intacto.

Ele e seus homens encontraram um porão onde se esconder e revezavam-se em turnos no posto de observação, mas a fumaça das metralhadoras francesas reduzia a visibilidade a 45 metros, o que dificultava as coisas para eles. Além disso, as linhas telefônicas que passavam atrás da casa haviam sido cortadas, deixando Sulzbach sem a menor ideia do que se passava em outros locais. Ele temia que os franceses já tivessem infiltrado as linhas alemãs e estivessem prestes a tomar a posição que ele ocupava:

> Qual a situação da infantaria? Ninguém faz ideia, e ninguém sabe se o inimigo já não estaria à vista, porque é impossível enxergar nessa névoa. Será que nossas linhas estão caindo, será que todos foram capturados e nós também seremos, a qualquer momento? A situação é desesperadora! Minhas baterias ainda atiram feito loucas, e até o momento não encontramos nenhuma infantaria batendo em retirada. Agora chegam os últimos atiradores das baterias número 1 e 3, carregando nas mãos suas armas. As metralhadoras tiveram de ser abandonadas, depois de serem vencidas pelo inimigo. Permaneço em meu posto. Hauptmann Knigge tenta reconhecer novas posições à retaguarda.

Aquela era uma das piores situações que Sulzbach encontrara em quatro anos de guerra. Homem refinado, proveniente de uma família de banqueiros judeus, ele havia se alistado em agosto de 1914, sendo enviado à frente de batalha quatro semanas depois. Admirador dos britânicos, ficara horrorizado ao ver seus primeiros *tommies* mortos em Flandres. Desde então, ele havia visto quantidades muito maiores de corpos e fora condecorado com a Cruz de Ferro por lutar pela pátria. Seu objetivo, agora, era manter seus homens no campo até que os políticos negociassem uma paz decente, uma paz que permitisse aos alemães depor as armas com honra.

Durante a tarde, suas baterias deram fogo de cobertura enquanto um regimento bávaro lançava um contra-ataque para recapturar as metralhadoras do primeiro Batalhão. O ataque foi um sucesso, e as armas foram levadas para a retaguarda. Já era quase noite quando um mensageiro chegou com ordens para Sulzbach e seus homens seguirem adiante protegidos pela escuridão.

Eles começaram a retirada às dez horas da noite, caminhando ao longo de sebes e pelos campos, para evitar os tiroteios nas estradas. Mesmo assim, vez por outra, precisavam se jogar ao chão para escapar de uma bala. Com os nervos em frangalhos após sofrerem um dia inteiro de bombardeios, ainda tiveram de enfrentar uma noite chuvosa de escuridão total, um breu tamanho que, por volta da meia-noite, estavam irremediavelmente perdidos.

Por sorte, logo depois, avistaram uma luz. Ela vinha de uma bateria de artilharia de uma divisão vizinha. Os homens de Sulzbach estavam longe de sua posição correta, mas sentiam-se exaustos demais para seguir adiante naquela noite. Com cobertores emprestados de seus anfitriões, preferiram descansar num celeiro de feno. Receberam ordens de, na manhã seguinte, prosseguir até o rio Meuse, a última barreira natural ainda acessível aos alemães naquele lado da linha de frente. Se os atiradores franceses os deixassem em paz, eles talvez conseguissem chegar ao Meuse. Por enquanto, pelo menos, Sulzbach e seus homens conseguiram se abrigar da chuva e dormir umas poucas horas enquanto podiam.

Em seu apartamento em Berlim, o general Erich Ludendorff, sentado à mesa de trabalho, afundava em desespero. Há dias ele se desesperava, desde que o kaiser o demitira do comando da Frente Ocidental. Ludendorff havia sido mandado para casa. Estava tão desonrado e malquisto após o fracasso de sua estratégia de ganhar a guerra, que as plateias dos cinemas aplaudiram quando sua demissão foi anunciada nas telas. Ele ainda estava tentando se dar conta de sua repentina perda de prestígio.

Até recentemente, a guerra fora boa para Ludendorff. Mestre em logística militar, ele havia construído um nome na luta contra os russos, como chefe de Estado-Maior do marechal-de-campo Paul von Hindenburg. Juntos se transformaram na dupla mais poderosa da Alemanha, responsável por uma política de guerra total em todas as frentes. Passando por cima das objeções políticas, Ludendorff havia ordenado uma estratégia de guerra naval irrestrita, usando submarinos para torpedear ilegalmente navios civis, sem levar em conta suas tripulações, o que muito havia contribuído para voltar a opinião americana contra os alemães. Ele também havia sido responsável pelo Tratado de Brest-Litovsk, que forçou os russos derrotados a aceitarem termos de paz tão draconianos que os outros inimigos da Alemanha não tiveram outra escolha senão continuar lutando.

Na primavera de 1918, Ludendorff lançou uma grande ofensiva na Frente Ocidental, com a intenção de capturar Paris e pôr fim à guerra antes que os americanos chegassem para vingar o afundamento de seus navios. A ofensiva quase teve êxito. Os alemães conseguiram avistar a Torre Eiffel com seus binóculos antes de a maré virar, e eles se verem forçados a recuar. Desde agosto, contudo, o recuo era contínuo, agora sem homens suficientes para repor as perdas, e com os americanos enviando tropas para a França num ritmo de 150 mil a cada mês. A grande e arriscada jogada de Ludendorff havia fracassado.

Ele próprio desmoronou sob a tensão. Meses antes da demissão, começou a buscar consolo no livro de orações dos Irmãos da Morávia, folheando as páginas gastas e procurando no texto religioso do dia alguma orientação militar. Sofreu um colapso nervoso grave, passando a alternar entre ataques de pânico e arroubos de um entusiasmo cada vez mais irracional.

Seus subordinados ficaram tão preocupados que providenciaram a visita de um psiquiatra ao quartel-general de Ludendorff para observá-lo secretamente enquanto trabalhava. O psiquiatra diagnosticou excesso de trabalho, receitando um tratamento que incluía sessões regulares de canções folclóricas alemãs. Mas nada adiantou. Os nervos de Ludendorff haviam sucumbido, e nada podia ser feito.

Na manhã de 26 de outubro, o kaiser convocou Hindenburg e Ludendorff para uma reunião em Berlim para discutir a situação. Ludendorff apresentou sua demissão, coisa que já havia feito antes, sem esperar que ela fosse aceita. Dessa vez, contudo, o kaiser a aceitou de pronto, e Ludendorff viu-se sem emprego.

Hindenburg, sem muita convicção, também colocou seu cargo à disposição, mas o kaiser recusou-se a considerar a hipótese. Ao saírem, Hindenburg tentou consolar o velho amigo, mas foi rispidamente repelido. "Eu me recuso a manter relações com você", Ludendorff vociferou, inflexível na opinião de que Hindenburg deveria ter sido solidário com ele e insistido no pedido de sua demissão. "Você me tratou de forma extremamente vil."

Ludendorff, agora, estava de volta a seu apartamento, sentado à mesa de trabalho. "Em duas semanas não teremos mais império nem imperador", ele disse à sua mulher, após ser demitido. O kaiser já havia deixado Berlim, indo para Spa, o quartel-general do exército alemão na Bélgica, para fugir do surto de gripe espanhola que assolava a capital; na verdade mais por se sentir seguro em Spa, cercado por suas tropas. O ânimo em Berlim estava tão exaltado que era bem possível ele ser assassinado se decidisse ficar. E se o kaiser não estivesse seguro em Berlim, por quanto tempo mais o império poderia sobreviver?

Um Armistício era o que necessitavam agora, uma trégua de alguns meses para permitir que os alemães se reagrupassem e se rearmassem para voltar ao combate na primavera. Não havia mais homens em condições de lutar, mas a turma de 1919, recém-formados já em treinamento, logo estaria disponível. Um novo exército, novas armas, entusiasmo renovado pela luta. Ludendorff estava convencido de que os alemães seriam capazes de grandes feitos na primavera, contanto que tivessem um tempo para retomar o fôlego, uns poucos meses de negociações de paz habilmente prolongadas para manter o inimigo à distância enquanto eles recuperavam forças.

Por enquanto, contudo, Ludendorff permanecia em sua mesa, em estado de choque catatônico. Falava pouco, fazia menos ainda e só ficava sentado, dia após dia, enquanto os acontecimentos seguiam seu curso e o caos reinava por toda a parte. Sua mulher estava muito preocupada com ele.

Ludendorff fora substituído na Frente Ocidental pelo general Wilhelm Gröner que, quando o oficial foi demitido, estava em Kiev, incumbido de arrancar da Ucrânia o resto dos recursos disponíveis para o esforço bélico alemão. Ao chegar à Bélgica dias depois, Gröner imediatamente determinou revista geral das tropas para avaliar a situação antes de enviar seu relatório ao governo em Berlim. O que ele viu em dois dias de inspeção deixou-o horrorizado.

O exército alemão não estava em condições de continuar a lutar por muito mais tempo. Os homens estavam deploravelmente enfraquecidos e famintos ao ponto de roubar aveia e cevada de seus cavalos, e mal-equipados ao ponto de arrancar as botas dos mortos e usar coletes britânicos por falta de outros. Alguns estavam se recusando a entrar nas trincheiras, outros escapavam furtivamente, preferindo as dificuldades da clandestinidade na espera de que a guerra chegasse ao fim. Os que iam para casa de licença muitas vezes não voltavam. Os que voltavam chegavam em trens pichados com os dizeres "Gado de corte para Wilhelm", expressando uma visão do conflito idêntica à de Wilfred Owen.

Parte das tropas era composta de operadores de munição, que trabalhavam longe das atividades vitais da guerra e eram alistados no exército com soldo muito inferior. Outros eram agitadores que militavam em sindicatos e foram enviados à linha de frente para serem tirados do caminho. Outros ainda haviam sido feitos prisioneiros pelos russos, e imaginavam que sua guerra chegara ao fim quando foram libertados dos campos de prisioneiros e enviados de volta ao combate. Grande parte das tropas era composta de homens idosos ou rapazinhos, convocados para o *front* porque não havia mais ninguém para repor as perdas. Nas raras ocasiões em que conseguiam tomar uma posição britânica, a disciplina ia por água abaixo. Os homens se empanturravam das rações britânicas e se embebedavam para não ter de continuar lutando. Essa não era uma receita de sucesso.

Se houvesse tempo, Gröner talvez fosse capaz de reverter a situação, mas o tempo não estava do seu lado. Os britânicos, franceses e americanos avançavam juntos, e o exército alemão cairia em poucos dias se algo não fosse feito para os conter. Gröner chegava rapidamente à conclusão de que a única maneira de contê-los era pôr fim à luta o quanto antes, e tentar impor termos de paz enquanto os alemães ainda estavam em condições de negociar.

Gröner era realista, um homem obstinado e de origem humilde, que nunca pertencera ao núcleo central do Alto Comando e não compartilhava da mesma visão distorcida das possibilidades. Era de Württemburg, no sul da Alemanha, e o fato de não ser nem prussiano nem um cavalheiro o destacava entre os generais alemães. Por anos a fio, ele fora excluído dos cargos militares de maior prestígio por seu pai ser um tesoureiro, e não membro da antiga classe dos oficiais. Mas Gröner era também um organizador de talento, que havia ascendido graças à sua capacidade, e ele não poderia ser ignorado para sempre. Sua hora havia enfim chegado, embora tarde demais para que ele pudesse fazer algo além de assumir a culpa por um caos que ele não havia provocado.

O que Gröner tinha a fazer agora era ir a Berlim e apresentar seu relatório. Um telegrama do novo chanceler alemão, o príncipe Max von Baden, pedia que ele viesse imediatamente. Se tomasse o trem que saía de Spa naquela noite, estaria em Berlim na manhã seguinte. Ele informaria o príncipe Max sobre a situação no *front*, e Max o informaria sobre a situação interna. Com os boatos de dificuldades em Berlim e de um motim naval em Kiel, além dos desastres na frente de batalha, eles teriam muito o que discutir ao se encontrarem. O general Gröner não estava deixando Spa de bom grado na noite daquela segunda-feira e tomando o trem noturno de volta à Alemanha.

Em Kiel, no mar Báltico, os boatos de motim eram verdadeiros. Os homens da frota alemã se rebelaram, desafiando abertamente seus oficiais e se recusando a obedecer ordens. Eles haviam tomado a maioria dos navios ancorados no porto e, à mão armada, arriado a bandeira imperial, substituindo-a pela bandeira vermelha do bolchevismo. Milhares, faziam arruaça por toda a cidade, unindo forças com os estivadores e levando às ruas um caos de protesto e indisciplina.

Desde a batalha da Jutlândia, em 1916, a frota de Kiel não tivera participação importante na guerra. O motim fora provocado pelo boato de que ela seria enviada de volta ao mar para uma última batalha de vida ou morte contra os britânicos.

Dizia-se que os oficiais preferiam morrer lutando que sofrer a desmoralização da derrota. Os marinheiros não concordavam, não vendo razão para morrer desnecessariamente nessa etapa da guerra.

Mas o motim tinha razões muito mais profundas que a simples relutância em voltar ao mar. Há meses eles vinham recebendo rações mínimas e estavam pessimamente alimentados, enquanto os oficiais podiam escolher à vontade entre os mantimentos ainda disponíveis. Como todos na Alemanha, os marinheiros sofriam de frio, cansaço, fome, e estavam fartos de privações e de ouvir mentiras sobre uma guerra que não terminava nunca. Era contra a guerra que eles protestavam, contra a insistência das classes governantes em prolongar cegamente a luta, em vez de negociar a paz que todos desejavam ardentemente.

Da ponte de comando do *König*, ancorado no embarcadouro imperial, o capitão Karl Weniger acompanhava com crescente alarme o que vinha ocorrendo no restante da frota. O navio de Weniger mantinha-se leal ao kaiser, praticamente o único entre as embarcações atracadas no porto, e a bandeira imperial ainda tremulava em seu mastro. Weniger era um bom capitão e tinha uma boa tripulação. Ainda podia contar com seus homens para cumprir o que lhes era ordenado. No entanto, por quanto tempo ainda, se seus companheiros em terra agiam como possessos, sem que ninguém fosse capaz de contê-los?

O MAIOR DIA DA HISTÓRIA   **33**

Vários homens foram mortos no dia anterior, quando uma patrulha abriu fogo contra os marinheiros rebelados nas ruas da cidade. Os sobreviventes uivavam por vingança e contavam com o apoio da guarnição e do povo da cidade. Naquelas circunstâncias, era inconsequente manter a bandeira imperial hasteada no *König*. A única alternativa seria baixar a bandeira, e essa era a última coisa que Weniger faria. O *König* era o navio do kaiser e Weniger jurara lealdade a ele. Arriar a bandeira significava se render. Ele optou por ganhar tempo, mantendo a bandeira hasteada enquanto esperava que a ordem fosse restaurada na frota, o que, com a graça de Deus, acabaria acontecendo mais cedo ou mais tarde.

Do outro lado da baía, o grão-almirante príncipe Heinrich da Prússia, irmão mais novo do kaiser, também tentava ganhar tempo, observando cautelosamente a situação da janela de seu palácio, no centro da cidade velha. Ele estava lá com sua mulher e o filho mais velho, acompanhando os acontecimentos com apreensão, enquanto tiros ecoavam pelos telhados e bandeiras vermelhas improvisadas apareciam nos prédios do governo. O medo que Weniger tinha de uma revolução bolchevique multiplicava-se por dez no príncipe Heinrich. Ele era primo do falecido czar da Rússia, e jamais esqueceria a forma como os bolcheviques o haviam tratado e a sua família. Ele não queria que o mesmo acontecesse à sua mulher e a seu filho.

E já quase acontecera. Um bando de marinheiros havia invadido o palácio e enfrentado Heinrich à mão armada. Eles o insultaram, acusando-o de viver confortavelmente enquanto eles passavam fome. "Vocês acham que eu como melhor que vocês?", perguntou irado. "Sim", insistiu um deles. Você tem mais comida que nós. Você come e bebe igual aos grandes senhores da Silésia."

Pouco depois, os marinheiros foram convencidos a ir embora sem fazer mal ao príncipe. Mas a situação se deteriorava a cada dia, e Heinrich se apavorava com a ideia de eles retornarem e matarem sua família, como os russos haviam feito com o czar. Sua mulher também tinha medo, porque a czarina era sua irmã. E se os marinheiros encostassem seu filho na parede e o fuzilassem, como os russos haviam fuzilado seu sobrinho, o czaréviche? Era terrível demais imaginar.

A fronteira dinamarquesa ficava a apenas 96 quilômetros ao norte, uma distância fácil de atravessar. Se o pior acontecesse, eles poderiam estar lá em algumas horas. O príncipe Heinrich e a mulher não eram covardes e não desejavam fugir, mas certamente o fariam se fosse necessário. Melhor isso que ficarem em Kiel e serem massacrados pela turba bolchevique.

Enquanto Heinrich mantinha-se firme em Kiel, seu irmão, o kaiser, estava na Bélgica, passando em revista as unidades militares na retaguarda do *front*. Ele viajava em seu trem particular entregando medalhas e fazendo discursos a cada parada, e distribuindo cigarros entre os homens perfilados para a revista. Eles lhe pareceram bem-humorados, embora os oficiais que viajavam com o kaiser tivessem notado uma patente falta de respeito pela figura do imperador assim que ele virava as costas. Alguns homens chegavam a hostilizá-lo, embora o kaiser parecesse não notar.

Eram tempos difíceis para o kaiser. Ele estava na Bélgica há apenas alguns dias, tendo deixado Berlim para fugir do clamor cada vez intenso que pedia sua abdicação. A ameaça da gripe espanhola fora apenas um pretexto para partir, como o fora também sua alegação de que precisava estar com suas tropas no campo de batalha, no momento em que a guerra se aproximava do clímax. Na verdade, ele simplesmente não se sentia seguro em Berlim, com a revolução no ar e os jornais pedindo sua saída dia após dia. Ele preferia, e muito, estar com o exército na Bélgica.

O kaiser era estreitamente identificado com tudo o que dera errado na guerra, mas estava determinado a não abdicar, se pudesse. Ele descendia de Frederico o Grande, e Frederico o Grande jamais teria abdicado. "Eu nunca abandonaria o trono por causa de algumas centenas de judeus e de um milhar de operários", ele reafirmara em 1º de novembro, quando a ideia lhe foi apresentada por um emissário do governo alemão. "Diga isso a seus amos em Berlim."

Em vez de abdicar, o kaiser decidiu manter-se firme e superar a crise. Se tudo o mais falhasse e a revolução eclodisse em Berlim, ele estava preparado para marchar pela capital à frente de seus soldados e mandar imediatamente para a forca os líderes da rebelião, se isso fosse necessário para manter-se no trono.

Naquele momento, entretanto, o kaiser estava com seus homens no campo de batalha. "Em Flandres, encontrei-me com delegações das diferentes divisões, conversei com os soldados, distribuí condecorações e, por toda a parte, fui recebido com grande alegria por oficiais e pelas tropas", mais tarde recordou, apesar de ter sido informado por seus comandantes que o moral andava baixo entre os soldados, principalmente os da retaguarda. Piores que todas eram as tropas que voltavam de licenças em casa. Os homens costumavam voltar impregnados de bolchevismo e eram acusados de traição por seus camaradas, por estarem ajudando a prolongar desnecessariamente a guerra. O descontentamento se alastrava rapidamente, e o moral continuava a despencar.

Segundo alguns relatos, naquela segunda-feira, o kaiser estava próximo do trem, cercado por um grupo de soldados, quando ouviu o estampido de armas vindo de não muito longe. Olhando para cima, ainda a tempo, conseguiu ver um esquadrão de bombardeiros inimigos mergulhando no ar e fazendo mira em seu trem. Manteve a compostura, e o mesmo fizeram seus soldados, mas alguns civis que estavam por perto fugiram, entre eles um *chef* de avental e chapéu de cozinheiro que, em pânico, correu em busca de abrigo, tentando se salvar do ataque dos bombardeiros.

Três bombas assoviaram pelo ar e explodiram a pouca distância, sem causar estragos. Elas foram seguidas por uma chuva de panfletos de propaganda que caíam esvoaçantes sobre o solo enquanto os aviões desapareciam. Os soldados riram enquanto o *chef*, encabulado, se recompunha. O kaiser riu também. "Idiotas!", disse ele olhando para os civis. Um bombardeio não era razão para pânico.

No entanto, não seria má ideia armar o trem com metralhadoras se, de agora em diante, ele viesse a se tornar alvo de ataques aéreos inimigos. O kaiser decidiu tomar essa providência assim que retornasse a Spa.

Em Paris, os líderes das nações Aliadas estavam reunidos para discutir o fim da guerra. Numa casa da rue de l'Université, o primeiro-ministro britânico, David Lloyd George, e seus colegas da França e da Itália debatiam os termos de um Armistício com o marechal Ferdinand Foch e o general Sir Henry Wilson. O assunto já os vinha ocupando há semanas mas, naquela manhã, tornara-se urgente com as notícias da vitória britânica na região de Valenciennes. Os políticos estavam reunidos para finalizar a redação precisa dos termos a serem oferecidos aos alemães, se estes se decidissem pedir um Armistício nos próximos dias.

A casa da rue de l'Université era a residência em Paris do coronel Edward House, representante pessoal do presidente Woodrow Wilson nas negociações. Os Estados Unidos viam-se como associados, mais que aliados formais da Grã-Bretanha, França e Itália, porém com o grande exército que mantinha no campo de batalha, o país, mesmo assim, tinha muita voz nas conversações. Na verdade, a proposta de paz a ser colocada aos alemães baseava-se no plano de 14 pontos apresentado ao Congresso pelo presidente Wilson, em janeiro daquele ano.

Na conversa dos governantes, o estado de espírito era de euforia. Desde que Lloyd George chegara a Paris, a Turquia havia abandonado a luta, o mesmo ocorrendo com a Áustria-Hungria, o último aliado dos alemães ainda em campo de batalha. Os alemães, agora, estavam sós, sem ninguém para os ajudar. Seu exército ainda estava na França e na Bélgica, mas não havia dúvida de que, dentro de poucos dias, eles aceitariam um Armistício, se algum lhes fosse proposto.

Os ministros Aliados haviam trabalhado intensamente para chegar aos termos exatos do Armistício. Se muito lenientes, os alemães, mais tarde, voltariam à guerra. Se demasiadamente severos, eles poderiam se recusar a assiná-lo. Os termos pelos quais os Aliados afinal se decidiram eram severos ao extremo, confiscando armas e territórios dos alemães e deixando-os incapazes de se defender contra uma agressão futura.

Esses termos eram tão rigorosos que Llloyd George temia que os alemães se recusassem a assiná-los. Foi o que ele disse ao marechal Foch, que concordou com ele quanto a tal probabilidade. Mas Foch não estava preocupado, pois como os alemães sofriam derrotas no campo de batalha, o fato de eles aceitarem ou não assinar não faria muita diferença mais adiante. A luta estaria terminada antes do Natal, quisessem ou não os alemães.

A reunião começou às 11 horas e estava terminada à hora do almoço. Ficou combinado que o presidente Wilson se dirigiria aos alemães dizendo-lhes que entrassem em contato com o marechal Foch, se quisessem se inteirar dos termos propostos pelos Aliados para um Armistício. Assim que a discussão foi encerrada, Lloyd George se despediu de Georges Clemenceau e do *premier* italiano Vittorio Orlando, e retornou à Inglaterra após uns poucos e altamente satisfatórios dias na França.

Sua comitiva viajou de trem até Boulogne, onde um destróier britânico esperava para levá-lo a Dover. O perigo dos ataques de submarinos praticamente acabara, mas a travessia foi agitada, mesmo para padrões do canal. Sir Maurice Hankey, secretário do gabinete de Guerra, enjoou durante toda a viagem, como a maioria. O mar estava tão bravio que eles tiveram de ser retirados de barco ao chegar a Dover.

Mesmo assim, na viagem noturna para Londres, Lloyd George estava num humor esplêndido. A queda da Áustria e da Turquia significava que ele teria ótimas notícias a dar, ao chegar em casa. Ele ia se encontrar com o rei no dia seguinte, para pô-lo a par das conversas de Paris. De tarde, anunciaria à Câmara dos Comuns os termos do Armistício austríaco. Dali a alguns dias, sem dúvida, os termos do Armistício alemão também seriam anunciados. Em seguida, ele poderia convocar eleições gerais e ganhar o país com base em sua brilhante atuação na guerra.

* * *

Todos os políticos Aliados concordavam com um Armistício mas, para o general John Pershing, comandante das tropas dos Estados Unidos na Frente Ocidental, a questão não estava de modo algum definida com clareza. Por que, ele se perguntava, eles queriam um Armistício com os alemães se os britânicos, franceses e americanos estavam a um passo de derrotá-los? Por que não continuar lutando até que o exército alemão entrasse em colapso total, sem outra opção que não se render? Não fazia sentido parar agora, quando os alemães estavam sendo obrigados a bater em retirada.

Anos atrás, ainda cadete em West Point, Pershing havia assistido ao cortejo funerário de Ulysses S. Grant, o general da Guerra Civil que, mais tarde, veio a ser presidente dos Estados Unidos. O general havia sido apelidado de Grant "Rendição Incondicional", em razão de se recusar a aceitar qualquer coisa que não a total derrota do Sul. Ele sabia o que estava fazendo, na opinião de Pershing. Os Confederados, depois de Grant liquida-los, entenderam que foram vencidos. Os alemães tinham de entender também, se os Aliados pretendessem evitar, mais adiante, uma nova guerra para.

"Esta guerra não estará concluída até que a Alemanha esteja de joelhos", Pershing havia há pouco dito a seu exército. Ele acreditava nisso apaixonadamente. Se houvesse um Armistício, os dois lados simplesmente interromperiam a luta e voltariam para casa. Os alemães manteriam a cabeça erguida, declarando nunca terem sido derrotados em campo de batalha. Mas, se obrigados a se render, eles teriam de baixar as armas diante dos vitoriosos. Os Aliados seguiriam para Berlim e marchariam pela Unter den Linden ao som de bandas e empunhando alto suas bandeiras. Um desfile de vitória em Berlim seria a única maneira de deixar claro aos alemães que eles haviam sido vencidos. Qualquer coisa menos que isso seria loucura.

Pershing havia divulgado suas opiniões num documento enviado ao Conselho Supremo de Guerra, apenas para vê-las rejeitadas na íntegra. "Político, e não militar", havia dito Lloyd George. "Um claro anúncio de sua intenção de se candidatar à presidência", foi a opinião do coronel House. Os políticos deram por certo que Pershing tinha motivos ocultos para defender a rendição incondicional da Alemanha, e não um Armistício. Sua suposição era de que Pershing pretendia marchar pela Unter den Linden à frente de seus homens para se transformar num herói americano, em posição ideal para disputar a presidência em 1920. Não acreditaram nele quando o general insistiu que seus motivos eram puramente militares.

O marechal Foch entendia o que Pershing queria dizer, mas não compartilhava de sua preocupação. "Diga ao general Pershing para não se preocupar", declarou com otimismo. "Vou arrancar dos alemães exatamente o que ele quer". Na opinião de Foch, os termos do Armistício eram tão severos que equivaliam, na prática, a uma rendição, e não poderiam ser interpretados de outra maneira pelos alemães.

Mas Pershing não tinha tanta certeza. Derrota em campo de batalha era a única linguagem que os alemães entendiam. Os Aliados estavam cometendo um grande erro ao buscar um Armistício em vez de levar a guerra até as últimas consequências. Em sua viagem ao quartel-general do Segundo Exército, em Argonne, para uma rápida visita na qual seria discutida a continuação do avanço, Pershing não podia deixar de se perguntar se eles todos, um dia, não acabariam por se arrepender dessa decisão.

Em Escarmain, situada a uma distância de quatro milhas de Le Quesnoy, os franceses haviam colocado um galo de briga empalhado no alto de um poste fincado na encruzilhada. O galo era o emblema nacional da França, um símbolo de seu ressurgimento sobre os alemães que batiam em retirada. O soldado Stephen Graham, do 2º Batalhão da Guarda Escocesa, ao marchar por ali à hora do alvorecer, a caminho da linha de frente, achou aquilo engraçado. O galo lhe pareceu uma visão bizarra em meio a uma guerra, com gaitas-de-foles tocando e fogo de artilharia ribombando à distância, enquanto os neozelandeses lançavam seu ataque a Le Quesnoy.

A Guarda Escocesa participava do avanço daquela manhã, mas só deveria entrar em ação no dia seguinte. Enquanto os neozelandeses ocupavam-se de Le Quesnoy, os escoceses passavam ao largo da fortaleza a caminho de Villers-Pol, o ponto de partida de seu ataque da manhã seguinte.

Uma bruma cobria os campos quando eles se puseram em marcha, mas logo o céu clareou com o nascer do sol. Pouco depois, fizeram sua primeira parada para descanso e para um cigarro, às margens da estrada que levava a Sepmeries, enquanto baterias de canhões de sessenta libras e morteiros de oito polegadas bombardeavam os alemães a partir de uma posição à sua retaguarda.

Os atiradores, gentilmente, avisavam as tropas com um "aguenta firme" antes de disparar. A maioria dos homens tapava os ouvidos durante o bombardeio. Eles não lamentaram quando a parada acabou e retomaram a marcha em direção ao *front*. Logo eles tiveram seu primeiro vislumbre do inimigo, como Graham mais tarde recordou:

> Passamos por um alemão morto, estendido no chão e com a cabeça dentro de uma poça de sangue e, em seguida, por bandos de prisioneiros alemães carregando macas. Os nossos companheiros feridos começavam a ser retirados, e contavam de um avanço fácil, interrompido de vez em quando pelo fogo de metralhadoras inimigas.

Os alemães tinham péssimo aspecto, como os que Graham vira na semana anterior, na prisão de Saint-Hilaire:

> Homens estranhos, sem banho, de barba por fazer, sujos e vestindo uniformes esfarrapados, botas furadas e velhos capacetes gastos – homens de todos os tipos e tamanhos, prussianos, wesfalianos, bávaros, alsacianos, com feições as mais diversas, todos eles aliviados, todos "fora da guerra" e, entretanto, todos deprimidos. Com a virada da sorte alemã no campo de batalha, o último vestígio de dignidade parecia ter sido apagado do rosto

dos prisioneiros. Eles eram criaturas que algum dia haviam sido homens, seres humanos que haviam sofrido três tipos sucessivos de degradação – eles haviam sido industrializados, depois militarizados e, por fim, capturados pelo inimigo.

Cristão praticante, Graham tinha dificuldade em odiar os alemães, apesar dos sargentos da Guarda que, sem cessar, martelavam em seus ouvidos que um alemão bom era um alemão morto.

O batalhão chegou a Villers-Pol na tarde daquela segunda-feira, e os soldados conseguiram descansar por algumas horas antes do cair da noite. Eles estavam escalados para atacar na manhã seguinte, um dos muitos batalhões encarregados de manter a pressão no segundo dia do avanço, como parte de um esforço uníssono por parte dos aliados de acabar com os alemães de uma vez por todas. Já era mais de meia-noite quando os soldados comeram uma refeição quente e ganharam uma dose de rum. Assim, às duas da madrugada de 5 de novembro, terça-feira, o batalhão pôs-se novamente a caminho, carregado de bombas, pás, sacos de areia e toda a parafernália necessária ao ataque.

Os batedores iam na frente, para verificar a presença de alemães antes que o batalhão seguisse. A noite estava fria e ventava muito, mas Graham ainda conseguia distinguir sombras vagas na escuridão, que depois entendeu serem os corpos de homens mortos no combate da noite anterior. Seu pelotão atingiu a linha de ataque na hora prevista e colocou-se em formação de batalha para a ofensiva. À sua direita estava um batalhão de granadeiros e, à sua retaguarda, a Guarda Galesa dando-lhes apoio.

Fazendo uma última verificação dos equipamentos, os homens sincronizaram seus relógios e acomodaram-se para esperar pelo nascer do sol. Ao longo de toda a linha de frente, soldados britânicos, franceses e americanos faziam o mesmo, prontos para, na manhã seguinte, pressionar adiante, no segundo dia daquilo que eles esperavam e rezavam para que fosse a última grande investida.

2

Terça-feira,
5 de novembro de 1918

Em seu quartel-general por trás da linha de frente, o general sir Henry Rawlinson mal podia conter a alegria quando as tropas retomaram o avanço ao raiar do dia. Os britânicos haviam feito mais de 10 mil prisioneiros no dia anterior, e teriam feito mais, se os alemães não tivessem escapado tão depressa. Os americanos atravessaram a floresta de Argonne e se aproximavam rapidamente de Sedan. Os franceses também avançavam, assim como os belgas. Era um desastre sem precedentes para os alemães.

A notícia era particularmente deliciosa para Rawlinson, que havia visto as tropas sob seu comando sofrerem quase 60 mil baixas no primeiro dia do Somme, catástrofe que o atormentava desde então. Rawlinson fora em grande parte responsável por aquele fracasso, e odiava essa ideia. Mas dois anos já se haviam passado desde o Somme, e ele aprendera com os erros então cometidos. No dia anterior, as baixas britânicas tinham sido poucas, comparativamente. Rawlinson não tinha dúvidas de que, nos próximos dias, os alemães seriam forçados a erguer a bandeira branca e negociar os termos de um Armistício:

> Os prisioneiros capturados ontem dizem que os boches* aceitarão quaisquer termos, e acho que eles têm razão; de todo modo, seria um grande erro amenizar os termos para incentivá-los a aceitar. Vários oficiais ale-

---

* Gíria para se referir aos soldados alemães.

mães capturados hoje estavam bastante embriagados quando foram trazidos. Todos os prisioneiros ficaram extremamente felizes por terem sido capturados e, nas celas, cada nova leva era recebida com grande alegria, e amigos se reencontravam com apertos de mãos e gritos de viva.

O problema de Rawlinson, agora, era como manter o ímpeto do avanço. Suas tropas avançavam tão rapidamente que as armas de apoio não conseguiam acompanhar. Ao bater em retirada, os alemães sistematicamente explodiam pontes e entroncamentos, causando grandes danos, que levariam tempo para serem reparados. O mais próximo dos terminais ferroviários ainda em funcionamento estava agora a uma distância de 48 quilômetros por trás da linha de frente, e as estradas em péssimo estado submetiam os caminhões do exército a um desgaste intolerável.

Na verdade, Rawlinson calculava que seus homens não conseguiriam avançar mais que outros 16 quilômetros sem uma parada de uma semana, enquanto os trilhos eram consertados. Mas isso não o preocupava, pois os alemães, fatalmente, desistiriam antes disso. Não havia mais nada que eles pudessem fazer.

Entre as tropas britânicas que avançavam naquela manhã, estava o soldado Hulme, do Corpo Médico do Exército Real. Ele, um não-combatente, estava a caminho de Roubaix, ao norte de Lille, para ajudar a montar um posto de triagem de feridos no hospital civil da cidade. Roubaix fora liberada recentemente, e a população estava radiante com a chegada dos britânicos, sorrindo e acenando para a unidade de Hulme enquanto ela marchava pelas ruas. O povo sofreu terrivelmente durante a retirada alemã. Um convento com 120 crianças havia sido deliberadamente explodido, porque as freiras não pagaram a quantia de um milhão de francos exigida para salvá-lo. E essa não foi a única atrocidade. O alívio dos cidadãos de Roubaix era indescritível quando viram os alemães finalmente pelas costas.

O hospital ainda estava em bom estado, quando Hulme chegou, talvez por ter sido usado pelos alemães antes da retirada. A equipe de funcionários imediatamente o convidou para uma xícara de café. Apesar da calorosa acolhida, havia algo em seus rostos que Hulme via como profundamente perturbador:

Os olhares suplicantes, assustados e oprimidos das pessoas me deprimiam. Eu caminhava pelo corredor quando Camille veio ao meu encontro. Ao mesmo tempo, Jeanne e as outras moças da cozinha, que aguentaram os boches por quatro anos, passaram por nós...

A moça precisava passar por mim para voltar à cozinha, e eu estava em seu caminho. *"Permettez-moi, monsieur!"* Imediatamente, dei-lhe passagem e murmurei *"Pardonnez-moi"*, ao me voltar para ela. Seus olhos estavam fixos em mim e, neles, li o terror mais abjeto. Aos poucos, ela pareceu dar-se conta de que não era um alemão que estava ali , e sim um *tommy*, e seus olhos se iluminaram com lágrimas de alegria quando sorri para ela. Nesses dois segundos, a "marca da besta" ficou claramente visível. Ela, como tantos outros, dava-se conta de que a guerra era hedionda.

Os oficiais de Hulme passaram por experiências parecidas ao saírem para procurar alojamento na cidade. Suas hospedeiras, automaticamente, providenciavam uma segunda cama em cada quarto para a amante do oficial. Depois de quatro anos vendo os alemães simplesmente se apossarem de tudo o que queriam, as hospedeiras supunham que os britânicos também deveriam ter amantes. *"Oui*, mas ele vai querer uma para *m'selle"*, era a resposta corrente, sempre que se dizia a elas que uma cama em cada quarto seria suficiente.

Histórias como essas eram relatadas por toda a linha frente, à medida que os britânicos retomavam cidades e vilas que haviam passado anos sob ocupação alemã. Moças olhavam-nos com medo, velhos desciam da calçada para sair do caminho, meninos tiravam o boné, porque isso era o que os alemães exigiam. Agora os franceses estavam novamente livres, mas os hábitos adquiridos durante a ocupação não eram assim tão fáceis de abandonar. "Todos tinham aquela mesma expressão indescritível, perseguida, aterrorizada, que surgia de repente, mesmo quando sorriam." Hulme e seus companheiros viam o horror no rosto dos civis e se perguntavam que tipo de exército havia estado lá antes deles, que havia feito moças e crianças terem tanto medo de homens uniformizados.

Assim como os britânicos, os americanos também avançavam rumo ao leste. Nos últimos dias, o capitão Harry Truman, da 129ª Artilharia de Campo, havia enfrentado 22 marchas noturnas seguidas, avançando noite após noite, acobertado pela escuridão. Houve um momento em que ele passou sessenta horas sem dormir, perdendo vinte libras de uma constituição já pouco robusta. Além de tudo, havia perdido os óculos ao dar de cara com um galho baixo, mas recuperou-os mais tarde, quando um soldado simpático os encontrou preso à garupa de seu cavalo.

Mesmo assim, Truman era um homem feliz, pois a guerra ia bem para sua bateria. Eles estavam na França desde abril, sem perder um homem sequer para a ação inimiga. Se eles continuassem com a mesma sorte, teriam boas chances de atravessar a guerra ilesos.

Desde sua chegada, eles haviam estado em muitos combates. Uma vez, tiveram que atirar às cegas, quando o inimigo surgiu da floresta e se lançou sobre eles. Alguns homens de Truman fugiram na primeira vez que os alemães abriram fogo contra eles, mas, desde então, eles haviam recobrado o ânimo e aprendido a aguentar firme sob bombardeio inimigo. Truman exercia uma influência calmante, e sempre liderava por seu exemplo. Era muito respeitado por seus homens, que o haviam eleito oficial quando a unidade foi formada, embora ele não se importasse em servir como sargento.

Agora, a unidade estava em Verdun, entrincheirada a nordeste da cidade. Toda a região ainda estava em ruínas desde a grande batalha de 1916, como Truman relatou para sua noiva, em 1º de novembro:

> As perspectivas que vejo agora são bastante sombrias. Há franceses enterrados em meu quintal da frente, e alemães no de trás, e corpos de ambos entulham a paisagem até onde a vista alcança. Toda vez que uma granada boche atinge um campo a oeste daqui, desenterra um pedaço de alguém. Ainda bem que não sou dado a ataques de pânico.
>
> Outro dia (ontem), caminhando até o posto de observação, encontrei, à beira das trincheiras, duas flores brotando direto da rocha. Estou juntando-as a esta carta. As colunas de conselhos sentimentais diriam que elas brotaram das feridas abertas do campo de batalha de Verdun. Elas estavam bem à vista, e a pouca distância dos *heinies*,* bem perto dos dois fortes mais famosos de sua linha de defesa... Uma é uma papoula, a outra é um cravo, ou coisa assim.

---

* Gíria pejorativa designando soldados alemães, abreviação de Heinrich.

O MAIOR DIA DA HISTÓRIA **45**

Durante o avanço, a paisagem francesa foi uma revelação para Truman, suas lindas vilas e os sinuosos limites entre as fazendas, tão diferentes das intermináveis linhas retas de Missouri, seu estado natal. Truman abominava o que os alemães haviam feito à França, e queria vê-los castigados quando a guerra terminasse. Se dependesse dele, cortaria suas mãos e pés, e escalpelaria seus velhos ou, pelo menos, era o que dizia. No mínimo, os alemães deveriam passar cinquenta anos trabalhando para a França e para a Bélgica, para reparar todo o mal que haviam feito.

Mas a guerra ainda não havia terminado. A bateria de Truman ainda estava em ação, "disparando uns projéteis de vez em quando, e sendo atingida por uns outros tantos". Na manhã daquela terça-feira, ele estava em sua trincheira, aproveitando o tempo livre para censurar as cartas que seus homens escreviam para casa, antes de prosseguir com o avanço. A julgar pelas cartas, alguns deles estavam ganhando a guerra sem a ajuda de mais ninguém. Um alegre bando de mentirosos, e Truman tinha muito orgulho deles.

Indo contra todas as regras, chegara a emprestar dinheiro a alguns homens, quantias que ele não esperava receber de volta. Mas, mesmo que eles não pagassem o que deviam, pelo menos um voto poderiam dar, depois do fim da guerra, caso ele decidisse se candidatar ao Congresso, com base em seu sucesso militar.

Num outro ponto na linha de frente, o recém-promovido brigadeiro--general Douglas MacArthur não tinha planos de se candidatar ao Congresso, mas certamente tinha orgulho de seu sucesso no serviço militar. Primeiro da turma em West Point, e agora o general mais jovem do Exército dos Estados Unidos, MacArthur era um homem exuberante de 38 anos, que gostava de comandar suas tropas em campo de batalha, brandindo um chicote de montaria quando entrava em ação à frente de seus homens. A maioria deles sentia imenso respeito por MacArthur – "ele é um sujeito que enfrenta qualquer coisa, magro e alto, gentil conosco e duro com o inimigo. Ele fuma charutos de cinco centavos e corre atrás dos alemães tão bem quanto qualquer soldado de infantaria da divisão" –; mas MacArthur também tinha inimigos, geralmente outros oficiais que criticavam sua egolatria e seus modos teatrais.

Alguns haviam apresentado queixas no quartel-general, dizendo que seu desrespeito às regras era um péssimo exemplo. MacArthur costumava comandar pessoalmente os ataques, desarmado, sem máscara de gás e sem capacete. Ele apenas brandia seu chicote para os alemães, maneirismo que não agradava nem um pouco seus rivais. De sua parte, MacArthur argumentava que a forma como ia para a batalha era problema dele:

Não usei capacete porque ele machuca minha cabeça. Não levei máscara de gás porque ela atrapalha meus movimentos. Fui desarmado porque não tinha a intenção de me engajar pessoalmente em combate, e sim de comandar as tropas. Usei um chicote de montaria porque esse é um hábito que adquiri há muito tempo, quando ainda vivia nas planícies. Lutei na linha de frente porque, na retaguarda, eu não conseguiria dirigir de forma eficiente minhas tropas.

A brigada de MacArthur, naquele momento, estava em reserva, esperando, como Truman, a ordem para continuar avançando. Estavam a 24 quilômetros ao sul de Sedan, e esperavam seguir adiante na mesma noite. A antiga cidade fortificada na região do Meuse fora palco de uma humilhante rendição em 1870, quando o exército francês foi destroçado pela Prússia, no desfecho da guerra franco-prussiana. Agora, os franceses estavam decididos a retomar a cidade a fim de restaurar o orgulho nacional, mas os americanos também estavam muito interessados em chegar lá. A menos que a situação mudasse, seria uma corrida para ver quem chegaria primeiro.

MacArthur estava em plena ação, como sempre, andando a passos largos, vestindo calças de montaria e um cachecol civil em volta do pescoço, para se manter aquecido. Ele continuava se recusando a usar capacete ou carregar uma máscara de gás, apesar de, recentemente, ter sofrido um ataque de gás sem proteção. Para ele, a imagem tinha máxima importância numa guerra. "São as ordens que você desobedece que o tornam famoso", explicou a um outro oficial que questionou a irregularidade de seus trajes. MacArthur queria muito ser famoso. Para que mais serviriam as guerras?

Conforme esperado, sua brigada recebeu ordens de avançar naquela noite, atravessando a floresta em direção a Sedan. Era um trajeto difícil, em meio à escuridão e, ainda, em poder do inimigo. MacArthur avançava quando um franco-atirador disparou uma bala que zuniu através das árvores e furou a manga de seu casaco, por pouco não atingindo seu braço. No entanto, ele não se abalou, pois errar o alvo por pouco ou por um quilômetro acaba dando no mesmo, e um furo de bala em seu casaco só acrescentaria à sua lenda.

Na Baviera, nas redondezas da pequena cidade de Ingolstadt, o capitão Charles de Gaulle, do exército francês, daria tudo para trocar de lugar com MacArthur naquele momento. Mas, em vez de estar em campo de batalha, tinha de suportar mais um frustrante dia de cativeiro, quase o milésimo desde que fora feito prisioneiro, em março de 1916.

Depois de se alistar como voluntário no *front* de Verdun, durante a batalha, De Gaulle sofreu seis dias de bombardeio contínuo, até que chegaram reforços – um bando de homens exibindo os capacetes azuis da França. Uma inspeção mais cuidadosa revelou tratar-se de soldados alemães disfarçados. De Gaulle comandou seus homens num ataque a baioneta, mas, quase que imediatamente, foi baleado na coxa. Tendo desmaiado com a perda de sangue, foi dado por morto e deixado para trás por seus homens. Mais tarde, ao recuperar os sentidos, viu-se prisioneiro, e o mesmo alemão que ele antes tentara matar agora cuidava de seus ferimentos.

Foi demais para De Gaulle. Ele sempre havia jurado que o inimigo jamais o apanharia vivo. Depois de se recuperar dos ferimentos, tentou fugir repetidas vezes. Cavou túneis sob o campo de prisioneiros e foi para território neutro o mais rápido que pôde. No entanto, seu metro e noventa de altura o tornavam bastante visível, principalmente quando vestido num uniforme alemão roubado, cujas mangas mal chegavam aos cotovelos. Após ser recapturado três vezes, De Gaulle foi enviado para o Forte Nine, em Ingolstadt, um campo de punição para fugitivos incorrigíveis, situado às margens do Danúbio.

O campo era uma velha fortaleza de 18 metros de altura cercada por um duplo fosso. Só o poço interno tinha 15 metros de largura, uma barreira intransponível para qualquer um, salvo os mais determinados. Os prisioneiros, tanto britânicos quanto franceses, eram mantidos atrás de grossas paredes de pedra, precursoras do castelo de Colditz. Quase todos estavam fracos, depois de meses de maus-tratos e desnutrição, mas continuavam decididos a dar trabalho a seus captores.

De Gaulle, imediatamente, tentou escapar de novo, mas sem sucesso. Era impossível escavar sob o fosso, porque os túneis sempre acabavam inundados. O fosso congelava no inverno, mas os alemães o percorriam de barco, quebrando o gelo com os remos para que os prisioneiros não pudessem atravessá-lo a pé. A única outra forma de sair do Forte Nine era pelo portão, permanentemente vigiado. Depois de várias tentativas frustradas, De Gaulle foi forçado a abandonar a ideia de fugir, tendo que inventar outras formas de passar o tempo.

Os britânicos costumavam dar festas à fantasia, às quais os oficiais companheiros de De Gaulle compareciam vestidos de prostitutas francesas, mas isso não era para ele. Distante e austero, De Gaulle não tinha a intenção de exibir suas pernas a ninguém, quanto mais para os britânicos. Ele havia feito poucos amigos no Forte Nine, e fora apelidado de o "Grande Condestável da França" por seus compatriotas. Ele preferia usar melhor seu tempo, em vez de desperdiçá-lo se fantasiando para festas.

Confinado em prisão solitária por suas tentativas de fuga, mantinha a sanidade recitando os milhares de versos de poesia grega que sabia de cor. Mais tarde retomou seus estudos de alemão para conseguir ler os jornais alemães e acompanhar o desenrolar da guerra. Estudando cuidadosamente os comunicados alemães e lendo nas entrelinhas, De Gaulle esperava ter uma ideia do que realmente vinha acontecendo em ambos os lados.

"Mas, nesses jornais, você só vai encontrar notícias das vitórias alemãs", observou um outro oficial.

"Claro", respondeu De Gaulle, "mas se eu ler os comunicados com atenção, poderei perceber que erros táticos os alemães cometeram... Nessas supostas vitórias, posso ver os primórdios da derrota alemã."

Embora baseadas apenas em jornais alemães, as análises de De Gaulle haviam se mostrado razoavelmente corretas, e ele previu o desfecho de diversas ofensivas com relativa precisão. Utilizou seu tempo no Forte Nine para fazer um estudo cuidadoso da guerra, extraindo do conflito lições que poderiam lhe ser úteis no futuro. Antes da guerra, De Gaulle era soldado de carreira, e pretendia continuar sendo depois que a guerra terminasse.

Mas ele sabia que seu lugar era na linha de frente, liderando seus homens. Sentia-se extremamente frustrado por não estar participando da guerra, agora que ela se aproximava do fim. As perspectivas de promoção dependiam de experiência em combate, e há quase três anos ele não participava de uma batalha.

No Forte Nine, havia um mastro, colocado sobre o ponto mais alto de uma elevação do terreno. Ali, os alemães hasteavam uma bandeira, sempre que tinham uma vitória a celebrar. A bandeira não fora hasteada nenhuma vez nos últimos meses, desde a ofensiva alemã da primavera. De Gaulle não precisava ler nas entrelinhas para perceber que, agora, os alemães, estavam muito próximos do fim, em seu último suspiro. O exército alemão fora derrotado, os franceses estavam prestes a vencer a guerra, e aqui estava De Gaulle, confinado numa prisão, incapaz de cumprir seu destino. Para um homem que via a França toda vez que olhava no espelho, a situação era intolerável.

O trem que trazia o general Gröner de Spa chegou a Berlim bem cedo, na manhã de terça-feira. A cidade parecia calma, quando ele deixou a estação, mas Gröner sabia que, sob a superfície, nem tudo ia bem. Haveria uma revolução dali a poucos dias, se a crise que os alemães vinham enfrentando não fosse solucionada muito em breve.

Príncipe Max, chanceler da Alemanha há quatro semanas, ainda se recuperava da gripe espanhola. Gröner tinha uma audiência marcada para o dia seguinte, quando apresentaria ao príncipe seu relatório sobre a situação no *front*. Nesse meio tempo, ele tinha encontros com outras pessoas, ministros do governo civil que, recentemente, haviam substituído a administração militar como um prelúdio necessário à paz. Tanto quanto o novo governo, Gröner desejava a paz, mas o que ele temia, ao se dirigir para a reunião com os ministros, era que não houvesse consenso quanto a como alcançá-la.

O maior obstáculo era o kaiser. O novo governo queria que o kaiser abdicasse, e argumentava que não poderia haver paz na Alemanha enquanto ele não fosse tirado do poder . O kaiser era odiado por gente demais para poder permanecer. Mas a opinião do governo não era compartilhada pelo exército. Na opinião do corpo de oficiais, pelo menos, uma Alemanha sem o kaiser era simplesmente impensável. Os oficiais não abriam mão da convicção de que ele precisava permanecer.

Foi o que Gröner relatou na reunião. Enquanto os ministros escutavam em silêncio, ele disse que o comando supremo em Spa não admitiria em hipótese alguma a abdicação do kaiser. Rigorosamente todos os soldados do exército alemão haviam feito um juramento de lealdade ao kaiser como seu comandante militar supremo. A ideia de o exército abandoná-lo agora estava fora de questão.

Como reforço para suas palavras, Gröner trouxera uma mensagem dirigida aos ministros pelo marechal-de-campo Von Hindenburg, seu chefe em Spa. O tom da mensagem era inflexível:

> Quanto à questão da abdicação do kaiser, o marechal-de-campo ordenou que eu dissesse a vocês, usando suas próprias palavras que, em sua opinião, desertar o kaiser seria um ato canalha. Essa, cavalheiros, também é a minha opinião, e a opinião de todos os soldados com algum senso de honra ... Se não pusermos fim à revolta contra o kaiser, o destino do exército estará selado. Ele simplesmente se esfacelará. Entre os soldados que voltarão em bandos para casa, toda a bestialidade da natureza humana aflorará.

Era essa a escolha que confrontava o governo alemão. Não haveria paz com o kaiser e, sem ele, não haveria exército. Tal dilema eles teriam de resolver sem mais demora.

Em Kiel, o capitão Karl Weniger havia passado uma noite extremamente inquieta a bordo do *König*, imaginando o que a manhã traria. Em terra, o caos ainda reinava. Marinheiros faziam baderna e oficiais fugiam da cidade da forma que era possível, até mesmo roubando bicicletas, no desespero de escapar. Weniger não sabia por quanto tempo seu navio ainda poderia resistir contra o mar de bandeiras bolcheviques que os cercava.

Não seria preciso esperar muito para descobrir. Uma multidão invadiu o *König* logo após o nascer do sol, indignada porque as cores do império haviam sido novamente hasteadas, ao raiar do dia. A Weniger apresentaram um duro ultimato: ou ele baixava a bandeira imperial até o meio-dia, substituindo-a por uma bandeira vermelha, ou ele e sua tripulação sofreriam as consequências.

Weniger realizou uma rápida reunião com seus oficiais e com os homens que se mantinham leais. Os oficiais estavam dispostos a lutar, e a guarda do navio também. Weniger decidiu não ceder e defender a bandeira imperial.

Comandada pelo tenente Wolfgang Zenker, a guarda do *König* se posicionou junto dos cabos do mastro. O impasse se prolongou por duas horas, até que a multidão perdeu a paciência. Assumindo o controle da situação, eles invadiram o navio em massa. Balas ricocheteavam nas torres de tiro enquanto as duas facções lutavam pelo controle do mastro.

Zenker foi atingido e morreu no convés, com o capitão Weniger ajoelhado sobre ele. O tenente-comandante Bruno Heinemann também foi baleado e levado para terra firme, onde morreria mais tarde. O próprio Weniger foi atingido várias vezes, mas não morreu. Gravemente ferido, ele só teve tempo de disparar contra um de seus agressores antes de perder os sentidos. Os marinheiros amotinados passaram por cima de seu corpo e começaram a arriar a bandeira imperial. Ela havia tremulado orgulhosamente sobre a batalha da Jutlândia. Agora, havia sido trocada por uma bandeira improvisada, vermelho-sangue, símbolo da revolução bolchevique.

Os tiroteios foram a gota d'água para o príncipe Heinrich. O governador naval de Kiel havia garantido que a situação estava sob controle, mas não era o que parecia das janelas do palácio. Heinrich sabia que, com a multidão descontrolada daquele jeito, ele e sua família seriam os próximos a morrer. Era hora de fugir.

Heinrich esperou o cair da noite, antes de começar a agir. Assim que pareceu seguro, ele e sua família escaparam do palácio e, num carro conduzido por um motorista, fugiram da cidade. Heinrich e seu filho escondiam o rosto sob as abas dos chapéus, para ocultar a identidade. O carro levava uma bandeira vermelha em apoio à revolução. Evitando as estradas principais, eles deixaram para trás Kiel e desapareceram na escuridão, rumo à Dinamarca, ao norte.

Já a meio caminho de Eckenförde, o carro foi parado por alguns marinheiros aglomerados em torno de um caminhão enguiçado. Sem reconhecer Heinrich, os homens perguntaram para onde estavam indo. Dois deles decidiram pegar uma carona até Eckenförde. Antes que Heinrich pudesse impedir, eles subiram no veículo e estavam de pé a seu lado quando o carro deu partida.

Seriam eles bolcheviques, que matariam Heinrich assim que percebessem quem ele era? Ou legalistas que, na escuridão, ainda não tinham visto a bandeira vermelha? Heinrich não esperou para descobrir. No escuro, era impossível ver o que havia acontecido exatamente, mas há quem conte que ele sacou uma arma, atirou num dos marinheiros e estava prestes a atirar no outro quando o homem, rapidamente, se jogou do carro.

Atrás deles, os marinheiros do caminhão correram para seus rifles. Eles dispararam alguns tiros na direção do carro, até o perderem de vista. Abaixando-se, Heinrich, aos gritos, ordenou ao motorista que pisasse no acelerador. O carro seguiu à toda velocidade, ziguezagueando pela noite, desaparecendo tão rapidamente quanto havia surgido, e não parando mais até chegar à fronteira do território neutro da Dinamarca, bem mais ao norte.

Enquanto o príncipe Heinrich fugia para salvar a própria vida, os oficiais do Estado-Maior, no Grand Hôtel Britannique, quartel-general supremo do exército alemão em Spa, planejavam uma morte gloriosa para seu irmão mais velho. Eles estudavam um mapa da linha de frente, à procura de um lugar onde o kaiser pudesse morrer no comando de suas tropas. A ideia era que ele partisse para a batalha e morresse pela pátria, evitando assim o constrangimento de ser forçado a abdicar contra a sua vontade. Era uma solução que convinha à Alemanha para um problema muito alemão.

A ideia, originalmente, havia partido do general Gröner. Logo antes de viajar a Berlim, ele havia chamado o marechal-de-campo Von Hindenburg para dizer que, se o pior acontecesse, haveria sempre a possibilidade de o kaiser partir para a linha de frente e buscar uma morte heroica à frente de seus soldados. Se ele morresse bravamente em batalha, em vez de abdicar vergonhosamente e partir para o exílio, vários problemas estariam resolvidos. Gröner expressara sua opinião de maneira um tanto áspera:

> Ele deve ir para o *front*, não para passar em revista as tropas ou distribuir condecorações, mas para enfrentar a morte. Deve ir para alguma trincheira situada bem no meio da zona de combate. Se for morto, nenhuma morte poderá ser mais gloriosa. Se for ferido, os sentimentos do povo alemão em relação a ele mudarão completamente.

Hindenburg ficou horrorizado com a ideia, com o simples fato de ela ter sido sugerida. Mas ele não a vetou de forma absoluta. Pelo contrário, deu permissão para que alguns oficiais de confiança começassem a planejar a morte do kaiser em campo de batalha. Agora, com o mapa aberto, escolhiam o lugar onde seu comandante militar supremo morreria. Não era tão fácil quanto parecia, pois a linha de frente se alterava a cada hora, e as estradas estavam tão congestionadas de destroços que talvez o kaiser nem ao menos conseguisse chegar lá.

Os oficiais também procuravam voluntários para acompanhar o kaiser em sua última grande aventura. Os oficiais mais jovens eram da opinião que os oficiais mais velhos deviam se oferecer. Os mais velhos pensavam que a ideia precisava de mais elaboração. A única coisa com que todos concordavam era que se o kaiser realmente escolhesse morrer como um soldado, deveria ser no máximo até quinta-feira, porque, depois disso, fatalmente haveria um Armistício.

Na França, o Armistício já vinha tarde para o tenente Herbert Sulzbach e suas baterias de canhões. Eles continuavam sua longa retirada na calada da noite, enquanto os franceses ainda os castigavam com artilharia pesada. Não era uma experiência agradável naquele frio úmido:

> Seguimos em frente no breu da noite, sem ver um palmo adiante do nariz! As estradas estão encharcadas, depois de 24 horas de chuva contínua. Os franceses estão nos bombardeando com as armas de baixo alcance mais violentas que se pode imaginar e, a intervalos irregulares, bombardeiam todas as estradas da retaguarda com artilharia de alto calibre. Com nossos soldados e armas, não podemos evitar as estradas e, por essa razão, temos de nos expor ao bombardeio. É realmente horrível, porque o dia anterior já havia acabado com nossos nervos e, agora, está sendo pior do que nunca. Ainda mais, precisamos colocar obstáculos ao inimigo e, novamente, explodir todos os entroncamentos por onde passamos, derrubar árvores pesadas e detonar as pontes. Essa demora nas estradas congestionadas é um grande transtorno, porque estamos todos ansiosos para chegar à nossa nova posição.

Para piorar as coisas, os alemães, durante a retirada, foram atacados também por civis franceses, franco-atiradores que disparavam nos soldados que ficavam para trás. Sulzbach ficou indignado ao saber que dois soldados do 154º Regimento haviam sido baleados pelas costas ao passar por uma vila. Para desencorajar futuros ataques, ele decidiu revidar. Colocando seus canhões em formação no meio da noite, esperou até às quatro da manhã, e, enquanto os franceses dormiam, bombardeou a vila com sessenta disparos de cada uma de suas baterias.

Para o soldado Graham, da Guarda Escocesa, o dia começou com um bombardeio logo antes do nascer do sol, destinado a enfraquecer a posição do inimigo, além de Preux au Sart. Em seguida, a Guarda fez um rápido avanço, tomando seu primeiro objetivo às vinte para as sete, e o segundo às oito e dez. Uma metralhadora que disparava de um cemitério causou algum atraso, mas, às nove da manhã, eles já se aproximavam de Bermeries, inspecionando os arredores da cidade enquanto os tanques seguiam em frente para expulsar o inimigo:

> Às 12:30 a vila ainda estava em poder dos alemães. Mas nossos tanques já exploravam a posição, seguidos por nossas tropas avançadas. Houve mais uma retirada alemã, e Bermeries ficou livre do inimigo. Uma linha inimiga foi localizada a uma distância de 360 quilômetros, por trás de uma moita baixa que corria ao longo de um pomar. À 1:30, ocorreu um violento choque entre uma de nossas tropas e alguns alemães armados de metralhadoras. O inimigo estava entrincheirado em valas profundas, e suas posições estavam habilmente camufladas. Demoramos aproximadamente uma hora para localizá-los com precisão e eliminá-los. Nossos homens atacaram com baionetas, e todos os alemães foram mortos, feridos ou feitos prisioneiros.

Essa foi a última batalha do dia para a Guarda Escocesa, embora a artilharia alemã tenha mantido um bombardeio indiscriminado pelo resto da tarde. Como as estradas estavam terrivelmente danificadas, era muito mais fácil gastar a munição do que ter de carregá-la. Eles não miravam um alvo específico, apenas atiravam na direção dos britânicos. Quando a noite começou a cair, o tempo piorou, dificultando ainda mais a vida de Graham e de seus companheiros.

> Os homens chafurdaram na lama a noite inteira, e chovia, chovia, não parava nunca de chover. A artilharia alemã continuou em atividade, embora atirando apenas a esmo. Houve algumas baixas causadas por balas perdidas. Os últimos homens que tombaram na guerra tombaram, por assim dizer, por acidente. Eles estavam sendo trazidos de volta da linha de frente para Bermeries para um descanso de algumas horas, fumavam seus cigarros e conversavam em pequenos grupos quando dois projéteis pesados caíram no meio deles, arrancando o rosto de um, abrindo a barriga de outro, coisas assim.

A Guarda Galesa que vinha imediatamente atrás dos escoceses também foi atingida. Os galeses deveriam tomar a dianteira na manhã seguinte e avançavam com esse objetivo. Uma companhia abrigava-se num celeiro quando foi diretamente atingida, por volta da meia-noite. Trinta homens foram mortos ou feridos, e os demais ficaram profundamente abalados. Os alemães podiam estar batendo em retirada, mas a guerra ainda não havia terminado.

Para o capitão John Glubb, dos Engenheiros Reais, o dia não fora de combate, e sim de arrumação. A função dos engenheiros era seguir atrás da infantaria e consertar rapidamente as estradas para que o avanço pudesse prosseguir livremente. Glubb estava em Fontaine-au-Bois, à frente de seus homens, sob a mesma chuva torrencial que encharcava a Guarda, mais ao norte. Eles não estavam gostando nada do tempo, mas, fora isso, estavam felizes, cantando animadamente pela estrada que levava à Forêt de Mormal:

> *Oh, it's a lovely war.*
> *Form fours! Right turn!*
> *How shall we spend all the money we earn?*
> *Oh, oh, oh, it's a lovely war!* *

Glubb entrara na floresta no dia anterior, para um longo trabalho de reconhecimento com o objetivo de verificar o que precisava ser feito. O inimigo parecia ter derretido como a neve, mas havia deixado para trás alguns corpos, como Glubb logo percebeu:

> Numa encruzilhada, um tiro de canhão havia aberto uma cratera bem no meio da estrada, e um jovem soldado alemão estava caído sobre ela. O capacete havia rolado, o rosto estava branco como neve e um fio de sangue escorria do alto de sua cabeça. Ele parecia tão jovem e tão inocente, com pouco mais de 16 anos. Temo que o exército boche esteja mais ou menos nas mesmas condições que o nosso, só crianças ou velhos.

---

* Oh, é uma linda guerra. Formação em quatro! Direita volver! Como vamos gastar todo o dinheiro que ganhamos? Oh, oh, oh, é uma linda guerra!

No avanço do dia seguinte, os sapadores de Glubb atravessaram rapidamente a floresta, alcançando sua infantaria em Noyelles. Não havia sinal dos alemães, embora eles tivessem destruído a ponte sobre o rio antes de baterem em retirada. Glubb assistiu a infantaria britânica chegar e começar a atravessar por sobre o entulho, em fila única:

> Eles todos pareciam ratos afogados, com suas capas impermeáveis brilhando sobre os ombros. Dois franceses, do outro lado do rio, ajudavam nossos companheiros a escalar para a margem. Nossos rapazes davam risada, e todos agradeceram os franceses pela ajuda. Ouvi um dos franceses dizer ao outro, *"Mon Dieu, mon ami, quelle différence après les boches!"*.

Era tarde demais para consertar a ponte ainda naquela noite. Glubb decidiu voltar ao alojamento antes do anoitecer e retornar na manhã seguinte, com os vagões da plataforma flutuante. Se tudo corresse bem, até o final do dia, uma ponte provisória estaria montada, forte o bastante para permitir a travessia do rio e a perseguição de um inimigo cada vez mais esquivo.

Nos Estados Unidos, era dia de eleição. O povo ia às urnas pela primeira vez desde que o presidente Woodrow Wilson os levara à guerra. O presidente não era candidato à reeleição, mas seus companheiros democratas disputavam assentos em ambas as casas do Congresso. Nervosos, eles aguardavam o veredicto da nação sobre a forma como o presidente vinha lidando com a guerra.

Em 1916, ao concorrer à reeleição, Wilson havia tido o cuidado de jamais prometer manter a América fora da guerra. Infelizmente, outros haviam feito essa promessa em seu nome. Ele temia que os democratas estivessem prestes a pagar por esse erro nas urnas. Os norte-americanos de origem alemã certamente não votariam nos democratas, depois de tudo o que havia acontecido. Tampouco os irlandeses, pois isso significaria apoiar uma guerra inglesa. Wilson temia perder o controle do Congresso, justo agora que ele precisava de todo o apoio possível para os dias difíceis que tinha pela frente, em sua tentativa de criar uma nova ordem política na Europa.

Seria muito diferente se, a essa altura, a guerra já tivesse terminado. Se os alemães tivessem capitulado na semana passada, ou mesmo ontem, Wilson estaria no topo do mundo, e seu partido, sem dúvida alguma, alcançaria uma vitória esmagadora nas urnas. Mas os alemães não tinham capitulado. Eles ainda estavam em campo, ainda lutavam, nem um pouco sensibilizados com as necessidades do Partido Democrata. Era o bastante para fazer qualquer político entrar em desespero.

Mesmo assim, Wilson estava intimamente convencido de que os democratas ganhariam. E mesmo que não ganhassem, em compensação, ele acabava de receber notícias esplêndidas da Europa. Um telegrama acabava de chegar de Paris confirmando que os Aliados finalmente haviam chegado a um acordo sobre os termos do Armistício, e queriam que ele convidasse os alemães para a mesa de negociações. Foi o que Wilson fez sem mais demora, enviando uma mensagem a Berlim através da embaixada suíça, na qual ele instruía o governo alemão a se dirigir ao marechal Foch, se desejasse ser informado sobre os termos. Ele estava agora a caminho de uma reunião de gabinete, na qual comunicaria o que acabara de fazer.

O gabinete pôs-se de pé quando Wilson entrou na sala. Ficou claro para todos que as notícias da Europa haviam retirado um peso de sua mente. David Houstoun, secretário da Agricultura, pensou que Wilson, ao entrar, parecia "bem e feliz", muito menos tenso do que estivera por um longo tempo. Franklin Lane, o secretário do Interior, concordou. "Ele obviamente está de ótimo humor, e em boa forma – nem um pouco preocupado. E como não seria assim, se o mundo está a seus pés, comendo em sua mão! César algum jamais alcançou tamanho triunfo!"

No entanto, o presidente ainda tinha muitos problemas pela frente. Sua preocupação mais imediata era a revolução bolchevique que ameaçava engolir a Alemanha. Segundo um despacho recente, a revolução estava sendo financiada por conspiradores judeus sediados na Rússia, que haviam depositado em bancos suíços uma quantia de 10 milhões de dólares destinada a esse fim. O objetivo dos bolcheviques era derrubar o governo alemão. Era bem possível que eles conseguissem atingir seu propósito, se não fossem impedidos. Se conseguissem, meses de caos se seguiriam, e não haveria um governo legítimo com quem os Aliados pudessem negociar o fim da guerra.

Mas eles ainda não haviam conseguido. O comunicado de Wilson já devia ter chegado a Berlim. Se o governo alemão tomasse uma atitude imediata para o estabelecimento da paz, eles ainda seriam capazes de retomar o controle da situação antes que fosse tarde demais.

3

Quarta-feira,
6 de novembro de 1918

Em Berlim, ao alvorecer daquela quarta-feira, o príncipe Max von Baden tinha nítida consciência da necessidade de firmar a paz num prazo de poucos dias. Como chanceler da Alemanha, cargo que ocupava há quatro semanas, ninguém entendia melhor que ele que o país estava à beira de um colapso e seria incapaz de continuar lutando por muito tempo. Uma revolução logo eclodiria, se a paz não viesse antes. Tanto quanto o presidente Wilson, Max não desejava uma revolução.

Convalescendo da gripe espanhola, e ainda um pouco grogue, o chanceler alemão era um homem sensato, primo por casamento do kaiser e, entretanto, muito diferente dele em caráter e temperamento. Era um general prussiano de convicções liberais, favorável a uma monarquia constitucional ao estilo britânico, e não à autocracia inflexível praticada pelo kaiser. Há anos ele vinha defendendo uma paz negociada, na crença de que metade de um pão era melhor que uma carnificina completa. Fora veementemente contra a política de guerra submarina irrestrita, que havia custado à Alemanha tantos inimigos e trazido os Estados Unidos para a guerra. Max era um homem com quem os Aliados poderiam negociar, e foi por essa razão que, em 3 de outubro, foi nomeado primeiro-chanceler parlamentar da Alemanha. Os alemães precisavam de um líder que não tivesse as mãos sujas de sangue para representá-los nas duras conversações que estavam por vir.

O telegrama do presidente Wilson ainda não havia chegado oficialmente a Berlim, mas os detalhes haviam vazado, e Max os tinha à sua frente enquanto esperava o general Gröner chegar para a reunião da manhã. Os detalhes não eram tão agradáveis. É verdade que os Aliados estavam oferecendo o Armistício de que os alemães tanto precisavam, mas ficava claro que as condições seriam imensas, muito piores que as que os alemães vinham esperando. "Indenizações por todos os danos causados às populações civis dos Aliados e a seus bens" seria, por si só, suficiente para levar a Alemanha à bancarrota, fora as outras condições.

O general Gröner trouxe pouco consolo ao chegar. Os dois foram até o jardim da chancelaria para uma conversa particular. Eles, sem delongas, concordaram que a situação interna era tão sombria quanto a do *front*. Os alemães não poderiam continuar como estavam. Eles teriam de cruzar as linhas com uma bandeira branca e pedir um Armistício. Não havia outra opção.

"Mas poderíamos esperar uma semana, pelo menos?", sugeriu Max. O exército alemão necessitava de tempo para se reagrupar antes de passar às negociações.

Gröner fez que não com a cabeça. "Uma semana é tempo demais." Ele temia que o país entrasse em colapso, se a decisão fosse procrastinada. Kiel já havia caído, e o motim estava se alastrando para outros portos. A Bavária estava em estado de anarquia, prestes a se proclamar uma república. O restante da Alemanha faria o mesmo, se os bávaros repudiassem sua monarquia. A maneira mais rápida de neutralizar a tensão seria um Armistício. Sempre seria possível rejeitá-lo mais adiante, se os termos se mostrassem inaceitáveis.

"Mas não antes de segunda-feira, pelo menos?", arriscou Max.

Gröner, novamente, balançou a cabeça. "Ainda é uma espera muito longa. Precisa ser no sábado, no mais tardar."

Na reunião do gabinete daquela manhã, contou aos ministros o que havia dito a Max, que um Armistício era uma necessidade urgente. Ele levou a mesma mensagem aos líderes sindicais e aos do Partido Social-Democrata (PSD), que chegaram para falar com ele ao meio-dia.

Friedrich Ebert, o líder de classe trabalhadora do PSD, teria sido eleito pelo povo para o cargo de chanceler, se a escolha tivesse sido submetida às urnas. Ele concordou que a comissão do Armistício deveria partir imediatamente, e reiterou sua reivindicação de que o kaiser abdicasse, a fim de evitar uma revolução. Gröner objetou, lembrando-o de que não poderia haver exército no campo de batalha sem o kaiser, porque os homens se recusariam a continuar lutando sem a liderança de seu comandante militar supremo. Ele também recordou a Ebert que todos os filhos do kaiser haviam jurado recusar a regência caso seu pai fosse afastado contra vontade.

Ebert não se convenceu. Em sua opinião, o kaiser teria de ser deposto imediatamente. Ele e Gröner ainda discutiam a questão quando Philipp Scheidemann, colega de partido de Ebert, foi chamado ao telefone. Passou-se algum tempo antes que ele voltasse. Ao retornar, seu rosto estava pálido de medo:

> Senhores, discutir a abdicação não faz mais sentido. A revolução já está nas ruas. Os marinheiros de Kiel assumiram o controle em Hamburgo e em Hannover. Não é hora para reuniões e discussões. Agora é hora de agir. De outra forma, é bem possível que, amanhã, a esta mesma hora, não estejamos mais ocupando estas cadeiras!

Não era só Hamburgo e Hannover. Era também Lübeck, Rendsburg, Ratzeburg, Flensburg, Cuxhaven, Brunsbüttel e uma série de outras cidades. Os marinheiros de Kiel estavam se espalhando em todas as direções, convocando os operários, unindo forças com as guarnições locais de todo o país, assumindo o controle em nome do povo. Eles pretendiam fazer pela Alemanha o que seus colegas bolcheviques já haviam feito pela Rússia.

Em Wilhelmshaven, centenas de marinheiros da base naval haviam-se reunido para uma passeata de protesto pela da cidade. Entre eles estava Richard Stumpf, um marujo comum da tripulação do *Wittelsbach*. Igual à maioria de seus camaradas, Stumpf não era realmente bolchevique, mas havia-se deixado levar pela comoção geral, juntando-se aos homens que corriam para terra firme rumo à manifestação. Ele queria participar, mesmo que apenas para registrar seu protesto, após meses passando fome com as rações exíguas e sofrendo com a indiferença de seus oficiais.

Quase todos os homens do *Wittelsbach* também estavam lá. Seus oficiais sequer haviam tentado detê-los quando eles abandonaram o navio. Os fuzileiros navais armados do quartel do Velho Porto também nada fizeram. Ao contrário, os fuzileiros deram três vivas quando os marinheiros passaram por lá chamando homens de outros navios para sua causa. Stumpf estava com eles quando a passeata serpenteou pelas docas, ao som de uma banda:

> Na Peterstrasse, uma patrulha de quarenta homens chefiada por um oficial veio ao nosso encontro. Os soldados se uniram a nós, trazendo suas armas. Foi muito engraçado ver o tenente, quando ele, de repente se deu conta de que estava só. Por causa da música, recebemos grandes reforços de todos lados. Primeiro, pensei que íamos libertar os marinheiros presos na cadeia. Mas logo percebi que não tínhamos liderança. A multidão estava simplesmente sendo levada por puro instinto de bando.

No quartel dos fuzileiros, um major de idade avançada tentou conter a turba com uma pistola, quando ela arrombava os portões. Stumpf assistiu constrangido ele ser dominado pelos marinheiros:

> Ele foi imediatamente desarmado, enquanto mãos tentavam tomar sua espada, e outras, arrancar suas dragonas. Tive pena daquele homem que, corajosamente, tentava cumprir seu dever. Senti o nojo de toda aquela brutalidade subir pela minha garganta. Tive vontade de apertar a mão do major.

À caminho da Divisão de Torpedos, a multidão já reunia muitos milhares, mas Stumpf não tinha mais tanta certeza de que queria participar:

> Observei que a brutalidade ia aumentando progressivamente. As mulheres eram saudadas com assobios e comentários grosseiros. Panos vermelhos eram acenados. Alguém carregava uma colcha de cama vermelha amarrada num pau, como se fosse uma bandeira. Não se pode dizer que fosse uma honra marchar atrás de um trapo sujo. Mas como era o primeiro dia de nossa recém-conquistada liberdade, estávamos dispostos a ignorar esses pequenos senões.

Da Divisão de Torpedos, a multidão se dirigiu ao prédio do quartel-general da marinha, onde um grupo de representantes apresentou uma lista de queixas ao almirante Günther von Krosig. Anteriormente, Krosig havia planejado dispersar a turba usando a força, mas o tamanho da manifestação convenceu-o do contrário. Ele decidiu-se por acatar suas reivindicações.

Meia hora depois, e a duras penas, um acordo preliminar havia sido costurado. Krosig ofereceu as mesmas concessões já feitas aos marinheiros de Kiel: comitês de alimentos, rações iguais para os oficiais e seus homens, disciplina menos rígida, procedimentos simplificados para a apresentação de queixas. Ele conservou para si o controle sobre os assuntos navais, mas concedeu quase tudo o mais que a multidão exigia.

Ouviu-se um rugido de aprovação quando as concessões foram anunciadas. A multidão se dispersou logo em seguida, e seus líderes se dirigiram às pressas para uma reunião onde seria formado o Conselho dos Vinte e Um para assumir o controle da administração de Wilhelmshaven. O conselho era chefiado por Bernhard Kuhnt, agitador de profissão que já havia ocupado o cargo de secretário do diretório local do Partido Social-Democrata. Em nome do povo, Kuhnt, imediatamente, reivindicou o comando não apenas da cidade, mas também das docas da marinha, de Helgoland e da Frota de Alto-Mar.

E isso não era tudo. Sem que a massa soubesse, Kuhnt pretendia, assim que assumisse o controle de Wilhelmshaven, avançar sobre a área rural vizinha, ocupar toda a província de Oldenburg e forçar o duque de Oldenburg a abdicar. Em seguida, Oldenburg seria declarada uma república independente dentro da nova Alemanha. Então, se tudo corresse conforme o planejado, o incendiário Kuhnt se tornaria o primeiro presidente de Oldenburg.

Na França, a agitação havia chegado à linha de frente alemã, embora poucos soldados lhe dessem muita atenção. Bandeiras vermelhas e discursos políticos eram território dos advogados de caserna, e não dos soldados de trincheiras. Mas ela certamente havia afetado as tropas das áreas de reserva, situadas na retaguarda da linha de frente. O bolchevismo tornava-se popular entre eles, como notou o cirurgião Stefan Westmann:

> A cada esquina, encontrávamos os profetas dessa fé, trazendo fitas vermelhas nos chapéus e empunhando bandeiras vermelhas. Muitos deles eram operários de munição grevistas, que haviam sido metidos em uniformes e alistados no exército. Os soldados da linha de frente não sentiam muita simpatia por esse tipo de conversa e surravam os agitadores. Mas os

guardas-vermelhos começavam a chegar em números cada vez maiores, tentando montar "sovietes"* de soldados. Uma tropa de suprimentos passou por nossa pequena aldeia trazendo bandeiras vermelhas em suas carretas. Não demorou muito para que um pelotão de infantaria capturasse os condutores, dessem-lhe uma tremenda surra e rasgassem as bandeiras.

Westmann tinha pouco tempo para a política. Estudante de Medicina parcialmente qualificado, ele havia sido destacado para o corpo médico e servia como cirurgião em período de experiência num hospital de campanha próximo à fronteira belga. Outros podiam fazer baderna nas ruas, mas Westmann estava ocupado demais com seus pacientes para pensar em qualquer outra coisa.

Até recentemente, alguns de seus pacientes eram civis franceses que não tinham acesso a médicos. Westmann não cobrava dos franceses por seus serviços, mas aceitava doações de arroz que os franceses recebiam da Cruz Vermelha. Ele então enviava o arroz à sua família em Berlim, que sofria desesperadamente com a escassez de comida. O bloqueio da Marinha Real era agora tão rígido que, por toda a Alemanha, bebês morriam de desnutrição.

Mas esse confortável acerto com os franceses chegou ao fim, e a unidade de Westmann recebeu ordens de partir naquela manhã. Eles deveriam recuar através da fronteira e entrar na Bélgica. O hospital inteiro teria de ser fechado, e os pacientes seriam transportados de ambulância até a retaguarda.

Como as ambulâncias acabaram não chegando, os pacientes foram colocados em carroças puxadas por cavalos e levados à estação de trem mais próxima. Por sorte, um trem-hospital já soltava fumaça, pronto para partir para a Alemanha. Os pacientes foram rapidamente embarcados, mas não havia lugar para Westmann e o resto da equipe do hospital os acompanhar. Eles não tiveram outra opção que não continuar a retirada a pé.

As botas de montaria de Westmann estavam rotas, e não havia como substituí-las, mas ele arranjou um par de botas militares francesas com seu

---

* Conselhos constituídos por delegados dos trabalhadores, camponeses e soldados, na Rússia.

assistente, que as havia conseguido Deus sabe onde. Por sorte, as botas novas serviram-lhe bem porque, ao que parecia, ele ia passar o resto da guerra caminhando.

Ainda com suas carroças, a equipe do hospital tomou a estrada da Bélgica. Milhares de outros alemães faziam o mesmo, suas unidades se retirando disciplinadamente em direção à fronteira. Uma boa quantidade de mulheres francesas ia com eles, moças que haviam dormido com o inimigo e sabiam que, se ficassem, seriam espancadas por seu próprio povo e teriam as cabeças raspadas.

Algumas levavam crianças, pequenos bastardos louros que seriam estigmatizados pela vida toda, por seus pais serem quem eram. Westmann conhecia um soldado alemão que havia engravidado uma francesa, e a filha dela também. Outros, sem dúvida, haviam feito o mesmo. Essa era parte do preço a ser pago, quando nações até então sensatas entravam em guerra.

Enquanto Westmann recuava para a Bélgica, o tenente Herbert Sulzbach e suas baterias de canhões continuavam a retirada em direção ao rio Meuse. Eles haviam passado a noite em Etroeungt, logo ao sul de Avesnes, conversando com civis franceses que mal conseguiam conter sua alegria ao saber que, no dia seguinte, os alemães teriam partido para sempre. Após quatro anos de ocupação, os franceses deleitavam-se com a ideia de vê-los pelas costas. Sulzbach entendia perfeitamente o que eles sentiam:

> Que sensação celestial deve ser para os franceses patriotas. Amanhã, a esta hora, eles estarão livres, livres após quatro anos e três meses! Nós entendemos como eles se sentem.
>
> No alto da torre da igreja a bandeira branca está tremulando! Sinto-me profundamente comovido com esse sinal de nossa tradicional decência. Estamos mostrando ao inimigo que aqui há civis franceses de diversas aldeias, para que eles não ponham em risco a vida de seus compatriotas com fogo de artilharia. Nós partimos à tarde. Eu me despeço dos civis com as palavras *"Guardez un bon souvenir des Allemands!"*.

Os homens de Sulzbach juntaram-se à retirada rumo ao leste, uma infindável coluna de tropas e canhões avançando arduamente pela lama em direção ao rio. Havia chovido novamente naquela noite, um aguaceiro sem fim despejando-se sobre a escuridão. Sulzbach achou bom, porque a força aérea francesa não podia voar com mau tempo. Já era desagradável o suficiente ter de bater em retirada em meio a um lamaçal, e não precisavam, ainda mais, serem bombardeados do ar.

Em Semeries, ele ordenou uma parada para pernoitarem. A aldeia era minúscula, sua população tendo mais que dobrado nos últimos dias com a repentina chegada de soldados alemães e de franceses evacuados. Sulzbach precisou procurar por algum tempo antes de encontrar abrigo para seus homens. Ele acabou se deparando com um último pedaço de chão que ninguém havia ocupado. Uma centena de seus homens, sem mais demora, acomodou-se ali mesmo, um ao lado do outro, contentes de estarem, enfim, abrigados da chuva. Ali perto, dormiam dez civis franceses, já idosos, que também não haviam encontrado alojamento melhor.

Em Flandres, a chuva havia começado como uma garoa fina logo ao amanhecer, piorando à medida que o dia avançava. O capitão Frank Hitchcock, do 2º batalhão, sentia-se péssimo ao marchar à frente de sua companhia de irlandeses católicos pela estrada que ia para o rio Scheldt. Há dias eles não avistavam alemães, embora vissem sinais de sua passagem recente. Com eficiência habitual, eles haviam explodido as pontes, forçando os irlandeses de Leinster a fazer longos desvios enfrentando a chuva e o chão encharcado.

A paisagem pela qual passavam os soldados de Leinster era deprimente, uma mistura de lúgubres cidades mineradoras, campos desolados e fazendas abandonadas e em ruínas. As pessoas pareciam contentes em vê-los, apesar da chuva. Elas vieram assistir aos irlandeses passarem, as mulheres envolvidas em xales e com crianças ao colo, os homens em camisas de trabalho azuis e gorros pontudos. As tropas de Hitchcock haviam parado para um descanso de dez minutos, acomodando-se numa vala molhada, quando uma mulher saiu de uma casa em frente e colocou uma cadeira para eles, no meio da chuva. Para Hitchcock, essa gentileza foi o único ponto luminoso numa marcha que não melhorava com o correr do dia:

> Quanto mais avançávamos, mais desolada parecia a paisagem. Num determinado ponto, deparamo-nos uma visão revoltante – uma dezena de mulheres descalças arrancando a carne de uma mula que fora

morta dias antes, durante o avanço. Elas haviam retirado a carne dos quartos da carcaça e, com facas e garfos, cortavam pedaços, que em seguida, embrulhavam em lenços. Estavam mortas de fome. Alojamo-nos numa fazendinha modesta, e os homens foram acomodados nos celeiros úmidos e mal-cheirosos de uma fazenda vizinha. Os camponeses eram pobres, maltrapilhos e de aspecto faminto, e as crianças adoraram os pedaços de biscoito que os homens lhes deram.

Quando seus soldados se acomodaram, Hitchcock foi informado de que havia sido destacado para liderar um dos pelotões no rio Scheldt, no ataque previsto para dali a um ou dois dias. Esse procedimento era rotina para Hitchcock, coisa que ele já havia feito muitas vezes, exceto por um pequeno detalhe. Suas ordens continham um conjunto de instruções adicionais intituladas "Prisioneiros sob Bandeira Branca", e o encaminhavam à devida seção do Regulamento de Serviço de Campo. Se o Alto Comando esperava que a companhia de Leinster lidasse com prisioneiros sob bandeiras brancas, isso queria dizer que a guerra logo estaria terminada.

* * *

Na recém-liberada cidade sérvia de Cuprija, a sargento-major Flora Sandes, do exército sérvio, não tinha qualquer dúvida de que a guerra já havia terminado de fato, se não de direito. Filha de um clérigo irlandês, ela estava com seu regimento quando liberaram Cuprija poucos dias antes, e havia assistido a fuga do exército austríaco, num dos lados da cidade, enquanto os sérvios entravam pelo outro. Pouco depois, os austríacos cessaram as hostilidades e solicitaram um Armistício. Os búlgaros também foram derrotados, e as poucas unidades alemãs que ainda restavam no campo de batalha estavam mais interessadas em voltar para casa ilesas do que em continuar lutando.

O regimento de Flora havia continuado o avanço e, a essas alturas, já devia estar em Belgrado. Ela estaria com eles, não fosse por um ataque de gripe espanhola. Essa era a razão de ela ainda estar em Cuprija, recuperando-se bem, mas ainda incapaz de se juntar ao regimento por alguns dias. O hospital local estava caótico, superlotado de soldados morrendo da gripe.

Como ninguém tomava qualquer providência, Flora havia assumido o comando e vinha medicando os homens com doses reduzidas de um remédio que um veterinário francês havia receitado para os cavalos.

A guerra, para Flora, fora muito pouco convencional. Ela partira para a Sérvia em 1914 como enfermeira voluntária, embora soubesse muito pouco de enfermagem. Mas, de início, os sérvios haviam batido em retirada tão rapidamente que os feridos tiveram de ser deixados para trás, e Flora não tinha muito o que fazer. Ela foi ficando com o exército sérvio, pegando num rifle em momentos de crise e apossando-se da arma depois que a crise passasse. Desde criança ela sabia andar a cavalo e atirar, e gostava de se vestir de homem no exército. Uma vez, num bordel, ela conseguiu enganar uma moça, que ficou sentada em seus joelhos por um bom tempo, antes de se dar conta de que Flora era mulher.

Mas todos os homens do regimento sabiam que ela era mulher, mesmo se apenas pelo fato de ela não ficar nua da cintura para cima quando eram dadas ordens de tirar as camisas, nas inspeções de piolhos. Flora banhava-se sozinha no rio e, uma vez, foi surpreendida por uma bateria alemã que atirou em sua direção, enquanto ela, às pressas, esquivava-se, escondendo-se por trás da ribanceira. Ela tinha o hábito de, em momentos de tensão, recitar para si mesma o poema de Tennyson, *A carga da Brigada Ligeira*. Quando a cidade albanesa de Durazzo foi bombardeada pela força aérea austríaca, ela estava lá, e ficou chocada ao ver as tropas italianas escapulirem pelo esgoto de águas pluviais, na pressa de se safar. Em sua opinião, o exército italiano nem de longe estava à altura do ideal militar de Tennyson.

Sua hora da verdade aconteceu numa montanha da Macedônia, quando seu regimento foi atacado ao amanhecer pelos búlgaros. Armando sua baioneta, Flora juntou-se ao contra-ataque, arrastando-se morro acima, de pedra em pedra, numa neblina tão cerrada que a visibilidade não ia além de uns poucos metros. As metralhadoras dos búlgaros mantiveram os sérvios imobilizados por algum tempo, até que o som abafado de uma corneta deu-lhes coragem para voltar à ação:

Um momento de hesitação, um sentimento de "agora ou nunca", e, atabalhoadamente, pusemo-nos de pé e corremos, e eu esqueci de tudo que não fosse a tarefa que tinha pela frente. Novamente, tivemos de nos jogar de bruços ao chão, e um grupo de búlgaros surgiu do nevoeiro, a menos de dez passos e, protegendo-se por trás das pedras, saudaram-nos com uma chuva de bombas. Eles estavam quase sobre nós e, na verdade, foi essa proximidade que nos salvou, pois as bombas passaram por cima e explodiram mais adiante.

Imediatamente, senti como se uma casa desabasse sobre mim, com um estrondo. Tudo ficou escuro, mas eu não estava inconsciente, pois percebia nitidamente que o pelotão recuava. Fiquei sabendo depois que todos haviam sido feridos pela chuva de bombas. Um deles teve o rosto rasgado do nariz ao queixo, um outro o braço quebrado, mas ninguém, a não ser eu, fui posta fora de combate.

Uma das granadas bateu contra o revólver de Flora, o que a protegeu do impacto da explosão. Mesmo assim, seu braço direito foi esmagado, e ela sofreu ferimentos de estilhaços de bomba nas costas e em todo um lado do corpo. Seus companheiros arrastaram-na para longe, "como um coelho jogado na sacola do caçador", carregando-a pela neve num esforço desesperado de escapar antes que os búlgaros conseguissem alcançá-los. Não haveria misericórdia, se eles fossem capturados. Os búlgaros, geralmente, tratavam seus prisioneiros com selvageria. Dez sérvios pegos nesse mesmo choque foram encontrados no dia seguinte com as gargantas cortadas. Foram executados assim que se renderam.

Mas Flora sobreviveu, mesmo que com "metade de uma oficina de ferreiro" dentro de seu corpo. Após uma viagem à Inglaterra para se recuperar, e uma tentativa frustrada de visitar a Frente Ocidental, ela havia retornado aos Bálcãs e reingressado no exército sérvio, no momento em que a maré começava a se virar a favor deles. Ela estaria agora com seu regimento, marchando triunfante sobre Belgrado, não fosse pela gripe espanhola.

Em vez disso, ela estava presa em Cuprija, dirigindo o hospital porque ninguém mais estava em condições de fazê-lo. Além dos sérvios, ela tinha sob seus cuidados uma centena de soldados franceses, alguns dos quais haviam arrombado o almoxarifado do hospital e roubado as calças de seus companheiros, que eles venderam para comprar vinho. A reação de Flora foi colocar um sentinela armado à porta, com ordens de atirar para matar. Satisfeita, ela notou que, depois disso, não houve mais roubo de calças.

Na Rodésia do Norte, a milhares de milhas dos campos de batalha da Europa, o general Paul von Lettow-Vorbeck, do comando alemão da África Oriental, liderava seus homens numa marcha em direção a Kajambi, um posto de missão isolado, para lá do fim do mundo. Os alemães talvez estivessem batendo em retirada por toda a parte, mas von Lettow e suas tropas, na maioria negras, ainda mantinham o avanço, penetrando cada dia mais em território britânico.

Von Lettow estava no comando das tropas alemãs na África Oriental desde o começo da guerra, enfrentando forças britânicas muito mais numerosas sem qualquer ajuda da Alemanha. Isolado dos alemães, e sem a menor possibilidade de repor suprimentos, ele manteve os britânicos à distância por quatro longos anos, ameaçando primeiro o Quênia, em seguida retirando-se através da África Oriental Alemã para território português, voltando então para cruzar a fronteira com a Rodésia do Norte. Suas ordens eram de manter ocupado o maior número possível de tropas britânicas, para que elas não pudessem ser liberadas para servir na Frente Ocidental. Ordens que ele havia cumprido ao pé da letra.

Mas, agora, seus homens estavam cansados e desesperados com a total escassez de tudo o que era necessário para continuar a luta. O almirantado, em Berlim, havia tentado enviar-lhes, a partir da Bulgária, um zepelim carregado com cinquenta toneladas de armas e munições, mas o balão voltou após ter chegado em Cartum, ao receber uma mensagem falsa enviada pelos britânicos, dizendo que von Lettow havia se rendido. Na falta de suprimentos, seus homens aprenderam a extrair borracha das árvores, fabricar parafina a partir de copra, e quinino a partir da casca da quina, preferindo atender boa parte de suas necessidades com improvisos a se render aos britânicos. Mas, por quanto tempo eles conseguiriam continuar sem notícias da Alemanha e sem saber quase nada do que se passava no mundo lá fora?

Von Lettow havia apreendido alguns jornais ingleses em 18 de outubro, quando ficou sabendo da rendição da Bulgária. Ele sabia também que, há pouco tempo, Cambrai, St. Quentin e Armentières haviam sido capturados pelo inimigo. Mas isso talvez significasse apenas que os alemães estavam reduzindo suas tropas a oeste para fortalecer a defesa. Havia muitas razões sensatas para se abandonar uma posição. Não se podia concluir daí que os alemães estivessem, necessariamente, à beira da derrota.

Mas a situação não parecia boa quando as tropas de Von Lettow chegaram em Kajambi, na manhã de quarta-feira. Eles foram bem recebidos pelos africanos da localidade, contentes de verem os ingleses pelas costas, mas estavam ficando sem munição e, perdendo seus carregadores nativos. Trinta e três deles haviam desertado num único dia, recusando-se a penetrar ainda mais em território da Rodésia. Kajambi, além disso, não era grande coisa, embora Von Lettow admirasse sua arquitetura:

O posto da missão católica de lá é composto de edifícios magníficos, espaçosos e maciços. Os missionários fugiram, sem a menor necessidade. Na casa das freiras havia uma carta para mim, escrita por uma delas. A freira era natural de Westfália e, como compatriota, apelava à minha humanidade. Teria se poupado muito desconforto, se ela e as outras pessoas ligadas à missão tivessem permanecido tranquilamente em seus postos. Teríamos feito tão pouco mal a eles quanto fizemos ao velho missionário inglês em Peramiho.

Ao meio-dia, Von Lettow ouviu tiros de rifle vindos do nordeste, a uma distância provável de duas horas de marcha. Ele achou que sua retaguarda estivesse sendo atacada por uma patrulha britânica. Os homens repeliriam os britânicos, como sempre faziam e, no dia seguinte, as tropas continuariam sua marcha até Kasama, uma base britânica mais ao sul. Com certeza, haveria armazéns no local, além de estoques de alimentos e munições. Os britânicos haviam instalado depósitos ao longo das estradas para reabastecer suas tropas. Mas, se os alemães conseguissem chegar lá primeiro, poderiam se servir à vontade, e seriam os britânicos que deveriam ficar sem suprimentos.

Em Washington, os resultados das eleições foram concluídos, e as notícias não eram boas para os democratas. O partido do presidente Wilson havia perdido o controle do Senado por um voto, e da Câmara de Representantes por 45, um desastre para os democratas e uma rejeição pessoal para Wilson.

Os alemães e os irlandeses não haviam sido os únicos a votarem contra ele. Muitos negros haviam feito o mesmo, além de mulheres, agricultores e homens de negócios. A guerra, de formas diferentes, havia prejudicado os grupos mais diversos. O erro de Wilson foi dar um tom pessoal à eleição, apelando aos eleitores com o argumento de que uma vitória republicana seria interpretada na Europa como um voto de desconfiança a seu comando. Ele colocou a própria cabeça no cepo, e o povo americano, como era de se esperar, tomou o machado e desferiu o golpe. Os eleitores não gostavam nada do que estava acontecendo e, nas urnas, deixaram bem claras suas objeções, votando contra o partido de Wilson por todo o país.

Joe Tumulty, secretário de Wilson, disse-lhe que o povo não sabia o que fazia, não entendia as dificuldades que o democrata enfrentava ao tentar construir uma nova ordem na Europa. Wilson concordou. Talvez a situação fosse outra se os democratas tivessem viajado pelo país, encontrando-se com os eleitores e fazendo discursos para explicar por que precisavam de apoio. Mas a gripe espanhola se espalhava por toda a parte, e isso estava fora de questão. O próprio Wilson muito raramente aparecera em público durante a campanha, permanecendo uma figura distante para a maioria dos americanos, um acadêmico austero, mais interessado em se congraçar com os europeus que em ferrar cavalos em Kentucky. O voto popular expressou esse descontentamento.

Wilson agora tinha as mãos atadas, como havia ocorrido com Andrew Johnson, após a Guerra Civil. Ele pretendia manter sua estratégia, mas não seria fácil, com ambas as casas do Congresso perdidas para a oposição. Os planos de Wilson para uma nova ordem mundial incluíam a criação de uma Liga das Nações, ou algum outro nome parecido, um fórum internacional onde os países pudessem resolver suas diferenças de forma diplomática, sem recorrer à guerra. Era uma ideia excelente, em princípio, mas Wilson sabia que seria difícil vendê-la a seus compatriotas. Entre os tribunos do povo recém-eleitos para o Congresso, muitos eram estúpidos o suficiente para rejeitar qualquer ideia colocada a eles por Wilson. Alguns deles não conseguiam enxergar além do próprio nariz.

Mas Wilson ainda era presidente. Ele continuaria a lutar. "Você podem ter certeza de que o resultado das eleições não tornará menos teimoso o escocês-irlandês que existe em mim", afirmava ele a seus colegas. Ele tinha uma reunião do Gabinete de Guerra naquela tarde, e se encontraria com o líder sindical Sam Gompers às cinco. À noite, iria ao Teatro Keith. Sua gente saberia onde encontrá-lo, se boas notícias chegassem da Europa.

Em Berlim, o dia foi de atividade frenética para o príncipe Max e seu gabinete, que tentavam conter a revolução que se espalhava pelo país. A insurreição se alastrava a cada hora, embora ainda não tivesse chegado à capital. As autoridades estavam agindo para que isso nunca viesse a acontecer. Tropas haviam sido posicionadas em pontos estratégicos da cidade, e as estações ferroviárias de Rathenow e de Neustadt an der Dosse estavam bem guardadas. Foi ordenado que todos os marinheiros que chegassem a Berlim fossem imediatamente detidos. Os comandantes da polícia e do exército da cidade avisaram que suas forças permaneciam leais e que seria possível contar com elas numa crise. Max esperava que eles estivessem certos.

Ele era da mesma opinião que Friedrich Ebert ao pensar que o kaiser precisava abdicar imediatamente, como parte da solução do problema. Ainda havia tempo para o kaiser se apresentar voluntariamente, se ele agisse com rapidez. A crise ainda poderia ser evitada, se ele tivesse o bom-senso de ouvir conselhos e saltar antes de ser empurrado. Mas bom-senso nunca fora seu forte.

Ainda mais urgente que a abdicação do kaiser, para Max, era conseguir alguém para chefiar a comissão do Armistício que deveria cruzar as linhas Aliadas para negociar um cessar-fogo. Sua primeira escolha de nível ministerial, Konrad Haussmann, havia recusado de pronto, alegando exaustão após sua recente viagem-relâmpago a Kiel. A segunda opção de Max, Matthias Erzberger, também não se interessou muito. Erzberger, um antigo mestre-escola, era o presidente do Partido Católico do Centro no Reichstag, e adversário ferrenho das políticas que haviam levado a Alemanha à derrota e à ruína. Há muito ele defendia uma paz negociada, discussões sensatas, conduzidas por homens sensatos sentados em volta de uma mesa. Mas ele não tinha o menor desejo de ser um desses homens.

A tarefa era como um cálice envenenado, e tanto Max quanto Erzberger sabiam disso. Erzberger estaria cometendo um suicídio político se envolvesse seu nome no que, na verdade, significava a rendição da Alemanha. Como as tropas alemãs posicionadas na França e na Bélgica ainda eram uma força a ser levada em conta, milhões de seus compatriotas jamais o perdoariam.

No entanto, alguém tinha de aceitar o encargo. "Pálido de pavor", Erzberger deixou-se convencer na reunião de gabinete daquela manhã. Ele, pelo menos, concordou em viajar com a comissão do Armistício até o quartel-general do Exército em Spa, onde discutiria a situação com o marechal-de-

-campo Von Hindenburg antes de chegar à decisão final. Precisava refletir antes de dar uma resposta. Além disso, ainda chorava a morte do filho, um oficial-cadete que acabava de morrer de gripe espanhola.

O trem para Spa estava previsto para partir às 17:05. O general Gröner estaria nele. Erzberger concordou em se juntar a ele e aos demais membros da comissão. Erzberger não fazia ideia de quem eles eram, pois os nomes ainda não haviam sido escolhidos. Ele não era o único a querer preservar sua carreira.

A comissão necessitava de credenciais oficiais para apresentar aos Aliados, quando chegassem a suas linhas. Às 15:00, Erzberger telefonou para a chancelaria para perguntar sobre a documentação, e foi encaminhado a Herr Kriege, chefe do departamento jurídico do Ministério de Relações Exteriores. Kriege queixou-se de não ter sido consultado sobre o assunto, apontando que, em nenhuma ocasião anterior, seu departamento havia redigido documentos que seriam usados num Armistício, e que ele não sabia como proceder. "O curso da história humana não traz precedentes para o tipo de documento solicitado", disse ele a Erzberger. Ele nem ao menos sabia ao certo se isso era incumbência do ministério, uma vez que o órgão não tinha poderes para autorizar a assinatura de um Armistício militar.

"Precedentes de uma Guerra Mundial também não constam em seus arquivos", foi a resposta mordaz de Erzberger. Ele disse a Kriege que precisava ter os documentos em mãos às cinco horas, a tempo de pegar o trem para Spa.

Enquanto Kriege resmungava, Erzberger ficou sabendo quem mais iria com ele para a Bélgica. A comissão do Armistício seria composta de cinco estadistas de alto escalão, para deixar bem claro que a Alemanha não era mais governada pelo kaiser e por seu exército, além de um almirante e um marechal-de-campo, representando suas respectivas armas. Mas os almirantes e marechais-de-campo mostraram-se tão relutantes a se envolver quanto os políticos. Eles, discretamente, haviam-se afastado de toda e qualquer conversa sobre um Armistício, preferindo fingir que a iminente humilhação da Alemanha não era assunto de sua alçada. Ninguém queria ir com Erzberger, se fosse possível evitá-lo.

Após muita queda-de-braço, alguns nomes foram finalmente colocados sobre a mesa. O general Erich von Gündell era um deles. Ele ainda chefiava formalmente a comissão estabelecida em outubro a fim de preparar terreno para o Armistício, embora fosse pouco provável que os Aliados viessem a aceitar uma comissão de negociação liderada por um militar. O conde Alfred von Oberndorff, diplomata de carreira e amigo de Erzberger, devia representar o Ministério de Relações Exteriores. Na falta de altas patentes, a marinha seria representada pelo capitão Ernst Vanselow, e o Exército, pelo major-general Detlev von Winterfeldt, um obscuro comandante de divisão cujo pai havia trabalhado na redação dos termos da humilhante rendição da França em Sedan, em 1870. O formato final da comissão só seria decidido quando eles chegassem a Spa, mas os nomes que a constituíam deixavam claro que nenhum dos altos dirigentes da Alemanha queria se envolver com a questão.

Tomado por um pressentimento sombrio, Erzberger se encaminhou ao trem. Kriege havia prometido que as credenciais estariam esperando por ele na estação, o que não aconteceu. Ele recusava-se a viajar sem elas, atrasando a partida do trem e andando de um lado para outro da plataforma, esperando impacientemente. O conde Oberndorff se juntou a ele às 17:10, e às 17:15 apareceu, enfim, um mensageiro do ministério trazendo os documentos que davam a Erzberger plenos poderes para negociar um Armistício, sujeito à aprovação do governo alemão. O mensageiro trazia também um bilhete particular do príncipe Max: "Consiga toda a misericórdia que puder, Matthias, mas, pelo amor de Deus, faça a paz".

Erzberger embarcou reunindo-se ao general Gröner e aos demais. Um minuto depois, o trem deixou a estação, e eles foram para a Bélgica. Assim que se foram, Max divulgou um comunicado de imprensa anunciando a partida:

NEGOCIAÇÕES DE PAZ E ARMISTÍCIO

Para pôr fim ao derramamento de sangue, a Delegação Alemã
para a Conclusão do Armistício e para a abertura de Negociações
de Paz foi hoje designada e partiu em sua jornada rumo a oeste.

Max acrescentou um apelo para que o povo alemão permanecesse calmo e evitasse novos distúrbios civis. Ele esperava que o anúncio de negociações de paz neutralizasse a agitação que se espalhava por toda a Alemanha, pusesse fim às conversas sobre revolução e até, quem sabe, sobre a abdicação do kaiser. Os dias seguintes mostrariam se ele estava certo ou não.

4

Quinta-feira,
7 de novembro de 1918

Enquanto Erzberger e os outros viajavam pela noite, as luzes ainda brilhavam no Hôtel Britannique, o quartel-general do Alto Comando alemão em Spa. Os assistentes do marechal-de-campo Von Hindenburg faziam serão, trabalhando freneticamente na preparação do terreno para a chegada da comissão do Armistício, na manhã seguinte.

A grande prioridade era entrar em contato com os Aliados para comunicar-lhes o que estava acontecendo. Já era mais de meia-noite quando Hindenburg enviou uma mensagem telegráfica a seu equivalente no exército francês. A mensagem citava os nomes dos membros da comissão alemã, informava ao marechal Foch que eles chegariam de carro às linhas Aliadas e pedia para ser comunicado por rádio sobre o lugar para onde Foch desejava que eles se dirigissem. "Em nome da humanidade", Hindenburg solicitava também um cessar-fogo temporário assim que a comissão estivesse à vista, para lhe permitir cruzar as linhas em segurança.

Uma hora mais tarde, Hindenburg recebeu sua resposta, enviada pelo novo transmissor de rádio instalado no alto da Torre Eiffel:

> Ao comandante-em-chefe alemão:
> Se os plenipotenciários alemães desejam se encontrar com o marechal Foch e lhe pedir um Armistício, devem se apresentar nos postos franceses próximos à estrada de Chimay-Fourmies-La Capelle-Guise.
> Foram dadas ordens de que eles sejam recebidos e conduzidos ao local preparado para o encontro.

Chimay-Guise era um trecho da linha de frente que cruzava a fronteira belga, a 144 quilômetros de Spa. Com as estradas em péssimo estado, levaria um dia inteiro para chegar até lá de carro. Não haveria tempo a perder, quando a comissão do Armistício chegasse. Eles precisariam se apressar, se quisessem atravessar em segurança as linhas francesas antes do cair da noite.

Chovia quando o trem chegou a Spa, às oito da manhã, a mesma chuva cinzenta e encharcada que há dias caía torrencialmente. Erzberger e os demais atravessaram rapidamente a plataforma e se dirigiram aos carros que esperavam para levá-los ao Hôtel Britannique. Todos estavam num humor ainda mais sombrio do que ao deixar Berlim. No meio da noite, eles haviam feito uma parada em Hannover para enviar uma mensagem de rádio ao marechal Foch, comunicando que estavam a caminho. Enquanto a mensagem era enviada, o general Gröner observou os marinheiros que vadiavam pela estação, bandos de amotinados sem disciplina, que haviam assumido o controle da cidade e já não batiam continência aos oficiais nem reconheciam qualquer autoridade que não a sua própria. A visão deixou-o profundamente perturbado.

No hotel, os delegados prepararam-se para a provação que tinham pela frente. Erzberger ainda hesitava quanto a aceitar a liderança da comissão do Armistício, mas foi convencido pelo almirante Paul von Hintze, que lhe afirmou com franqueza que não havia outra alternativa realista. Os Aliados não estavam dispostos a negociar com o kaiser nem com seu exército. Eles só aceitariam conversar com representantes civis do governo alemão, o que significava Erzberger. Não havia ninguém mais.

Ainda relutante, Erzberger concordou em assumir formalmente a liderança da comissão, em substituição ao general Von Gründell que, com grande alívio, transferiu-lhe a responsabilidade. Após telefonar à chancelaria em Berlim confirmando a decisão, Erzberger preparou-se para seguir para as linhas francesas. Hindenburg veio desejar-lhe sorte antes de ele partir. Com lágrimas nos olhos, o marechal-de-campo segurou as duas mãos de Erzberger:

> Hindenburg me disse que essa talvez fosse a primeira vez que um civil, e não um soldado, negociava um Armistício. Mas ele estava inteiramente de acordo, principalmente porque o comando supremo já não ditava mais as diretrizes políticas. O exército necessitava de um Armistício mais que de qualquer outra coisa. Ele se despediu com as seguinte palavras: "Que Deus

o acompanhe e permita que você consiga o melhor que ainda puder ser alcançado para nossa pátria".

Um comboio de cinco carros esperava para conduzi-los através das linhas. Acompanhado por dois capitães do exército que haviam oferecido seus serviços como intérpretes, a comissão pôs-se a caminho ao meio-dia. Erzberger ia no carro da frente, com seu amigo Oberndorff. Os outros iam atrás, mantendo-se a pouca distância uns dos outros enquanto o comboio seguia pelas ruas de Spa.

A chuva ainda caía quando eles partiram, e a estrada estava molhada e escorregadia. Eles mal haviam deixado a cidade quando o carro de Erzberger derrapou numa curva fechada e bateu contra a lateral de uma casa. O segundo carro bateu na traseira do primeiro, e ambos ficaram inutilizados, em meio a uma enxurrada de cacos de vidro. Ninguém ficou ferido, mas um começo de viagem mais desastroso seria difícil de imaginar.

Os delegados ficaram profundamente abalados ao contemplar os estragos. O conde Oberndorff não foi o único a ver ali um mau presságio, mas Erzberger, sem demora, lembrou-lhe do velho provérbio alemão que dizia que vidro quebrado traz boa sorte. Para não perder tempo retornando a Spa, eles resolveram prosseguir nos três carros restantes. As bagagens foram transferidas, e os delegados tomaram seus lugares. Alguns minutos depois, haviam deixado para trás o desastre e ganhavam velocidade rumo à linha de frente e a seu encontro marcado com o destino.

Assim que foi confirmado que eles estavam a caminho, o general Foch deu ordens para que um cessar-fogo localizado entrasse em vigor quando a delegação de Erzberger chegasse às linhas francesas. Mas ele ordenou também que a luta continuasse com mesma intensidade de sempre, para evitar que os alemães tentassem tirar partido da trégua. Havia a possibilidade de os alemães estarem apenas tentando ganhar tempo com as negociações do Armistício, enquanto reagrupavam seus exércitos. Numa mensagem ao general Pershing, Foch deixou claro que não se deveria confiar neles nesse momento de crise:

É possível que o inimigo espalhe boatos de que um Armistício foi assinado, com o fim de nos enganar. Isso talvez não queira dizer nada. Que ninguém cesse qualquer tipo de hostilidade sem a autorização do comandante-em-chefe.

Pershing não necessitava de aviso. De qualquer forma, ele era contra o Armistício. Seus homens avançavam em direção a Sedan, esperando capturar a cidade antes dos franceses. Ele não ordenaria uma parada logo agora.

Em razão de um mal-entendido na transmissão das ordens, uma das divisões de Pershing havia cruzado as fronteiras de uma outra durante a noite, causando uma grande confusão quando as duas se encontraram no escuro. Das montanhas ao sul de Sedan, o brigadeiro Douglas MacArthur partiu às pressas assim que o dia clareou, para resolver o problema antes que alguém fosse morto. Ele não tinha ido muito longe quando foi interceptado, próximo à fazenda Beau-Ménil, por uma patrulha da outra divisão que, vendo seu boné e seu cachecol de civil, concluiu que ele devia ser um espião alemão. A patrulha o capturou à mão armada, para sua grande consternação, quando MacArthur, divertindo-se com a situação, esclareceu o mal-entendido.

> Eu terminava minha conversa com o tenente Black quando notei que um dos soldados da patrulha me olhava como quem queria alguma coisa. Eu fumava um cigarro Camel e supus que ele invejasse esse privilégio tão raro no *front* – tabaco americano. Então, eu lhe ofereci um cigarro, tirando-o do maço já bastante amassado que trazia no bolso. Agradecendo enquanto o acendia, ele disse: "Eu 'tava pensando que se o senhor fosse um general boche, e não americano, a gente ia ganhar uma Cruz de Distinção em Serviço".
>
> Ri e dei a ele o maço inteiro dizendo: "Se você não ganhar uma medalha, pelo menos ganha um maço de cigarro". Ele deu um sorriso largo e confessou: "para falar a verdade, senhor, eu prefiro cigarro do que uma medalha". Quando a patrulha já ia sumindo morro abaixo, ele, marchando no fim da fila, voltou-se para trás e acenou com o mosquete. Eu o saudei com meu boné e eles desapareceram na bruma da manhã.

MacArthur ficou sabendo mais tarde que aquele soldado morrera pouco depois, naquela mesma manhã, lutando em frente aos portões de Sedan.

* * *

Enquanto os americanos avançavam em direção a Sedan, o padre Pierre Teilhard de Chardin, do exército francês, marchava através do Haute Saône a caminho de Citers. Como capelão de um regimento marroquino misto de zuavos e *tirailleurs*, Teilhard havia rezado a missa antes de o regimento partir e, agora, durante a marcha, ocupava-se em remoer uma série de pensamentos, juntando ideias para um artigo que planejava escrever sobre a Ressurreição e a carne de Cristo.

Antes da guerra, Teilhard era um intelectual que se preparava para o sacerdócio em Jersey, após a Companhia de Jesus ter sido forçada a deixar a França. Ele havia se mudado para a Inglaterra em 1908, onde seu interesse em paleontologia humana o levou ao sítio de escavações de Piltdown, em Sussex. Teilhard não havia participado da descoberta do Homem de Piltdown, embora, mais tarde, tivesse encontrado um dente canino naquele mesmo sítio, triunfo pelo qual foi elogiado na revista trimestral da Sociedade Geológica de Londres. Depois disso, ele havia retornado à França, ingressando no exército em dezembro de 1914, para servir como padioleiro voluntário na Frente Ocidental.

Teilhard havia-se recusado a vestir o quepe e o uniforme azul-celeste dos franceses, insistindo em usar o mesmo barrete vermelho e o uniforme cáqui dos marroquinos muçulmanos, que formavam o grosso do regimento. Ele conquistara a afeição dos marroquinos ao recusar a promoção a capitão, alegando que preferia continuar no posto de cabo, em contato próximo com os soldados. Ele havia se mostrado bastante corajoso durante a batalha, suportando o gás, em Ypres, e os horrores de Verdun sem um piscar de olhos. Uma vez, ele se arrastou, no meio da noite, para resgatar o corpo de um capitão, estirado bem em frente a um atirador alemão, e só foi reaparecer ao nascer do sol, com o corpo às costas. Rezar uma missa em meio a um bombardeio não era grande coisa para ele, que havia sido condecorado com a Croix de Guerre e a Médaille Militaire por sua coragem diante do inimigo.

Mas tudo isso agora era passado, e o regimento de Teilhard marchava alegremente para Citers. Há dias eles não avistavam alemães. O Haute Saône era uma região tranquila do *front*, próxima à fronteira suíça e praticamente intocada pela guerra. Marchando ao lado dos soldados, Teilhard extasiava-se com a beleza das árvores desfolhadas:

Continuamos a caminhar em direção ao norte, por uma bela região, totalmente nova para mim. Avançamos num ritmo confortável, em pequenos trechos. Ninguém aqui tem a mínima ideia do que reservam para nós.

À sua frente ficava a Alsácia, uma pequena fatia da França que se estendia ao longo do Reno. A região fora tomada pelos prussianos em 1870 e, desde então, permanecia nas mãos dos alemães. Eles estariam lá em poucos dias, se ninguém os obrigasse a parar, para libertar seus compatriotas após uma espera de quase meio século. A mancha na honra da França seria enfim vindicada, e o padre Teilhard estaria livre para retornar a seu verdadeiro trabalho. Assim que ele terminasse seu artigo religioso – "O poder espiritual da matéria" parecia um bom título –, planejava estudar ciências naturais na Sorbonne, especializando-se na estratigrafia dos fósseis de mamíferos no Baixo Eoceno francês.

Enquanto Teilhard de Chardin marchava através do Haute Saône, o capitão Frank Hitchcock e quatro sargentos do Regimento de Leinster atravessavam um campo de beterraba a caminho do rio Scheldt. Eles seguiam em direção a Moen, para fazer o reconhecimento da vila antes de os Leinsters assumirem o controle, substituindo o batalhão territorial dos Rifles de Westminster da Rainha.

Eles avançavam com dificuldade, chapinhando pelo lamaçal, enquanto estilhaços de granada explodiam sobre suas cabeças. O chão estava tão encharcado que eles tiveram de fazer um longo desvio para chegar ao vilarejo. Carregando às costas equipamento pesado e com lama grudada nas botas, Hitchcock e os outros estavam exaustos quando chegaram ao posto de comando dos Westminsters, instalado na casa arruinada de uma fazenda dos arredores de Moen:

A vila estava sob forte bombardeio, e grupos de moradores assistiam com grande curiosidade os estouros das granadas (a guerra era novidade em Moen!). Um guia nos esperava e, caminhando por um trecho alagado, nos dirigimos ao arvoredo cerrado que cercava o castelo ocupado pelo quartel-general da companhia. Com um bombardeio bastante pesado, os boches tentavam atingir Bossuit, o castelo e seus acessos. Várias granadas de alta potência caíram a uma distância desagradavelmente próxima, cavando enormes buracos no chão encharcado.

Entramos nas terras do castelo pelos fundos e, ao atravessarmos os estábulos, avistamos um lindo castelo medieval, com torreões cinzentos e cercado de três lados por um fosso. Encontrei o comandante da companhia da unidade territorial na cozinha escura e espaçosa, o único lugar seguro de todo o castelo. Todas as janelas haviam sido barricadas com sacos de areia, para proteger contra o impacto das explosões. O castelão havia fugido assim que a luta começara, deixando para trás sua mobília e sua porcelana para serem usadas ou por britânicos ou por boches, conforme fosse.

O comandante da companhia estava com gripe espanhola, mas fez o possível para passar a Hitchcock todas as informações necessárias, enquanto bombas continuavam a cair sobre o fosso. Em seguida, um soldado levou Hitchcock para uma inspeção das posições ocupadas pela tropa ao longo do rio Scheldt. Com menos de 18 metros de largura, o rio, em 1706, havia sido tornado mais fundo pelo marechal Vauban, e se transformou em linha de defesa, uma das muitas do mesmo tipo que cruzavam o campo flamengo. Uma ponte temporária, feita de pranchas e barris de metal, havia sido construída sobre o rio, permitindo que um posto de observação britânico fosse instalado na margem oposta. Hitchcock cruzou-a para inspecionar a posição e, em seguida, retornou ao castelo, onde o resto da companhia acabava de chegar para assumir o lugar dos Westminsters.

Bombas ainda caíam enquanto Hitchcock conduzia seus homens a suas posições. O fogo era intenso, mas apenas esparso, o que sugeriu-lhe que os alemães estavam se livrando do resto de suas munições, antes de bater em retirada. Eles haviam provocado terríveis estragos no caminho que levava ao castelo, esburacado de uma ponta a outra por marcas de bombas, e atravessado pelos troncos das árvores derrubadas.

Os alemães também haviam feito grandes estragos na vila e, naquela noite, ainda a mantinham sob bombardeio, enquanto Hitchcock tateava na escuridão, levando rações para seus homens. Se a experiência passada valesse de alguma coisa, os alemães manteriam o fogo por toda a madrugada, disparando saraivadas esparsas para que ninguém conseguisse dormir. Mas, pelo menos, a vila tinha porões onde Hitchcock e seus homens puderam se abrigar, mesmo que sem conseguir descansar o bastante. Comparado com o que eles estavam acostumados, até parecia o Ritz.

* * *

Em Wilhelmshaven, a revolução ganhava força quando os marinheiros da Frota do Mar do Norte reuniram-se para mais um dia de manifestações. Dessa vez, milhares de civis e estivadores se juntaram a eles, gente comum que marchava numa longa procissão rumo à praça principal. Até mesmo alguns oficiais de baixa patente haviam aderido, e também uns poucos oficiais de convés sem suas espadas. Poucos dos manifestantes eram bolcheviques mas, provisoriamente, eles aceitavam marchar sob as bandeiras vermelhas, mostrando solidariedade aos trabalhadores. Era a única maneira de fazer ouvir suas vozes.

O marinheiro Richard Stumpf decidiu não se juntar à marcha, mas assistia, fascinado, à multidão se reunindo na praça. Um orador vestido num sobretudo esvoaçante tomou a palavra e anunciou que os deputados do Reichstag estavam sendo subornados pelos especuladores de alimentos e pelos que lucravam com a guerra. Um outro acusou o prefeito de se recusar a ajudar a esposa de um soldado e seus cinco filhos. Um terceiro pediu a derrubada do kaiser e de todos os príncipes da federação. Para a consternação de Stumpf, um levantar de mãos mostrou que metade da multidão desejava ver o kaiser deposto, embora os marinheiros tivessem-lhe jurado lealdade como chefe de Estado. Isso era demais para Stumpf. Ele se retirou pouco depois e voltou indignado a seu navio.

Um pouco mais tarde, ele ainda estava a bordo, quando ouviu uma tremenda barulheira vinda de fora. Curioso, Stumpf não precisou esperar muito para saber o que estava acontecendo:

> Alguém enfiou a cabeça no vão da porta e berrou: "Todos a postos para receber rifles e munições!" Parei o primeiro homem que encontrei perguntando: "O que está acontecendo? Por que rifles?". "Traição", ele respondeu ofegante, tremendo de raiva. "Os legalistas estão atirando contra nós em Rüstringen!" Alguém mais gritou: "O Corpo do 10º exército está marchando contra nós. Nós vamos abatê-los como cães".

Stumpf foi com os demais para saber o que estava acontecendo, e ficou horrorizado ao ver marinheiros saindo do arsenal com rifles e baionetas nas mãos:

Eu disse a mim mesmo: vai haver derramamento de sangue. Essas pessoas estão completamente loucas. As ruas estavam um caos. Homens armados cruzavam os portões às pressas, vindos de todos os lados. Até mesmo algumas mulheres arrastavam caixas de munições. Que loucura! É assim que vai terminar? Após cinco anos de luta brutal, agora voltamos nossas armas contra nossos compatriotas? Como até mesmo os homens mais estáveis e sensatos que eu conhecia estavam num estado de semi-histeria, apenas um milagre poderia evitar um desastre.

Mas um milagre aconteceu. A mesma comissão revolucionária que havia espalhado o boato sobre os soldados leais agora mandava seus homens circularem, de carro e de bicicleta, anunciando que se tratava de um alarme falso. Ninguém estava vindo para os atacar. Não havia nada a temer.

Mais tarde, Stumpf ficou sabendo que a comissão havia inventado o boato propositalmente, para justificar a tomada das armas. Algo vergonhoso, na opinião dele, totalmente imperdoável. A comissão estava brincando com fogo ao entregar armas aos homens. Wilhelmshaven voltou à calma naquela noite, mas por quanto tempo, agora que todos tinham armas nas mãos, e que o gênio havia saído da garrafa?

Em Colônia, a situação era ainda mais alarmante, e marinheiros de Kiel se misturavam a soldados da guarnição, exibindo bandeiras vermelhas e gritando palavras de ordem revolucionárias ao longo da Hohestrasse. O prefeito Konrad Adenauer assistia horrorizado, impotente para agir enquanto a turba, fora de controle, fazia baderna pelas ruas, arrancando as dragonas de qualquer oficial imprudente o bastante para cruzar seu caminho.

Trens repletos de marinheiros chegavam de Kiel, apesar dos esforços de Adenauer para mantê-los fora da cidade. Ele havia pedido ajuda ao comandante do exército da cidade e ao chefe da rede ferroviária, mas nenhum deles estava preparado para assumir a responsabilidade de evitar que os marinheiros chegassem a Colônia. Os homens irrompiam em bandos da estação de trem e se espalhavam em todas as direções, ocupando rapidamente o centro da cidade. Prisioneiros haviam sido libertados da cadeia, e soldados exibindo fitas vermelhas em seus uniformes posicionaram-se em cada cruzamento e em cada praça pública. Operários das fábricas de Colônia se juntaram a eles, milhares de manifestantes irados apinhando o Neumarkt e reivindicando um soviete de trabalhadores e soldados para derrubar o velho regime e assumir a administração da cidade.

Tudo isso era demais para o prefeito Adenauer. Ouviu-se uma bateria de artilharia de campo vinda do pátio do Apostelgymnasium, sua antiga escola. Adenauer telefonou ao comandante do exército e perguntou por que os atiradores não haviam recebido ordens de disparar contra a multidão. Ele queria que eles começassem a atirar imediatamente. Algumas salvas de fogo de artilharia disparadas para o alto, por sobre as cabeças dos manifestantes, certamente fariam que eles recobrassem a razão, visto que nada mais funcionava.

O comandante discordou. Atirar sobre a turba não era a solução. Os atiradores apenas matariam algumas pessoas e enfureceriam as demais. Seus homens seriam esquartejados membro a membro, se atirassem sobre a multidão. Educadamente, o comandante recusou o pedido de Adenauer informando-o que, ao contrário, ordenaria que seus homens se recolhessem ao quartel.

Não tendo mais ninguém a quem apelar, Adenauer foi forçado a reconhecer a derrota. O recém-formado Conselho de Trabalhadores e Soldados estava realizando sua reunião inaugural naquela tarde, na Prefeitura de Colônia. Engolindo em seco, Adenauer decidiu que teria de negociar com os revolucionários a fim de manter a administração da cidade funcionando normalmente.

Após conversar com eles por toda a tarde, conseguiu obter algumas concessões, entre elas a garantia de que a bandeira vermelha não seria hasteada na Prefeitura. Isso não era grande coisa, mas pelo menos significava que Konrad Adenauer permaneceria como prefeito, tentando manter a cidade funcionando nos dias difíceis que estavam pela frente.

Em Munique, capital da Baviera, 80 mil pessoas se reuniam na Theresienwiese, o amplo espaço aberto onde, anualmente, era realizada a Oktoberfest. Elas ouviam o bombástico discurso de Karl Eisner, um político agitador que então ocupava o pódio.

Eisner era de Berlim, um judeu habilidoso, com uma longa história de agitação esquerdista. Ele fora preso em inícios de 1918, por organizar uma greve de operários de munições que se opunham à guerra. As autoridades o soltaram em outubro, na esperança de acalmar a situação, mas Eisner continuou incitando o povo a lutar contra a guerra. Seu objetivo, agora, era derrubar a monarquia bávara, substituindo o regime corrupto por uma nova república bávara, tendo ele como primeiro-ministro.

Passando os olhos sobre os rostos na multidão, ele percebeu que aquele era o momento de tomar a cidade e assumir a administração. Da mesma forma que em Colônia e em outras cidades, o povo estava a favor e, sob a incitação de Eisner, o clima era cada vez mais combativo. Eles escutavam, excitados, Eisner os conclamar às armas:

Espalhem-se pela cidade! Ocupem os quartéis! Apoderem-se de armas e munições! Derrotem as tropas! E, depois de tudo isso, assumam as rédeas do governo!

O discurso de Eisner era eletrizante. Assim que terminou, um partidário tomou seu lugar.

Camaradas, nosso líder Kurt Eisner falou. Não há mais necessidade de discursos. Sigam-nos!

A multidão não precisava de mais estímulo. Com gritos de aprovação, dezenas de milhares de pessoas seguiram Eisner até a escola Guldein, que havia sido requisitada pelo exército para servir temporariamente como depósito de armas. Lá, os oficiais nada puderam fazer para contê-las. Eles recuaram ao serem empurrados do caminho e, impotentes, assistiram a turba levar todas as armas de fogo e toda a munição em que conseguiram pôr as mãos.

Da Escola Guldein, a multidão rumou para o norte, ocupando à mão armada o quartel de Maxilimilian Kaserne e outras instalações do exército. Enquanto isso acontecia, Eisner montava seu quartel-general na Mathäserbräu, uma das cervejarias mais queridas de Munique. A cerveja corria solta enquanto a multidão elegia Eisner para se apoderar do aparato estatal e proclamar imediatamente a república.

Da Mathäserbräu, as tropas revolucionárias se espalharam pela cidade para, em nome do povo, ocupar os prédios do governo. Empunhando bandeiras vermelhas elas gritavam "República!" e "Abaixo a dinastia!" pelas ruas. O rei Ludwig III da Bavária ouviu os gritos de seu palácio e entendeu, com um frio no coração, que Munique estava à beira da revolução. Ele já suspeitava disso desde cedo, quando os guardas do palácio responsáveis por sua segurança pessoal faltaram ao trabalho.

Ludwig era um homem velho, não muito querido por seu povo, mas, por outro lado, ninguém o odiava. Preocupado, ele caminhava pelos jardins ingleses próximos ao palácio, quando um de seus auxiliares veio correndo dizer-lhe que a baderna nas ruas colocava sua vida em perigo. O auxiliar aconselhou-o a voltar ao palácio, mas não pela entrada principal, onde uma multidão estava se juntando para exigir sua abdicação. Ludwig entrou pelos fundos e dirigiu-se discretamente aos aposentos reais, onde se trancou junto com a família, pretendendo manter-se firme até que a crise passasse.

Ele ainda estava lá quando dois de seus ministros vieram vê-lo, após o cair da noite. Eles traziam más notícias. Não era mais possível garantir a segurança do rei, porque não havia mais tropas leais à família real na cidade. Os ministros eram de opinião que Ludwig deveria deixar Munique imediatamente, levando sua família, antes que a turba invadisse o palácio e matasse todos.

A dinastia Wittelsbach possuía uma propriedade próxima à fronteira austríaca. Ludwig decidiu ir para lá imediatamente, com a mulher e as quatro filhas. Parando apenas para pegar uma caixa de charutos, mandou chamar seu motorista, e ficou sabendo que o homem se bandeara para a revolução, e que não havia ninguém para levá-los para fora de Munique. Sem se abalar, Ludwig resolveu alugar um carro. Às 21:30, ele e a família, levando consigo alguns empregados de confiança, deixaram Munique num comboio de três veículos, em direção à propriedade da família, situada mais ao sul.

"Vocês que cuidem da própria imundície, agora!", conta-se que Ludwig gritou à multidão ao partir. O comboio deixou Munique sem maiores percalços, porém não tinha ido muito longe quando, no nevoeiro, o carro de Ludwig derrapou para fora da estrada, caindo numa plantação de batatas, onde atolou na lama. Após tentar, sem sucesso, desatolar o veículo, os empregados puseram-se a caminhar através dos campos para buscar ajuda. Encontrando dois soldados numa fazenda, eles os convenceram a usar seus cavalos para retirar o carro do lamaçal. Eram 4:30 da madrugada quando a tarefa foi concluída e o comboio pôde seguir viagem.

Ludwig chegou em segurança à propriedade da família, e logo ficou sabendo que Eisner havia assumido o controle do Parlamento na noite anterior, e que a Baviera era agora uma república. O rei era um homem procurado. Sua única alternativa, agora, era fugir rumo ao sul e cruzar a fronteira austríaca antes que os revolucionários o alcançassem. Era um triste fim para os setecentos anos de monarquia bávara, e também o dobre fúnebre para todas as outras monarquias da Alemanha, porque nenhuma delas poderia ter esperanças de sobreviver, agora que a Baviera havia se tornado uma república.

Os acontecimentos na Baviera ainda se desenrolavam quando o jornalista americano Roy Howard ia de Paris para o porto de Brest, num trem noturno. Como chefe da agência de notícias United Press, Howard acompanhava com interesse as notícias da Alemanha, mas sua principal preocupação, nessa jornada através da França, era o Armistício. Antes de embarcar, Howard lera o comunicado à imprensa divulgado pelo príncipe Max. Com base nos termos da mensagem, ele se deu conta de que uma trégua era questão de horas, e que ela talvez ocorresse ainda naquela noite, enquanto ele estava a caminho de Brest.

O trem de Howard chegou pouco depois das nove, na manhã de quinta-feira. Ele, imediatamente, se dirigiu ao quartel-general das forças americanas na cidade, onde suas suspeitas sobre o Armistício viram-se confirmadas por um contato no serviço de inteligência. Não havia informações oficiais, mas corria em Brest o rumor de que um Armistício de fato fora negociado naquela noite, e que as partes haviam chegado a um acordo quanto aos termos. Os alemães, enfim, jogaram a toalha. A guerra tinha terminado.

Howard mal podia acreditar em sua sorte. Por razões técnicas, Brest era o melhor lugar da França para se enviar boletins de notícias para Nova York. De Brest, uma mensagem podia ser enviada para o outro lado do Atlântico em questão de minutos, ao passo que, das outras regiões francesas, ela levaria até sete horas para ser transmitida por meio de linhas terrestres. Howard talvez tivesse o grande furo de reportagem de toda a guerra e, se a enviasse agora, teria uma grande vantagem, talvez de metade de um dia, sobre seus concorrentes em Paris. O jornalista certo no lugar certo! As lendas eram feitas disso.

Antes de mais nada, Howard precisava confirmar a notícia. Ele passou o resto da manhã correndo de um lugar para outro, tentando obter a corroboração de que precisava. Todos em Brest haviam ouvido o boato, mas ninguém era capaz de confirmá-lo com absoluta certeza. Howard almoçou com o general George Harris, o oficial americano mais graduado da cidade, que também não tinha como confirmar a notícia, embora estivesse praticamente certo de que ela era verdadeira.

Harris designou o major Fred Cook, jornalista na vida civil, para acompanhar Howard por Brest, à procura de alguém capaz de ajudar. Às 16:10 daquele dia, ainda sem confirmação, eles foram se encontrar com o almirante Henry Wilson, comandante de todas as forças navais americanas na França. A banda da marinha tocava na praça enquanto Howard seguia Cook na escalada dos cinco lances de escada que levavam ao andar superior:

> Quando entramos no gabinete do almirante, fomos recebidos por Ensign James Sellards, o ajudante de ordens, secretário particular e intérprete do almirante Wilson. Sellards imediatamente nos conduziu à sala de trabalho do almirante, que estava de pé ao lado de sua mesa, segurando nas mãos um maço de cópias carbono de uma mensagem. A saudação que o expansivo velho marinheiro dirigiu a Cook, antes mesmo que eu fosse apresentado, foi: "Por Deus, major, isso é notícia das boas, não é?". E, sem esperar por uma resposta, nem dar a Cook chance de fazer as apresentações, o almirante gritou para um jovem assistente que havia entrado conosco: "Tome, leve isso para o editor do *La Dépêche* e diga-lhe que pode publicar – diga-lhe também para colocar a notícia no quadro de avisos. E leve essa cópia para o maestro da banda, diga-lhe que a leia para a plateia – em inglês e em francês – diga-lhe também para tocar alguma coisa mais animada!".

Quando o marinheiro saiu, o Major Cook perguntou ao almirante do que tratavam as notícias. Do lado de fora, a banda mudou de tom e começou a tocar *There will be a hot time in the old town tonight*, enquanto o almirante contava-lhe que o Armistício fora assinado. Cook, ainda incrédulo, perguntou se a notícia era oficial. O almirante disse que sim. Com o coração aos saltos, Howard perguntou se o almirante tinha alguma objeção a ele divulgar a notícia, visto que era oficial. O almirante não tinha objeção alguma.

"Claro que não. É oficial. A notícia chegou diretamente do QG pela embaixada, assinada pelo capitão Jackson, nosso adido naval em Paris. Leve uma cópia da nota que enviei ao *La Dépêche*. E vá depressa".

O almirante não precisou pedir duas vezes. Howard desceu as escadas em saltos e, correndo, atravessou a praça, chegando ao escritório dos telégrafos. Os censores que lá trabalhavam já haviam ouvido a notícia e estavam nas ruas comemorando, mas um operador rapidamente assumiu seu posto e o telegrama foi passado. Às quatro e vinte daquela tarde, o grande furo de reportagem do século crepitava pelos fios, rumo a Nova York e ao resto do mundo:

URGENTE ARMISTÍCIO ALIADOS ALEMANHA ASSINADO ONZE MANHÃ HOSTILIDADES CESSARAM DUAS TARDE SEDAN TOMADA MANHÃ PELOS AMERICANOS.

Howard passou o resto da tarde num delírio atordoado, incapaz de acreditar em sua própria sorte. O furo que todos os jornalistas do mundo desejavam, e quem conseguiu foi ele! O furo do século! De Nova York, a notícia seguiria para os quatrocentos jornais de toda a América, do Norte e do Sul, que usavam os serviços da United Press e, de lá, para o mundo todo. A essa hora, no dia seguinte, não haveria, em todo o planeta, alguém que não soubesse que a guerra havia acabado, cortesia do jornalista Roy Howard, em Brest, França, o homem que enviou a notícia com que todos os outros jornalistas sonhavam.

Outras duas horas se passaram antes que Howard descobrisse que alguém em Paris havia se enganado, e que o Armistício não havia sido assinado. Para piorar as coisas, os americanos também não tomaram Sedan.

Mas, a essa altura, era tarde demais para recolher o telegrama. O mal já estava feito. A matéria de Howard havia sido transmitida às 16:20 de uma chuvosa tarde francesa, mas ainda era um minuto para o meio-dia quando chegou aos escritórios da United Press, em Nova York. Na Califórnia era ainda mais cedo, e o dia apenas começava. E, ao longo dos fusos horários internacionais, já era a manhã seguinte, no Pacífico. Os australianos ouviram a notícia quando iam para o trabalho e, imediatamente, começaram a celebrar, com tanto entusiasmo, em Sydney, que todos os estabelecimentos que vendiam bebidas alcoólicas tiveram de ser fechados às duas da tarde, para evitar que a festa passasse dos limites.

Em Nova York, edições extraordinárias dos jornais estavam nas bancas à uma da tarde. Por toda a cidade, as pessoas abandonavam seus escritórios e lotavam as ruas, da Quinta Avenida à Washington Square. A Bolsa de Valores fechou e a Wall Street foi decorada, de uma ponta a outra, com guirlandas feitas de papel de bobinas de máquina de calcular. Bandeiras eram agitadas, estranhos se beijavam e, de uma janela do Hotel Knickerbocker, Enrico Caruso cantou de improviso *The Star Spangled Banner** para uma multidão em êxtase. O prefeito foi às escadarias da prefeitura anunciar um feriado para os trabalhadores da cidade – a maioria dos quais já havia, por conta própria, abandonado o trabalho para dançar nas ruas. As lojas também fecharam, depois de seus proprietários tirarem um tempinho para rabiscar nas vitrines "Feliz demais para trabalhar hoje. Volte amanhã", antes de sair e se juntar à festa.

Em Washington, à hora do almoço, a cidade estava tão apinhada que os bondes não conseguiam circular pelas ruas, os passageiros abandonavam seus trajetos, saltavam dos vagões e iam tomar parte nas celebrações. Apitos sibilavam, sirenes soavam por toda a cidade e diversas bandas tocavam do lado de fora da Casa Branca, enquanto a multidão invadia os jardins chamando pelo presidente. Edith Wilson correu ao Salão Oval e pediu ao marido que aparecesse no pórtico para saudar o povo. Wilson se recusou, sabendo que, se o Armistício realmente tivesse sido assinado, a essa altura, ele já teria tido notícias. Sua mulher entendeu mas, mesmo assim, com ou sem Armistício, não conseguiu se conter:

> À medida que o dia passava, a excitação ia aumentando, e eu simplesmente não consegui mais suportar ficar de fora. Em um carro aberto, fui buscar mamãe e minha irmã Bertha no Hotel Powhatan, com a ideia de passear de carro pela avenida Pensilvânia e assistir aos festejos populares. Assim que o carro foi reconhecido, a multidão nos cercou. Fiquei feliz de ter saído para assumir meu lugar com outros americanos que haviam

---

* Hino nacional dos Estados Unidos.

apoiado o presidente durante a guerra. Eu só lastimava que ele não estivesse lá.

O fato é que Wilson, mais tarde, acabou cedendo e fez uma breve aparição para a multidão, embora ainda apreensivo com a toda aquela celebração. Apreensão que era sentida também do outro lado do Atlântico, onde os jornais britânicos haviam recebido a matéria, mas decidiram não lhe dar muita atenção até que houvesse corroboração oficial. Mesmo assim, a notícia vazou. Alguns exultaram, mas a maioria a encarou com desconfiança, depois das muitas decepções sofridas no passado.

Em Cuba, não houve tanta hesitação, e uma multidão ganhou as ruas de Havana aos vivas, apesar de o país não estar na guerra. E na Argentina, com sua significativa população alemã, a multidão que saiu às ruas quando a notícia espalhou-se se dividiu em duas facções distintas, cada uma delas celebrando o fim dos combates de maneiras diferentes e por razões diferentes.

Mas foi na França e na Bélgica que a notícia teve impacto mais imediato. Para os homens da linha de frente, ela poderia significar a diferença entre a vida e a morte, se a guerra houvesse de fato terminado, e eles não tivessem mais de lutar.

O soldado Darryl Zanuck, da Divisão Buckeye do Exército dos Estados Unidos, estava se preparando para entrar em ação pela primeira vez quando o falso Armistício foi anunciado. Sua unidade havia recebido ordens de se dirigir ao canal Lys-Scheldt, onde os alemães montavam uma defesa de último alento. Zanuck, de 16 anos, não conseguiu esconder a decepção quando sua unidade recebeu ordens de voltar atrás. Ele ansiava por matar um alemão antes de a guerra chegar ao fim, e sabia que, agora, nunca mais teria essa chance.

Zanuck ainda estaria na escola, em Nebraska, se dois cartazes de recrutamento não tivessem atraído sua atenção. O primeiro foi o de Lord Kitchener, "Seu país precisa de você", amplamente divulgado nos Estados Unidos. O segundo foi um cartaz francês mostrando um soldado alemão decepando com selvageria o seio de uma mulher belga seminua. "Por favor, me salvem!", gritava ela, e Zanuck atendeu a seu chamado. Nessa época, ele tinha 14 anos e, imediatamente, apresentou-se como voluntário ao exército americano, sendo de início rejeitado. Mentindo sobre sua idade, ele se empanturrou de comida e bebeu galões de água para aumentar de peso antes de se reapresentar, desta vez com sucesso.

Na Inglaterra, Zanuck foi enviado para a costa sul para um treinamento final antes de ser embarcado para a França. Ele se surpreendeu ao perceber que a guerra era claramente audível do outro lado do mar:

> Todas as noites, à distância, ouvíamos tiroteios no *front* ocidental. Então, uma noite, fomos colocados num trem para Southampton e cruzamos o canal da Mancha à noite, num navio. Íamos apertados como sardinha em lata. Corpo contra corpo. Horrível!

Em Brest, Zanuck teve outra surpresa quando o trem chegou para levá-los à linha de frente. Ele vinha cheio de americanos feridos retirados do combate.

> Jesus Cristo, trezentos homens, sem braço, com furos no peito. Eles olhavam para nós. Meu primeiro grande choque. Isso era guerra, onde estavam matando gente. Os homens foram empurrados para fora do trem, e nós, empurrados para dentro.

Zanuck ainda não havia lutado e agora não lutaria mais, se a guerra tivesse mesmo terminado. Mas ele havia sido ferido duas vezes, uma na explosão acidental de um rifle, num treinamento de tiro, e a outra, ao tropeçar numa pedra. Nenhum dos incidentes teve qualquer relação com os alemães, mas, mesmo assim, eles lhe davam o direito de usar galões de ferimento em seu uniforme, o que impressionaria as garotas quando ele voltasse para casa. Zanuck havia escrito uma carta sobre suas experiências, que foi publicada no *Stars and Stripes*, o jornal do Exército dos Estados Unidos.

Ele pensava em se tornar escritor quando voltasse para a América, talvez até mesmo roteirista de cinema, porque, fatalmente, haveria demanda de filmes sobre a guerra, depois de as tropas voltarem para casa e a poeira assentar. Mas alguma experiência de combate teria vindo a calhar, mesmo que fosse apenas para se gabar para os amigos de Nebraska, que ainda estavam na escola.

Em Rouen, bem atrás das linhas britânicas, o tenente J. B. Priestley também tinha aspirações de se tornar escritor quando a guerra terminasse. Ao contrário de Zanuck, contudo, ele não lamentou quando o falso Armistício foi anunciado. Priestley já havia dado sua cota de combate nos últimos três anos, e não precisava mais provar coisa alguma.

O último combate em que Priestley havia participado fora travado em setembro, em algum lugar para lá de Péronne. Ainda sofrendo os efeitos de um ataque a gás dos alemães, havia entornado vários tragos de rum para ganhar ânimo antes de avançar contra o inimigo naquela madrugada nevoenta. O resultado foi uma forte náusea, que o acometeu em plena marcha:

Após dez minutos – e culpe o gás, o rum ou minha irresponsabilidade, como preferir – eu já havia perdido a batalha, que podia ouvir à minha volta, mas já não conseguia ver. Eu vagava a esmo, atordoado por dentro e por fora, totalmente só. Mas eu devia estar mais ou menos avançando, e não recuando, pois um vulto surgiu da névoa esbranquiçada. Vi que era um alemão e, trêmulo, apontei meu revólver contra ele. Afinal de contas, ele não precisava saber que eu havia passado por dois cursos de tiro sem jamais acertar o alvo.

Era um rapaz de uns 16 anos, que deveria estar a muitos quilômetros de distância, arrumando seus livros na mochila para ir à escola. Balbuciando sons indistintos, ele jogou os braços para o alto, o pobre garoto. Tentando parecer um pouco menos idiota do que me sentia, apontei, num gesto severo, para a direção que eu esperava ser a do exército britânico, e não do alemão. E ele se foi, deixando-me novamente sozinho no nevoeiro, a me perguntar para que lado estaria a batalha. Mas eu nunca a alcancei. Com a cabeça girando e sem fôlego para ir mais longe, resolvi descansar numa trincheira, onde fui encontrado por padioleiros.

Após uma breve estada no hospital, Priestley foi classificado como B2, ou incapaz para a batalha, mas ainda capaz de outros tipos de trabalho. Ele foi enviado para o galpão do Corpo de Trabalho de Rouen, onde passava os dias no prédio de uma antiga fábrica, selecionando mágicos e atores que se travestiam de mulher para as unidades de entretenimento que atuavam por trás das linhas. Priestley trabalhava como um especialíssimo agente de talentos quando chegou a notícia do suposto Armistício. O oficial no comando do galpão encomendou champanhe para o jantar dos oficiais daquela noite, e ficou lívido ao saber que deveria pagar a conta do próprio bolso, quando, após a última gota de champanhe ter sido consumida, o pedido foi negado.

Mais para o norte, já eram nove e meia da noite quando o boato do Armistício chegou a Cayeux, próximo à foz do rio Somme. O soldado Fen Noakes, da guarda Coldstream, estava em sua barraca número 5, no campo de convalescença, já se preparando para ir dormir quando ouviu, à distância, gritos de viva vindos do outro lado do complexo:

No início, a aclamação foi recebida com risadas sarcásticas e algumas vaias irônicas, mas o som foi crescendo e, dali a pouco, o rufar de um tambor se misturou à gritaria. Então, de repente, fez-se um silêncio na barraca. Os homens se entreolhavam com ansiedade e interrogação: "Será que é verdade?" era a pergunta que pairava no ar. "É verdade!" e, ao mesmo tempo, todos enfiaram as roupas às pressas e se precipitaram para o campo de paradas.

De todos os lados, as barracas despejavam seus ocupantes e, em poucos minutos, o enorme espaço aberto estava apinhado de homens bramindo de excitação. O boato e as aclamações alastraram-se como um incêndio: "A Alemanha se rendeu!", e os 8 ou 10 mil de nós sairam aos saltos, roucos de tanto berrar. De uma só voz, a multidão pôs-se a cantar:

Take me back to dear old Blighty,
Put me on the train for London town;
Drop me there, any blooming where:
Birmingham, Leeds or Manchester –
Well, I don't care...[*]

De braços dados, nós balançávamos de um lado para o outro, gritando, saudando e cantando. O alvoroço era indescritível e, em nenhum momen-

---

[*] Levem-me de volta para a velha Inglaterra; Ponham-me no trem para a cidade de Londres; Deixem-me lá, em qualquer lugar: Birmingham, Leeds ou Manchester – Tanto faz... (N. T.)

to, nos ocorreu duvidar da verdade do boato. Lembro-me de ter pensado: "Esse é o momento mais feliz de minha vida. Tenho de guardá-lo na memória para sempre!"

Um dos homens conseguiu uma caixa de rojões e começou a atirá-los para o alto. A corneta soou o toque de recolher, o sinal para que as luzes das barracas fossem apagadas, mas a tropa invadiu a casa de força e não deixou os operadores do gerador desligarem a eletricidade. Um dos espíritos mais temerários derramou um balde de areia de apagar fogo sobre o primeiro-sargento do regimento e tentou soltar os infratores da sala da guarda. Eles, então, deixaram o acampamento e partiram para Cayeux, para celebrar na cidade.

Noakes não foi com eles. Ainda se recuperando dos efeitos do gás mostarda, ele começava a ter dúvidas sobre o Armistício, pois nenhum comunicado oficial havia chegado. E ele não era o único. Os homens começaram a voltar a suas barracas e, meio desolados, foram para a cama.

Só no dia seguinte as suspeitas de que o Armistício não havia ocorrido foram confirmadas. Roy Howard, de Brest, enviou um segundo telegrama a Nova York, assim que se deu conta do equívoco. O furo de reportagem de Howard acabou se transformando no episódio mais embaraçoso de sua carreira. Pelo resto da vida, seus amigos caçoaram dele.

O Armistício não era motivo de riso para Mathias Erzberger e para a comissão alemã, que então viajavam de Spa à linha de frente francesa. As nuvens de chuva combinavam bem com seu estado de espírito, tão baixas e sombrias que o meio da tarde parecia quase noite. No caminho, eles passaram por milhares de soldados alemães rumando na direção oposta, homens exaustos, que batiam numa retirada ordeira, sem mais ânimo para lutar. As estradas estavam caóticas, atulhadas de veículos quebrados e dos detritos que a guerra havia deixado para trás. A retirada do exército alemão não era algo bonito de se ver.

As estradas estavam em condições tão lastimáveis que só bem depois do anoitecer a comissão conseguiu chegar perto da linha de frente. Às seis horas da tarde, eles ainda estavam na Bélgica, nas proximidades de Chimay. Trélon ficava logo adiante, do outro lado da fronteira francesa, mas o comandante militar daquela área afirmou que eles não poderiam prosseguir naquela noite, porque a estrada que ia na direção de Trélon estava intransitável.

Seus homens haviam derrubado árvores e colocado minas terrestres ao longo dos caminhos, para deter o avanço inimigo. Ele não fora informado que a comissão passaria por ali.

Exasperado, Erzberger tomou um telefone de campanha e pediu ajuda ao comandante das unidades de Trélon. O comandante tinha pouquíssimos homens disponíveis – uma de suas divisões estava reduzida a 349 soldados, quando deveria ter 16 mil homens –, mas concordou em enviar um destacamento pioneiro para limpar a estrada. Apesar da escuridão, o trabalho foi rapidamente concluído, e Erzberger e seu comboio alcançaram Trélon às sete e meia.

Eles tiveram uma breve conversa com o comandante da tropa, que ficou horrorizado ao saber dos distúrbios que vinham ocorrendo em Kiel e Munique, e pediu a Erzberger que não falasse sobre isso com ninguém, nem mesmo com seus oficiais. O horário combinado com os franceses já havia expirado, de modo que o comandante decidiu mandar alguns oficiais seguirem na frente para negociar uma extensão do cessar-fogo, antes de Erzberger e seu comboio seguirem adiante.

A comissão deixou as linhas alemãs em algum lugar próximo a Haudroy. O carro da frente carregava uma grande bandeira branca, e um soldado ia de pé no estribo soando um trompete para anunciar aos franceses sua chegada. No último posto avançado alemão, o carro foi parado por um soldado que falava com sotaque suábio, o mesmo de Erzberger.

"Aonde vocês estão indo?", perguntou o soldado.

"Negociar o Armistício", Erzberger informou.

"Só vocês dois vão fazer isso?"; o soldado pareceu impressionado.

O comboio seguiu lentamente por terra de ninguém. Para Erzberger, a jornada era tão melancólica quanto a que ele havia feito três semanas antes, para dizer adeus a seu filho moribundo. Veio-lhe à mente a música de Schumann, *Os dois granadeiros*, que falava das tropas napoleônicas retornando humilhadas da Rússia à França, sabendo que seu país acabava de sofrer uma catastrófica derrota. Os paralelos eram impensáveis.

O soldado com o trompete soava repetidamente o toque de cessar-fogo, enquanto os alemães, com toda a cautela, seguiam em frente. Cerca de 130 metros adiante, ainda em terra de ninguém, eles avistaram os primeiros franceses, as tropas do 171º Regimento de Infantaria, que surgiram em meio ao campo, carregando lanternas e acenando para que o comboio parasse. O sargento Maître estava num posto de observação avançado quando os alemães chegaram:

> De repente, exatamente às oito e meia da noite, enquanto jogávamos um carteado, foi ouvido um chamado à distância; logo depois, o ouvimos mais perto, até que soou alto e bom som, bem próximo ao posto de comando... "Eles não passariam por cima de nós, não é?", o capitão Lhuillier gritou. De pé sobre os estribos do carro vinham dois boches, revezando-se no toque do cessar-fogo. O trompete de prata tinha pelo menos cinco pés de comprimento, como as trombetas de Jericó. Enquanto um tocava, o outro acenava um grande pano branco como bandeira de trégua.

O general Von Winterfeld saltou do carro para se identificar. O capitão Lhuillier imediatamente assumiu o comando, substituindo o corneteiro alemão de pé no estribo por um dos seus, o cabo Sellier. Lhuillier juntou-se ao comboio, conduzindo-o para La Capelle, a umas duas milhas atrás das linhas, que os franceses haviam reocupado naquela mesma tarde. Eles nem tiveram tempo de remover os emblemas do exército alemão, ainda visíveis à luz dos faróis, enquanto o comboio seguia pela chuva.

Em La Capelle, os alemães foram oficialmente recebidos pelo major, o príncipe de Bourbon-Busset, homem de sangue real, em nome do general Marie-Eugène Debeney. Winterfeld desculpou-se ao príncipe pelo atraso dos alemães. "Estamos preparados para assinar uma das capitulações mais vergonhosas da História", confessou ele. "Não temos escolha, devido à revolução. Nem sequer sabemos se, amanhã, a Alemanha ainda existirá".

O príncipe não se comoveu. Muitos eram os franceses que ainda se lembravam de 1870, quando eles próprios se entregaram, e os prussianos, com um ar de que a França os pertencia, ocuparam arrogantemente o país. Um deles era o pai de Winterfeld. Agora, a vez dos franceses chegara.

As tropas francesas também não se mostraram muito compreensivas, embora fossem mais dadas a conversas. *"Finie, la guerre?"*, perguntava, cheia de esperança, a multidão que se aglomerava em torno do carro. Alguns chegaram a aplaudir os delegados, antes de tentar filar uns cigarros. Mas em vão, porque os alemães não fumavam.

Na Villa Francport, os alemães foram fotografados antes de serem transferidos para a frota de carros franceses que os levaria até a estação de trem mais próxima. Foi uma longa viagem em meio à escuridão. Eles pararam no caminho para uma rápida ceia em Homblières, o QG do general Debreney, próximo a St. Quentin. Ao saírem, eles viram uma multidão de curiosos reunida em torno dos carros, para assistir à história sendo feita.

"Nach Paris!", gritou, em zombaria, um homem na multidão, enquanto os alemães embarcavam. Mas os alemães não iriam a Paris, nem mesmo sob uma bandeira de trégua.

5

Sexta-feira,
8 de novembro de 1918

Já era alta madrugada quando a comissão do Armistício deixou o Q. G. do general Debeney. Erzberger e o príncipe de Bourbon-Busset iam no mesmo carro. As estradas estavam tão ruins que os óculos de Erzberger caíam a cada solavanco do caminho. Ele se queixou a Bourbon-Busset, que lhe disse para culpar o exército alemão, e não o francês, pelo estado das estradas.

Por um tempo que pareceu uma eternidade, eles seguiram por terras tristes e devastadas, de vilas em ruínas e casas abandonadas. A paisagem foi uma revelação para Erzberger, que até então nunca havia chegado perto do campo de batalha. Mais tarde, conversando sobre suas impressões, os delegados perguntaram-se se os franceses não teriam, propositalmente, escolhido um trajeto sinuoso através dos escombros a fim de amolecê-los para as negociações que estavam por vir. Erzberger lembrava-se de uma vila em particular:

Nenhuma casa permanecia de pé. Uma ruína após a outra. Os prédios destroçados pareciam fantasmagóricos à luz da lua. Não havia sinal de vida em parte alguma.

Os alemães sequer sabiam aonde estavam indo, porque os franceses se recusavam a dizer. Foi só quando chegaram a uma estação de trem, para lá de St. Quentin, que Bourbon-Busset transigiu um pouco.

"Onde estamos?", perguntou Erzberger.

"Em Tergnier."

Erzberger olhou à sua volta. "Mas não há casas, aqui."

"É verdade", concordou Bourbon-Busset. "No entanto, antes, existia uma cidade aqui."

Eram três da madrugada, hora da França. Uma companhia de *chasseurs* aguardava nas ruínas da estação. Os homens, em gestos rápidos, puseram-se em posição de sentido, mostrando as armas, enquanto os alemães saíam dos veículos, pisando com cautela no entulho, para chegar até o trem.

Ao embarcarem, o general Von Winterfeld notou uma grande cratera ao lado dos trilhos.

"Ação atrasada", disse Bourbon-Busset. "Explodiu três semanas depois da partida do exército alemão. Espero que não haja outras debaixo de nosso trem. Eu não gostaria de ver os senhores explodirem, e nem eu, tampouco."

Winterfeld sentiu-se envergonhado. "Deve ter sido um incidente isolado", insistiu ele. "O Alto Comando não aprova esse tipo de comportamento. É extremamente lamentável."

Ele se juntou aos demais a bordo do trem, que fora montado especialmente para a delegação alemã. Sua *pièce de résistance* era o salão, um magnífico vagão ferroviário de 1860, que pertencera ao imperador Napoleão III. A peça era forrada de cetim verde, decorada com abelhas napoleônicas bordadas em dourado, e monogramada com o N imperial cercado por uma coroa de louros. Napoleão III fora humilhado pelo exército prussiano em Sedan, derrotado na guerra e forçado a abandonar o trono. Agora, que era a vez de os alemães se renderem, os franceses haviam desaposentado o vagão para acirrar ainda mais seu desespero.

As janelas estavam fechadas e as cortinas bem cerradas, para que os alemães não pudessem olhar para fora. Eles perguntaram para onde estavam sendo levados, mas os franceses se recusaram a responder. De qualquer forma, não tinha importância. Uma rodada de conhaque foi servida aos delegados, quando o trem partiu da estação. Então se acomodaram para descansar o máximo possível antes de chegar ao destino final, seja qual fosse.

Enquanto os alemães faziam sua desconfortável viagem pela noite, o marechal Foch e o restante da delegação Aliada esperavam por eles no bosque de Compiègne, ao norte de Paris.

O bosque fora uma estranha escolha para um encontro histórico. Um lugar mais óbvio teria sido o quartel-general de Foch em Senlis, muito mais próximo de Paris. Mas Senlis era acessível demais para o gosto de Foch, uma viagem fácil para jornalistas e turistas vindos de Paris. A cidade esteve em poder dos alemães por um breve período, em 1914. Antes de recuar, eles fuzilaram o prefeito e vários outros reféns, uma ofensa que o povo do lugar não havia esquecido. Haveria cenas desagradáveis, se a delegação alemã lá desembarcasse, agora de chapéu na mão, pedindo paz.

Compiègne era uma alternativa melhor em todos os sentidos. A floresta, lúgubre e escura, era distante, cercada por sentinelas e isolada do mundo exterior. Um corte da estrada de ferro próximo à estação de Réthondes, escondido na mata, fora usado pela artilharia francesa para bombardear os alemães. O corte poderia ser usado também para as negociações de paz, longe dos olhares curiosos dos jornalistas e de outros personagens indesejáveis.

Foch e seu Estado-Maior haviam chegado de Senlis na noite de quinta-feira, num trem bastante parecido com o que levava os alemães. Havia duas cabines com leitos, dois vagões de passageiros de segunda-classe e um vagão-restaurante, onde uma grande mesa fora colocada para as negociações. Foch e sua comitiva haviam passado a noite a bordo do trem, e estavam prontos e à espera quando seus interlocutores alemães vieram se juntar a eles, às sete da manhã.

O trem que levava os alemães parou do lado oposto dos trilhos, a uns noventa metros do trem francês. As cortinas foram abertas e os alemães olharam em volta, vendo que estavam em meio a uma floresta. Eles ainda não sabiam onde estavam, e os franceses tampouco se dispunham a informar. Pouco depois, eles receberam a visita do general Maxime Weygand, o chefe-de-gabinete de Foch, informando-lhes que, se desejassem se encontrar com Foch, o marechal estaria pronto para recebê-los em seu trem às nove em ponto. Os alemães confirmaram que estariam lá.

Eles atravessaram as pranchas de madeira que ligavam as duas linhas da estrada de ferro. Vanselow e Winterfeldt usavam uniformes, mas Erzberger e o diplomata Oberndorff vestiam trajes civis, já bastante amarrotados da viagem.

O líder era Erzberger, um homem pequeno e comum, que usava óculos e era tão diferente da classe dos oficiais prussianos quanto era possível ser. Em Spa, duas dúzias de oficiais do exército foram designadas para os acompanhar nas negociações, mas Erzberger havia declinado seus serviços, por ter plena consciência de que os Aliados estavam fartos do exército alemão, e queriam tratar com civis. Erzberger certamente era civil, mas não causou boa impressão ao chegar ao trem de Foch. Apesar de toda a sua astúcia política, faltava-lhe a presença que era tão natural nos alemães de classe alta.

Os delegados foram levados ao vagão-restaurante pelo general Weygand. Lá, havia telefones, um mapa da linha de frente e uma grande mesa de conferências, com quatro marcadores de lugar de cada lado. Weygand apontou-lhes o lado alemão e saiu para ir buscar o marechal Foch, que esperava no vagão ao lado.

Não demorou muito para que ele chegasse. Vinha acompanhado do vice-almirante Sir Rosslyn Wemyss, o Lord-comandante do almirantado britânico, que representava as marinhas aliadas na negociação. Erzberger notou, com surpresa, que nenhum representante belga, italiano ou americano vinha com eles, apenas um soldado francês e um marinheiro britânico encarando os alemães com desagrado.

Por seu lado, Foch e Wemyss notaram, aborrecidos, que o exército e a marinha alemães estavam representados por Winterfeldt e Vanselow, oficiais de patente nitidamente inferior. Eles entenderam perfeitamente a razão para tal. Além de proteger suas carreiras, o comando supremo alemão queria caracterizar o Armistício como uma questão política, pela qual as Forças Armadas não poderiam em hipótese alguma ser responsabilizadas.

A atmosfera estava dura e tensa quando Foch entrou. Ele e Winterfeld se conheciam bem, do tempo em que Winterfeld era adido militar em Paris, antes da guerra, mas Foch mal deu mostras de reconhecê-lo, ao pedir para ver as credenciais da delegação. Os documentos foram entregues, e Foch os levou de volta ao outro vagão, para examiná-los juntamente com Wemyss e Weygand. Os documentos estavam em ordem, mas não lhes passou despercebido que Erzberger e seus colegas não tinham poder para assinar um Armistício. Qualquer coisa combinada por eles ainda deveria ser autorizada pelo governo de Berlim.

De volta ao carro-restaurante, Foch perguntou aos alemães por que eles tinham vindo: "O que os senhores querem de mim?".

Erzberger disse que estavam ali para ouvir as propostas dos Aliados para um Armistício em terra, mar e ar, em todas as frentes.

"Não tenho propostas a fazer", foi a resposta de Foch.

Perplexos, os alemães trocaram ideias sobre o que havia sido traduzido, antes de fazer uma nova tentativa. Oberndorff disse que eles não fariam cerimônia. Apenas queriam saber quais eram as condições para um Armistício.

"Não tenho condições a oferecer", Foch disse a eles.

Ainda perplexo, Oberndorff exibiu o último comunicado do presidente Wilson aos alemães, lendo em voz alta, em inglês, o trecho em questão. O comunicado afirmava claramente que Foch fora autorizado pelo governo dos Estados Unidos e dos demais países Aliados a comunicar os termos do Armistício a representantes credenciados da Alemanha.

Foch concordou que, sem dúvida alguma, estava capacitado a comunicar os termos, se os alemães desejassem pedir um Armistício. Eles estavam oficialmente pedindo um Armistício?

Os alemães disseram que sim.

Tendo deixado o fato satisfatoriamente estabelecido, Foch disse que Weygand, agora, leria as condições do Armistício. O contra-almirante George Hope, o oficial adjunto de Wemyss, observava os alemães preparando-se para ouvir a leitura dos termos:

> Erzberger, a princípio, estava muito nervoso, e falava com alguma dificuldade; o general parecia imensamente triste; o diplomata, alerta; e o oficial naval, sombrio e taciturno.

O estado de espírito dos alemães foi piorando visivelmente, à medida que Weygand lia em voz alta as condições do Armistício. Eram 34 cláusulas no total, cada uma mais draconiana que a anterior. Todas as terras ocupadas seriam entregues, inclusive a Alsácia e a Lorena; todas as reservas em dinheiro e em ouro seriam devolvidas a seus devidos proprietários; todos os territórios alemães a oeste do Reno seriam ocupados pelos Aliados, além de alguns outros, a leste; todos os portos alemães seriam bloqueados, até que um tratado de paz fosse assinado. Dez mil caminhões seriam entregues aos Aliados num prazo de dez dias, juntamente com 5 mil locomotivas, 150 mil vagões ferroviários em boas condições e quantidades maiores de artilharia pesada, além de metralhadoras e aviões de guerra que as Forças Armadas alemãs ainda tinham em sua posse. O Tratado de Brest-Litovsk seria anulado, e seriam pagas indenizações pelos prejuízos causados pela guerra, apesar de os outros termos dos Aliados já terem mutilado a economia alemã por toda uma geração. Além dessas, o Armistício sendo proposto colocava uma pletora de outras exigências, significando muito mais que um desastre para os alemães, atingindo dimensões de uma verdadeira catástrofe, que superava de forma inimaginável suas expectativas mais sombrias.

O sangue fugiu do rosto de Winterfeld enquanto Weygand lia os detalhes da proposta. O conde Wolf-Heinrich von Helldorf, um dos intérpretes alemães, já não conseguia disfarçar as lágrimas ao chegar a cláusula cinco, que tratava da ocupação de Mainz, Colônia e Coblenz, os principais pontos de travessia do Reno. O marechal Foch permanecia "imóvel como uma estátua", cofiando de tempos em tempos seus bigodes para aliviar a tensão. Wemyss brincava com seu monóculo. Erzberger não falava francês, e ainda não sabia do pior, mas já podia ver, no rosto de seus colegas, que o que ainda estava por vir seria péssimo.

Quando Weygand terminou, fez-se um silêncio arrebatador. Erzberger foi o primeiro a quebrá-lo. Sem comentar os termos do Armistício, pediu a Foch um cessar-fogo imediato, observando que a Alemanha estava à beira de uma revolução bolchevique. O problema rapidamente se alastraria para o resto da Europa, se o exército alemão não pusesse fim a ele. Mas o exército não conseguiria, simultaneamente, pôr a casa em ordem e lutar contra os Aliados. Era do interesse de todos que um cessar-fogo entrasse em vigor imediatamente.

Foch negou com a cabeça. Ele disse aos alemães que não estava disposto a aliviar a pressão colocada sobre eles:

> Neste momento, em que as negociações para a assinatura de um Armistício apenas começaram, é impossível pôr fim às operações militares até que a delegação alemã tenha aceito e assinado as condições que são a própria consequência dessas operações. Quanto à situação descrita pelo sr. Erzberger, como a das tropas alemãs, e o temor de o bolchevismo se alastrar pela Alemanha, a primeira é a doença que costuma se abater sobre todos os exércitos derrotados, e a segunda é sintomática de uma nação total-

mente esgotada pela guerra. A Europa Ocidental encontrará meios de se defender contra esse perigo.

O general Winterfeld foi o próximo a falar. Em voz alta, leu um comunicado do Supremo Comando Alemão, solicitando um cessar-fogo por razões humanitárias. Foch ouviu educadamente, mas permaneceu inflexível. Se os alemães desejavam pôr fim à matança, tudo o que tinham de fazer era concordar com os termos do Armistício. O quanto antes eles o fizessem, melhor seria para todos.

Foch deu-lhes 72 horas para chegarem a uma decisão. O prazo foi fixado para as onze horas da manhã de segunda-feira, 11 de novembro. Se até lá o governo alemão não tivesse concordado com os termos, a guerra continuaria, e eles teriam que lutar até o amargo fim.

Erzberger ficou chocado. Setenta e duas horas nem de longe eram suficientes. O governo alemão estava dividido entre Berlim e Spa. Seria impossível consultar os devidos responsáveis em ambos os locais, e ter uma resposta final em 72 horas. Imediatamente, pediu uma extensão de 24 horas, para ter tempo de consultar as autoridades em Berlim. Foch não cedeu. O prazo continuou sendo 11 horas de segunda-feira. Os alemães podiam aceitar ou recusar. Se soubessem o que era melhor para eles, aceitariam.

Retornando a seu trem, os alemães conversaram rapidamente. A primeira coisa a ser feita era informar o governo alemão sobre as condições do Armistício. Foch havia oferecido um canal de rádio com Berlim e com Spa, mas não permitiu que os detalhes fossem transmitidos de forma explícita. Eles poderiam enviar as 34 cláusulas em código, o que, entretanto, levaria horas. De qualquer forma, eles não haviam trazido consigo os criptogramas necessários. Os detalhes eram importantes demais para serem discutidos por telefone. A única opção viável seria entregar o documento em mãos, enviando um mensageiro através das linhas para levar pessoalmente a íntegra do texto ao quartel-general supremo em Spa.

Às 11 e meia, Winterfeld retornou, após atravessar as pranchas, para enviar uma mensagem de rádio a Spa. A mensagem era assinada por Erzberger, e informava sobre o prazo de segunda-feira, avisando o governo alemão de que não haveria cessar-fogo nesse meio tempo. O texto completo da proposta do Armistício seria entregue em mãos:

> Um mensageiro alemão levando o texto das condições do Armistício foi enviado a Spa, por não haver outro meio de comunicação praticável. Pedimos-lhes que acusem o recebimento e enviem suas instruções finais através do mesmo mensageiro o quanto antes.

O mensageiro era o conde Von Helldorf. Ele tinha 22 anos de idade e era capitão da cavalaria alemã. Em Spa, ele havia oferecido seus serviços voluntários como intérprete da comissão do Armistício. Agora, oferecera-se para voltar para lá, cruzando a linha de frente pela segunda vez em pouco mais de 24 horas.

Helldorf partiu à hora do almoço. O príncipe de Bourbon-Busset, um aristocrata como ele, acompanhou-o até a linha de frente francesa. Como da vez anterior, foi acertado um cessar-fogo localizado para que Helldorf pudesse cruzar as linhas em segurança. Desta vez, contudo, o acerto foi unilateral, pois o exército alemão se recusou a ter qualquer participação.

Helldorf chegou ao *front* e encontrou seus compatriotas "atirando a esmo", sem dar atenção à bandeira branca ou aos toques de corneta pedindo um cessar-fogo. Talvez a ordem não tivesse chegado até eles ou, quem sabe, eles fossem contrários ao Armistício. Fosse qual fosse a razão, os alemães não pararam de atirar. Eles não deixavam Helldorf passar, e sem passar, ele não conseguiria entregar as condições do Armistício em Spa. Ele foi forçado a permanecer onde estava, do lado francês das linhas, praguejando impotente enquanto as balas zuniam por sobre sua cabeça e as horas corriam inexoráveis, aproximando-se cada vez mais do prazo combinado.

A alguns quilômetros ao norte, o tenente Herbert Sulzbach ainda estava em ação próximo a Felleries, atirando sobre os franceses para mantê--los sob controle, enquanto suas baterias de canhões preparavam-se para mais uma retirada, após o cair do sol. Dessa vez, eles deveriam cruzar a fronteira e entrar na Bélgica. Mais algumas horas, e o 63º Regimento de Artilharia de Campo, de Frankfurt, teria deixado a França para sempre.

Sulzbach lamentava ter de ir embora. Nos últimos quatro anos, ele havia passado a amar a França, mesmo que esse amor não fosse correspondido. Entristecia-lhe que os franceses odiassem tanto os alemães, embora ele entendesse as razões.

Os franceses, agora, estavam castrando os soldados extraviados, caindo sobre os alemães e arrancando sua masculinidade com facas de cozinha antes que eles pudessem escapar. Os civis eram os principais responsáveis, aldeões franceses com quatro anos de ocupação para vingar. Eles também atiravam nos alemães, tornando-se cada vez mais ousados à medida que o controle alemão enfraquecia. Sulzbach havia ordenado a seus homens que permanecessem em estado de alerta por todo o restante de sua estada na França, para não correr riscos enquanto se preparavam para fugir na escuridão da noite:

> Os civis franceses entendem perfeitamente o que está acontecendo, e adorariam fuzilar mais alguns de nós. Por essa razão, recebemos ordens de manter a mais rígida disciplina durante a marcha, e de não deixar ninguém para trás. De agora em diante, nenhum dos homens pode ir a parte alguma desacompanhado, nem ser alojado em local isolado dos outros, e os feridos não devem ser deixados a sós e desprotegidos por um minuto sequer. Todos os feridos devem ser levados conosco, sejam quais forem as circunstâncias.

Eram cinco horas da tarde quando os homens de Sulzbach receberam ordens de dar início à retirada. A chuva continuava caindo, como de costume, as estradas estavam encharcadas, e as tropas recuavam no escuro. As notícias de casa também eram péssimas: o caos tomava conta da Áustria e uma revolução acontecia em Kiel, segundo os últimos relatórios.

O único raio de esperança era a comissão do Armistício. Dizia-se que ela havia cruzado as linhas na noite anterior, entrando em contato com os franceses próximo a La Capelle. Como todos em sua unidade, Sulzbach ansiava pelo fim da guerra, contanto que isso fosse alcançado com honra. "Paz sem humilhação", era agora sua esperança. Qualquer outra coisa seria horrível demais de imaginar, após tudo o que haviam sofrido nos últimos quatro anos.

Da janela do sótão de sua fazenda sobre o Scheldt, o capitão Frank Hitchcock, dos Leinsters, passara a manhã estudando o terreno à sua frente, preparando-se para avançar durante a noite. Ele conseguia avistar tropas alemãs no outro lado do rio, atirando nos britânicos de alguns prédios situados atrás de uma fileira de salgueiros. Suas metralhadoras passaram o dia ocupadas, salpicando a casa da fazenda de buracos de balas, ao girar de um lado para o outro contra a alvenaria.

Os bombardeios já haviam transformado a casa em um pandemônio, o chão coberto de crucifixos, espelhos quebrados, roupas de baixo femininas e livros esparramados a esmo. Os homens de Hitchcock mal notavam. Eles estavam bem instalados e confortáveis no porão, de onde só saíam de vez em quando para desenterrar batatas da horta. Eles lá ficaram, satisfeitos, até às nove da noite, quando Hitchcock ordenou o avanço.

A companhia deveria cruzar o rio pela ponte flutuante em frente ao castelo. Ao marchar pela rua da vila, os homens se depararam com uma equipe dos Engenheiros Reais, que havia chegado tarde demais para construir uma ponte decente. Estava escuro e, fazia um frio gélido, uma noite para se ficar em frente a uma lareira, e não para sair por aí, tropeçando no escuro, com bombas zunindo pelo ar.

A ponte flutuante pareceu extremamente frágil quando Hitchcock a examinou. Inchada pela chuva constante, a torrente batia tão forte contra a ponte que sua parte central havia entortado, e as pranchas estavam debaixo d'água. Hitchcock mandou seus homens, repletos de carga, atravessarem um por um, dizendo-lhes que fossem depressa, porque as pranchas afundariam ainda mais se eles se demorassem. Um dos homens não conseguiu e logo afundou na água até os joelhos, deixando cair seu cesto de munições. Hitchcock foi o último a atravessar, aliviado por todos os seus homens terem alcançado a outra margem em segurança, sem perder nenhuma de suas oito metralhadoras Lewis.

Espalhando-se, eles avançaram em direção a um prédio de fazenda, do outro lado do lamaçal. O edifício parecia deserto, mas eles não tinham certeza. Hitchcock tentou abrir a porta, que estava trancada. O portão do quintal também estava fechado a cadeado. Hitchcock continuou a rodear o prédio, até que chegou a uma cerca de arame, do lado oposto:

> Com o meu assistente, escalei a cerca e fui cair dentro de uma poça cheia de estrume. E lá fui eu, afundando até a cintura no lodo fétido. Meu auxiliar teve um pouco mais de sorte. Arrastamo-nos para fora encharcados,

fedendo como gambás e praguejando feito loucos, e nos dirigimos à porta da fazenda, onde encontramos, escrita a giz, em inglês, a frase *"Good-bye, tommies"* – o último gracejo do inimigo em retirada.

A companhia continuou avançando até chegar ao vilarejo seguinte. O quartel-general foi instalado nas redondezas, enquanto uma patrulha seguiu adiante para fazer o reconhecimento do restante da vila. Quando ela voltava, um dos sentinelas abriu fogo, matando instantaneamente os soldados Kane e Bousfield, e ferindo dois outros. Foi um erro terrível, mas não havia tempo para recriminações, não havia tempo para nada que não fosse seguir em frente. Eles ainda tinham muito chão a percorrer na escuridão.

Tomamos posição numa outra fazenda e, por pouco, não surpreendemos os alemães jantando, eles haviam levantado acampamento e deixado a maior parte de sua refeição sobre a mesa da adega. Fazia muito frio e, completamente encharcado, eu congelava até os ossos, por isso tirei toda a roupa, exceto a camisa, que fedia horrivelmente. O sargento Rochford me emprestou seu sobretudo que, como ele era um homem alto, me serviu perfeitamente. Encontrei na fazenda um par de botas civis, daquelas com elásticos nas laterais. Assim vestido, com divisas de sargento no braço, visitei os postos avançados. O restante da companhia dormiu num celeiro de palha.

Com frio, molhado e coberto de lodo. Dois homens mortos em fogo amigo. Os Leinsters, enfim, haviam cruzado o Scheldt.

Por trás das linhas, seu progresso vinha sendo acompanhado por ninguém menos que Lord Curzon, um dos cinco membros do Gabinete de Guerra de Lloyd George. Ele estava de visita ao Q. G. do general Sir William Birdwood, em Lille, monitorando os acontecimentos do dia enquanto o exército alemão recuava ao longo de todo o *front*, e os britânicos os perseguiam do outro lado do rio.

Curzon e Birdwood se conheciam desde a época que estiveram na Índia, onde Curzon era vice-rei e Birdwood, assistente de sua guarda pessoal. A chegada do grande personagem a Lille fora precedida por sua reputação de arrogância e vaidade sem rivais em todo o Império Britânico. Mas Curzon, pessoalmente, mostrou-se muito mais simpático do que os assistentes de Birdwood esperavam. O capitão Alick McGrigor, um dos assistentes de campo de Birdwood, ficou bem impressionado:

> Lord Curzon chegou no fim da tarde e pernoitou. Ele foi extremamente agradável e cortês, e nada pomposo, como dizem que ele era em seus tempos de vice-rei. Ele nos passou algumas indicações sobre os termos do Armistício e, por Deus, vai ser muitíssimo difícil para os boches. Os quarenta quilômetros do outro lado do Reno vão ser uma humilhação para eles, mas a opinião geral é de que eles, agora, aceitarão quaisquer termos, não importa quais forem.

Com relação a quando o Armistício seria assinado, Curzon não tinha certeza. Mas os britânicos já haviam cruzado o Scheldt, encontrando pouquíssima resistência ao avançar. Eles estariam em Tournai no dia seguinte. Os franceses e os americanos também avançavam, aproveitando-se do caos que aumentava a cada dia, à medida que o exército alemão se desintegrava, infiltrado de bolchevismo. O fim não poderia demorar mais que alguns dias.

Na frente italiana, a guerra já havia acabado. O exército austro-húngaro entrara em colapso, e os combates haviam cessado cinco dias antes. Trezentos mil soldados austríacos haviam se rendido aos Aliados. Os restantes atravessavam as montanhas o mais rápido que podiam, para voltar para casa o quanto antes.

Cecil Cox, da Honorável Companhia de Artilharia, estava no meio de uma travessia do rio Tagliamento quando ouviu a notícia. Um oficial havia chegado à meia-noite de domingo para informá-los de que a guerra estava terminada. A princípio, os homens acharam difícil de acreditar, principalmente à meia-noite, no meio de um rio. Mas terminada ela estava, e eles começaram lentamente a se dar conta de que haviam disparado seus últimos tiros de raiva.

Cox ficou ainda mais contente com a notícia que a maioria de seus companheiros. Soldado relutante desde o início, ele era "um número no uniforme" desde 1917, quando foi recrutado para uma guerra que se chocava frontalmente com seus princípios cristãos. Passou pelo treinamento básico na Inglaterra, praticando tiro com baioneta na Torre de Londres, antes de seguir para a França com o restante de seu pelotão. Para sorte de Cox, ele adoeceu de sarampo antes de o treinamento chegar ao fim, e o pelotão partiu sem ele. Cox, mais tarde, ficou sabendo que todos, sem exceção, haviam sido mortos em Passchendaele.

Mas não demorou para que ele fosse mandado para a França e, um dia, ele e seu regimento, caminhando pelo campo, encontraram um homem amarrado a uma roda de canhão. O regimento parou imediatamente, recusando-se a seguir adiante até que o homem fosse solto. Algumas semanas mais tarde, Cox fazia parte de um destacamento que teve ordens de atirar sobre soldados canadenses amotinados. Sem hesitação, eles se recusaram. Estavam lá para matar inimigos, e não amigos.

Cox foi enviado à Itália em outubro de 1917, como parte de uma divisão despachada para a frente italiana. Os italianos não estavam gostando nem um pouco da guerra, como a Honorável Companhia de Artilharia logo descobriu. As tropas acabavam de desembarcar e estavam entrando em formação do lado de fora da estação quando, de repente, foram atingidas por saraivadas de tomates e ovos podres, por uma multidão irada, que gritava para que eles voltassem para casa e parassem de prolongar a guerra. Cox, mais tarde, achou interessante ler nos jornais ingleses que os italianos haviam forrado de flores o caminho das tropas, para dar-lhes as boas-vindas.

Após marchar por uma distância de 160 quilômetros, a Honorável Companhia de Artilharia chegou à linha de frente, no alto das montanhas do norte da Itália. Cox havia visto muitas batalhas nos últimos 12 meses, e perdera diversos amigos nos ataques inimigos. Ele próprio escapara por pouco, quando uma granada aterrissou entre suas pernas, sem causar danos maiores que alguns arranhões. Uma vez, após um ataque noturno às trincheiras inimigas, ele ficou tão embriagado que, depois disso, nunca mais bebeu, prometendo a si mesmo jamais tocar numa gota de álcool enquanto vivesse.

As primeiras horas do dia 24 de outubro de 1918 encontraram Cox ao norte de Veneza, avançando através da escuridão para uma grande investida final, do outro lado do rio Piave. A Honorável Companhia de Artilharia fora incumbida de capturar a Grave di Papadopoli, uma grande ilha daquele rio. O rio havia inundado, e eles tiveram que atravessar em botes de seis homens e se arrastar para a outra margem debaixo de chuva, perdendo vários soldados para o fogo de artilharia.

Dois amigos de Cox foram mortos, mas a extremidade norte da ilha foi tomada, e os homens entrincheiraram-se enquanto o inimigo os metralhava no escuro. Cox adormeceu assim que acabou de cavar sua vala, e quando acordou ao nascer do sol a encontrou cheia d'água.

> No dia seguinte, recebemos ordens para avançar. Caminhando pela ilha, avistei um jovem alemão vindo em minha direção e, naquele momento, simplesmente incapaz de matá-lo, baixei minha arma. Ao ver o que eu fazia, ele fez o mesmo, gritando: "Por que você quer me matar? Eu não quero matar você".

Fizemos juntos o caminho de volta e ele perguntou se eu tinha alguma coisa para comer. Senti um indizível alívio e, de pronto, dei-lhe minha ração do dia e os biscoitos distribuídos pelo exército.

Cada um foi para um lado, e a luta continuou. Um outro amigo de Cox foi morto no dia seguinte, chamando pela mãe, ao morrer nos braços dele. Poucos dias depois, os austríacos levantaram a bandeira branca e, finalmente, todo aquele horror terminou. Ninguém, na Honorável Companhia de Artilharia, sentiria a menor falta disso.

Eles, agora, estavam a caminho de casa, marchando montanha abaixo. Depois de duas semanas dormindo muito pouco, Cox mal conseguia manter os olhos abertos quando passaram por um regimento de americanos vindos da direção oposta. Os ianques eram novos na Itália, tendo acabado de desembarcar. Eles nunca haviam disparado um tiro em combate, o que não os impediu de caçoar dos britânicos, ao passarem por eles: "Ei, rapazes", eles gritavam alegres, "Nós ganhamos a guerra para vocês".

Cox estava tão cansado que nem ao menos conseguiu sorrir.

Do outro lado da linha, o tenente Ludwig Wittgenstein, da artilharia de montanha do exército austríaco, foi feito prisioneiro no domingo, um dos milhares de austríacos forçados a se render quando o exército italiano reocupou Trento, ao norte de Verona. Houve um mal-entendido quanto ao prazo e aos termos do Armistício. Os austríacos supunham que teriam permissão para voltar para casa, se depusessem as armas. Em vez disso, centenas de milhares foram feitos prisioneiros, um número tão grande que o exército italiano estava tendo sérios problemas para alimentá-los e os alojá-los.

Para Wittgenstein, a guerra fora curiosa. Formado em Cambridge, ele nunca teve dúvidas quanto a que lado acabaria vitorioso. "Nós jamais conseguiremos vencer os ingleses", sempre insistiu. "Os ingleses – a melhor raça do mundo – *não podem* perder. Nós, por outro lado, podemos e vamos perder." Mesmo assim, Wittgenstein desistiu das férias de verão que planejava passar com David Pinsent, o rapaz inglês por quem era apaixonado, e se alistou no exército austríaco, em agosto de 1914, motivado nem tanto por patriotismo, e mais pelo desejo de fazer algo não-intelectual e perigoso. A guerra atendia a ambas as condições.

Ele acabou na Itália, depois de temporadas como ordenança de latrinas, técnico ferroviário e operador de holofotes num barco de patrulha no rio Vístula. Ele trazia consigo uma bíblia, que lia em latim porque era um desafio maior, e seu grande tesouro eram as cartas de Pinsent, que havia sido declarado fisicamente incapaz para servir na frente de batalha do Exército britânico, e agora trabalhava como piloto de testes. "Fico me perguntando se ele pensa em mim a metade do tempo em que penso nele", pensava Wittgenstein, logo que eles se separaram. Uma vez, ele ficou tão feliz ao receber uma carta de seu amigo que pôs-se a beijá-la, tamanha era sua animação.

Mas David Pinsent agora estava morto, vítima de um acidente aéreo ocorrido em maio. Wittgenstein ganhou uma medalha lutando contra os britânicos no planalto de Asiago, mas a notícia da morte de Pinsent o deixou tão perturbado que, durante semanas, considerou o suicídio. Ele ainda estava terrivelmente abalado. David Pinsent, inimigo de seu país, era tudo para ele.

Para piorar as coisas, Wittgenstein era agora prisioneiro de guerra dos italianos, junto com milhares de outros, e seus captores perguntavam-se o que fazer com eles. Em sua última licença na Áustria, ele havia deixado para trás diversos cadernos, já muito surrados, que haviam passado boa parte da guerra em sua mochila. Ele se alegrou por seu trabalho não ter sido capturado pelos italianos, porque pretendia publicá-lo assim que voltasse para casa. O *Tractatus Logico-Philosophicus* era revolucionário em sua área, fruto das elucubrações intelectuais de Wittgenstein ao longo dos quatro anos de guerra. Ele o dedicaria a David Pinsent.

Em Munique, a República Democrática e Social da Baviera nasceu do dia para a noite, com fogos de artifício no céu e tiroteios esporádicos pelas ruas, que se prolongaram pela madrugada. O rei havia desaparecido de seu palácio, e um Conselho de Operários, Soldados e Camponeses, de caráter temporário, havia se instalado no prédio do Parlamento. Os jornais, naquela manhã, traziam um pedido de calma assinado por Kurt Eisner, mas o tiroteio recomeçou assim que o dia nasceu. Vários oficiais do exército foram mortos na Bayrischer Hof, e havia relatos de saques por toda a cidade. Os soldados vendiam seus rifles e jogavam fora seus uniformes antes de tomar o rumo de casa, sem ninguém para detê-los.

Na Poschingerstrasse, o escritor Thomas Mann ficou sabendo dos acontecimentos da noite anterior por sua sogra, que telefonou na hora do café da manhã para saber se a família estava bem. A estação ferroviária fora ocupada durante a noite, e os trens estavam parados. Poucos bondes circulavam, e a maioria das lojas estavam fechadas. Do jardim de sua casa, Mann ouviu outros tiros durante a manhã, enquanto sua filha brincava no carrinho de bebê. Ele, no dia anterior, não levara a revolução muito a sério. Agora, dava-se conta de que a situação era mais grave do que em princípio havia suposto.

Ao meio-dia, ele deu uma saída para saber o que estava acontecendo. Na Pienzenauerstrasse, leu uma proclamação do novo conselho, assinada por Eisner, proibindo os saques e convocando os trabalhadores para formarem uma guarda civil. Ele viu soldados acenando uma bandeira vermelha, e ouviu pessoas xingando o rei de "caipira estúpido" e "tirano sanguinário". Não havia pão nas lojas, mas os Mann tinham em casa um estoque suficiente para dois dias, e também alguma farinha, de modo que eles ficariam bem por algum tempo, contanto que a casa não fosse saqueada.

Quando ele voltou para casa, os Mann passaram a tarde preparando-se para a chegada da multidão, esperada para qualquer momento. Katia, a mulher judia de Mann, e seus filhos mais velhos, retiraram toda a comida da despensa e a esconderam em lugares diferentes da casa. Mann preparou um pequeno discurso contra a invasão:

> Ouçam, não sou judeu nem especulador, nem nada que seja ruim. Sou um escritor que construiu sua casa com dinheiro ganho com o suor de seu rosto. Em minha gaveta, há duzentos marcos. Levem o dinheiro e dividamno entre vocês, mas, por favor, não destruam minhas propriedades nem meus livros.

A multidão acabou nunca chegando. À hora do chá, houve mais tiroteios, mas não tantos quanto antes. Foram dadas ordens para que todos os bares de Munique fechassem às sete da noite e, em seguida, um toque de recolher entraria em vigor às nove. O novo conselho estava agindo rapidamente para afirmar autoridade sobre a cidade.

Mann alegrou-se com a restauração da ordem. No entanto, com Bruno Frank e Wilhelm Herzog fazendo parte do conselho ao lado de Eisner, ele temia que tanto Munique quanto a Bavária passassem a ser governadas por jornalistas judeus, situação que, claramente, não duraria por muito tempo. Herzog, em particular, o incomodava. Ele não suportava aquele homem:

> Um literato charlatão e repugnante como Herzog, que por anos se deixou sustentar por uma atriz de cinema. Um fazedor de dinheiro e homem de negócios antes de qualquer outra coisa, com a elegância de merda dos judeus de cidade grande, que só almoça no Bar Odeon, mas nunca se deu ao trabalho de pagar a conta que Ceconi lhe enviou por ter remendado sua boca desdentada. É essa a revolução! Quase todos os líderes são judeus.

Na opinião de Mann, ao derrubar a monarquia e instigar a revolução, eles só estavam comprando problemas para si próprios. O povo alemão não toleraria governantes judeus por muito tempo, isso era certo.

Em Bayreuth, o inglês renegado Houston Chamberlain compartilhava da opinião de Mann sobre os judeus. Eles eram os culpados pelo colapso da Alemanha. Estavam do lado dos ingleses, foram subornados para desestabilizar o país. Lloyd George não havia dito que se os alemães não pudessem ser derrotados de fora para dentro, seriam derrotados de dentro para fora? Tudo isso era obra dos judeus, financiados com ouro inglês.

Chamberlain era sobrinho do marechal-de-campo Sir Neville Chamberlain. Seu pai também fora almirante britânico, mas Chamberlain vivera na Alemanha durante a maior parte de sua vida adulta, assumindo a cidadania alemã e se casando com a filha do compositor Richard Wagner. Ele não tinha dúvidas de que os alemães eram o maior povo da terra, uma raça superior cujo destino manifesto era o de dominar o resto do mundo, ideia que ele afirmou em seu livro *Die Grundlagen des neunzehnten Jahrhunderts*, muito admirado na Alemanha. Os alemães gostaram bastante dessa excelente ideia inglesa, de que os povos teutônicos deveriam escravizar todos os outros povos.

Mas a revolução era um enigma. Chamberlain não sabia explicar o que estava acontecendo na Alemanha, a não ser que os judeus fossem os culpados. De que outra forma a maior nação do mundo poderia ter sido derrotada, se não por traição interna? Vejam os espiões britânicos na Alemanha! Vejam os judeus! Eles eram as mesmas pessoas. Os britânicos estavam usando os judeus para fazer aos alemães o que não haviam conseguido fazer-lhes no campo de batalha.

Da chancelaria em Berlim, o príncipe Max não tinha opinião formada sobre os judeus, mas, mesmo assim, acompanhava com desolação os acontecimentos em Munique, particularmente o súbito desaparecimento do rei Ludwig de seu palácio. Ele temia que o mesmo acontecesse com o kaiser, se ele, muito em breve, não abdicasse de livre e espontânea vontade.

Max tinha sobre a sua mesa um relatório que advertia sobre as consequências catastróficas que viriam a ocorrer se o kaiser não renunciasse enquanto ainda era tempo:

> Não pode haver dúvida de que o bolchevismo, por enquanto, continuará ganhando terreno em todo o país, a não ser que o governo popular possa contar com tropas leais. E isso é impensável, até que a questão do kaiser seja resolvida. A queixa generalizada de que "o kaiser é o culpado!" cria uma cumplicidade entre os insurgentes e as tropas que deveriam combatê-los. Iremos assistir a deserções em massa, até mesmo entre tropas que provaram sua lealdade no *front*.

Como entrar em contato com o kaiser? Agora, ele estava em Spa, cercado pela bolha protetora dos vetustos cortesãos, que jamais lhe diziam o que ele não queria ouvir. O chefe-de-gabinete de Max havia telefonado seguidamente a Spa, pedindo ao séquito do kaiser que o convencesse a agir com bom senso. Ele lembrou-lhes que, se o kaiser não abdicasse, o governo cairia, porque os partidos da coalizão haviam se comprometido a renunciar, se ele permanecesse. O séquito do kaiser ouviu, mas não havia muito que eles pudessem fazer. O kaiser estava determinado a permanecer como imperador alemão, e nada o faria mudar de ideia. Ele achava que continuar no cargo era seu dever sagrado.

Spa, antes da guerra, era uma estação de águas, um dos lugares preferidos da realeza europeia. O kaiser estava alojado nas redondezas da cidade, na Villa Fraineuse, uma grande e antiga mansão que antes pertencera à rainha Marie Henriette da Bélgica. A Villa havia sofrido reformas para sua chegada, com a instalação de uma sala a prova de bombas e uma saída de emergência, se ele precisasse partir às pressas.

Naquela manhã, ao presidir a reunião com seus generais, no jardim de inverno da propriedade, o kaiser não estava feliz. Além dos telefonemas da chancelaria, ele recebera uma avaliação muito sombria da situação do general Gröner, que acabava de chegar de Berlim. A opinião de Gröner era muito semelhante à de Max, mas o kaiser não queria dar ouvidos. Ele estava decidido a não abdicar. Ele devia a seu povo ficar e salvar a Alemanha da crescente onda de bolchevismo que ameaçava engolfar a todos.

O kaiser tinha uma proposta alternativa a apresentar. Hindenburg, Gröner e os outros generais ouviam preocupados, enquanto ele expunha seus planos. Em vez de abdicar, ele pretendia marchar de volta a Berlim à frente de seu exército, retomando, no caminho, as cidades que haviam aderido ao bolchevismo. Chegando a Berlim, ele planejava restaurar a ordem na capital, mandando executar os líderes da revolução e metralhando seu próprio palácio, se esse fosse o preço a ser pago pela restauração da ordem. O que a Alemanha precisava agora, mais que qualquer outra coisa, era uma liderança forte. O kaiser a forneceria.

Hindenburg e Gröner mal conseguiam disfarçar a apreensão. Depois de quatro anos em guerra com o resto do mundo, o kaiser agora se propunha a voltar seus exércitos contra seu próprio povo. Se ele fosse adiante com o plano, haveria uma guerra civil. Essa não era uma decisão a ser tomada de forma leviana.

Mas o kaiser não se deixava dissuadir. Ele sabia o que precisava ser feito. Quando a reunião terminou, ordenou ao general Gröner que desse início ao planejamento da marcha sobre Berlim. Gröner consentiu, mas sem intenção de fazer grande coisa. O kaiser estava vivendo em seu mundo próprio, pensando que poderia marchar sobre Berlim agora.

Naquele dia, havia um convidado para o almoço, um general holandês de visita a Spa. Um ajudante de ordens perguntou ao kaiser se, devido às circunstâncias, ele preferia cancelar o encontro, mas ele disse que não.

Johannes van Heutsz fora governador das Índias Orientais Holandesas, e estava em Spa desde terça-feira, numa visita informativa ao Q. G. alemão. O kaiser teria prazer em recebê-lo para o almoço.

Van Heutsz era representante oficial do exército holandês, mas, com toda a certeza, era também emissário da rainha Wilhelmina da Holanda. Ela e o kaiser se conheciam de longa data. Wilhelmina era boa pessoa, calma e sensata, como seu povo. O kaiser, certa vez, conversando com ela, havia se vangloriado de ter soldados de dois metros de altura em seu exército. Ela respondeu que, se mandasse abrir os diques, a Holanda afundaria em três metros d'água. Wilhelmina, com firmeza, havia mantido seu país fora da guerra, ao mesmo tempo em que oferecia a ambos os lados seus préstimos na busca de uma solução pacífica. Não havia escapado à sua atenção que, se por alguma razão, o kaiser resolvesse deixar o país às pressas, a fronteira neutra mais próxima seria a da Holanda, a apenas 32 quilômetros ao norte.

Seria muito embaraçoso para a Holanda se ele resolvesse buscar asilo naquele país. Os alemães viriam atrás dele, pedindo sua cabeça. As potências Aliadas fariam o mesmo, querendo processá-lo por crimes de guerra. A última coisa que os holandeses queriam era o kaiser à sua porta, buscando proteção contra seus inimigos.

Essa era a razão da visita do general Van Heutsz a Spa, que lá estava para sondar o kaiser durante o almoço e avaliar suas intenções. Se o kaiser estivesse pensando em partir para a Holanda em breve, os holandeses queriam ser os primeiros a saber.

O almoço mal havia terminado quando o telefone tocou de novo. Era, mais uma vez, o gabinete do príncipe Max, exigindo que o kaiser abdicasse. Uma greve geral fora programada para o dia seguinte em Berlim. Haveria uma manifestação maciça de trabalhadores, que se dirigiriam ao Reichstag, numa tentativa orquestrada de forçar a saída do kaiser. A única maneira de evitar uma revolução em Berlim seria o kaiser abdicar voluntariamente, antes que os bolcheviques tomassem a lei em suas próprias mãos. Se ele abdicasse, haveria uma chance de salvar a monarquia, com o estabelecimento de uma regência até que um de seus netos atingisse a maioridade, sucedendo-o no trono.

Mas o kaiser não dava ouvidos. Sentindo-se seguro em Spa, longe da capital, cercado por bajuladores, ele não tinha a menor intenção de abdicar do trono, nem agora nem em momento algum. Ele conhecia seu dever, que era permanecer no comando e ser uma inspiração para seu povo. Nada mais havia a ser dito.

Exasperado, o príncipe Max decidiu ligar pessoalmente para o kaiser. Às oito da noite, tendo a seu lado um ajudante de ordens para tomar notas, Max telefonou para Spa. Ele não mediu as palavras. Abandonando as sutilezas do protocolo real, foi direto no que disse. Ele se dirigiu a seu parente em termos que o kaiser raramente ouvira antes:

O conselho que enviei a Vossa Majestade através de Herr von Hintze agora lhe dou como familiar. Sua abdicação tornou-se necessária para salvar a Alemanha da guerra civil e para que Vossa Majestade cumpra até o fim sua missão de pacificador. O sangue derramado cairia sobre sua cabeça. A grande maioria das pessoas acredita que Vossa Majestade seja responsável pela situação atual. É uma crença falsa, mas generalizada. Se a guerra civil, ou coisa pior, puder ser evitada com a abdicação, seu nome será abençoado pelas gerações futuras...

Motins já ocorreram. Talvez, de início, seja possível esmagá-los com o uso da força, mas quando houver derramamento de sangue, o grito de vingança será ouvido por toda a parte. Não se pode confiar nas tropas. Em Colônia, o poder está nas mãos do Conselho de Operários e Soldados. Em Brunswick, a bandeira vermelha tremula sobre o palácio. Em Munique, a república foi proclamada. Em Schwerin, um Conselho de Operários e Soldados está agora reunido. Em nenhum desses lugares, o exército teve valia. Estamos nos encaminhando para uma guerra civil. Relutei muito em admiti-lo, mas a situação, hoje, é insustentável. Sua abdicação seria recebida com alívio universal, e saudada como um ato de libertação e restabelecimento.

Havia mais, porém o kaiser ainda não dava atenção. Ele não queria ouvir esses fatos. Max era um homem fraco, entrava em pânico diante do menor sinal de perigo. Esse não era o momento para pânico, com o inimigo aos portões. O kaiser esperou até que Max terminasse, e então falou, por sua vez:

A não ser que vocês, em Berlim, tenham outra ideia em mente, pretendo retornar com minhas tropas após a assinatura do Armistício. Abrirei fogo contra a cidade, se isso tiver de ser feito.

O kaiser estava iludindo a si mesmo. No momento em que ele falava, rebeldes bolcheviques de Colônia estavam a caminho de Spa para lhe dar voz de prisão. Eles já estavam em Aix-la-Chapelle, a apenas 32 quilometros de distância. Uma divisão particularmente confiável, enviada para interceptá-los e retomar Colônia, havia se amotinado, desobedecendo a seus oficiais e tomando o caminho de casa. O kaiser já não tinha com quem contar.

Enquanto o príncipe Max estava ao telefone com o kaiser, reforços entravam em Berlim, posicionando-se silenciosamente por toda a cidade, e preparando-se para entrar em ação na manhã seguinte. Uma coluna de infantaria e de artilharia ligeira, fortemente armada, havia entrado pelo portão de Halle, e marchava para o centro da cidade. Os homens eram veteranos da Frente Oriental, tropas de aspecto calejado que há meses combatiam os revolucionários russos, e que não gostavam nem um pouco do bolchevismo. Eles estavam a caminho do quartel Alexander, onde pernoitariam, antes de entrar em ação nas ruas, na manhã seguinte.

Sua chegada foi um alívio para a maioria dos berlinenses, que temiam o que a manhã poderia trazer. A revolução ainda não havia atingido a capital, mas fatalmente lá chegaria no dia seguinte, se as manifestações de massa continuassem. Os serviços ferroviários haviam sido suspensos para evitar o afluxo de agitadores, e as repartições do governo, na Wilhelmstrasse, fecharam cedo como medida de precaução. Uma multidão de milhares de pessoas há horas circulava em torno do Portão de Brandemburgo, esperando que algo acontecesse. De sua casa, a segunda mais próxima do Portão, a princesa Blücher os vigiava, perfeitamente consciente de que sua família seria um alvo perfeito, se a multidão se amotinasse. Mesmo com cinquenta policiais alojados nos estábulos dos fundos, os Blücher foram aconselhados a ficar dentro de casa e manter discrição até que a situação voltasse a se acalmar. Essa não era uma boa época para se ser aristocrata em Berlim.

Evelyn Blücher não estaria em Berlim, se tivesse tido escolha. Com quatro irmãos no exército britânico – um deles morto em Ypres – e três cunhados na Marinha Real, ela era inglesa até a medula dos ossos, neta de Lord Petre. Seu marido descendia do Blücher que comandara os prussianos em Waterloo. Quando a guerra eclodiu, eles moravam na Inglaterra e tinham a intenção de lá permanecer enquanto o conflito durasse. Mas as autoridades eram de outra opinião, e os Bücher foram forçados a embarcar num trem lotado de alemães anglófilos, mandados de volta para casa pelo porto de Harwich e do Gancho da Holanda. Foi-lhes assegurado de que eles atravessariam o mar do Norte em segurança, mas, como a Marinha Real não havia sido informada, o navio foi bombardeado, felizmente, sem sucesso.

Os Blücher, desde então, vivam na Alemanha, ansiando pelo fim da guerra entre seus dois países. Evelyn desejava uma vitória britânica, embora sentisse grande compaixão por seus amigos alemães, que sofreram tanto por tão pouco. Ela havia assistido aos alemães serem vergonhosamente enganados por seus governantes, que mentiam que a vitória era iminente quando o país desmoronava em todas as frentes. A guerra era culpa dos governantes, não do povo alemão:

> Meus sentimentos pessoais de aversão e ressentimento para com os homens que perpetraram tantos atos brutais ao longo desses quatro anos são contrabalançados, em certa medida, por compaixão pelos bons e bravos homens desta terra, que tanto sacrificaram em nome de falsos ideais, e por tristeza ao ver este grande país tombando em ruínas, destruído pela ambição culposa de uns poucos homens que agem em interesse próprio. Meus sentimentos são compartilhados com intensidade ainda maior por outras mulheres inglesas casadas com alemães que, umas mais, outras menos, se afligem com a derrocada de uma nação que tanto ofereceu ao mundo, cujos sentimentos e atitudes com relação à vida em geral são mais compatíveis com os nossos que os de qualquer raça latina.

Evelyn Blücher pertencia a um estranho círculo de mulheres inglesas casadas com alemães. Entre elas, estava a princesa Münster e a princesa Pless, filha do conde De La Warr, que uma vez surpreendeu prisioneiros britânicos em Somme, ao estreitá-los num grande abraço. As três mulheres haviam se dedicado ao bem-estar dos prisioneiros de guerra britânicos, usando toda a influência que possuíam para melhorar as condições nos campos onde eles haviam sido confinados. Elas ficaram exultantes quando 29 oficiais britânicos conseguiram cavar um túnel e escapar de Holzminden, um dos piores campos de prisioneiros. Elas desejavam que todos os outros fizessem o mesmo.

Mas a maioria dos amigos de Evelyn Blücher eram alemães, pessoas civilizadas cujo mundo desmoronava à sua volta, enquanto a revolução se aproximava da capital. Seu marido acabava de retornar de Unter den Linden, onde havia visto caminhões carregados de soldados armados seguindo em direção ao palácio. O boato que corria nas ruas era que o kaiser em breve voltaria a Berlim de trem. Os socialistas pretendiam interceptar o trem e fazê-lo prisioneiro, sem o matar. Por isso, pelo menos, os Blücher sentiam-se gratos, porque, se o kaiser fosse assassinado, ninguém saberia afirmar qual deles seria o próximo.

No Opera House, apesar de todo o tumulto, inacreditavelmente, a Orquestra Real de Berlim, dava um concerto. Uma grande plateia havia enfrentado as ruas inquietas, no momento em que as tropas se colocavam em posição de combate, para ouvir Richard Strauss regendo a *Abertura Egmont*, de Beethoven.

A música fora cuidadosamente escolhida. Beethoven a havia composto tomando como base a tragédia de Goethe sobre um nobre holandês que resistia aos espanhóis que oprimiam a Holanda. O nobre acabava morrendo, mas a peça terminava num tom otimista, com uma triunfante celebração da vitória da liberdade sobre a adversidade, um fim de luta brilhantemente marcado pela música de Beethoven. A partitura espelhava com perfeição os tempos de então. Até mesmo Kurt Eisner, crítico de arte de renome, além de revolucionário bávaro, falou da *Abertura* como um novo começo para a humanidade.

Strauss regia com o garbo habitual. Seus movimentos eram calmos, quase indiferentes, sem nada de exibicionismo. Do lado de fora, soldados armados com metralhadoras montavam guarda ao longo do Unter den Linden, mas, do lado de dentro, tudo era perfeitamente civilizado, sob a regência, serena como sempre, de Strauss. A plateia se deleitava, saboreando cada momento. O que quer que acontecesse na Alemanha, os alemães sempre teriam sua música. Isso ninguém poderia tirar deles. A música alemã era a melhor do mundo.

Mas nada de Wagner. Pelo menos, não por enquanto.

* * *

Na linha de frente, o capitão Von Helldorf ainda não havia conseguido atravessar para o lado alemão levando os termos do Armistício. Há quase cinco horas ele esperava na escuridão enquanto mensagens voavam em todas as direções, mas gente de seu próprio povo, até então, não permitira sua passagem. Eles continuavam a ignorar os toques de corneta e as bandeiras brancas, atirando indiscriminadamente sobre qualquer coisa que se movesse. Não havia nada que Helldorf pudesse fazer, a não ser esperar, impotente, torcendo para que alguém, em algum lugar, conseguisse martelar algum bom senso na cabeça de seus compatriotas, antes que o prazo espirasse e sua missão chegasse ao fim antes mesmo de começar.

Em Compiègne, o general Von Winterfeld estudava soluções alternativas, no caso de Helldorf não conseguir passar. Se o pior acontecesse, o documento precisaria ser levado de avião. O capitão Hermann Geyer, o outro intérprete alemão, poderia levá-los, acompanhado de um piloto francês. O avião deveria ter duas faixas brancas como marcas de identificação, para evitar ser abatido. De uma forma ou de outra, ele faria os termos do Armistício chegarem a Spa. Era inacreditável que eles ainda não estivessem lá.

Em Spa, o general Gröner trabalhava no plano do kaiser para uma marcha sobre Berlim, após o Armistício. Ele enviou ordens convocando cinquenta oficiais do alto escalão para uma reunião que se realizaria na manhã seguinte. Os oficiais foram escolhidos a partir de uma amostra representativa das tropas ainda em campo de batalha. Hindenburg explicaria a situação e perguntaria o que eles pensavam da proposta do kaiser. Tal proposta não teria êxito sem o apoio das tropas sob seu comando.

Quando passou da meia-noite, e a sexta-feira se transformou em sábado, todos os cinquenta oficiais estavam a caminho de Spa, avançando com dificuldade, no escuro, pelas estradas dilapidadas. Eles não foram informados da razão da convocação. A maioria supunha que haviam sido convocados ao quartel-general para discutir a possibilidade de um Armistício. Ficariam surpresos ao saber que tinham sido convocados para discutir as ambições do kaiser de permanecer no trono quando a guerra chegasse ao fim.

6

Sábado,
9 de novembro de 1918

Enquanto os oficiais empreendiam sua difícil viagem pela escuridão, o marechal-de-campo Von Hindenburg, em seu quarto, passava a noite em claro, sem conseguir adormecer. Ele costumava dormir bem, mas, naquela noite, viram a luz de seu quarto acender e apagar seguidamente. Durante horas, ele rolou de um lado para o outro na cama, pensando no problema da abdicação do kaiser. Hindenburg não era grande admirador do kaiser, mas continuava um monarquista fervoroso. Para ele, o imperador da Alemanha seguia sendo "Sua Majestade Suprema" e "o Todo Gracioso Kaiser, Rei e Senhor". Ele preferia morrer a ver o imperador abdicar e a Alemanha se tornar um agrupamento periclitante de repúblicas independentes.

No entanto, até mesmo ele começava a se perguntar por quanto tempo o kaiser ainda conseguiria permanecer no poder, agora que o povo se amotinava, e as tropas combatentes já não mereciam confiança. Muito a contragosto, ele começava a se convencer de que talvez o kaiser tivesse mesmo de abdicar para sua própria segurança, se não para o bem maior do país.

Essa ideia, para Hindenburg, era difícil de aceitar. Durante toda a vida, apoiara o império alemão. Como um jovem oficial da guarda, estava em Sedan, em 1870 e, montado em seu cavalo, em meio a uma nuvem de poeira, assistiu Napoleão III ser feito prisioneiro em campo de batalha. Também estava em Versalhes quando o império alemão foi oficialmente proclamado, semanas mais tarde, batendo continência para o novo kaiser na Sala dos Espelhos, enquanto soldados de todas as regiões da Alemanha prestavam homenagens a seu suserano. E, quando o exército entrou em Paris, ele cavalgou pela Champs Elysées ao lado de um amigo hussardo, enquanto os franceses viravam as costas, fazendo que não viam.

Hindenburg também estava em Paris à época da Comuna, a primeira manifestação do bolchevismo, quando os franceses derrotados engalfinharam-se, lutando, uns a favor, outros contra a criação uma nova ordem social. Não houve clemência de nenhum dos lados, quando os franceses abateram-se uns contra os outros. Hindenburg assistia da janela de um hotel em Saint Dennis, quando as tropas do governo cercaram Montmartre e invadiram a fortaleza dos rebeldes, baionetas em punho, atacando seu próprio povo com uma ferocidade muito maior que a usada contra o inimigo no campo de batalha. Ele vira uma nação dilacerada pela guerra civil, e essa lembrança o perseguia desde então. Hindenburg aterrorizava-se com a ideia de que o mesmo estava prestes a acontecer na Alemanha.

Ele levantou cedo após a noite insone. Tinha uma reunião às nove da manhã com os oficiais convocados pelo general Gröner. Antes, ele queria ter uma conversa particular com Gröner, para dizer-lhe que havia mudado de ideia quanto à abdicação do kaiser.

Exausto e com os olhos vermelhos, Hindenburg encontrou Gröner em seu gabinete, e disse a ele que o kaiser não apenas tinha de abdicar, mas também fugir do país imediatamente, para evitar ser tomado como refém, ou coisa pior. Os dois deveriam dizer-lhe isso quando fossem ter com ele, no final da manhã.

Essa reviravolta deixou Gröner chocado. Ele próprio, cada vez mais, tendia para essa mesma opinião, mas Hindenburg, ainda assim, o surpreendeu. O velho general sempre pareceu convicto de que o kaiser tinha de permanecer no poder. Agora, dizia que ele precisava renunciar. Na verdade, Hindenburg tinha tomado a grave decisão de colocar seu dever para com o país acima de sua lealdade para com o monarca. Era um acontecimento cataclísmico.

Gröner gostaria de discutir o assunto mais a fundo, mas agora não era o momento. Os oficiais do exército chegaram ao Hôtel Britannique para a reunião, e esperavam por Hindenburg na sala de jantar. Apenas 39 dos cinquenta conseguiram chegar a tempo. Os demais ficaram retidos no caminho, atrasados pelo caos nas estradas, que crescia à medida que a linha de frente se desmantelava e os alemães batiam em retirada por toda a parte.

Os oficiais puseram-se de pé quando Hindenburg entrou. Para a maioria deles, o velho general era uma figura lendária, o vencedor de Tannenberg. Ouviram com atenção enquanto ele lhes dava um rápido apanhado da situação, começando com a revolução que eclodia por toda a Alemanha, sobre a qual eles pouco sabiam, passando então às reivindicações de que o kaiser abdicasse. Ele contou-lhes que o kaiser pretendia voltar a Berlim com seu exército, viagem que levaria no mínimo duas ou três semanas, uma vez que já não se podia contar com as estradas de ferro. Enfrentariam grandes dificuldades devido aos suprimentos, e os bolcheviques criariam problemas ao longo de todo o caminho. Hindenburg não mencionou o que ele próprio achava do plano, mas seu silêncio falou bem alto.

A situação descrita era tão deprimente, que ninguém soube o que dizer quando ele terminou. Fez-se um silêncio sepulcral; nem uma palavra, nem um murmúrio. Apenas um dos auxiliares do kaiser, que enxugava os olhos com o lenço, quebrava a imobilidade da cena.

Hindenburg não se demorou. Ele e Gröner eram esperados na Villa Fraineuse para uma reunião com o kaiser. Incumbiram um oficial do Estado-Maior de ouvir a opinião dos 39 oficiais, questionando-os sobre o que acabavam de ouvir. A primeira pergunta era: "Seria possível o kaiser retomar o controle da Alemanha pela força, à frente de suas tropas?". E a segunda: "As tropas aceitariam marchar contra os bolcheviques na Alemanha?". O futuro da monarquia dependia das respostas a essas duas perguntas.

Enquanto os oficiais pensavam nas respostas, Hindenburg e Gröner percorreram a distância de dois quilômetros e meio até a Villa Fraineuse. No caminho, eles não disseram uma única palavra. Hindenburg, tomado por forte emoção, lutava para manter o autocontrole ao ir ao encontro de seu kaiser. Ele sabia o que tinha de ser feito, e abominava a ideia de ter de olhar o monarca de frente e dizer-lhe que a abdicação era necessária, porque ele não contava mais com a lealdade de seu amado exército. Isso era mais do que Hindenburg podia suportar.

O kaiser esperava por eles no jardim-de-inverno da Villa. Ele havia recebido outras péssimas notícias durante a noite: telegramas que anunciavam a deposição de vários reis e grão-duques alemães, advertindo-o de que o país em breve estaria sem chanceler e sem governo. Tendo ordenado ao general Gröner dar início aos preparativos para a marcha de volta à Alemanha, o kaiser esperava ouvir que a situação estava sob controle, e que, em breve, eles estariam a caminho de Berlim para pôr as coisas de volta nos eixos. Mas algo no rosto do general lhe disse que não era bem assim.

O kaiser pediu um relatório. Hindenburg começou a falar, mas as palavras lhe faltaram. Com lágrimas nos olhos, ele sugeriu, de forma velada, que pediria demissão. Como oficial prussiano que era, obrigado por séculos de tradição militar à lealdade de vassalo a seu suserano, ele era simplesmente incapaz de postar-se frente ao kaiser e dizer-lhe que abdicasse. Isso não era algo que um prussiano visse como um ato legítimo.

Mas Gröner podia. Ele não era prussiano. Em tom calmo e desapaixonado, ele disse ao kaiser que uma marcha pela Alemanha estava fora de questão. Já não se tratava mais de esmagar uma insurreição. Haveria uma guerra civil se o kaiser tentasse conduzir suas tropas de volta ao país. Com boa parte da Renânia em poder dos bolcheviques, a luta começaria assim que ele cruzasse a fronteira.

Gröner nada disse sobre o que o kaiser deveria fazer. Ele teve grande cuidado em não mencionar a abdicação. Mas ficou evidente, a partir de suas palavras, que esta era a única alternativa que restava ao kaiser. Simplesmente não havia outra.

Alguns oficiais discordavam. O general Friedrich von der Schulenburg, que chegara a Spa naquela manhã, contestou a análise de Gröner, afirmando que a situação poderia ser controlada. Ele achava que o kaiser ainda poderia voltar para casa à frente de suas tropas, restaurando a ordem ao longo do caminho, cidade por cidade. O povo se uniria em torno dele, se soubesse que ele estava de volta.

Isso era o que o kaiser queria ouvir. Ele empertigou-se quando Schulenburg falou. Mas Gröner não deixou por menos. Ele veio para dizer a verdade ao monarca, e era isso que iria fazer. Encarando o kaiser de frente, foi direto:

> Majestade, o senhor não possui mais um exército. Os soldados voltarão à Alemanha como força organizada sob as ordens de seus generais, mas não sob as de Vossa Majestade. O exército não está mais com Vossa Majestade.

As palavras de Gröner fizeram com que todos, audivelmente, prendessem o fôlego. Jamais alguém havia se dirigido ao kaiser nesses termos. Afrontado, ele, por um momento, esforçou-se para manter o controle. "Os olhos do kaiser lampejaram de ira, e seu corpo se enrijeceu", segundo o relato de um dos cortesãos. Ele, então, se voltou para Gröner, enfurecido:

> Exigirei que o senhor coloque essa afirmação por escrito, e que ela seja confirmada por todos os meus comandantes militares. Eles não fizeram o juramento militar de lealdade a mim?

Gröner deu de ombros. Schulenburg o censurou gravemente, insistindo que nenhum soldado alemão, qualquer que fosse sua patente, desertaria o kaiser em face do inimigo. Era impensável que um soldado alemão aceitasse cair em tamanha desgraça.

Mas Gröner não se comoveu. Ele sabia onde estava a verdade. "Tenho outras informações", respondeu impassível.

Ele ainda falava quando um telefonema de Berlim informou que as tropas da capital haviam desertado, e que a situação estava completamente fora de controle.

Os *jägers* de Naumburg, que marcharam pelo portão de Halle na noite anterior, foram os primeiros. Numa reunião realizada naquela manhã, eles questionaram as ordens, perguntando o que estavam fazendo em Berlim. Eles não estavam dispostos a atirar sobre seu próprio povo, se haviam sido trazidos para isso. Se houvesse uma manifestação popular naquele dia, os soldados de Naumburg preferiam se juntar aos descontentes a disparar sobre eles. Eles não estavam no exército para fuzilar sua própria gente.

Os *jägers* do quartel de Kupfergraben foram os próximos e, em seguida, as tropas que guardavam o palácio do kaiser. Todos se recusavam a entrar em ação contra os manifestantes. Afirmavam que se amotinariam contra seus oficiais antes de abrir fogo contra seu próprio povo. O restante da guarnição de Berlim os acompanhou, a Reserva do Norte, a artilharia de Jüteborg e todos os demais seguiram o exemplo dos *jägers* e se recusaram a usar armas contra seus compatriotas. Ao contrário, seu dever era evitar a guerra civil dando apoio ao povo.

O MAIOR DIA DA HISTÓRIA   **129**

A manifestação ainda estava em em estágio inicial, com milhares de operários de fábricas se reunindo nos subúrbios do norte e se preparando para marchar sobre o centro da cidade. Alguns eram bolcheviques, outros eram social-democratas, mas a maioria estava farta da guerra, e decidida a derrubar o kaiser, se esse fosse o único meio de pôr fim a ela. O prazo de um ultimato exigindo sua abdicação já havia expirado, sem que nenhuma palavra chegasse de Spa. Se o kaiser não renunciasse por vontade própria, os trabalhadores tomariam a iniciativa e fariam com que ele se fosse. Longas colunas de manifestantes começavam a se dirigir ao centro da cidade. À sua frente, ia uma massa de mulheres e crianças levando cartazes com os dizeres: "Irmãos, não atirem!". Os manifestantes não queriam violência, mas recorreriam a ela, se fosse inevitável. Eles não viam outra maneira de acabar com aquele pesadelo.

Em sua mesa de trabalho na chancelaria, o príncipe Max recebeu com desolação a notícia da deserção dos soldados. Ele já temia que isso acontecesse. Desde a hora do café da manhã, seus auxiliares telefonavam repetidamente a Spa, insistindo que a abdicação do kaiser não poderia mais ser adiada. Já não era mais uma questão de horas, mas sim de minutos. Max precisava imediatamente da decisão do kaiser para salvar Berlim da revolução.

A resposta dos assessores do monarca era continuar prometendo que uma decisão seria tomada em breve. O kaiser ainda estava refletindo, tentando determinar qual a melhor linha de ação. "Os acontecimentos estão tomando seu curso", eles continuavam dizendo a Berlim. "Vocês precisam esperar um pouco." Em breve, haveria uma resposta.

Mas Max não podia esperar mais. Dezenas de milhares de manifestantes estavam vindo em sua direção, todos prontos para usar de violência, caso não houvesse alternativa. Haveria combates nas ruas se ele não agisse imediatamente. Pessoas seriam mortas debaixo de sua janela. Ele precisava de uma resposta imediata, ou seria tarde demais.

Enquanto Berlim tremia, Mathias Erzberger e os demais delegados alemães passavam uma manhã difícil, a bordo de seu trem no bosque de Compiègne, redigindo um documento com suas objeções aos termos do Armistício. Era um exercício laborioso, mas eles não tinham mais nada a fazer até receberem a resposta do governo em Berlim.

A boa notícia era que o capitão Helldorf havia afinal, conseguido, cruzar em segurança a linha de frente. Segundo a rádio alemã, ele conseguira atravessar ileso durante a noite, e estava a caminho de Spa levando os termos do Armistício. Segundo os alemães, seu atraso se devia à explosão de um depósito de munições, e não aos tiros disparados contra ele por seus compatriotas.

Por enquanto, pelo menos, não havia muita coisa acontecendo em Compiègne. Os delegados alemães estavam conversando com seus equivalentes Aliados, mas as discussões nunca demoravam muito, e os representantes dos Aliados ainda tinham bastante tempo. Além de ler os jornais e dar uma caminhada pela floresta, não havia mais nada a fazer, a não ser ficar por ali e conversar. O almirante Wemyss decidiu, em vez disso, sair numa excursão de turismo.

De carro, ele foi a Soissons. Os franceses recapturaram a cidade em agosto, após combate pesado. Wemyss esperava encontrar o local devastado, mas nada que ouvira o havia preparado para a realidade:

> Uma visão realmente pavorosa – nem uma única casa permanece habitável. A catedral foi literalmente aberta ao meio. Andando pelas ruas, tem-se a impressão de estar em Pompeia.

A cláusula dezenove do Armistício tratava do pagamento de indenizações pelos prejuízos causados pela guerra; com certeza, daria muito o que falar.

A sul de Cádiz, um navio de guerra britânico estava a caminho de Gibraltar. Cercado por uma barreira protetora de destróieres, o HMS *Britannia* avançava firmemente em direção à costa sul da Espanha. Mais algumas horas e ele estaria ancorado na baía de Gibraltar e sua tripulação se preparava para descer a escada de costado e desfrutar de uma merecida licença em terra. Após um longo tempo no mar e com o fim da guerra à vista, eles estavam ansiosos para passar algum tempo em terra firme.

À sua frente, acabando de surgir a bombordo, eles podiam ver o contorno distante do Cabo Trafalgar, cena da mais famosa batalha naval da história britânica. O cabo era uma visão emocionante para a tripulação do *Britannia*. Havia um *Britannia* na frota de Nelson, navegando três navios atrás do HMS *Victory* na investida contra a linha francesa. Eles, agora, avistavam o Cabo Trafalgar exatamente da forma como seus antepassados, em 1805.

Desde que os franceses foram derrotados em Trafalgar, os britânicos domi-navam o mar. Os navios da Marinha Real mantinham a paz por todos os ocea-nos do mundo, e a tranquilidade reinou por mais de cem anos.

Os alemães haviam feito todo o possível para enfrentar a Marinha Real em 1916, mas em vão. A batalha da Jutlândia poderia ter sido aclamada como uma vitória se, logo em seguida, a frota alemã não tivesse se recolhido apres-sadamente ao porto, para de lá nunca mais sair. A Marinha Real continuou a dominar os mares, enfrentando a ameaça dos submarinos e mantendo um bloqueio cada vez mais rígido sobre os portos do mar do Norte, estrangulan-do silenciosamente a economia alemã até o país ficar sem matéria-prima para continuar lutando. O exército britânico deteve os alemães na Frente Ocidental, mas foi a Marinha Real que os privou de meios para lutar.

Agora, o HMS *Britannia* navegava rumo ao sul, passando por Trafalgar, enquanto o sol nascia sobre os montes espanhóis. Ao abrir caminho pelas águas, o navio era uma visão inconfundível, com suas muitas chaminés, bem próximas umas das outras, e suas altas torres de tiro localizadas nos cantos da superestrutura. Seus destróieres navegavam ao lado, orgulhosos por faze-rem parte daquela tropa, orgulhosos por navegarem ao largo do Trafalgar, com toda a conotação de bravura e de competência naval evocada pela em-barcação. A guerra estava ganha, e os destróieres pertenciam ao que ainda era a melhor marinha do mundo. Todos a bordo sabiam disso. Os navios do rei estavam ao mar.

Do periscópio do submarino 50, o *Kapitanleutnant* Heinrich Kukat estudava a incomum superestrutura do *Britannia*, sabendo que estava olhando para um navio de guerra pré-Dreadnought,[*] da classe Rei Edward III. O navio seria um bom alvo, se ele conseguisse passar pela sua escolta de destróieres. Kukat deu a ordem, e o submarino deslizou velozmente, mano-brando para se colocar em posição de ataque ao navio de guerra britânico.

A tripulação do submarino 50 vinha passando por dias difíceis. Eles esta-vam no extremo oposto do Mediterrâneo quando os aliados turcos da Ale-manha abandonaram a luta, seguidos, logo depois, pelos austríacos. Sem poder mais contar com amigos no Mediterrâneo, eles receberam ordens de fazer a longa viagem de volta a Kiel, com instruções de buscar abrigo na

---

[*] É o termo geral que define os navios de batalha do fim do século XIX.

Espanha, se chegar a Kiel fosse de todo impossível. Eles haviam escapado pelo estreito de Gibraltar na noite anterior, aterrorizados com a possibilidade de a Marinha Real os avistar na superfície e afundá-los antes que tivessem chance de submergir. Navegavam submersos nas proximidades do cabo de Trafalgar quando avistaram o HMS *Britannia* singrando à frente de sua esteira de espuma, ladeado por seus destróieres, enquanto o sol surgia sobre um novo dia.

O submarino 50 disparou três torpedos. Um não atingiu o alvo, mas os outros dois cumpriram certeiros o seu destino. O *Britannia* parou, mas não afundou. Quando Kukat ergueu seu periscópio para ver o que estava acontecendo, o *Britannia* voltou seus canhões contra ele, detonando sobre o mar à sua volta, até que o submarino foi forçado a novamente submergir e fugir por baixo d'água.

O *Britannia* demorou três horas para afundar. Seus destróieres se aproximaram e recolheram a tripulação antes de ele submergir por completo. Cerca de cinquenta homens morreram. Alguns foram enterrados no cemitério naval de Gibraltar, como seus predecessores o haviam sido, em 1805.

Em terra, os britânicos estavam se saindo bem melhor, agora que as tropas canadenses avançavam em território belga. Os canadenses já haviam tomado Valenciennes e Jemappes, e prosseguiam através da região em direção à grande cidade mineradora de Mons, passando por lugares onde os britânicos não haviam estado desde o começo da guerra. No dia seguinte, ou no outro, Mons cairia, e a cidade de onde, em 1914, o "desprezivelmente pequeno" exército britânico havia batido numa famosa retirada, estaria novamente em mãos Aliadas. Era bom estar de volta.

Os últimos cem dias, a partir do início de agosto, foram esplêndidos para os canadenses. Eles só faziam avançar desde a grande vitória de Amiens, expulsando os alemães de cidade em cidade, e forçando caminho, sem nada para detê-los. Eles já haviam enfrentado o pior que os alemães poderiam fazer, tendo se portado com distinção. Os canadenses sabiam disso e estavam orgulhosos. A Grã-Bretanha era seu país-mãe, e eles, os filhos. Desde que chegaram à França, deram ao país de seus antepassados todas as razões para se orgulhar deles.

Durante o avanço, o quartel-general dos canadenses hospedava um ilustre visitante. Edward, príncipe de Gales, era um jovem oficial dos Granadeiros, banido da linha de frente para que os alemães não o fizessem prisioneiro, mas acompanhava a guerra o mais próximo que sua condição de herdeiro do trono permitia. Na época do avanço, já estava com os canadenses há mais de um mês, visitando diariamente as diferentes unidades e vendo as pilhas de alemães mortos deixados no campo de batalha. Ele se divertira bastante e sentia muito que seu tempo com os canadenses estivesse chegando ao fim. "Quanto mais fico na companhia deles, mais eu gosto desses canadenses, eles são tão gentis comigo, e é tão fácil conviver com eles... Acho que nunca passei um mês tão agradável desde que a guerra começou."

Mas a guerra ainda não havia terminado. Os alemães continuavam disputando cada palmo de território, à medida que os canadenses avançavam. Quando seu pelotão se aproximou de Mons, o capitão Charles Smith, um índio iroquês de Cayuga, próximo às cataratas do Niágara, avistou um grupo de alemães se preparando para detonar uma mina terrestre na estrada pela qual os canadenses iriam passar. Smith comandou o ataque e esmagou os alemães no exato momento em que eles iam acender o rastilho.

Pouco depois, ele, pessoalmente, capturou também uma metralhadora alemã, numa dupla e espetacular façanha que mais tarde lhe valeria a Cruz Militar. A medalha chegou bem a tempo para Smith, porque seu irmão mais velho já havia ganho essa mesma condecoração no Somme. Seu pai, chefe de seis nações em Ontário, ficaria radiante ao saber que o segundo de seus filhos guerreiros havia recebido a mesma medalha que o primeiro.

Na costa belga, Howard Vincent O'Brien, um oficial de artilharia vinculado ao serviço de inteligência norte-americano, estava a caminho da recém-liberada cidade de Ostend. Com o inimigo em franca retirada, os americanos se preocupavam com a possibilidade de agentes alemães se infiltrarem através da fronteira holandesa com o objetivo de criar problemas durante as negociações do Armistício. O'Brien havia sido enviado para avaliar a ameaça e informar o Q.G. norte-americano.

Ele e seus homens deixaram Calais naquela manhã, chegando a Dunquerque às dez horas. Com os boatos de que o fim da guerra era iminente, O'Brien esperava que sua missão se mostrasse desnecessária e, embora a cada parada todos perguntassem sobre o Armistício, ninguém tinha notícias. Eles continuaram seu caminho pela Bélgica seguindo ao longo da estrada costeira, e logo passaram por terras que, pouco tempo atrás, ainda estavam em poder dos alemães. As notas que O'Brien tomou durante a viagem são uma leitura que faz pensar:

Esqueletos sombrios do que antes eram casas ruíam por toda a parte, e os campos pareciam ter sido pisoteados por um gigante que depois cuspiu sobre eles. Uma paisagem de pântanos, pontes destroçadas e arame farpado enferrujado, marcando o ponto máximo do avanço da civilização alemã. Quilômetros sem sinal de vida humana, animal ou vegetal. O silêncio pesava como um fardo. Pasmei em pensar que homens poderiam ter vivido ali e, ainda por cima, lutado durante quatro anos... Muitas são as histórias da ocupação alemã. Sapatos furados são uma marca de distinção entre as mulheres belgas. Não é considerado digno vestir-se bem. Os muitos – *caractère légère* – em quem a antipatia inicial pelos alemães acabou se abatendo ... a esses nunca faltaram sapatos. Trapaças de boches. Eles mandaram seus próprios aviões bombardear Ostend e culparam os britânicos. A fraude foi desmascarada por uma bomba boche que não havia explodido.

Após várias paradas ao longo do caminho, já eram sete horas da noite quando O'Brien e seus companheiros chegaram a Ostende. Eles encontraram a cidade ainda abalada com a ocupação alemã:

Uma jovem camareira, muito bonita, parecia assustada como um coelho. A dona do hotel explicou que não havia razão para não se sentir à vontade na presença de oficiais, nós éramos os primeiros americanos a chegar à cidade... É patético como todos estão intimidados, principalmente as mulheres. Elas ficam totalmente pasmas com o nosso comportamento amigável.

Felizmente, os belgas logo começaram a relaxar. Todos tinham histórias para contar, e estavam ansiosos para contá-las agora que estavam livres. Um garçom do restaurante do hotel apontou para um espelho quebrado na parede e contou a O'Brien que um soldado alemão atirou nele de pura galhofa. Outros acrescentaram que os alemães, antes de partir, saquearam tudo o que era de valor, roubando mobília, tapetes e quadros, que eles despachavam para a Alemanha em engradados. Eles haviam levado até mesmo maçanetas de portas e luminárias de bronze, todos os colchões, tudo o que conseguiram carregar. O pior de todos foi o comandante militar alemão, um príncipe de sangue real, que deveria saber como se comportar melhor. Ele levou tudo o que quis, despachando para a Alemanha trens carregados de quadros e de louças para seu uso pessoal.

O'Brien também ficou impressionado com o modo como todos se apressavam a saudá-lo, quando ele aparecia. Os civis levantavam seus bonés, da forma exigida pelos boches. Os invasores alemães não tinham o menor escrúpulo de mandar para a prisão qualquer um que não demonstrasse o devido respeito. Mas, nos últimos quatro anos, eles haviam conquistado muito pouco respeito entre os belgas. Tudo o que conseguiram foi fazer inimigos.

Em Spa, o resultado da pesquisa de opinião realizada entre os oficiais foi entregue na Villa Fraineuse. Apenas trinta dos 39 oficiais tinham sido entrevistados até então, mas um forte consenso já se fazia sentir. O kaiser não tinha a menor chance de recuperar o controle da Alemanha à frente de suas tropas. E tampouco as tropas marchariam contra os bolcheviques alemães. Seria o fim da era do kaiser, no que se referia a seu exército.

Fez-se uma longa pausa após o anúncio do resultado. O kaiser, então, perguntou em tom melancólico se o exército voltaria de forma ordeira à Alemanha sem ele. Gröner tinha certeza que sim, mas Schulenburg discordava. Um terceiro oficial era da opinião de que o exército, sem dúvida alguma, voltaria para casa de forma ordeira, e ficaria feliz se o kaiser fosse com eles, contanto que não estivesse mais no comando e que não os obrigasse a lutar.

Enquanto eles discutiam a questão, o telefone tocou. Era, mais uma vez, o gabinete do príncipe Max exigindo a abdicação do kaiser. Max afirmava com absoluta certeza que, caso o monarca não abdicasse nos próximos minutos, Berlim seria tomada pela revolução.

Relutante, "com os lábios pálidos e contraídos, o rosto sem cor, como se houvesse envelhecido muitos anos num único minuto", o kaiser se rendeu ao inevitável. Disse a seus oficiais que preparassem um pronunciamento declarando que ele estava pronto a abdicar como imperador da Alemanha, se tal fosse absolutamente necessário para evitar a guerra civil, acrescentando porém que pretendia permanecer como rei da Prússia. Caso viesse a abdicar, ele passaria o comando do exército alemão para Hindenburg, mas continuaria com suas tropas prussianas. Não era tudo o que Max queria, mas era o máximo que o kaiser estava disposto a conceder. Tendo tomado a decisão, ele deixou os detalhes a cargo de seus oficiais e, cheio de amargura, foi almoçar.

Enquanto o kaiser continuava a procrastinar, a revolução, em Berlim, ganhava rapidamente o centro da cidade. Mais de cem mil manifestantes rumavam para os prédios do governo e do Reichstag, e outros mais chegavam a cada minuto. Em vez de barrar o caminho, os soldados trazidos para enfrentá-los invertiam as armas para mostrar que não iam atirar, e então se juntavam à passeata. Agora que a revolução havia começado, não havia o que a fizesse parar.

Na chancelaria, o príncipe Max não podia mais esperar pelo kaiser. Ele, ao contrário das pessoas em Spa, sabia que a abdicação precisava ser anunciada imediatamente, para evitar a humilhação de o monarca ser publicamente deposto. Como Spa continuava não respondendo, Max tomou o assunto em suas próprias mãos. Ele enviou à agência de telégrafo Wolff um comunicado de imprensa anunciando a imediata abdicação do kaiser, tanto como imperador da Alemanha quanto como rei da Prússia. Max acrescentou que o príncipe herdeiro abriria mão do direito de sucessão, e que ele próprio renunciaria ao cargo de chanceler em favor do populista Friedrich Ebert, do Partido Social-Democrata, assim que a abdicação entrasse em vigor.

Max expediu o comunicado de imprensa sem consultar o kaiser. A agência Wolff publicou-o imediatamente e, à hora do almoço, a notícia estava nas ruas.

Na Villa Fraineuse, os oficiais do kaiser só concluíram a redação dos termos de sua abdicação como imperador às duas da tarde. Após o kaiser, com grande relutância, assinar o documento, o almirante Von Hintze foi ao telefone para comunicar o texto a Berlim, mas já era tarde demais. O comunicado do príncipe Max já havia sido expedido. Os Hohenzollern haviam sido despachados para a história.

Profundamente chocado, Hintze chamou o kaiser do salão onde ele estava. A notícia foi dada a ele em particular. Em seguida, o conde Hans von Gontard comunicou-a aos demais, com a respiração pesada, "os dentes batendo como se suasse frio, e com lágrimas a lhe correrem pelo rosto".

O kaiser reagiu com a fúria esperada. "Traição!", ele gritava. "Uma traição vergonhosa e infame!". Ele não sabia quem estava por trás do comunicado de imprensa, mas podia adivinhar. Obviamente, era obra do príncipe Max. Ninguém mais poderia ter autorizado uma tal proclamação. Max havia feito isso com ele. Um parente seu, apunhalando-o pelas costas!

O kaiser não ia admitir essa situação, isso era certo. Tomando um bloco de telegrama, começou imediatamente a redigir um desmentido. Ele não havia abdicado, pelo menos não como rei da Prússia. Max não tinha o direito de colocar palavras em sua boca. O kaiser expediria uma resposta proclamando que, legalmente, ainda era rei e pretendia continuar como tal, apesar do afirmado no comunicado de imprensa.

O conde Von Schulenburg prestou seu apoio. "É um golpe de Estado!", Schulenburg disse a ele. "Vossa Majestade não deve ceder a um ato de tamanha violência." O conde achava que o kaiser deveria voltar imediatamente para seu exército e permanecer com ele. Cercado por suas tropas, ele seria intocável. Lá, ninguém conseguiria depô-lo.

Já os demais conselheiros não tinham tanta certeza. Para o bem ou para o mal, a notícia da abdicação já corria mundo. Seria praticamente impossível desmenti-la, agora que ela já era de domínio público.

Pouco depois, o kaiser deixou de lado o bloco de telegrama e recolheu-se a uma poltrona em frente à lareira. Ele ficou sentado em silêncio, fumando um cigarro após o outro, tentando aceitar o que havia ocorrido. Ele já não era imperador, e nem ao menos rei. Levaria algum tempo para se acostumar a essa ideia.

Às três horas, ele se levantou e anunciou o que deveria ser feito. A Villa deveria ser preparada para um sítio. Seria equipada com armas e munições, comida, água, colchões, tudo o que fosse necessário para um longo confronto. O batalhão da guarda do kaiser seria alojado nas casas vizinhas, pronto para lutar até o fim em defesa de seu monarca. Se os bolcheviques de Aix-la-Chapelle viessem capturá-lo, ou os revolucionários de Berlim, ou mesmo os soldados de Spa que, segundo se dizia, estavam hesitantes, o kaiser tombaria lutando à frente de sua guarda pessoal. Muito melhor isso do que se entregar docilmente à sorte, como parecia que todos queriam que ele fizesse.

Um pouco mais tarde, o kaiser ficou sabendo que não podia contar nem mesmo com o seu batalhão de guarda. Os oficiais já não podiam garantir a lealdade de seus homens.

* * *

De sua casa logo ao norte do Portão de Brandemburgo, a princesa Blücher e seu marido assistiram durante toda a manhã a passagem de carros lotados de soldados e marinheiros e a chegada da multidão para a manifestação no centro de Berlim. Os Blücher ficaram dentro de casa, esperando problemas a qualquer momento, mas foi só depois do almoço que as coisas começaram a piorar:

> Eram cerca de duas horas quando uma verdadeira avalanche humana começou a passar sob nossa janela, caminhando até com certa calma, muitos carregando bandeiras vermelhas. Notei o dourado claro da cabeça descoberta de jovens moças, quando elas passavam, com apenas um xale sobre os ombros. Pareciam tão femininas e tão inapropriadas sob as dobras daquelas repugnantes bandeiras vermelhas que tremulavam sobre elas. É difícil imaginar essas pálidas mulheres do norte ajudando a construir barricadas, aos gritos, pedindo sangue.

A notícia da abdicação do kaiser já ganhara as ruas. Os Blücher a ouviram de seu mordomo que, depois do almoço, correu para contar-lhes a novidade. Apesar de sua antipatia pelo kaiser, Evelyn Blücher não pôde deixar de sentir pena, agora que ele, finalmente, estava de partida. Mas a multidão do lado de fora parecia não compartilhar de seus sentimentos. Pelo que ela podia ver, a multidão ficou radiante ao se ver, afinal, livre do imperador.

> Se a Alemanha tivesse conseguido uma grande vitória, o júbilo dificilmente seria maior. Um número cada vez maior de pessoas afluía, milhares delas, apinhadas umas sobre as outras – homens, mulheres, soldados, marinheiros e, por estranho que pareça, uma infindável quantidade de crianças que brincavam às margens daquele perigoso tumulto, divertindo-se imensamente, como se fosse um dia de festejos públicos...
> Por entre as densas massas da multidão em marcha, grandes caminhões militares, lotados de soldados e marinheiros que acenavam bandeiras vermelhas, saudando e gritando a plenos pulmões, forçavam passagem. Seus ocupantes pareciam estar tentando atiçar os grevistas à violência. Um

traço característico da multidão eram os carros abarrotados de jovens vestidos com uniformes cinzentos ou roupas civis, levando rifles carregados, enfeitados com uma minúscula bandeira vermelha, que constantemente saltavam de seus assentos e forçavam soldados e oficiais a arrancarem suas insígnias, fazendo-o eles mesmos, se os militares se recusassem.

Em sua maioria, eram rapazes de 16 a 18 anos, que pareciam estar se deliciando com o súbito poder. Eles ficavam sentados nos estribos dos carros cinzentos, com largos sorrisos no rosto, como escolares fazendo travessuras. O que não os impediu de causar grandes danos durante o dia, porque, como era de se esperar, alguns oficiais se recusaram a obedecer, o que acabou levando a derramamento de sangue e até mesmo a mortes.

Evelyn Blücher calculou que aproximadamente duzentos carros abarrotados de jovens passaram por sua casa no decorrer da manifestação. Ela mandou trancar todas as portas da casa e fechar as persianas metálicas de todas as janelas, exceto uma, no andar térreo, da qual ela assistia o que se passava do lado de fora. No meio da tarde, a rua em frente à casa estava repleta de gente gritando e gesticulando freneticamente. Entre os que passavam, ela notou também um bando de prisioneiros franceses e russos, que há pouco haviam sido libertados, e agora agitavam vigorosamente a bandeira vermelha, ao lado de seus camaradas alemães.

O temor que sentimos não foi pequeno, pois sabíamos que se os alemães começassem a confraternizar com os prisioneiros e a libertá-los, logo teríamos uma perigosa ralé de uns dois milhões de russos à solta pelas ruas. Esses homens desnutridos certamente não respeitariam nada nem ninguém. O sentimento mais estranho e desagradável de todos era que ninguém sabia ao certo o que estava acontecendo, e o que aquilo tudo significava.

Todos pareciam se dirigir ao Unter den Linden e à Pariser Platz e, mais para o fim da tarde, ouvimos dizer que o palácio real estava sendo atacado. O grande Portão de Brandemburgo logo ficou coberto de escaladores, que conseguiram hastear a bandeira vermelha em seu topo. Na frente do Hotel Adlon foram colocadas metralhadoras, mas a multidão forçou entrada e obrigou os oficiais a arrancarem suas insígnias. Os revolucionários roubaram as armas dos soldados e as exibiam pelas calçadas, para o constante perigo dos transeuntes.

No Reichstag, mais adiante naquela mesma rua, Philipp Scheidemann teve plena consciência do perigo ao ver a multidão lançar-se como uma onda contra o prédio do Parlamento. Friedrich Ebert, seu colega social-democrata, havia acabado de substituir o príncipe Max no cargo de chanceler, embora sua nomeação ainda dependesse de uma eleição a ser realizada após a assinatura do Armistício. A transferência de poder foi rápida e tranquila, planejada para garantir um mínimo de perturbação nos dias turbulentos que fatalmente se seguiriam à abdicação do kaiser e ao fim da guerra. Max já se preparava para deixar Berlim naquela mesma noite.

Mas uma multidão marchando em direção ao Reichstag era algo totalmente diferente. A grande preocupação era que os bolcheviques não respeitassem a transferência do poder aos social-democratas. Apesar do comunicado de imprensa de Max, a Alemanha ainda não era uma república. Max tivera o cuidado de deixar a porta aberta para uma regência que, mais adiante, beneficiaria um dos netos do kaiser. Mas os bolcheviques não queriam uma regência. Eles queriam uma república bolchevique, e a queriam naquela mesma tarde.

Scheidemann e Ebert estavam almoçando no Reichstag quando chegou a notícia de que o bolchevique Karl Liebknecht, um antigo social-democrata que agora era figura proeminente da liga espartaquista, estava prestes a proclamar a república do balcão do palácio do kaiser, na extremidade oposta do Linden. Dezenas de milhares de pessoas esperavam para ouvi-lo. Outras dezenas de milhares esperavam do lado de fora do Reichstag, para ouvir Ebert e Scheidemann.

Ebert não queria falar, mas Scheidemann era incapaz de resistir a uma plateia. Empurrando de lado sua sopa de batata, ele atravessou os corredores às pressas até chegar à biblioteca do Reichstag. As janelas davam para a frente, onde uma multidão fervilhante agitava bandeiras vermelhas, chamando por seu nome. Scheidemann, naquele momento, teve a impressão de que o povo queria uma república e seguiria qualquer um que atendesse sua reivindicação. "O homem que fosse capaz de trazer os bolcheviques do palácio ao Reichstag, ou os social-democratas do Reichstag ao palácio, seria o vitorioso do dia", assim ele mais tarde explicou a situação a seus colegas.

Scheidemann decidiu que tal homem seria ele. Era importante que os social-democratas assumissem o poder antes dos bolcheviques, caso quisessem controlar a revolução. Sem consultar ninguém, ele postou-se frente à janela aberta e levantou os braços, pedindo silêncio. Quando a multidão se aquietou, ele recorreu a um dos discursos contagiantes e improvisados que eram sua marca registrada. As palavras rapidamente tomaram conta dele:

Trabalhadores e soldados... a maldita guerra está chegando ao fim... o povo triunfou... O príncipe Max de Baden entregou o cargo de chanceler a Ebert. Nosso amigo irá formar um governo de trabalhadores... milagres aconteceram... o velho e podre desmoronou... vida longa ao novo! Vida longa à República alemã!

Enquanto Scheidemann recebia os aplausos, deputados horrorizados corriam de volta ao Reichstag para dizer que o infeliz havia acabado de proclamar a república. Scheidemann, mais tarde, alegou que não falava literalmente, mas o mal estava feito. Não havia mais como voltar atrás. Quando Scheidemann retornou à sua sopa, muito satisfeito consigo mesmo após a ovação, o chanceler Ebert esmurrou a mesa num ataque de ira e disse a Scheidemann que ele não tinha o direito de proclamar a república quando a questão ainda estava por ser decidida. E essa decisão, caso viesse a ser tomada, era tarefa da futura assembleia constituinte, e não de um político demagogo agindo por conta própria.

Karl Liebknecht não ia se deixar vencer. Ainda naquela tarde, ele, também, proclamou a república alemã. À frente de um cobertor vermelho servindo de bandeira, ele falou a uma multidão arrebatada do balcão do palácio do kaiser. Depois de passar dois anos na prisão por se opor à guerra, Liebknecht há muito esperava por esse momento:

O dia da revolução chegou. Nós forçamos o estabelecimento da paz. A paz, neste momento, foi concluída. A velha ordem se foi. O domínio dos Hohenzollern, que residiriam neste palácio durante séculos, terminou...

Hoje, uma massa incalculável de proletários inspirados ocupa este mesmo lugar para prestar homenagem à liberdade recém-conquistada. Companheiros de partido, proclamo a República Socialista Livre da Alemanha, que incluirá a todos, onde não haverá servos, onde todos os trabalhadores honestos receberão um salário honesto. O domínio do capitalismo, que transformou a Europa num cemitério, acaba de desmoronar.

Os proletários levaram Liebknecht ao pé da letra. Em questão de minutos, invadiram o palácio e estavam nos aposentos particulares do kaiser, saqueando seus pertences pessoais. Pilharam tudo em que puderam pôr as mãos – prataria, porcelanas, cavalos, carruagens, automóveis, e até mesmo os vestidos de sua esposa – e, triunfantes, carregaram-nos consigo. Sem saques pesados, a revolução não teria sido verdadeiramente bolchevique.

No quartel-general supremo, Hindenburg e os demais generais se perguntavam o que fazer com o kaiser, agora que ele havia abdicado contra a própria vontade. Com os soldados de Spa formando sovietes e as notícias do avanço dos revolucionários, que supostamente estariam em Verviers, a uma distância de menos de dezesseis quilômetros, eles não tinham tempo a perder, se quisessem tirá-lo dali em segurança. Não podiam sequer garantir a segurança dele em Spa por mais uma noite.

A Holanda, a apenas 32 quilômetros em linha reta, era o destino óbvio para o kaiser. Caso ele cooperasse, poderiam fazê-lo cruzar a fronteira em pouquíssimo tempo, livrando-o, finalmente, de sua miríade de inimigos.

Hindenburg, Gröner, Von Hintze e uns poucos outros foram ver o kaiser ao anoitecer. Eles o encontraram ainda determinado a continuar como rei da Prússia, embora já aceitando que os tempos do império haviam chegado ao fim. "Vocês não têm mais um chefe militar", ele disse friamente a Gröner, antes de lhe dar as costas, ignorando acintosamente o general de Württemberg. O kaiser jamais perdoaria a Gröner por suas palavras duras daquela manhã.

Ele esbravejou por longo tempo, esmurrando a mesa, maldizendo o príncipe Max por sua traição, insistindo que ainda era rei e que pretendia continuar como tal, acontecesse o que for. Repetia incessantemente que tinha a intenção de continuar rei. Esperava dos generais algum tipo de apoio, como sempre ocorrera no passado, mas, dessa vez, nenhum deles se manifestou. Era tarde demais. O comunicado de imprensa do príncipe Max havia selado o fim do monarca, quer ele aceitasse ou não. A prioridade dos generais, agora, era levar o kaiser para um lugar seguro, antes que os bolcheviques o alcançassem.

Foi Hindenburg quem disse isso a ele. Até agora, o velho general havia desempenhado um papel menor nos acontecimentos do dia, preferindo deixar a outros o que tinha de ser feito. Agora, entretanto, dissera ao kaiser que o exército não era forte o suficiente para derrotar a revolução, e que era quase certo que o monarca seria levado para Berlim como prisioneiro e entregue ao governo revolucionário, se não fugisse imediatamente. O conselho de Hindenburg foi o de aceitar a abdicação e partir para a Holanda enquanto ainda tinha chance.

O kaiser não se deixava convencer. Nem todos os seus generais eram da opinião de que ele deveria ir para a Holanda. Após muita discussão, ele saiu para consultar seus ajudantes de ordem, homens obsequiosos que não lhe criariam problemas. Depois de passar algum tempo com eles, retirou-se profundamente abatido para seus aposentos. A alguns, pareceu que iria se matar. Eles chegaram a se preparar para ouvir um único tiro de revólver vindo da sala ao lado. Mas não houve tiros. O kaiser não tinha a intenção de se suicidar. Em sua mente, se não na dos demais, ele ainda era rei da Prússia, e os reis da Prússia não punham fim a suas próprias vidas. Era degradante demais.

Em Londres, era dia da Parada do Lord Mayor,[*] a procissão anual que ia de Guildhall até as Cortes Reais de Justiça, onde, tradicionalmente, o novo "prefeito" jurava lealdade ao soberano. Desde pelo menos 1378, procissões como essas ocorriam todos os anos, e era até possível que elas fossem bem mais antigas. O "prefeito" fazia o percurso numa carruagem dourada, construída para esse fim depois de um novo eleito, em 1710, ter sido derrubado de seu cavalo por uma florista embriagada.

Na parada, o Lord Mayor vestia os trajes tradicionais do cargo e era escoltado pelos soldados piqueiros e pelos representantes das doze grandes guildas da City, o bairro de negócios de Londres: os importadores de sedas, os donos de mercearias, os comerciantes de tecidos, os peleteiros, os armarinheiros e os demais. A parada era acompanhada por bandas militares, tropas

---

* Parada anual em Londres que comemora a nomeação do Lord Mayor, uma espécie de prefeito de honra que dirige a City, a área financeira da cidade.

de todas as regiões do império, hidroaviões transportados na carroceria de caminhões e um grande balão voando sobre a Catedral de Saint Paul. As tropas marchavam de forma cerimonial pela cidade, celebrando um rito de passagem anual que nada, na história britânica, havia conseguido frustrar: nem pragas, nem incêndios, e nem mesmo uma guerra mundial. Em tempos de guerra, os britânicos aferravam-se ardentemente a suas tradições. Seria uma vitória para o inimigo, se eles desistissem de fazê-lo.

Naquela noite, houve uma segunda cerimônia no Guildhall. O banquete do Lord Mayor era quase tão antigo quanto a procissão, uma festa tradicional em homenagem ao "prefeito" que deixava o cargo. Um antigo costume determinava que o primeiro orador fosse sempre o primeiro-ministro, que fazia um discurso sobre relações exteriores para uma plateia de homens de negócios da City. Lloyd George já havia chegado, e estava claramente de bom-humor, apertando as mãos dos presentes e piscando para seus amigos, ao se misturar aos convidados. A notícia da abdicação do kaiser foi recebida com grande alegria na City. Ao se dirigirem às mesas, os convidados, entusiasmadíssimos, se perguntavam se Lloyd George completaria a notícia com um segundo anúncio, aguardado com ainda mais ansiedade: o Armistício. Apreciador de espetáculos como era, o primeiro-ministro certamente desejaria puxar o coelho da cartola, se isso fosse possível. Seria o clímax de um dia perfeito.

Infelizmente para a City, Lloyd George não tinha um Armistício para lhes dar de presente. Ele adoraria fazer esse anúncio no Guildhall, sob uma saraivada de aplausos, mas nenhuma notícia havia ainda chegado de Compiègnes. Ele o admitiu, quando se levantou para discursar:

> Acostumado como sou a discursar, sinto profundo desagrado em desapontar minha plateia, mas, tendo que fazê-lo, prefiro ir direto ao assunto. Não tenho notícias para vocês. Devido ao rápido e temporariamente inconveniente avanço das tropas Aliadas, em sua incansável perseguição do inimigo, os enviados alemães não conseguiram atravessar as linhas, e outros meios tiveram de ser inventados para que eles pudessem fazê-lo.
>
> Talvez eu tenha notícias amanhã, mas as principais questões já foram decididas. Na primavera, estávamos sob violenta pressão. Nossos portos no canal estavam ameaçados, a faca do inimigo estava apontada para nosso

coração. Agora, é outono. Constantinopla está praticamente ao alcance de nosso fogo; a Áustria foi destruída e encontra-se falida; o kaiser e o príncipe Herdeiro abdicaram, e seu sucessor ainda não foi encontrado – uma regência foi proclamada.

Esta é a maior decisão da história. Hoje, a Alemanha tem escolha; amanhã não a terá. O país está arruinado por dentro e por fora. Há uma única maneira de evitar a destruição – a rendição imediata. Temos que ter em mente que o povo alemão deu seu consentimento ao temerário desregramento de seu país. Nossos termos irão evitar que isso venha a ocorrer novamente.

Não fazemos um mal se não estivermos traindo um bem. Não temos a intenção de castigar o povo alemão, mas queremos assegurar a liberdade de nosso povo. O Império nunca ocupou posição tão alta nos conselhos mundiais. Seríamos insensatos se nos esquecêssemos que temos que impor justiça – a justiça divina, que é a base de nossa civilização, tem que ser feita. Não queremos um palmo sequer do território legitimamente alemão – não iremos repetir a loucura dos anos 1870.

O discurso foi recebido com arrebatamento. Com ou sem Armistício, o kaiser havia caído e os alemães estavam derrotados. Era uma grande melhora em comparação à situação do ano anterior.

Em Berlim, houve tiroteios esporádicos após o anoitecer, enquanto os manifestantes celebravam a queda do kaiser e o nascimento da nova república. Grupos rivais enfrentaram-se em frente ao palácio e, às oito da noite, o Reichstag foi invadido por centenas de representantes sindicais, que irromperam no plenário e o decoraram com bandeiras vermelhas, antes de criar um Conselho de Comissários do Povo em nome do proletariado. O objetivo dos sindicalistas era tomar o controle das mãos do chanceler Ebert e do Partido Social-Democrata, e fundar um estado bolchevique. Esses representantes não tinham um mandato legítimo mas, por outro lado, tampouco tinha Ebert. Agora que a monarquia fora derrubada, o poder seria de quem conseguisse pôr as mãos nele.

De sua casa no Portão de Brandemburgo, a princesa Blücher ouviu tiros esparsos durante a noite, e também o som característico das sirenes dos automóveis do kaiser, quando os veículos roubados eram levados do palácio.

Ela teve esperanças de que a situação se aquietaria depois do jantar, mas as coisas, ao contrário, pareciam estar piorando:

> Acabamos de ouvir dois tiros em frente à nossa janela, vindos do Tiergarten. Algumas mulheres assustadas, que tentavam se proteger por trás de nossos portões, contaram que duas mulheres foram feridas no Tiergarten, por disparos acidentais de rifles manejados por civis inexperientes.

Um amigo telefonou, aconselhando os Blücher a não passarem a noite em seu apartamento no andar térreo, de maneira que eles perguntaram aos Von Derenthall, os inquilinos que ocupavam o andar superior, se poderiam passar a noite com eles. Os empregados foram dormir nos fundos da casa, onde era um pouco mais seguro, e os Blücher subiram as escadas, esperando, ao ir para a cama, que seus medos fossem exagerados, e que não houvesse motivo para preocupações. Mas, enquanto eles se despiam, tiros perdidos ecoavam na escuridão, um sentimento de incerteza pairava no ar. Não era um bom presságio para a noite que eles tinham pela frente.

Em seu apartamento em Berlim oriental, o general Erich von Ludendorff sentia o mesmo medo que os Blücher quanto ao que a noite traria, embora por razões muito mais fortes. Ele tinha plena consciência de que se a multidão saísse à procura de alguém a quem culpar pela guerra, seu nome seria o primeiro da lista. A multidão não teria misericórdia, se pusesse as mãos nele. Eles o arrastariam para fora e o espancariam até a morte, em frente à sua mulher.

Ludendorff decidiu fugir disfarçado. Para tal, ele havia comprado uma barba postiça e um par de óculos escuros. Seu plano era escapar no meio da noite e ir a Potsdam, onde seu irmão trabalhava como astrônomo. O general poderia ficar com ele por alguns dias, até a situação acalmar. Se o pior acontecesse, ele poderia deixar a Alemanha usando um nome falso e tomar a balsa para a Dinamarca, enquanto seus inimigos o procurariam por toda a parte. Seria um fim desonroso para sua carreira, mas ainda assim preferível a ser feito prisioneiro pelos bolcheviques. Eles já estavam pedindo sua prisão.

Margarethe Ludendorff não estava nada satisfeita com a fuga de seu marido. Em sua opinião, isso seria indigno, mas ela mordeu os lábios e ficou calada, preferindo não interferir. Tinha a amarga certeza de que seus vizinhos ficariam radiantes ao ver seu marido pelas costas. No tempo em que a guerra corria bem e o nome do general estava em todos os jornais, eles tinham grande orgulho de serem vizinhos de pensão dos Ludendorff, mas seu entusiasmo era bem menor agora, que ele era alvo de abominação no mundo todo. O fato de Ludendorff continuar morando na mesma casa que eles era visto como algo que colocava a todos em perigo. Se o general pretendesse se esgueirar escadas abaixo por trás de uma barba postiça e fugir na calada da noite, os vizinhos nada fariam para impedi-lo.

Numa casa na Kaiseralle, no quarto do sótão, Marlene Dietrich, com 16 anos, escrevia em seu diário, ansiando pelo fim da violência. Como todos em sua família, ela estava farta da guerra e da revolução. Sentia apenas desprezo pelos bolcheviques que saqueavam o palácio e faziam baderna por toda a cidade. E ela sabia exatamente por que eles faziam isso. Eles queriam arruinar sua vida:

> Por que eu tenho de passar por esses tempos terríveis? Eu queria tanto uma juventude dourada, e tudo acabou assim! Tenho pena do kaiser e dos outros. Dizem que coisas ruins vão acontecer hoje à noite. A multidão estava perseguindo pessoas que andavam em carruagens. Estávamos esperando algumas senhoras para o chá, mas nenhuma delas conseguiu chegar a nossa casa. Só a condessa Gersdorf conseguiu. Na Kurfürstendamm, soldados armados arrancaram as dragonas de seu marido e, por onde se olhe, veem-se bandeiras vermelhas. O que o país quer? Eles conseguiram o que queriam, não conseguiram? Ah, se eu estivesse um pouquinho feliz, as coisas não seriam tão difíceis de suportar. Talvez logo chegue um tempo em que eu possa escrever sobre coisas alegres – sobre felicidade, e nada mais.

Marlene Dietrich odiava a guerra, e sempre havia odiado, desde o início. Em agosto de 1914, ela estava apaixonada por sua professora francesa e, quando voltou para a escola após as férias de verão, descobriu que a mulher fora embora. Desde então, ela havia transferido sua afeição para a condessa Gersdorf ("Seus pés são cor-de-rosa, meu coração arde por você! Estou morrendo de amor"), mas ainda tinha uma queda por Mlle Breguand. Ela não entendia por que a Alemanha tinha de estar em guerra com a França, e tampouco com a Inglaterra. Ela sempre se recusou a gritar *Gott strafe England* após o hino nacional, como o costume exigia.

A maioria dos homens de sua família morreu no *front*. Todos os outros, ao voltarem para casa de folga, notavam o quanto Marlene havia crescido. Um professor de sua escola também o havia notado, e foi despedido por essa razão. Rapazes costumavam segui-la pelas ruas ou postavam-se na calçada, fitando sem esperanças sua janela. Ela apreciava a atenção, mas seu primeiro amor era o teatro. Havia representado um papel masculino na peça da escola, vestindo calças pretas, uma camisa de renda branca e o casaco de montaria de sua mãe. Marlene Dietrich esperava, algum dia, subir aos palcos, se essa maldita guerra chegasse ao fim.

* * *

Na rua, Kurt Weil, estudante de música, passou boa parte do dia no Reichstag, observando fascinado enquanto as tropas invadiam o prédio e a multidão se aglomerava do lado de fora. Ele havia assistido o ataque ao quartel e combates pesados no Marstall, à beira do rio. Weil era a favor da revolução, se isso significasse o fim do kaiser e de sua corte, mas desconfiava dos bolcheviques, e não desejava ver a tirania da aristocracia substituída pela ditadura do proletariado. Ele assistiu a um dos muitos discursos de Karl Liebknecht naquele dia, e não ficara bem impressionado. Nesse momento, a Alemanha precisava de um governo sensato, comandado por homens moderados, e não de sovietes de trabalhadores e comitês de ideólogos auto-nomeados, que sequer tinham ideia do que estavam fazendo.

E havia uma outra coisa. Os partidos políticos estavam usando os judeus como bodes expiatórios. Acusavam os especuladores judeus de fugir da luta e ganhar dinheiro às custas da guerra, enquanto os demais sofriam. Com ambos os seus irmãos lutando na guerra, Weil, filho de um cantor de sinagoga, não admitia essas acusações. Ele mesmo era tão pobre que, por várias vezes, havia desmaiado de fome nos últimos meses. Os judeus não tinham culpa do que havia acontecido. Weil iria afirmar isso em alto e bom som, se as acusações continuassem. Ele teria de se envolver na política, se isso fosse necessário para impedir que acusassem os judeus de coisas pelas quais eles não tinham culpa.

Em Spa, os termos do Armistício haviam finalmente chegado. Hindenburg, no limite de sua resistência, fora para a cama cedo, e o documento foi entregue ao general Gröner, que se sentou para lê-lo. Sua consternação crescia na medida em que ia percebendo as implicações do acordo. Ainda mais, os Aliados estavam exigindo a entrega de 30 mil metralhadoras, o que deixaria os alemães incapazes de manter a ordem interna, se necessário fosse. E sem dúvida alguma seria necessário, se a situação na Alemanha continuasse a piorar.

Os termos do Armistício eram abusivos, mas Gröner sabia que eles teriam de ser aceitos. Não eram piores que os termos que Hindenburg e Ludendorff haviam imposto à Rússia e à Romênia, uns poucos meses atrás. Agora, era a vez dos alemães.

No entanto, os termos só poderiam ser aceitos se a Alemanha tivesse um governo estável, capaz de se relacionar com os Aliados e fazer valer suas promessas. Isso, por sua vez, dependeria do apoio do exército. A questão para Gröner, agora, era se o exército deveria marchar sobre Berlim para restaurar a monarquia, estabelecendo um governo provisório para atuar como uma regência até que um dos netos do kaiser atingisse a maioridade, ou se deveria aceitar que a Alemanha havia se tornado uma república, e dar seu apoio ao partido político que estivesse melhor posicionado para governar o país e manter os bolcheviques longe do poder.

Gröner pegou o telefone. Ele tinha algumas perguntas para Friedrich Ebert, o novo chanceler da Alemanha. Gröner não estava bem certo de qual seria o seu dever, agora que o kaiser o havia liberado de seu juramento, e que ele não tinha mais um chefe militar a quem servir.

Ebert ficou aliviado ao falar com Gröner. Ele não gostou nada de suas primeiras horas como chanceler. Embora não fosse monarquista, fez todo o possível para manter a continuidade da monarquia como uma das opções, mas se viu desautorizado por Scheidemann e Liebknecht que, sozinhos, proclamaram repúblicas separadas. Ebert havia passado o resto do dia tentando formar um novo governo. A tarefa havia se mostrado praticamente impossível, com os bolcheviques à solta pelas ruas, e o Reichstag lotado de sindicalistas que, por conta própria, formavam uma assembleia rival. O telefonema de Gröner seria bem-vindo, se trouxesse uma saída para o impasse.

Os dois homens conversaram ao telefone. Ambos deixaram claro que queriam um rápido retorno à lei e à ordem e a eliminação do bolchevismo.

Eles, portanto, concordaram que o exército deveria marchar de volta para a Alemanha, sob disciplina militar, e transferir sua lealdade à nova república. Apenas uma pergunta ficava sem resposta. Hindenburg aceitaria permanecer no comando de um exército republicano? Seria importante que Hindenburg ficasse, porque milhares de oficiais do exército seguiriam sua liderança, não importa qual fosse.

Gröner não tinha certeza do que Hindenburg pretendia fazer, mas, mesmo assim, falou em seu nome, prometendo a Ebert que o marechal-de-campo permaneceria no comando. Incomensuravelmente aliviado, Ebert desligou o telefone e retornou à ingrata tarefa de tentar formar o primeiro governo republicano da Alemanha.

Durante o jantar, no vagão real, o kaiser ainda hesitava quanto ao que fazer. Ele, por diversas vezes, havia anunciado uma iminente partida para a Holanda, mas sempre mudava de ideia minutos depois, declarando que permaneceria com seu exército. "Se ao menos alguns homens se mantiverem leais", anunciou ele antes do jantar, "lutarei a seu lado até a morte e, se formos mortos, bem, não tenho medo da morte. Eu estaria abandonando minha mulher e meus filhos, se partisse para a Holanda. Não, é impossível. Ficarei aqui."

A refeição foi lúgubre, já que ninguém tinha vontade de conversar. O kaiser ainda se recusava a fugir, dizendo que pretendia passar a noite no trem, guardado por suas tropas pessoais. Seus auxiliares insistiam para que ele tomasse uma decisão definitiva, num sentido ou noutro, no caso de ser necessário alterar as providências já tomadas. Eram da opinião de que ele deveria se ater ao plano original e partir para a fronteira antes que fosse tarde demais. Um deles argumentou que tropas amotinadas estavam se aproximando de Spa a cada minuto que passava, enquanto outras barricavam as estradas que levavam de volta à Alemanha. Se o kaiser não partisse naquela mesma noite, era bem possível que, na manhã seguinte, a chance estivesse perdida.

O jantar terminou às dez. Quando o kaiser deixava o vagão-restaurante, seus auxiliares chamaram-no de lado e disseram-lhe, pela última vez, que a Holanda era sua única opção realista. Eles falavam em voz baixa, quase num sussurro. O kaiser nada disse, mas, de vez em quando, fazia que sim com a cabeça. Ele entendia a verdade do que eles diziam, embora ela não lhe agradasse nem um pouco. A decisão não podia ser adiada. Ele teria de ir para a Holanda.

"Muito bem, então", ele concordou. "Mas não antes de amanhã de manhã. Nós partiremos amanhã."

Finda a discussão, o kaiser foi para seu vagão para escrever algumas angustiadas cartas de despedida, antes de se permitir algumas horas de descanso. No Hôtel Britannique, o Estado-Maior se acomodou para dormir perto de suas mesas de trabalho. Todos estavam armados, para o caso de o quartel-general supremo ser atacado por rebeldes durante a noite.

Em Moscou, Vladimir Ilyich Lenin acompanhava os acontecimentos na Alemanha com uma alegria não disfarçada. Todos os relatórios que chegavam ao Kremlin contavam a mesma história. A revolução começara. Todo o duro empenho dos soviéticos em Berlim, afinal, havia valido a pena.

Ao vê-lo tão exultante, a mulher de Lenin compreendeu que esses dias da revolução alemã tinham sido os mais felizes de toda a vida de seu marido. Lenin parecia estar no sétimo céu, quando uma enxurrada de relatórios continuou a chegar durante a noite. Ele, sem dúvida alguma, tinha boas razões para estar tão contente. Tudo, na Alemanha, estava correndo conforme o planejado.

7

Domingo,
10 de novembro de 1918

No apartamento dos inquilinos, no andar de cima de sua casa, Evelyn Blü-cher não conseguiu dormir. Na rua, os combates entraram pela madru-gada do domingo e, a cada vez que ela adormecia, um tiro a acordava. Os tiroteios eram esporádicos, mas preocupantemente próximos. A casa dos Blü-chers ficava exatamente na linha de frente da luta que as facções rivais trava-vam nas ruas de Berlim, tentando assegurar para si o controle da revolução.

De repente, mais ou menos às duas horas, o silêncio foi quebrado pelo barulho de uma fuzilada contínua de metralhadoras e rifles disparando – ao que parecia – sobre nossas cabeças. Tremendo de medo, corri com meu marido para a sala de jantar, onde encontramos Frau von Derenthall e suas duas criadas, que já estavam lá.

Lá ficamos, todos nós, encolhidos na escuridão, pois não ousávamos acen-der a luz, ouvindo o combate feroz que se travava à nossa volta, do Portão de Brandemburgo até o Reichstag e enchia os aposentos da casa com os vapores e a fumaça dos disparos. De vez em quando, rastejávamos até a varanda para ver o que estava acontecendo, mas só conseguíamos avistar pequenos grupos de soldados, todos armados, com bandeiras vermelhas nas mãos, postados em volta do Portão.

O tiroteio parou cerca de uma hora depois. Frau Derenthall sugeriu uma xícara de café. Seu marido, de 84 anos e completamente surdo, havia dormido tranquilamente durante toda a barulheira. Os demais sentaram-se na sala, tremendo em seus roupões, enquanto as criadas preparavam, em vez de café, uma infusão fraca feita de milho. Há quase um ano Frau von Derenthall queria convidar os Blücher para jantar. Ela vinha adiando esse dia na esperança de conseguir algo bom para oferecer a eles. Nas circunstâncias, ela teria que se contentar com o falso café servido no escuro.

Às cinco da manhã, os Blücher concluíram que talvez já fosse seguro voltar para seu apartamento no andar térreo. Eles encontraram os empregados já de pé, tão apreensivos quanto eles próprios. Ninguém havia pregado o olho durante a noite. Evelyn Blücher teve a impressão de estar no meio de uma colmeia, com enxames de abelhas enfurecidas zunindo à sua volta. Eles haviam chegado a um ponto em que tiros de rifle esporádicos já não incomodavam tanto, contanto que não fossem acompanhados de fogo de metralhadoras. Ela tinha a vaga e incômoda sensação de que, antes de o dia acabar, haveria doses maciças de ambos.

Em Spa, o motorista do kaiser, Warner, foi acordado de um sono profundo às duas da manhã, recebendo ordens de pôr-se de pé imediatamente. O automóvel do kaiser tinha que ser preparado para uma longa viagem. Para evitar problemas com as "patrulhas do exército revolucionário", o veículo não deveria conduzir marcas distintivas que o identificassem como de propriedade do kaiser. O estandarte real não tremularia sobre a capota, e Warner deveria remover o emblema da coroa imperial impresso nas portas. Ele se vestiu e, imediatamente, pôs-se ao trabalho.

Enquanto Warner preparava o carro, o kaiser acordou cedo em seus aposentos no trem imperial e, às quatro da manhã, já estava no vagão-restaurante. Ele ainda estava indeciso quanto a fugir para a Holanda. "Não posso concordar com isso. O que vai acontecer se os holandeses também se tornarem bolcheviques?" Seus ajudantes-de-ordens asseguraram-lhe de que a Holanda nunca se tornaria bolchevique e que, caso isso viesse a acontecer, seria de forma muito branda. Eles estavam convictos de que a Holanda ainda era a única alternativa viável para ele.

Um clima de tristeza pesava sobre o grupo reunido no vagão-restaurante. Muitos dos oficiais presentes haviam decidido seguir para a Holanda com o kaiser no trem real, acompanhando-o em sua viagem rumo ao exílio. Para agravar o desalento, eles acabavam de tomar conhecimento dos termos do

Armistício, que eram um desastre maior do que poderiam ter imaginado. Eles eram homens derrotados, fugindo das consequências de sua própria loucura, sabiam disso e sentiam vergonha. Eles haviam apostado alto e perdido.

Na noite anterior, havia sido anunciado que o kaiser só deixaria Spa na manhã seguinte. Ele partiu às cinco da manhã, sem se despedir de Hindenburg, que ainda dormia em seus aposentos, nem dos outros oficiais do quartel-general supremo. O trem real deixou discretamente a estação, levando 25 soldados que montavam guarda ao longo dos corredores, armados de rifles, metralhadoras e granadas de mão. O kaiser se foi sem estardalhaço, fugindo na calada da noite antes que alguém se desse conta de que ele havia partido. Com a revolução tão perto de Spa, essa, provavelmente, era mesmo a coisa mais sensata a ser feita.

Mesmo no trem, o kaiser não estava em segurança. A linha passava por Liège, onde, segundo se dizia, as tropas estavam amotinadas. Era perfeitamente possível que os soldados parassem o trem e fizesse o kaiser prisioneiro, se soubessem que ele estava a caminho. Por essa razão, o trem, dez minutos depois de deixar Spa, fez uma outra parada na estação rural de La Reide. O kaiser e sete outros desembarcaram e, às pressas, atravessaram a plataforma, onde o chefe da estação esperava com uma lanterna para guiá-los até os carros nos quais eles fariam o restante da viagem até a fronteira.

O plano era o kaiser viajar incógnito de carro enquanto os revolucionários perseguiam o trem. Havia sido combinado que Warner e os outros motoristas estariam esperando do lado de fora da estação, prontos para levar o kaiser até a fronteira. Mas não havia nenhum carro à vista quando o grupo saiu do prédio da estação. No calor do momento, os motoristas haviam recebido instruções erradas, e estavam esperando em algum outro lugar. Não havia sinal deles em parte alguma e o kaiser, desamparado, ficou postado à beira da estrada, perguntando-se o que fazer em seguida.

Para a sorte dele, um outro carro passou por ali e foi imediatamente requisitado. Os veículos perdidos foram localizados em dez minutos e, pouco depois, estavam a caminho de Eisden, cidade na fronteira holandesa, levando a bordo o kaiser e seus outros companheiros.

Foi uma viagem angustiada. O kaiser fez todo o caminho com os nervos à flor da pele, gritando com os motoristas para que fossem mais devagar, então, mudando de ideia e dizendo-lhes que fossem mais rápido para que os carros não se perdessem de vista na escuridão. Num determinado ponto do caminho eles passaram pelo trem real e por um posto de inspeção alemão que ainda operava sob disciplina militar, apesar da bandeira vermelha que tremulava sobre a ponte. O céu foi clareando aos poucos, anunciando a chegada do novo dia. Pouco depois das sete da manhã, eles se depararam com uma grande cerca de arame farpado e ficaram aliviados ao saber que haviam chegado em segurança à fronteira com a Holanda.

Os guardas da fronteira eram milicianos da recém-proclamada República da Bavária. Desconfiados, circulavam por entre os carros, e um deles chamou os outros para examinar a mancha na tinta da carroceria, no lugar onde a coroa imperial havia sido raspada. O kaiser manteve uma postura discreta, permanecendo sentado no banco de trás, enquanto seus companheiros agarravam-se aos rifles escondidos entre seus joelhos. Um impasse foi evitado quando o general Von Frankenberg saiu do carro e anunciou que o comboio levava a ele e a seus auxiliares para a Holanda, onde tinham negócios importantes a tratar. Negócios importantes, para os guardas da fronteira, só podiam significar uma coisa: o Armistício. Felicíssimo em poder ajudar, um deles saltou sobre o estribo do carro e, sem reconhecer o kaiser, conduziu o comboio através da fronteira, até o território neutro da Holanda.

Os holandeses ficaram surpresos ao vê-los. Eles pediram seus passaportes alemães, e a resposta foi que nenhum deles possuía um passaporte. O representante diplomático do kaiser desapareceu no interior do posto de fronteira para discutir a questão, enquanto soldados e civis holandeses, curiosos, andavam em volta dos carros, imaginando do que se trataria. Alguns enfiaram a cabeça no interior do veículo para olhar. O kaiser, sem sair do lugar, acendeu um cigarro, coisa que costumava fazer em momentos de tensão. Ele aconselhou seus companheiros a fazerem o mesmo, dizendo-lhes que eles mereciam.

À distância, sinos de igreja tocavam chamando para o serviço religioso da manhã de domingo. Um dos alemães observou que sinos eram arautos da liberdade. Enquanto eles conversavam nervosamente, o sargento Pierre Dincaer, do exército holandês, telefonou a seus superiores em Maastricht, informando que havia reconhecido o automóvel do kaiser. Ele comunicou que o imperador alemão estava na fronteira pedindo permissão para entrar na Holanda.

O major Van Dyl chegou às pressas e recepcionou oficialmente o kaiser, que entregou a ele sua espada. Van Dyl escoltou os alemães até a estação ferroviária de Eisden para esperar pelo trem real, que ainda estava a caminho, vindo de Spa. O kaiser, nervoso, andava de um lado para o outro na plataforma, fumando um cigarro atrás do outro, enquanto o resto da comitiva tentava conversar para passar o tempo. A notícia de sua chegada já havia se espalhado. Os trabalhadores saíram às pressas de uma fábrica situada do lado belga da estação e, de uma distância de poucos metros, gritavam para o kaiser *Vive la France!* ou *Ah, Kamerad, kaputt!*, ameaçando-o com punhos cerrados. Os assobios e as vaias gelaram sua alma. Algumas pessoas tiravam fotografias, captando com câmeras a humilhação do todo-poderoso, que andava de um lado para outro na plataforma, como um animal enjaulado. Os belgas não sentiam nada além de desprezo pelo homem que havia trazido tanto sofrimento a seu pequeno país.

Foi um alívio quando o trem real finalmente chegou, tendo passado por Liège sem problemas. Os sentinelas alemães vaiaram quando o trem foi desengatado e trazido através da fronteira por uma locomotiva holandesa. O kaiser e seu séquito embarcaram imediatamente, aliviados de estarem novamente em território conhecido. O café da manhã esperava no vagão-restaurante, mas as cortinas tiveram que ficar fechadas enquanto eles comiam, pois a multidão podia jogar pedras.

A situação permaneceu tensa até as tropas holandesas chegarem e evacuarem a estação, fechando-a até segunda ordem, enquanto o governo holandês decidia o que fazer com o kaiser. Uma reunião de emergência do Gabinete Holandês acabava de ser convocada em Haia para discutir a questão. Os holandeses tinham diante de si duas alternativas igualmente desagradáveis. Eles poderiam permitir a entrada do kaiser no país sem mais delongas e conceder-lhe asilo político, ou poderiam atirá-lo aos lobos. Ninguém sabia ao certo qual delas seria a escolhida.

Quando os sinos das igrejas repicaram na Holanda, os da França faziam o mesmo, ecoando através dos campos e florestas que cercavam Compiègne. Poucos dentre os integrantes da comissão alemã do Armistício sentiam vontade de ir à igreja, mas Mathias Erzberger era um católico praticante e gostaria de assistir à missa, se possível. Ele perguntou a um dos atendentes do trem alemão sobre essa possibilidade e foi informado que o marechal Foch já havia ido à missa na igreja de Réthondes de manhã cedo, e que não haveria outras naquele dia.

Isso era notícia. Eles estavam próximos a Réthondes. Os franceses continuavam se recusando a dizer aos alemães onde eles estavam, e os atendentes, quando perguntados, diziam que eram de uma outra região da França, e nada sabiam sobre o lugar. Mas se a igreja mais próxima ficava em Réthondes, a floresta que os alemães viam à sua volta devia ser Compiègne. Eles estavam no bosque de Compiègne, a norte de Paris. Só então os alemães ficaram sabendo onde estavam.

A informação de nada lhes valia. Os alemães estavam sendo mantidos em estrito isolamento, tão afastados do mundo exterior que sequer ficaram sabendo da abdicação do kaiser, até que alguns ferroviários franceses, contrariando ordens, mostraram a Erzberger os jornais da manhã, contando-lhes que o kaiser se fora. As notícias da saída do príncipe Max e do caos que assolava a Alemanha tornaram sombria a atmosfera no trem, enquanto os alemães aguardavam que Berlim se pronunciasse sobre os termos do Armistício. Os Aliados também estavam preocupados, porque, ao que tudo parecia indicar, Erzberger e sua comitiva representavam um regime que não existia mais – exatamente a situação que todos queriam evitar.

Enquanto os delegados aguardavam notícias de Berlim, o avanço Aliado continuava em toda a Frente Ocidental e as tropas forçavam passagem ao longo de toda a linha, mantendo pressão sobre os alemães até que o Armistício houvesse sido assinado. Elas avançavam com graus variados de relutância, sabendo perfeitamente que a guerra logo estaria terminada e que os combates, em breve, chegariam ao fim. Ninguém queria morrer agora que a paz estava à vista.

Em Celles, a norte de Tournai, o capitão Frank Hitchcock e sua companhia de Leinsters há muito haviam atravessado o rio Scheldt e, agora, seguiam em direção à pequena vila de Arc-Anières. Consultando o mapa, Hitchcock, que sabia muito de história, percebeu que estavam a apenas algumas milhas de Fontenoy, onde tropas irlandesas católicas como as suas haviam enfrentado os ingleses, em 1745. Eles estavam próximos também de Oudenarde, onde o duque de Malborough havia expulso os franceses para além do Scheldt, em 1708.

Eram nove e pouco da manhã, e eles estavam em marcha, quando o brigadeiro Bernard Freyberg chegou a galope para contar-lhes que o kaiser havia partido. "A guerra terminou!", anunciou ele. "O kaiser abdicou!" Se Freyberg esperava que os Leinsters irrompessem em vivas, ele se decepcionou. Os Leinsters só davam vivas em situações adversas, como chuva ou bombardeios. Eles receberam a notícia com poucas expressões de emoção, embora estivessem contentes de o kaiser ter caído ("não era aquele velho patife?"). Freyberg seguiu adiante, para comunicar ao batalhão inglês que os Leinsters continuavam sua marcha até Arc-Anières, conforme ordenado.

O povo da aldeia saiu de suas casas para dar-lhes as boas-vindas, trazendo frutas e bandejas de pão com manteiga para os soldados. Numa colina a leste da aldeia, Hitchcock mandou-os entrar em formação e empilhar as armas. Enquanto eles cumpriam a ordem, uma bomba alemã veio zunindo pelo ar e explodiu a uma distância de uns trezentos metros. À sua frente, eles ouviam fogo antiaéreo alemão tentando abater um dos aviões de observação.

"E ainda dizem que a guerra terminou", comentou o soldado Flaherty. Como todos os outros Leinsters, ele achava difícil de acreditar.

A poucas milhas dali, os canadenses que avançavam em direção a Mons também achavam difícil de acreditar no fim da guerra. Os alemães ainda lutavam tenazmente, revidando com metralhadoras e artilharia pesada enquanto os canadenses os empurravam, ao longo do canal, para a periferia oeste da cidade. Eles esperavam conquistar Mons ainda naquele dia, mas o avanço estava sendo mais lento do que o planejado. Era praticamente certo, agora, que só no dia seguinte Mons cairia, e os canadenses estariam de posse da cidade.

Mons foi o lugar onde, em 1914, havia ocorrido o primeiro choque entre os exércitos britânico e alemão. Foi lá que tombaram os primeiros soldados britânicos a morrer na guerra, quando as tropas alemãs arremeteram-se através da Bélgica a caminho da França. Não escapou a sua atenção que, após mais de quatro anos de guerra, os dois lados haviam voltado ao lugar onde tudo começou.

Enquanto os canadenses lentamente ganhavam terreno, o príncipe de Gales acompanhava o avanço o mais perto que seu camareiro permitia. Ele e Lord Claud Hamilton, naquela manhã, foram até Frameries e Jemappes, a apenas uma milha e meia de Mons. Foi de lá que assistiram os combates, e o príncipe escreveu, numa carta à sua mãe:

Conseguimos uma boa visão da cidade de cima de um monte de entulho, porque essa região é coberta de minas! Mais emocionante e interessante do que as palavras podem expressar. Encontrei diversas sepulturas de soldados britânicos mortos em agosto de 1914 e enterrados por civis belgas, que construíram cruzes sobre os túmulos. Como a senhora mesma diz, que tempos agitados esses que estamos vivendo, e pensar que estamos às vésperas de um Armistício, e que a guerra está praticamente terminada: uma revolução na Alemanha, e a abdicação do kaiser, embora essa notícia ainda não tenha chegado às tropas da linha de frente, ou elas não estariam mais lutando contra nós, defendendo Mons com metralhadoras, e ainda nos bombardeando!

Eu gostaria que eles se apressassem e concluíssem logo o Armistício, porque acho uma pena que nossos soldados da linha de frente ainda estejam morrendo, embora nossas baixas, ultimamente, tenham sido poucas. Mas que tremendo azar, ser morto ou gravemente ferido no último, ou num dos últimos dias da guerra!

Todos os soldados da linha de frente eram da mesma opinião que o príncipe. Ninguém queria morrer agora, nem mesmo pelo rei ou pela pátria.

Em Ostende, o oficial da inteligência norte-americana Howard Vincent O'Brien e seus companheiros haviam passado uma noite muito confortável em um hotel à beira da praia. E eles também tiveram uma surpresa agradável quando, depois do café da manhã, a conta foi trazida:

Nosso hotel é um dos mais caros da *plage*. Mas a conta por um quarto com café da manhã foi de 3,50 francos. Somos os primeiros libertadores. Não tínhamos quebrado mobília nem estuprado camareiras, e todos ficaram muito agradecidos.

O'Brien contratou um dos garçons do hotel para mostrar-lhes Ostende depois do café da manhã. A cidade ainda era muito perigosa porque os alemães, ao bater em retirada, haviam deixado para trás minas terrestres. Uma delas acabava de matar cinquenta mulheres e crianças, uma atrocidade que os belgas não esqueceriam tão cedo. Outras minas ainda estavam explodindo a intervalos imprevisíveis, principalmente ao redor de embarcadouros e de outras áreas utilizadas na guerra.

De Ostende, O'Brien continuou pela estrada costeira até a Holanda. No caminho, passou por Zeebrugge, onde, em abril, três navios britânicos haviam sido afundados para bloquear a entrada da base naval alemã. O'Brien havia lido sobre o ataque nos jornais mas, ao ver o lugar com seus próprios olhos, não pôde deixar de se maravilhar com a coragem que os britânicos haviam demonstrado ao executá-lo com tanta galhardia. Os fuzileiros navais e a Marinha Britânica perderam setecentos homens no ataque, mas o fizeram com orgulho, pois isso demonstrava que também eles estavam desempenhando um papel na guerra, da mesma forma que os soldados em terra.

O'Brien continuou rumo ao norte e logo chegou a Ecluse, na fronteira holandesa:

> Cena inesquecível. Uma cerca branca, com arame farpado, antes eletrificada pelos alemães, e agora cheia de buracos. Uma faixa estreita de terra, com um outro portão e uma longa passagem ladeada por árvores altas, levava até a Holanda. Trilhos de bonde. Evidente que era fácil entrar e sair. Conversa com o comandante da guarda belga, e convite para cruzar a fronteira. Provavelmente, fomos os primeiros oficiais americanos não prisioneiros a entrarem em território neutro. O sentinela holandês deu a notícia da abdicação do kaiser – em linguagem de gestos, principalmente.

Era pouco provável que os alemães conseguissem infiltrar espiões na Bélgica através da cerca. Depois de mais alguma investigação, O'Brien decidiu que já sabia o bastante e pôs-se a caminho de volta à França pela estrada do interior. Ele a encontrou crivada de crateras de bombas e congestionada por uma longa fila de tráfego militar. Em Outenarde, uma divisão americana acabava de chegar após avançar quatro quilômetros sem avistar alemães. O'Brien parou ao cair do dia e juntou-se a um grupo de homens que ouvia música de gaita enquanto canhões ribombavam à distância. Então, continuou em direção a Lille, onde chegou tarde da noite, esperando um bom jantar e um hotel confortável. Entretanto, os alemães, antes de partir, haviam destruído a usina elétrica da cidade, e a rede hidráulica também.

A leste do Meuse, a bateria do capitão Harry Truman, do 129º Grupo de Artilharia de Campanha, há dias avançava firmemente, estando agora bem além de Verdun, dando apoio à infantaria dos Estados Unidos na sua perseguição ao inimigo em retirada. Posicionado logo atrás deles, um grande canhão ferroviário golpeava continuamente os alemães, enquanto Truman escrevia para sua noiva:

> O alemão está pedindo paz aos berros, feito um cachorro encurralado, e espero que papai Foch faça eles berrarem ainda mais alto, ou enforque eles de vez. Enforcar seria pouco. Quando você vê as coisas que esses sujeitos fizeram, e depois ouve eles falarem de paz da forma como estão falando, não é nem um pouco agradável. Uma surra muito bem dada é o que eles merecem e, acredite, é isso que eles vão levar, com certeza!
>
> O domingo está lindo – o sol brilha e faz um calor de verão... Os *Heinie** parecem estar liquidados. Só para fazer o dia ficar mais interessante, um dos aviões deles veio e abateu um dos nossos dirigíveis, e quase foi derrubado também. Eu mesmo disparei quinhentas descargas de projéteis alto-explosivos. Não contra o avião, mas contra umas metralhadoras alemãs a uma distância de uns onze quilômetros. Não sei se acertei o alvo, mas espero que sim, porque apontei os canhões com muito cuidado.
>
> Um avião alemão jogou bombas não muito longe do meu quintal, na noite passada, e fez um belo estrago. Mas fizeram ele voltar correndo para casa. A mais ou menos um quilômetro daqui há um grande canhão ferroviário, que dispara a cada quinze minutos. Ouvi um dos rapazes dizer: "Lá vai mais uma carroça para aniquilarmos os alemães". O projétil, voando pelo ar, faz um barulho parecido com o de uma carroça andando na estrada, por isso achei a observação muito boa.

Truman escrevia num tom bem-humorado, como sempre fazia em suas cartas para casa, mas a realidade era bem outra. Seus nervos estavam prestes a explodir, como os de todos na bateria. Os bombardeios constantes estavam deixando a todos abalados, com bombas alemãs caindo à sua volta, dia e noite, a qualquer hora. "Os homens pensam que eu não tenho muito medo das bombas, mas o que eles não sabem é que eu estava apavorado demais para correr, e isso quer dizer muito apavorado", admitiu Truman, ao contar

---

* Termo pejorativo usado na Primeira Guerra Mundial para se referir aos soldados alemães. Diminutivo de Heinrich, um nome comum na Alemanha.

sobre um fogo de barragem que teve de enfrentar. Até então, nenhum de seus comandados havia sido morto, mas era só uma questão de tempo, se os bombardeios não terminassem em breve.

O ruído dos canhões de Verdun era perfeitamente audível para Harry Truman e os soldados de sua bateria. Cento e sessenta quilômetros mais para o leste, na outra margem do rio Mosela e além das verdejantes colinas da Alsácia, o barulho era apenas um murmúrio distante ao chegar à Fortaleza de Rastatt, um campo de prisioneiros à beira do Reno. O barulho era mais alto no início da manhã, entre as seis e as oito horas, mas era um som bem vindo a qualquer hora do dia, por ser uma prova de que os Aliados estavam chegando e de que a guerra estava quase terminada. E, para os prisioneiros de Rastatt, entre eles o segundo-tenente George Coles, da RAF, tal fim já vinha tarde.

Coles era prisioneiro de guerra desde o início de setembro, quando seu bombardeiro foi abatido próximo a Douai pelo piloto de um Fokker alemão. Com um projétil luminoso queimando um furo em seu tornozelo esquerdo, o piloto desmaiado na cabine e o avião mergulhando em direção à terra, Coles chegou a pensar que estava perdido. Mas controlou a situação golpeando a cabeça do piloto com a coronha de seu revólver, fazendo que ele voltasse a si a tempo de pôr a mão na alavanca e livrá-los da queda. Eles fizeram uma aterrissagem de emergência num campo por trás das linhas alemãs, seguidos de perto pelo piloto do Fokker, que aterrissou a seu lado para evitar que eles ateassem fogo ao avião.

Coles e seu camarada foram levados a uma fazenda próxima dali, onde civis franceses cuidaram deles até que um oficial alemão chegou a cavalo e açoitou os civis com o chicote. Após apertar a mão do cabo-lanceiro Nulle, o homem que abatera seu avião, os dois britânicos foram levados para o hospital por um soldado alemão que havia sido motorista de táxi em Londres antes da guerra. O soldado admitiu sem reservas que a guerra estava perdida mas, como todos os outros alemães com quem falava, ele culpava o bloqueio da Marinha Britânica, e não o fracasso militar em campo de batalha, pela derrota de seu país.

De fato, os alemães estavam tão desequipados que tomaram o traje de voo de Coles, antes de levá-lo para o hospital. Seu capacete, suas joelheiras e suas botas forradas de pelo de carneiro também foram levadas, para serem usadas por pilotos alemães, que já não tinham mais nenhum desses equipamentos. Faltando-lhes sabão, borracha, pano e todos os tipos de metal, sem falar de alimentos e combustíveis, os alemães não tinham o menor escrúpulo em se apossar de tudo que precisassem.

Pouco depois, Coles foi separado de seu companheiro e mandado de volta à Alemanha de trem. No caminho, ele passou por Valenciennes, onde o gasômetro estava em ruínas em consequência dos bombardeios que ele mesmo havia executado, dez dias antes. Em Aix-la-Chapelle, ele teve de ser transferido de uma estação a outra, e foi forçado a pular num pé só durante todo o trajeto de um quilômetro e meio, numa rua de calçamento irregular, enquanto civis alemães zombavam de seu desconforto. Em Heidelberg, ele e alguns outros prisioneiros britânicos quase foram linchados por uma multidão vingativa, enfurecida com o bombardeio lançado pela RAF na noite anterior, que havia matado várias pessoas que viajavam no trem. A RAF vinha levando a guerra a solo alemão, fazendo os alemães sentirem o gosto daquilo com que os civis britânicos e franceses já vinham sofrendo há anos. O povo de Heidelberg não entendeu o gesto.

O único momento bom da viagem aconteceu em Darmstadt, onde Cole teve seu ferimento tratado por Anna Seehaus, uma encantadora moça alemã que cuidou dele na sala da Cruz Vermelha, na plataforma da estação. Sua gentileza e bondade foram, para Coles, como um oásis em meio ao deserto da hostilidade alemã. Quando ela terminou, ele deu-lhe de presente um pouco de seu precioso estoque de chá da Cruz Vermelha, e eles combinaram de escrever um ao outro depois que a guerra terminasse.

Coles havia chegado em Ratstatt no dia 4 de outubro. O campo de prisioneiros era um velho forte situado numa ilha no meio do Reno, que havia sido construído em 1870, como defesa contra os franceses, e só era alcançado através de uma ponte levadiça. Os prisioneiros eram uma mistura de oficiais britânicos, franceses, italianos e belgas, todos semimortos de fome após longos períodos de cativeiro. Os guardas também passavam fome. O resto da comida do pacote da Cruz Vermelha de Coles havia sido surrupiado por um soldado alemão, quando ele percorria, mancando, a uma milha e meia que separava a estação de estrada de ferro do campo.

Desde então, a vida não melhorara muito para Coles. A fortaleza era um lugar sombrio, dirigido por um comandante alemão de velha escola, que impunha disciplina férrea e era totalmente desprovido de senso de humor e de humanidade. Seus próprios soldados o abominavam tanto quanto os prisioneiros. Um médico americano, também prisioneiro, tratou do tornozelo de Coles, e os franceses encenaram uma comédia pornográfica intitulada "José e a mulher de Potifar" na sala de concerto da prisão, mas, fora isso, a única coisa de interessante que acontecia eram os bombardeios aéreos Aliados, que haviam sido muitos, nas últimas semanas.

O alvo, em geral, era Karlsruhe, ao norte, mas os aviões britânicos sobrevoavam o campo em seu caminho de volta. No entanto, Ratstatt também havia sofrido um ataque, e as baterias antiaéreas disparavam cegamente no nevoeiro, enquanto choviam bombas sobre a cidade. Uma delas atingiu o campo, explodindo a apenas vinte jardas da cantina da prisão, e estilhaçando grande parte das janelas do forte. Após dez minutos de bombardeio britânico, Coles entendeu melhor a fúria com que o povo de Heidelberg tentou linchar os responsáveis.

Nos últimos dez dias, entretanto, nenhuma bomba havia caído. Tomando seu lugar, os canhões de Verdun ribombavam cada vez mais alto, à medida que os Aliados mantinham seu avanço, aproximando-se mais a cada dia que passava. O kaiser havia abdicado na véspera, e as notícias chegaram a Ratstatt naquela mesma noite, causando grande alvoroço entre os prisioneiros, e também entre os guardas.

Na manhã de domingo, Coles e os outros prisioneiros tiveram uma esplêndida surpresa ao se reunirem na praça de paradas para responder à chamada. Postados a seu lado, e parecendo terrivelmente encabulados em seus trajes civis, estavam o comandante do campo e seus oficiais. Eles haviam sido detidos durante a noite, feitos prisioneiros por seus próprios homens e obrigados a render suas espadas à revolução. O campo, agora, estava sendo administrado por um conselho de soldados, presidido por um oficial subalterno que antes servia como assistente na cantina. Os soldados haviam removido as rosetas imperiais de seus quepes e usavam as fitas vermelhas da nova república nas lapelas. O povo, agora, estava no comando.

Coles e seus camaradas não conseguiram resistir, e caçoaram do comandante, após o fim da chamada. "Quem ganhou a guerra?", perguntaram-lhe enquanto ele era conduzido aos empurrões para fora praça. Em seus dias de poder, o comandante havia sido um canalha sem piedade, um alemão da pior espécie. Os prisioneiros não sentiram a menor pena, nem dele nem de seus oficiais, quando eles foram levados às celas de punição e lá trancafiados. As condições no bloco de punição eram atrozes: piolhos, camas de palha, uma latrina comunitária que era apenas uma prancha colocada sobre um cano de escoamento de esgoto. Os oficiais alemães, antes, não tinham o menor escrúpulo em despachar os prisioneiros para as celas. Agora que era a vez deles, os alemães visivelmente temiam por suas vidas, receosos de que, se seus próprios homens não os matassem, os prisioneiros o fariam. Era bom vê-los sofrer.

Os oficiais de Ratstatt ainda tiveram sorte, em comparação com outros. Em Bruxelas, ainda sob ocupação alemã, a abdicação do kaiser desencadeou um motim semelhante, quando as tropas se rebelaram contra seus oficiais e prenderam o general Von Falkenhausen, o despótico governador geral da Bélgica. Os oficiais que tentaram conter os soldados foram enforcados em postes de iluminação e linchados por seus próprios homens, quando as tropas resolveram se vingar da casta dos oficiais prussianos por todas as indignidades a que haviam sido submetidos nos últimos quatro anos.

As tropas libertaram também todos os desertores, que então saíram badernando pelas ruas de Bruxelas, arrancando suas rosetas e confraternizando com os civis belgas, declarando que, agora, todos eram irmãos, todos eram camaradas proletários. Os alemães pareciam ansiosos para fazer amizade com os belgas, agora que a guerra estava perdida. Para eles, o passado devia ser esquecido, agora que não havia mais inimigos.

Era uma visão surpreendente, as tropas alemãs, de repente, se desmanchando em sorrisos. Durante algumas horas, naquela manhã, os habitantes de Bruxelas se deixaram levar a tal ponto pelo espetáculo que chegaram a esquecer o ódio a tudo o que era alemão, e colocaram-se ombro a ombro com seus antigos inimigos. Depois do almoço, uma grande procissão se formou na Gare du Nord e rumou para o Palácio da Justiça. Dela participavam soldados alemães e bolcheviques belgas, cantando hinos revolucionários e acenando as bandeiras uns dos outros ao marchar. Os alemães arrancaram a bandeira do kaiser e a pisotearam, sob o olhar incrédulo dos espectadores, que assistiam à cena boquiabertos.

No Palácio, a nova república alemã foi anunciada sob uma tempestade de aplausos. Um soldado alemão discursava bombasticamente para a multidão, quando um avião Aliado apareceu, numa ação ambígua contra saraivadas de fogo antiaéreo que o perseguiam pelo céu. O povo de toda a cidade deu vivas ao avião, mas os vivas mais altos vieram dos alemães que estavam no Palácio da Justiça. Eles ficaram radiantes ao verem um avião Aliado no ar. Não tinham mais rixas com os Aliados.

Na verdade, toda a guerra havia sido um grande mal-entendido. Os alemães não tinham motivos pessoais para lutar. Os prussianos talvez acreditassem no direito à conquista, em reis teutônicos a quem cabiam os espólios da guerra, mas isso era coisa deles. Os outros alemães não eram assim. Eles não estupravam camareiras. Eles, não. Eles sempre quiseram apenas ser amigos dos belgas.

A guinada de opinião dos alemães não impressionou ninguém. Miss J. H. Gifford – Gick, para os amigos – era a castelã inglesa de uma escola para moças de boa família situada na floresta de Boitsfort, perto de Bruxelas. Depois de quatro anos, ela já estava farta dos alemães. Não querendo abandonar sua escola em 1914, ela permaneceu no cargo quando o exército belga recuou e os ulanos apareceram na floresta. Atrás dos ulanos, veio o resto do exército alemão, marchando numa coluna tão longa que demorou dias para passar. O cheiro de tantos corpos sem banho ficou entranhado na estrada por dias a fio. Gick Gifford saiu do caminho dos alemães, quando eles passaram por seu castelo. Ao retornar, ela ficou horrorizada:

> Assim que os alemães saíram do castelo, voltei minha atenção para a casa e, juro, meu choque não poderia ter sido maior! Se ver todos aqueles homens invadindo o país me parecera irreal, os fatos horríveis e repugnantes que eu via à minha frente me trouxeram, bem depressa, de volta à realidade. Nunca, nem em meus sonhos mais desvairados, eu poderia ter imaginado aquela cena!
>
> Para começar, as portas haviam sido arrombadas a machadadas, e feixes de milho – que os pobres camponeses haviam sido obrigados a trazer de seus campos – empilhavam-se por toda a parte, o que acabou sendo bom, porque, de outra forma, a sujeira teria sido inerradicável.
>
> Os colchões espalhavam-se pelo chão – parecia que os homens haviam limpado os pés neles, ou coisa pior. Jogados por toda a casa havia travesseiros, almofadas, cobertores e, sobre eles, amontoavam-se os conteúdos

dos guarda-roupas e das gavetas, misturados a bandagens sujas, meias descartadas, roupas de baixo, restos de comida e garrafas – para não mencionar o não-mencionável, que estava por toda a parte!

Parecia que eles haviam passado a noite inspecionado tudo. Das gavetas e dos armários eles levaram joias e prataria. Minhas cartas e documentos comerciais também foram examinados – sem dúvida, em busca de informações, pois, segundo creio, eles têm um departamento especial para isso. Todos os papéis foram jogados no chão, para aumentar ainda mais a confusão. Lençóis e roupas de baixo foram rasgados em tiras para fazer bandagens, o que até seria compreensível. O imperdoável, entretanto, foram as maneiras imundas, dignas de selvagens, demonstradas pela nação que se orgulha de sua *Kultur*. O cheiro era violento e nauseante.

Ao satisfazer suas necessidades fisiológicas, os alemães deram-se ao trabalho de escolher lugares inconvenientes e difíceis de limpar. Os empregados do castelo haviam se recusado terminantemente a realizar a tarefa, até que Gick Gifford vestiu seu avental e assumiu a liderança. Demorou semanas para que eles conseguissem se livrar do cheiro.

O tratamento dados pelos alemães aos prisioneiros britânicos não foi muito melhor. Ao longo da guerra, Gick Gifford havia se deparado com um bom número de prisioneiros britânicos, alguns com os dentes arrancados por coronhadas de rifle, outros tão esqueléticos que eram obrigados a comer folhas, na falta de coisa melhor. "Mancos, aleijados e cegos, maltrapilhos, sujos e desamparados. Nossos bravos rapazes. Que cena deplorável, eram eles!" Gifford havia sido uma das primeiras a oferecer seus serviços à enfermeira Edith Cavell, que administrava uma linha de fuga para a Holanda, mas ficou decidido que o castelo era muito fora de mão para servir de esconderijo aos soldados. Pouco depois, Cavell foi fuzilada pelos alemães e, junto com ela, muitas das pessoas que a haviam ajudado.

Mas a pior de todas as histórias sobre os alemães, a que Gick Gifford achava mais difícil de acreditar, era o boato de que eles haviam instalado, na Bélgica, fábricas onde gordura era extraída dos cadáveres de seus soldados. A ideia era inconcebível, e havia sido oficialmente desmentida pelos alemães, mas os boatos persistiam. Segundo o jardineiro do castelo, um carregador da estação de Schaarbeck havia, acidentalmente, se deparado com um vagão de carga cheio de corpos nus que, ao que parecia, estavam a caminho da fábrica de gordura. Os corpos haviam sido amarrados em fardos de doze, e estavam tão comprimidos uns contra os outros que, quando o carregador abriu a porta, eles estavam de pé.

Relutantemente, Gick Gifford acabou por aceitar que os boatos provavelmente eram verdadeiros, mas muitos outros continuaram em dúvida. Eles simplesmente não conseguiam acreditar que os alemães fossem capazes de transportar seres humanos pela Europa para derretê-los e fazer sabão. Era absurdo demais. Nem mesmo os alemães poderiam ser capazes de tamanha depravação.

Em Berlim, Evelyn Blücher e seu marido passaram uma manhã relativamente tranquila em seu apartamento, embora, de vez em quando, ainda se ouvissem tiros nas ruas. Eles se perguntavam se seria seguro sair de casa. A Unter den Linden havia sido fechada para o tráfego e, perto dali, tiroteios esporádicos ainda ocorriam na Wilhelmstrasse e na Friedrichstrasse. O embaixador holandês havia telefonado para saber como eles estavam e, ao meio-dia, seu amigo dr. Mainzer, veio pessoalmente de visita, para convidá-los a passar a tarde em sua clínica, situada em lugar seguro, longe da linha de fogo. Ele os convidou também para passar a noite, se necessário, embora não acreditando que seria. Em sua opinião, o pior já havia passado e, a partir de então, as coisas acabariam se acalmando. Ele não poderia estar mais enganado:

O dr. Mainzer estava descrevendo a calma e a ordem que reinavam entre a multidão reunida em torno do Reichstag e no Tiergarten, quando, de repente, como para zombar de suas palavras, um grande estrondo de fogo de metralhadoras interrompeu sua frase no meio. Corremos todos para as janelas e, olhando pelas frestas das persianas, vimos multidões de pessoas correndo, parecendo vir de todos os lados ao mesmo tempo. Às pressas, saímos para o pátio dos fundos, onde encontramos o príncipe Henckel, seu irmão, o conde Krafft, o príncipe Wedel e todos os de suas casas, reunidos. Eles trancaram e barraram todas as entradas, uma vez que havia o perigo de a turba invadir a casa, tentando se abrigar do tiroteio.

A casa foi cercada por uma densa massa e, segundo o porteiro, ia haver luta entre o Portão de Brandemburgo e o Reichstag, presumivelmente entre a

Guarda Vermelha e os oficiais e soldados leais. Em breve toda a rua seria fechada, disse ele, de modo que, se pretendêssemos deixar a casa, tínhamos apenas três minutos. Decidimos sair e, nos esgueirando pela porta dos fundos, atravessando o quintal e cortando caminho através de uma pequena taverna, conseguimos chegar à rua, num ponto mais distante dali.

As ruas estavam tão apinhadas de gente que mal podíamos passar. Todos estavam numa excitação frenética. Um homem havia sido morto e alguns outros, feridos, bem perto de nossa casa. Em cada cruzamento, víamos caminhões lotados de soldados e marinheiros, todos armados de rifles e granadas, carregando bandeiras vermelhas. Todos os soldados que encontramos já usavam a roseta vermelha em seus chapéus, que se parecia com uma mancha de sangue sobre suas testas. Não era uma manhã para tímidos.

Forçando caminho em meio à multidão, os Blücher caminharam colados aos muros, temendo balas perdidas, e conseguiram passar do Portão de Brandemburgo e da Potsdamer Platz. Eles encontraram um táxi desocupado, mas ficaram em dúvida se deveriam tomá-lo, porque a turba poderia identificá-los como aristocratas. Evelyn Blücher, então, fingiu desmaiar, e o dr. Mainzer gritou que ela estava doente e precisava ir para uma clínica. A multidão abriu caminho e os Blücher escaparam de táxi para a casa do dr. Mainzer.

E foram na hora certa. Mais tarde, os empregados telefonaram dizendo que uma intensa batalha estava sendo travada bem em frente a casa deles. Alguém havia levado um par de metralhadoras para o telhado dos Blücher, e disparava sobre a multidão que lotava a rua que, por sua vez, devolvia os disparos. O mordomo dos Blücher subiu ao telhado e, tentando acalmar a turba, arrancou a velha bandeira imperial, mas seria obviamente imprudente os Blücher voltarem para casa naquela noite. Eles decidiram aceitar o convite do dr. Mainzer para ficar com ele até que os combates cessassem e a situação voltasse ao normal.

Em Wilhelmshaven, o primeiro presidente da nova república de Oldenburg agradecia os aplausos. O foguista de primeira classe Bernhard Kuhnt acabava de tomar posse no cargo, sob os ruidosos aplausos de seus seguidores. No quartel, o estandarte imperial havia sido arriado, e a bandeira vermelha do bolchevismo hasteada em seu lugar. Sirenes tocavam por toda a cidade, os navios ancorados no porto soavam seus sinos, e os fortes disparavam salvas de tiros em saudação. Wilhelmshaven estava em clima de festa, e seu povo celebrava o início da nova era.

Para o marinheiro Richard Stumpf, era motivo de emoções ambíguas assistir à queda da monarquia, tanto em sua Baviera natal quanto na Alemanha como um todo. Até recentemente, Stumpf sempre se considerara um monarquista fervoroso, mas os acontecimentos dos últimos dias o haviam transformado numa espécie de republicano. Ele hesitava entre a exultação e o desespero, ao tentar aceitar a nova ordem. Era totalmente a favor de uma revolução proletária, mas não conseguia se identificar com os milhares de soldados e marinheiros que marchavam com confiança pela cidade, na crença de que todos os seus problemas haviam acabado, agora que a bandeira vermelha tremulava nos mastros. Stumpf bem que gostaria de acreditar nisso, mas tinha lá suas dúvidas.

As comemorações continuaram por todo o dia e entraram pela noite. Quando escureceu, os holofotes foram ligados e foguetes de sinalização começaram a ser disparados, milhares deles, vermelhos, brancos e verdes, iluminando o porto enquanto as sirenes tocavam e as salvas de tiros recomeçaram. A princípio, Stumpf pensou que era um ataque aéreo, ou talvez um ataque da Marinha Real britânica. Ele permaneceu em seu posto a bordo de seu navio, cumprindo suas tarefas enquanto a algazarra continuava:

> A música infernal ainda não havia parado, quando um delegado do conselho dos marinheiros, com uma cara muito acabrunhada, atravessou correndo a prancha e, sem uma palavra, me entregou um folheto com o funesto título *Os Termos do Cessar-fogo*. Li a folha fatídica com a respiração suspensa e espanto crescente. Quais eram os termos? Evacuação da margem esquerda do Reno, bem como o direito a uma faixa de quarenta quilômetros... 150 mil vagões ferroviários... 10 mil caminhões... 5 mil canhões pesados... o bloqueio continuará em vigor... rendição da marinha... 10 mil... 5 mil... 30 mil... Não pode ser. Isso é ridículo... Isso quer dizer que eles querem acabar conosco... Que súbita mudança da alegria que havíamos sentido pela manhã! "É isso que vocês conseguem com sua maldita fraternidade", gritei aos espectadores, repentinamente silenciosos. Era demais para mim, e corri para chorar sozinho num canto.

O último dos foguetes explodiu. Todas as sirenes se calaram. Mas, dentro de mim, a tempestade ainda bramia, e eu tremia até o fundo de minha alma com uma profunda e avassaladora angústia. É pura loucura submeter uma nação industriosa e invicta como a nossa a esses termos humilhantes. Nessa mesma manhã nós demonstramos nosso intenso desejo de paz, destruindo nossa arma mais poderosa. E o que ganhamos em troca? A resposta foi uma cusparada em nossa cara.

Em Beaumont, logo além da fronteira belga, os sentimentos do tenente Herbert Sulzbach eram basicamente os mesmos, ao pensar na abdicação do kaiser e no colapso de tudo o que ele prezava. Nesses últimos dias, tanta coisa havia acontecido tão depressa que Sulzbach estava tendo dificuldade em absorver as notícias, enquanto sua bateria continuava a retirada ao longo das estradas abarrotadas. O moral continuava alto em sua unidade, mas o mesmo não poderia ser dito dos escalões da retaguarda que eles cruzavam pelo caminho. Os homens das unidades de retaguarda pareciam totalmente arrasados com as más notícias que chegavam de casa.

Quando escureceu, a unidade de Sulzbach recebeu uma mensagem do quartel-general supremo em Spa, enviada pelo marechal-de-campo Von Hindenburg e dirigida a todas as tropas alemãs ainda em campo de batalha:

O Armistício deve ser concluído com a maior rapidez. Isso porá fim à luta sangrenta. O momento há tanto esperado está próximo, quando cada um de nós poderá voltar para seus pais, sua mulher, seus filhos e seus irmãos. Ao mesmo tempo, uma mudança radical vem ocorrendo na situação política interna. As autoridades declararam que a paz e a ordem devem ser mantidas em quaisquer circunstâncias. Isso se aplica principalmente ao exército. Ninguém deverá deixar sua unidade sem permissão. Todos devem continuar prestando obediência a seus superiores. Não há outra maneira de garantir uma retirada ordeira de volta para casa.

As ferrovias atualmente inoperantes devem ser recolocadas em funcionamento. O comando supremo não voltará a derramar sangue, nem a apoiar uma guerra civil. Ele pretende cooperar com as novas autoridades do governo para assegurar a paz e a segurança, e para poupar nossa pátria do pior. A força só deverá ser usada contra nosso próprio povo em legítima defesa, em casos de crimes comuns ou para evitar saques.

Então, era isso. Hindenburg havia se bandeado para a nova república e ordenava que o exército fizesse o mesmo.

No hospital militar alemão de Pasewalk, a cerca de cento e trinta quilômetros ao norte de Berlim, o nascimento da nova república foi anunciado às tropas convalescentes pelo pastor da localidade. Dirigindo-se, no saguão, aos feridos que conseguiam andar, ele fez um breve discurso, dizendo que o kaiser abdicara e que a guerra havia sido perdida. Eles todos, agora, não tinham outra escolha que não a de se colocar à mercê dos vitoriosos. O pastor falava aos soluços, e sua audiência chorava, também. O cabo Adolf Hitler, da 16ª Reserva da Infantaria Bávara, teve a impressão de que ninguém tinha os olhos secos ao ouvir o velho pastor que, postado à frente de sua plateia, louvava a monarquia prussiana em voz trêmula, lamentando seu fim.

Quando o pastor passou à questão do Armistício, dizendo aos homens que a Alemanha fora derrotada, e que eles precisavam aceitar o fato querendo ou não, Hitler não pôde mais suportar. Ele não havia sobrevivido a quatro anos de lutas na Frente Ocidental para ouvir coisas desse tipo. Cego por um ataque de gás britânico poucas semanas antes, Hitler estava apenas começando a recuperar a visão, o suficiente para distinguir vagamente os contornos dos objetos à sua volta. Ele esperava, com o tempo, ficar totalmente curado. Não sentia pena de si mesmo, porque outros haviam sofrido muito mais pela pátria e se orgulhado de tal sofrimento, mas ele não aceitava ouvir o pastor dizer a eles que tudo havia sido em vão, e que agora eles estavam à mercê dos vitoriosos. Era esperar demais:

> Eu não suportava mais. Não consegui permanecer sentado por mais um minuto sequer. Novamente, tudo ficou escuro à minha volta. Cambaleante, tateei o caminho de volta à enfermaria, atirei-me em meu catre e enterrei a cabeça no travesseiro, enrolando-me no cobertor.
> Eu não chorava desde o dia em que, de pé frente à sepultura, vi minha mãe ser enterrada. Quando, em minha juventude, o Destino se abateu sobre mim com dureza impiedosa, minha rebeldia cresceu. Quando, nos longos anos da guerra, a Morte ceifou tantos amigos e companheiros de nossas fileiras, queixas me pareciam quase um pecado – afinal, eles não haviam morrido pela Alemanha? E quando, mais tarde, o gás traiçoeiro – já nos últimos dias dos terríveis combates – atacou também a mim e começou a

corroer meus olhos e, temendo ficar cego para sempre, quase esmoreci por um momento, a voz de minha consciência rugiu contra mim: miserável, vais chorar quando milhares estão em condições centenas de vezes piores que a tua! Eu, então, aceitei meu quinhão em silêncio melancólico. Mas, naquela hora, era impossível não chorar!

Hitler deu vazão a suas emoções e, jogado em sua cama, chorou, a visão novamente perdida com o trauma da derrota. Já há algum tempo ele estava em observação psiquiátrica, porque os médicos de Pasewalk não tinham certeza quanto à verdadeira causa de sua cegueira. Alguns deles eram de opinião de que ela nada tinha a ver com o gás e que, na verdade, ele era um psicopata com sintomas histéricos. Eles definiam psicopata como uma pessoa sofrendo de distúrbios de comportamento resultantes da incapacidade de formar relações pessoais e de se adaptar à sociedade, que muitas vezes se manifestava através de comportamento antissocial e de atos de violência. Eles estavam muito preocupados com os sintomas histéricos de Hitler. Temiam que ele estivesse enlouquecendo.

Para Maude Onions, operadora de telégrafo do WAAC, o Corpo Auxiliar Feminino do Exército, fins de tarde de domingo sempre significavam tocar órgão na igreja britânica de Boulogne. A igreja, em tempos de paz, atendia à pequena comunidade britânica de Boulogne mas, durante a guerra, fora confiscada pelo exército e, invariavelmente, os serviços religiosos militares eram concorridíssimos. O coro era formado por soldados, enfermeiras e por mulheres que serviam no WAAC, e contava com o apoio de uma congregação trajando uniforme cáqui, que se juntava ardorosamente aos cânticos. Os soldados tinham o mau hábito de inventar suas próprias letras para os hinos, criando paródias irreverentes ("Quando a maldita guerra acabar, como ficarei feliz!"), mas era difícil zangar-se com eles depois de tudo que eles haviam enfrentado. Eles tinham que desabafar de alguma maneira.

Maude Onions estava na França desde junho de 1917, como integrante de um grupo de telegrafistas mulheres convocado pelo exército e enviado ao porto de Boulogne para liberar os homens para serviços mais próximos à linha de frente. Durante os três primeiros anos da guerra, o departamento de sinais de rádio do exército britânico em Boulogne funcionou numa sala dos correios da cidade, mas, desde então, havia mudado de lugar diversas vezes e, numa ocasião, foi explodido pelos alemães com a colaboração de agentes locais. Maude trabalhava numa equipe que retransmitia mensagens para as unidades da linha de frente. Na maior parte do tempo, o trabalho era monótono, comunicados militares sucintos que não desperdiçavam palavras e usavam siglas, sempre que possível. Mas era trabalho importante, muitas vezes questão de vida ou morte para os homens que recebiam as mensagens. Maude era boa no trabalho, um par de mãos competente e sempre confiável para fazer o que precisasse ser feito.

Alguns meses antes, ela havia testemunhado em silêncio a ofensiva alemã da primavera, quando todos os soldados válidos foram despachados às pressas para o *front* com o objetivo de reforçar as linhas, então muito desfalcadas, e conter a invasão. Boulogne era um dos alvos, e foi bombardeada noites seguidas pelos alemães, que tentavam enfraquecê-la para em seguida atacar. A maioria dos hotéis da cidade foi convertida em hospitais militares, que lotavam rapidamente à medida que as baixas aumentavam no *front*. Horrorizada, Maude havia assistido a crise se desenrolar à sua volta:

> Por trás das linhas, pudemos ver um pouco mais da realidade da guerra, na coragem de homens mutilados para sempre, outros cegos, alguns tão terrivelmente desfigurados que, mais tarde, preferiram morrer por suas próprias mãos; na interminável enxurrada de feridos que chegava dia após dia, noite após noite, numa monotonia tão contínua e incessante que fazia doer os olhos – as ambulâncias, sacolejando nas estradas esburacadas, agravando a cada minuto o tormento dos feridos; no bombardeio ininterrupto da base, que levava vidas humanas a cada noite, e na sórdida procissão de mães e crianças francesas dormindo nos campos, à céu aberto, onde a sensação de segurança era um pouco maior que nas áreas congestionadas das cidades...
>
> Todos os homens e rapazes em condições foram despachados às pressas para ajudar a conter o avanço alemão. Homens que partiam em licença, às vezes depois de um ano nas trincheiras, eram mandados de volta à batalha no exato momento em que embarcavam para casa. Assisti quando duzentos deles marchavam para o cais e, de repente, receberam ordem de parar, dar "meia volta, volver" e retornar à linha de frente, sem que um murmúrio sequer fosse ouvido.

O MAIOR DIA DA HISTÓRIA **175**

Em Folkestone, quando voltávamos de uma licença, fomos obrigadas a ficar em fila e esperar enquanto os corpos castigados e mutilados dos homens que haviam salvado a Inglaterra eram retirados do navio, para serem substituídos por homens em pleno vigor e plena força, que, por sua vez, seriam substituídos por outros, continuando assim aquele jogo macabro.

Mas, agora, o jogo estava quase chegando ao fim, e os Aliados haviam vencido. Os alemães batiam em retirada, e há muito tempo Boulogne não sofria bombardeios. O fluxo de feridos que chegava aos hospitais da cidade diminuía sensivelmente à medida que os combates iam cessando. Naquela noite, Maude Onions estava planejando ir dormir cedo, assim que o serviço religioso terminasse, porque, no dia seguinte, ela estava escalada para o primeiro turno da manhã no departamento de sinais de rádio. Ela teria de estar em seu posto assim que clareasse, pronta para mais um dia de transmissão de mensagens do quartel-general do exército para as unidades no *front*.

Houve um tempo, quando os generais faziam todo o possível para conter a situação, em que as mensagens eram cheias de determinações severas. Mas esse tempo há muito se fora. As notícias eram muito mais animadoras, cheias de otimismo e de bom-humor, agora que o exército colhia vitórias ao longo de toda a linha de frente, cobrindo, num único dia, distâncias que seriam inimagináveis no passado. Que continuasse assim por muito tempo!

* * *

No momento em que os britânicos entravam na igreja, o marechal Foch, sentado a bordo de seu trem, em Compiègne, esperava uma resposta da delegação alemã. Já passava das seis da tarde de domingo, e ele ainda não recebera notícias. O prazo do cessar-fogo expirava às 11 horas da manhã seguinte. Se os alemães não se manifestassem em breve, seria tarde demais para começar a organizar um cessar-fogo, e a guerra teria de continuar, apesar de tudo. Os alemães afirmavam que, para dar seu consentimento aos termos do Armistício, necessitavam da autorização do chanceler em Berlim. Foch se perguntava quando essa autorização chegaria.

Às seis e meia, o marechal decidiu que não poderia mais esperar. Convocando Weygand, seu chefe de Estado-Maior, ordenou que ele entregasse um bilhete no trem alemão:

Uma vez que o prazo determinado para chegarmos a um acordo expira amanhã, às 11 da manhã, tenho a honra de perguntar-lhes se os plenipotenciários alemães já receberam de seu chanceler a aprovação dos termos comunicados a ele e, caso contrário, se não seria recomendável pedir-lhe uma resposta urgente.

Erzberger e seus colegas não precisavam de lembretes. Mais que ninguém, eles tinham plena consciência de que as horas corriam rápido e que o prazo se esgotaria em breve. Eles esperavam com a mesma impaciência de Foch uma resposta de Berlim, mas não havia nada que pudessem fazer para acelerar o processo. O chanceler havia sido informado dos termos do Armistício e daria sua resposta quando estivesse pronto. Até lá, tudo o que se podia fazer, em Compiègne, era esperar.

Mas, o Armistício, para o chanceler Ebert, era apenas uma dentre muitas preocupações, enquanto a noite caía em Berlim, e a cidade se acomodava numa calma apreensiva. Naquele dia, sua grande prioridade havia sido manter a revolução sob controle e impedir que ela se transformasse num caos total. Em boa medida, Ebert havia alcançado seu objetivo, mas os acontecimentos do dia não haviam deixado tempo para o exame dos termos do Armistício, nem para uma reflexão cuidadosa sobre a resposta a ser dada. Com metralhadoras disparando ao longo da Linden, e maus elementos ainda à solta, badernando pela cidade, o Armistício era o menor de seus problemas.

Depois do almoço, o foco se transferiu para Berlim Oriental, onde uma assembleia de soldados e trabalhadores era realizada na arena do Circo Busch. A reunião havia sido convocada para eleger o novo governo. Todos os principais líderes políticos estavam presentes, inclusive Ebert, representando os social-democratas, e Liebknecht, os bolcheviques. O apoio aos bolcheviques acabou sendo muito menos entusiástico do que Liebknecht esperava. O propósito da revolução havia sido muito mais se livrar do kaiser do que instaurar o comunismo. Após longos discursos e barganhas frenéticas, Ebert obteve o relutante apoio dos revolucionários a seu novo governo social-democrata.

Em troca, ele teria de fazer uma série de concessões à extrema esquerda, inclusive a troca do nome de seu cargo. Dali em diante, ele teria de ser o Comissário do Povo, e não mais o chanceler do Reich. Mas, pelo menos, ele permanecia no cargo quando anoiteceu e a multidão começou finalmente a se dispersar, caminhando pacificamente de volta às suas casas e a seus quartéis.

Quanto ao Armistício, não havia nada que o governo de Ebert pudesse fazer, a não ser engolir em seco e aceitar os termos. Um telegrama havia chegado do comando supremo em Spa, insistindo que o governo tentasse obter algumas concessões, mas, caso não conseguisse, que assinasse o Armistício de qualquer modo. "SOLICITA RÁPIDA DECISÃO GOVERNO NESSES TERMOS", dizia a mensagem de Hindenburg, e Ebert teve que concordar. Não ficou bem claro quem de fato deu a autorização, mas às sete horas da noite, uma mensagem de rádio foi enviada a Erzberger, em Compiègne. Ela não desperdiçava palavras:

> Do governo alemão aos plenipotenciários no quartel-general do Alto Comando Aliado:
> Os alemães aceitam as condições do Armistício comunicadas em 8 de novembro.
> Chanceler do Reich, 3084

Os alemães estavam prontos para aceitar os termos. O número 3084 era um código combinado de antemão, indicando que a mensagem do chanceler era verdadeira.

Para o kaiser Wilhelm, ainda em Eisden, a bordo de seu trem, esperando pela resposta da Holanda a seu pedido de asilo, o dia fora de uma aflição contínua. Dois funcionários do consulado alemão em Maastricht haviam chegado pela manhã, mas eles sabiam tanto quanto ele próprio o que iria acontecer. À hora do almoço, Wilhelm havia convidado os funcionários holandeses da estação para juntarem-se a ele no carro restaurante, mas os holandeses recusaram o convite, o que Wilhelm tomou como um sinal de que seu pedido de asilo seria negado. Passou a tarde angustiado com a possibilidade de ser mandado de volta para a Bélgica.

Já era perto da meia-noite quando um trem chegou de Haia e Wilhelm ficou sabendo de seu destino. Vinham no trem o embaixador alemão e representantes do governo holandês, que lhe trouxeram a tão esperada notícia de que seu pedido de asilo tinha sido aceito. Talvez estimulados pelo rei George V da Inglaterra, pela rainha Wilhelmina e seu governo, estavam prontos a conceder a Wilhelm abrigo contra seus inimigos. O rei George não sentia grande afeto por Wilhelm, mas não queria ver seu primo caçado como um cão, por mais que ele o merecesse. O sangue falou mais alto.

A rainha Wilhelmina passou o dia discutindo a questão do kaiser com seus ministros. De início, queria que ele fosse levado à sua residência de verão, em Het Loo, até que alguém observou que a casa ficava perto demais de Haia, e seria difícil de proteger contra as inevitáveis manifestações. Muitos telefonemas foram necessários para que um lugar mais conveniente fosse encontrado. Todos acabaram por concordar com a escolha do castelo de Amerongen, uma mansão do século XVII rodeada por um duplo fosso. O castelo pertencia ao conde Godard Bentinck van Aldenburg, um aristocrata holandês cujos primos ingleses eram os duques de Portland.

Bentinck não ficou nada feliz com a perspectiva de ter o kaiser sob seu teto, principalmente depois de saber quantas pessoas ele traria consigo. Mas ambos eram figuras importantes na Ordem de São João, uma versão protestante dos Cavaleiros de Malta, e não era costume que colegas integrantes da Ordem recusassem hospitalidade uns aos outros. Bentinck acabou por concordar em hospedar o kaiser e sua comitiva por três dias, contanto que o governo holandês se prontificasse a pagar a conta, e depois encontrasse algum outro lugar para ele. Com metade do castelo fechado e a criadagem ou convocada para o exército holandês ou doente de gripe espanhola, não seria fácil para Bentinck e sua família terem que conviver com aquele alemão maluco.

O castelo ficava em Utrecht, longe demais para uma viagem ainda naquela noite. Foi decidido que o trem do kaiser pernoitaria em Eisden e partiria para Amerongen pela manhã. Após uma consulta sobre o conde Bentinck no *Almanac de Gotha*, Wilhelm confessou ao embaixador alemão que se sentia um homem arruinado, sem qualquer perspectiva que não o desespero. O embaixador o aconselhou a escrever suas memórias, contando o seu lado da história. Wilhelm se animou com a ideia e decidiu começar na manhã seguinte.

Do outro lado do Atlântico, o presidente Wilson, sentado no Salão Oval da Casa Branca, esperava notícias de Compiègne sobre o Armistício. Naquela manhã, ele e a mulher haviam ido à Igreja Central Presbiteriana de Washington numa velha carruagem, reformada para ser usada aos domingos, quando utilizar gasolina era proibido. Durante o serviço religioso, eles foram o centro das atenções. A congregação estudava atentamente seus rostos, tentando descobrir neles alguma pista do que estava acontecendo. Mas, embora Wilson tivesse feito o possível para parecer sábio e imponente, ele, na verdade, sabia pouco mais que qualquer outra pessoa. Que, em algum momento, haveria um Armistício na Europa era coisa certa, mas exatamente quando e onde, ninguém fazia ideia.

Os Wilson voltaram à Casa Branca para o almoço e, mais tarde, saíram para um longo passeio de carruagem. Eram dias de grande angústia para o presidente, ainda atordoado com as vitórias republicanas daquela semana. Sua preocupação era que o Armistício não fosse assinado antes de a Alemanha ser tomada pelo caos total. Ele havia enviado uma avalanche de telegramas manifestando essa opinião e insistindo com britânicos e franceses para que assinassem o acordo sem mais demora. O tempo era um fator crucial, já que o kaiser havia abdicado, deixando um vácuo em seu lugar.

Mas, quando os Wilson chegaram de seu passeio, ainda não havia notícias do Armistício. A mãe e os irmãos de Edith Wilson haviam sido convidados para jantar nos aposentos privativos da Casa Branca, mas, durante a refeição, ninguém conseguiu relaxar, com o Armistício pesando sobre suas cabeças. Quando, às dez da noite, nenhuma notícia havia ainda chegado, a família de Edith decidiu dar o dia por terminado e voltar para seu hotel. Os Wilson os acompanharam até o elevador e se despediram.

"Eu gostaria tanto que você fosse direto para a cama", a sogra do presidente disse a ele ao partir. "Você parece tão cansado."

Wilson concordou, embora soubesse que muitas horas se passariam antes de ele poder ir dormir.

"Eu bem que gostaria", respondeu ele. "Mas tenho medo da gaveta. Ela sempre acaba me derrotando. Espere um instante que vou checar mais uma vez".

A gaveta era o ponto dominante da mesa de trabalho do presidente, no Salão Oval. Nela eram colocados todos os telegramas de maior urgência, para serem examinados por ele, uma interminável pilha de envelopes grandes, onde um quadrado vermelho preso por um clipe indicava que o conteúdo era "urgente e importante". Esses envelopes eram a maldição que atormentava a vida de Wilson.

Ele voltou depois de alguns minutos, com quatro ou cinco longos cabogramas codificados, que entregou a sua mulher. "Estes são sua tarefa", disse ele. "Há muitos outros para mim. Tão cedo, não vamos conseguir descansar."

"Eu posso ficar para ajudar", ofereceu Randolph, irmão de Edith.

"Você pode ajudar Edith", Wilson concordou. "Ficarei muito agradecido". Ele acompanhou a mãe e a irmã de sua mulher até o carro, voltando então ao Salão Oval para começar a decodificar sua cota das mensagens. Edith Wilson e Randolph sentaram-se à grande mesa do salão oeste para fazer o mesmo. Os cabogramas eram longos e detalhados. Já eram onze da noite quando Edith terminou o último deles e os levou para o Salão Oval, para serem lidos pelo presidente.

A mensagem alemã enviada a Compiègne, aceitando os termos do Armistício, foi seguida, pouco depois, por uma outra mensagem, desta vez muito mais longa, assinada pelo marechal-de-campo Von Hindenburg. A delegação alemã pediu um tempo para decifrar o código antes de se reunir com os delegados aliados para chegar a um acordo quanto à redação final do Armistício.

Eles mal haviam concluído a decodificação do telegrama de Hindenburg quando um outro chegou de Berlim, autorizando-os a concordar com os termos originais do acordo. Para grande indignação de Erzberger, este último telegrama não estava codificado, podendo ser lido pelos Aliados, o que comprometeria as pequenas melhorias alcançadas naqueles dois dias de penosas negociações. Ele vinha assinado pelo chanceler do Reich Schluss, um nome desconhecido para o alto comando francês e o governo de Paris. O intérprete francês perguntou a Erzberger quem era Schluss, e se ele havia substituído Ebert no cargo de chanceler. Erzberger explicou a ele que Schluss era a palavra alemã para "fim da mensagem".

Depois do jantar, enquanto os delegados franceses conferenciavam em seu trem, o almirante Wemyss teve uma longa conversa com o marechal Foch. Quando pareceu que nada mais aconteceria naquela noite, Wemyss decidiu ir dormir. Ele estava prestes a se despir quando um ajudante-de-ordens veio informá-lo, com os cumprimentos do marechal Foch, que, ao que parecia, os alemães haviam recebido suas instruções finais e, em breve, haveriam de querer uma reunião. Wemyss decidiu deitar-se vestido e esperar, no caso de Foch estar certo.

A meia-noite chegou e passou sem notícias dos alemães. Já era pouco mais de duas da manhã de 11 de novembro quando Wemyss foi chamado. A delegação alemã, finalmente pronta para conversar, estava a caminho do trem francês para a reunião. Era chegada a hora de fazer a paz.

Os alemães já avistavam a Torre Eiffel quando sua ofensiva final fracassou.

O Armistício veio tarde demais para este atirador alemão, morto em Villers Devy Dun Sassey, em 4 de novembro de 1918.

Para sua grande frustração, o capitão Charles de Gaulle era prisioneiro de guerra na Alemanha quando o Armistício foi declarado.

A bateria de Harry Truman fez seu último disparo às 10:45, em 11 de novembro. Para Truman, o maior dia da história foi quando os Estados Unidos jogaram a bomba atômica sobre o Japão.

Sargento-major Flora Sandes, filha de um clérigo britânico, servindo na infantaria sérvia. Certa vez Flora enganou uma prostituta, fazendo-a pensar que ela era homem.

Amargurado com a derrota alemã na Primeira Guerra, Herbert Sulzbach, mais tarde, fugiu dos nazistas e alistou-se no Exército Britânico, na Segunda Guerra.

Depois de uma rápida ceia em Homblières, os delegados alemães do Armistício voltam a seu carro para a viagem de volta a Compiègne.

Mathias Erzberger, chefe da delegação alemã, mais tarde foi assassinado por ter tomado parte nas negociações do Armistício.

Chanceler da Alemanha por apenas algumas semanas, o príncipe Max von Baden poderia ter salvo o trono para o kaiser, se o monarca, que era parente de Max, tivesse ouvido seus conselhos.

Enquanto seu predecessor fugia disfarçado por trás de óculos escuros e de uma barba postiça, o general Wilhelm Gröner confrontou o kaiser, dizendo-lhe, sem rodeios, que ele havia perdido o apoio de seu exército.

Visto aqui à janela da chancelaria, em Berlim, Philipp Scheidemann se dirigiu à multidão de uma janela do Reichstag, em 9 de novembro, e por descuido, declarou que a Alemanha era uma república.

O Portão de Brandemburgo, em Berlim, foi tomado pela revolução em 9 de novembro, porém, mais tarde, foi reocupado por tropas leais ao governo.

A princesa inglesa Blücher (à esquerda) teve uma visão privilegiada dos soldados no Portão de Brandemburgo (abaixo), de sua casa situada nas proximidades.

O cabo Teilhard de Chardin ficou tão bêbado, no dia do Armistício, que não conseguiu destrancar sua porta e teve que dormir num celeiro.

Capturado pelos italianos em 3 de novembro, Ludwig Wittgenstein sofreu com a morte de um jovem amigo britânico num acidente aéreo.

Abatido por trás das linhas inimigas, George Coles teve seu equipamento de voo confiscado e quase foi linchado antes de ser levado para um campo de prisioneiros. Ele foi um dos muitos prisioneiros que jogaram biscoitos para as crianças alemãs famintas, após o Armistício.

Enquanto os belgas vaiavam por trás da câmera, o kaiser (o quarto a partir da esquerda, com uma gola de pele) esperava em Eisden, na fronteira holandesa, a chegada de seu trem, em 10 de novembro.

Lady Susan Townley, mulher do embaixador britânico em Haia, emboscou o kaiser no dia do Armistício, e disse a ele o que pensava.

O marechal Foch assina o Armistício em nome da França, pouco depois das cinco da manhã, em 11 de novembro.

Exaustos, mas triunfantes, os canadenses descansam na praça principal de Mons, na manhã do Armistício. Eles haviam lutado a noite toda para libertar a cidade, antes do fim da guerra.

A Guarda Irlandesa em Mauberge, cinco minutos antes do Armistício. Muitos se sentiram "vazios e deprimidos" quando a luta terminou.

Patricia Carver (no detalhe) estava entre os muitos milhares que foram aclamar o rei no Palácio de Buckingham na manhã do Armistício.

A Casa Branca foi cercada por uma multidão ansiosa no dia 7 de novembro e, novamente, no dia do verdadeiro Armistício.

A notícia prematura enviada por Roy Howard sobre o Armistício foi a situação mais embaraçosa de sua carreira.

A Austrália celebrou o falso Armistício de maneira tão entusiástica que todos os lugares que serviam bebidas alcoólicas precisaram ser fechados às duas da tarde. Os australianos foram novamente às ruas no dia do verdadeiro Armistício, conforme vistos aqui no Martin Place, em Sydney.

Soldados americanos dançam nas ruas de Paris no dia do Armistício. O exército americano teria se afirmado, se a guerra tivesse se prolongado até 1919.

Morto a um minuto para as onze, ao disparar sozinho uma metralhadora, o teuto-americano Henry Gunther (ao centro) foi, oficialmente, o último soldado americano a morrer na guerra.

Contrariando ordens, o ás da aviação americana Eddie Rickenbacker se esquivava de balas sobre a linha de frente quando bateram as onze horas.

Um californiano na RAF, Bogart Rogers, mais tarde, escreveu o roteiro de *The Eagle and the Hawk*, um filme sobre o combate aéreo na guerra. Estrelado por Cary Grant e Carole Lombard, o filme mostrava a decepção de Rogers com a guerra, que, a princípio, parecia ser uma grande aventura, até que mostrou seu lado real.

Segundo ele próprio contava, Ernest Hemingway foi ferido 227 vezes durante seu serviço como não-combatente na frente italiana. Ele encomendou seu próprio uniforme, para que ficasse parecido com o de um oficial da Guarda Britânica.

Tímida demais para se juntar às pessoas que dançavam nas ruas de Londres, Agatha Christie esperava, em breve, encontrar um editor para seu livro policial sobre um refugiado belga.

John Maynard Keynes temia que os Aliados exigissem da Alemanha indenização pelos danos causados. Como economista competente, ele sabia que essa era uma receita segura para um desastre.

Mahatma Ghandi alistou-se no Exército Britânico durante a Guerra dos Bôeres, e conclamou seus compatriotas a fazerem o mesmo, durante a Primeira Guerra.

T. E. Lawrence estava em Londres na noite do Armistício, e temia desesperadamente que os árabes fossem traídos na conferência de paz que se seguiria.

Marlene Dietrich era adolescente, em novembro de 1918, e Erich Maria Remarque se recuperava de ferimentos. Ambos guardavam nítidas lembranças do fim da guerra, na Alemanha.

O romance de André Maurois sobre seus companheiros britânicos, *Les Silences du Colonel Bramble*, foi um grande sucesso nos dois lados da Atlântico.

A vedete francesa Mistinguett quase foi executada por suas tentativas de libertar Maurice Chevalier de um campo de prisioneiros. Ambos estavam em cartaz, em Paris, na noite do Armistício.

O coronel Pershing temia que o Exército Alemão se considerasse invicto, se lhe fosse permitido voltar para casa sem antes depor as armas. Foi exatamente isso que o chanceler Friedrich Ebert disse às tropas, quando elas marchavam através do Portão de Brandemburgo, em 10 de dezembro.

8

Segunda-feira, 11 de novembro de 1918, primeiras horas da manhã

Um a um, os delegados entraram no vagão-restaurante, o carro 2419D da empresa Wagon-Lits. Acompanhados por Weygand e Hope, Wemyss e Foch sentaram-se de frente para os quatro alemães, que ocupavam, do outro lado da mesa, os mesmos lugares que na manhã de sexta-feira. Todos, ao se sentarem, sabiam que ninguém deixaria a mesa até que um acordo fosse alcançado e o Armistício houvesse sido assinado. E sabiam também que os Aliados estavam dando as cartas. Não havia nada que os alemães pudessem fazer a não ser engolir o orgulho e sacar suas canetas.

Erzberger abriu a sessão. O telegrama de Hindenburg, já decodificado, continha nove pontos a serem expostos aos Aliados. Hindenburg temia que a economia alemã entrasse em colapso se o país fosse forçado a entregar todos os caminhões e vagões ferroviários exigidos. Quanto aos aviões, seria impossível entregar o número imposto, porque o país já não possuía tantos. Hindenburg pedia permissão para que parte do exército marchasse de volta à Alemanha atravessando um trecho do território holandês para ganhar tempo, e queria que o bloqueio de alimentos fosse imediatamente suspenso para evitar a fome na Alemanha. Ele aconselhou Erzberger a aceitar o Armistício, mesmo que não conseguisse obter essas e outras concessões, mas insistia que Erzberger protestasse veementemente, caso as principais objeções não fossem atendidas, acompanhando esse protesto de um apelo ao presidente Wilson, se necessário.

Erzberger fez tudo o que podia. Ele compartilhava da preocupação de Hindenburg quanto ao colapso da economia e à fome na Alemanha, e já havia comunicado seu ponto de vista aos Aliados. Mas não era fácil convencê-los da gravidade da situação no país. Os Aliados pensavam que Erzberger estava exagerando como tática de negociação. E mesmo que não estivesse, os franceses e os britânicos não se comoviam muito com o sofrimento dos alemães. Foi por essa razão que os alemães sentiram necessidade de apelar à clemência do presidente Wilson, se tudo o mais falhasse.

No entanto, Foch estava pronto a fazer algumas concessões, contanto que as cláusulas principais do Armistício permanecessem intactas. Se os alemães não tivessem 2 mil aviões, ele se contentaria com 1.700. Se não conseguissem entregar 10 mil caminhões em quinze dias, ele aceitaria 5 mil, com um prazo mais longo para a entrega. Se precisassem manter um certo número de metralhadoras para combater os bolcheviques, ele aceitaria 25 mil, em vez de 30 mil. E como o pequeno exército do General von Lettow-Vorbeck continuava invicto na Rodésia do Norte, Foch prontificava-se a aceitar a evacuação das forças alemãs da África Oriental num prazo a ser combinado, ao invés de exigir sua rendição incondicional.

Falando em nome da Marinha, contudo, Rosie Wemyss se mostrou bem menos flexível, quando os alemães tentaram amenizar os termos. Além da rendição da Frota de Alto-Mar, Wemyss queria também 160 submarinos. Quando o capitão Vanselow retrucou, alegando que a Alemanha não possuía tantos, Wemyss, calmamente, riscou o número do texto, substituindo-o por "todos os submarinos". Vanselow amargurava-se com a ideia de que a frota alemã ancorada em Kiel e Wilhelmshavem teria de se render aos britânicos apesar de nunca ter sido derrotada em batalha. Wemyss respondeu que a frota teria simplesmente que deixar os portos. Ele foi igualmente duro com Erzberger e com o conde Oberndorff, quando eles se queixaram de que o bloqueio da Marinha Real era injusto com as mulheres e crianças da Alemanha: "Injusto? Vocês também afundaram indiscriminadamente nossos navios".

Wemyss, no entanto, concordou em encaminhar a seu governo o pedido alemão de suspensão do bloqueio. Ele aceitava "considerar a possibilidade de abastecer a Alemanha de alimentos, até onde fosse necessário". Mas, obviamente, se essa proposta seria ou não aceita era uma outra história.

As conversações se prolongaram por horas. Já era pouco mais de cinco da manhã – cinco e 12, segundo o relógio de Erzberger – quando, por fim, chegaram a um acordo. Sem mais questões importantes para tratar, os delegados estavam finalmente prontos a assinar seus nomes num documento que poria fim a quatro anos de carnificina inútil. Foch sugeriu que a hora oficial da assinatura fosse às cinco, a ser seguida por um cessar fogo, seis horas mais tarde. Todos os demais concordaram, e o Armistício entrou em vigor.

Erzberger, imediatamente, comunicou o comando supremo alemão por rádio. Na verdade, a assinatura do Armistício ocorreu às 5:20. Como levaria tempo para passar a limpo o documento, Foch sugeriu que a última página fosse datilografada imediatamente, em duas cópias a serem assinadas pelos delegados, deixando o restante para depois. Ele e Wemyss assinaram primeiro, seguidos por Erzberger e Oberndorff, e então por Winterfeld e Vanselow, ambos em lágrimas. Erzberger cerrou os dentes ao pôr sua assinatura, sabendo perfeitamente que milhões de alemães o odiariam pelo que acabara de fazer. Para cada alemão que se alegraria com o fim da guerra, outros tantos insistiriam que a Alemanha continuava invicta, e que Erzberger os havia traído. Na verdade, ele estava assinando sua própria sentença de morte.

Concluídas as formalidades, Erzberger leu em voz alta uma breve declaração, com a qual os quatro alemães haviam concordado previamente, dizendo que se anarquia e fome viessem a resultar dos termos do Armistício, a culpa não seria dos alemães. Declarou que seus compatriotas, durante cinquenta meses, haviam contido uma multidão de inimigos e que preservariam sua liberdade e sua união apesar de toda a violência perpetrada contra eles. "Uma nação de 70 milhões sofre", proclamou ele grandiosamente, "mas não morre."

"*Très bien*", foi a lacônica resposta de Foch. Ele tinha todo o interesse em pôr fim à reunião. Entre outros motivos, essa era apenas a segunda noite que ele passava em claro desde o início da guerra.

Quando a reunião foi encerrada, não houve apertos de mão. Os alemães voltaram a seu vagão para esperar pela cópia passada a limpo do acordo do Armistício, antes de retornar a Spa. O almirante Wemyss telefonou a Lloyd George, na Downing Street, e ao rei George V, no Palácio de Buckingham, para dar as boas notícias. Foch tirou uma hora de descanso, e o general Weygand enviou uma mensagem aos comandantes do exército em campo de batalha:

1. As hostilidades cessarão em todo o *front* em 11 de novembro, às 11 horas da manhã, hora da França;
2. Até segunda ordem, as tropas Aliadas não passarão além da linha atingida hoje, a esta hora; informações exatas sobre a localização da linha devem ser coletadas;
3. Todas as comunicações com o inimigo ficam proibidas até que novas instruções sejam enviadas aos comandantes.

A pedido dos alemães, ficou combinado que uma cópia do Armistício, acompanhada dos mapas correspondentes, seria enviada por via aérea a Spa, e entregue pelo capitão Geyer. Assim que o dia clareou, Foch e Wemyss, acompanhados de seu Estado-Maior, posaram para uma fotografia do lado de fora do vagão de seu trem. Os dois, então, voltaram de carro para Paris, deixando Weygand encarregado de supervisionar os detalhes do cessar-fogo.

Eles chegaram a Paris por volta das 9:30 e foram diretamente para o Ministério da Guerra, onde entregaram o Armistício ao *premier* francês Clemenceau. Ele havia recebido a notícia às seis horas, e ficou radiante em vê-los. Dando uma mão a Foch e a outra a Wemyss, ele os cumprimentou efusivamente, oferecendo suas mais sinceras congratulações. Um pouco mais tarde, Wemyss conseguiu se desenredar e seguiu para a embaixada inglesa para enviar um telegrama detalhado ao governo de Londres.

O plano original de Clemenceau era manter sigilo sobre o Armistício – ele e Lloyd George haviam combinado anunciá-lo simultaneamente a suas respectivas legislaturas –, mas acabou se convencendo de que isso seria impossível. Em vez disso, manteria segredo apenas sobre os detalhes, até o anúncio oficial na Câmara dos Deputados, naquela tarde. Do outro lado do canal, Lloyd George também estava tendo roubado seu momento de glória. Alertado pelo telefonema de Wemyss, o rei George V dava pulos de alegria pelo Palácio de Buckingham, contando a todos que encontrava que a guerra havia terminado. Ninguém lhe havia pedido segredo. Muito tempo se passaria antes de Lloyd George conseguir perdoar Wemyss por esse pequeno descuido.

Enquanto o rei George comemorava, Maude Onions, no departamento de sinais de rádio do exército britânico, em Boulogne, ocupava-se em telegrafar a mensagem oficial para as unidades em campo de batalha. Assim que ela terminou, mensageiros começaram a deixar os postos de comando ao longo de toda a frente, partindo a pé ou a cavalo, de bicicleta, motocicleta ou de carro e, em um ou dois casos, de avião, para levar a notícia às tropas da linha de frente. Os mensageiros levavam folhas cor-de-rosa, páginas arrancadas dos blocos do departamento de sinais de rádio do exército, onde estava escrita a mensagem que todos esperavam, a notícia que, há muito tempo, eles concluíram que nunca chegaria. A assinatura do Armistício.

Mas, embora os termos já estivessem estabelecidos, a guerra ainda não terminara. Na França e na Bélgica, o avanço daquela manhã já começara e continuaria até as 11 horas, até mesmo com força redobrada, para manter a pressão sobre os alemães enquanto a contagem regressiva ia se aproximando de zero. Foch havia ordenado que a luta continuasse até o último minuto, para manter os alemães com a faca na garganta, incapazes de alcançar qualquer vantagem no pouco tempo que lhes restava. Entre as milhares de tropas que avançavam naquela manhã, as reações foram as mais diversas, quando as notícias do Armistício começaram a chegar. Alguns comandantes imediatamente cancelaram suas operações, mandando parar suas tropas onde quer que elas estivessem, ou chamando-as de volta para a linha de partida, recusando-se a pôr em risco a vida de mais soldados, na luta por um objetivo já alcançado. Ninguém queria ver seus homens tombando no último dia da guerra.

Um número surpreendente deles, entretanto, estava perfeitamente disposto a continuar lutando, agora que a vitória estava assegurada. Muitos britânicos, por exemplo, começaram a sentir prazer na guerra naquele exato momento, quando já haviam ganho e ainda tinham contas a acertar com os alemães pelas atrocidades que testemunharam. Muitos ficaram contrariados de a guerra estar chegando ao fim antes de eles entrarem em solo alemão. Sua vontade era levar a guerra até o país inimigo e castigar casas e fazendas alemãs com a mesma devastação que os alemães haviam infligido aos belgas e franceses. As tropas britânicas, ao contrário de seus dirigentes políticos, entendiam que os alemães não se dariam conta de que haviam sido derrotados até que suas cidades e suas vilas fossem reduzidas a escombros, até que suas mulheres e seus filhos fossem obrigados a abandonar suas casas e fugir aterrorizados.

Os americanos também tinham muito interesse em continuar a luta, embora por razões bem diferentes. Eles chegaram tarde na guerra, e ainda não haviam mostrado seu valor em campo de batalha. Os Estados Unidos haviam demorado um tempo extraordinariamente longo para enviar tropas para a França e não forneceram tanques e fuzis em números minimamente compatíveis com a força de sua economia. Suas tropas ainda usavam capacetes britânicos por não possuírem capacetes próprios. Os americanos haviam lutado umas poucas batalhas, mas nada na escala enfrentada pelos britânicos e pelos franceses. Eles tinham consciência de que ainda tinham algo a provar, e poucas horas para fazê-lo. Se a guerra houvesse entrado pelo ano seguinte, eles teriam assumido seu próprio espaço. Nas circunstâncias, contudo, se reputações fossem para ser forjadas e carreiras militares, construídas, teria de ser antes das 11 horas, ou nunca mais.

Foi por essa razão que, naquela manhã, os americanos correram para a linha de uma forma totalmente injustificada. Seus oficiais, que até então não haviam se aventurado nem ao menos a chegar perto dos combates, apressaram-se para marcar sua presença agora que a guerra chegava ao fim. Era importante que tempo de comando no *front* constasse em suas folhas de serviço. Nas últimas horas da guerra, rostos desconhecidos lançaram-se num avanço desenfreado, em muitos casos assumindo o comando e berrando ordens para um ataque do qual eles próprios não participariam. As instruções do QG eram de que não deveria haver "absolutamente nenhum afrouxamento na implementação dos planos originais até às 11 horas... As operações previamente ordenadas serão executadas com vigor". Alguns comandantes americanos preferiram ignorar as ordens, mas a maioria queria levar a guerra até o fim, aproveitando a oportunidade para desferir um golpe final no inimigo, antes de as hostilidades cessarem. Era de rompantes de belicosidade como esse que reputações militares eram construídas.

Entre os muitos americanos que avançavam naquela manhã estava o soldado Henry Gunther, do 313º Regimento de Infantaria, o "de Baltimore". Gunther era fuzileiro na Companhia A, e ainda não sabia que o Armistício havia sido assinado ao armar sua baioneta e partir pelo nevoeiro para a minúscula aldeia francesa de Ville-devant-Chaumont. As ordens recebidas pela Companhia A eram de capturar a aldeia e então continuar até o terreno elevado mais adiante. Henry Gunther estava pronto para contribuir com a luta, quando seu regimento entrasse em ação, mas sem grande entusiasmo. Como teuto-americano, ele não tinha nada contra o inimigo, e não havia se apresentado como voluntário para a guerra na França. Ele só estava ali porque fora convocado.

Na vida civil, Gunther era caixa de banco. Como muitos de seus companheiros do 313º, era da zona leste de Baltimore, um bairro fortemente alemão, que nunca havia dado muito apoio à guerra. Os Gunther eram tão patrióticos quanto qualquer americano, mas ainda tinham família no país de origem e uma forte consciência de sua herança cultural, considerando-se, em igual medida, alemães e americanos. A namorada de Gunther, Olga Grübl, também era teuto-americana. Eles iam se casar assim que a guerra terminasse.

Não querendo lutar contra seu próprio povo, Gunther desaprovou a entrada dos Estados Unidos na guerra, e recusou-se a se alistar. Convocado para o 313º cinco meses mais tarde, ele havia chegado na França em julho de 1918, servindo, a princípio, como sargento de suprimentos, responsável pela distribuição de equipamentos entre os soldados. Ele não gostava do trabalho e, numa carta a um amigo, aconselhou-o a ficar longe da guerra, porque as condições na França eram muito desagradáveis. Um censor militar passou a carta de Gunther para seu comandante que, imediatamente, o rebaixou a soldado raso. Humilhado, Gunther recolheu-se por algum tempo, nutrindo um forte ressentimento contra o exército, enquanto o restante do regimento se adaptava aos rigores da vida na França.

Mais tarde, ele resolveu se reabilitar, na tentativa de recuperar a patente. Em seu primeiro dia nas trincheiras, Gunther apresentou-se como voluntário para servir como mensageiro entre os quartéis-generais do regimento e da brigada, um trabalho perigoso, que logo lhe custou um ferimento no braço. Em vez de ir ao hospital da base, Gunther preferiu ficar com sua companhia no *front*. Por mais que a guerra lhe desagradasse, a ideia de perder a patente parecia ainda pior, e ele faria o que fosse preciso para recuperá-la.

Agora, em 11 de novembro, Gunther continuava sendo um soldado raso. Ele não fazia ideia de quanto tempo a guerra ainda duraria, mas não podia ser muito. Ele teria que agir imediatamente, se quisesse conquistar uma promoção em campo de batalha e evitar a humilhação de voltar para casa como soldado raso. Era provável que ele tivesse que fazer alguma coisa naquele mesmo dia, porque a oportunidade dificilmente iria se repetir. Ao avançar pelo nevoeiro, agarrado a seu rifle, o soldado Gunther, do 313º Regimento de

Infantaria, estava firmemente decidido a voltar a ser o sargento Gunther antes de o dia terminar.

Os canadenses, finalmente, haviam tomado Mons. Atacando logo antes da meia-noite, eles forçaram os alemães a recuar ao longo do canal e avançaram até o coração da cidade. O combate foi rápido e furioso, mas o resultado nunca foi posto em dúvida. Antes do alvorecer, os alemães estavam em franca retirada, e os canadenses se apossaram da cidade. O burgomestre de Mons, Victor Maistrau, assistiu a chegada deles:

> Às cinco da manhã do dia 11, vi a sombra de um homem e o brilho de uma baioneta avançando sorrateiramente ao longo do muro mais distante, perto do Café des Princes. Uma outra sombra surgiu, e mais outra. Eles atravessaram a praça rastejando, mantendo-se bem abaixados, e se arremeteram rumo ao norte, em direção às linhas alemãs.
>
> Eu sabia que era a libertação. Então, sobressaindo-se entre os estrondos do fogo de artilharia, ouvi uma música, uma linda música. Era como se os anjos de Mons estivessem tocando. Reconheci então a canção e o músico. Nosso carrilhador tocava o hino nacional do Canadá à luz de velas. Esse era o sinal. A população inteira correu para a praça, cantando e dançando, embora a batalha ainda ribombasse a um quilômetro dali.

O cabo George Tizard estava com o 236º Batalhão canadense. Eles atingiram a periferia de Mons às 4 da manhã e avançaram cautelosamente, passando por casas em chamas e corpos de alemães mortos na batalha. Alguns belgas, totalmente fora de si, depois de cobrir de pontapés os alemães mortos, correram para saudar os canadenses que chegavam, alguns dos quais eram, na verdade, americanos servindo no exército canadense. Tizard foi abraçado e beijado e, em seguida, arrastado para uma casa onde se falava inglês, para uma xícara de café. "Eu estava me divertindo, fumando um bom charuto, na companhia de duas moças bem bonitas, uma em cada braço. Por onde se olhasse, viam-se soldados andando de braços dados com garotas."

Às sete horas, quando já clareava, os canadenses entraram em formação para marchar até a praça da cidade. Tocadores de gaita-de-fole trajando *kilts* iam na frente, marchando ao longo do Grand Boulevard, enquanto o povo da cidade corria pelas calçadas gritando vivas. Os belgas jogavam flores e acenavam a bandeira tricolor, cantando "La Brabançonne", seu hino nacional, enquanto o carrilhão da torre repicava por sobre os telhados uma improvisada versão da "Tipperary". Há mais de quatro anos os belgas esperavam por esse momento.

O correspondente de guerra Philip Gibbs não estava lá para registrar a cena, embora não estivesse muito longe. Ao passar pelo quartel-general da brigada, a caminho de Mons, ele ficou radiante ao saber que as hostilidades cessariam às 11 horas. Gibbs não perdeu tempo e correu para juntar-se aos canadenses na cidade:

Em todo o caminho para Mons havia colunas de tropas em marcha. Suas bandas iam à frente, tocando, e quase todos os homens levavam uma bandeira no rifle, a azul, branca e vermelha da França, a vermelha, amarela e preta da Bélgica. Eles traziam flores nos quepes e nas túnicas, crisântemos vermelhos e brancos dados a eles pela multidão que os aplaudia pelo caminho, gente de muitas vilas que apenas na véspera foram libertadas do jugo alemão. Nossos homens marchavam cantando, com um brilho sorridente nos olhos. Eles haviam cumprido sua missão, que agora terminava na maior vitória do mundo.

Para nós, a guerra terminou em Mons, exatamente onde havia começado. Ao entrar na cidade naquela manhã, tudo me pareceu uma coincidência milagrosa e feliz. Na noite passada, houve luta em frente à cidade, antes de nossos homens a invadirem, às dez horas. Os alemães, ao fugir, deixaram muitas de suas armas espalhadas pelos jardins. Hoje de manhã, Mons estava cheia de soldados da cavalaria inglesa e de tropas canadenses, cercados por multidões de habitantes da cidade, que os aplaudia e os abraçava.

Um homem idoso me contou sobre o quanto o povo de Mons havia padecido, mas só chorou ao falar do sofrimento de nossos prisioneiros. "Que vergonha para a Alemanha", disse ele. "Que vergonha quando ficarem sabendo de seus pobres homens morrendo de fome. Nossas mulheres tentavam dar comida a eles, mas eram espancadas pelos alemães e, 15 dias atrás, lá na beira do canal, um de seus ingleses foi morto porque uma mulher havia dado a ele um pedaço de pão.

Crianças pequenas vieram falar comigo para me contar sobre a luta da noite anterior, e muitas pessoas falavam da primeira batalha de Mons, em agosto de 1914, quando os "Velhos Desprezíveis"* que lá estavam travaram uma batalha através da cidade e ao longo de toda a sua retirada pelos arredores.

A frase do kaiser sobre o desprezível exército britânico de 1914 foi citada de forma errada. Ele, na verdade, havia dito que o exército era "desprezivelmente pequeno", como de fato era, no início da guerra. Mas os "Velhos Desprezíveis" adoraram o insulto e assumiram o nome com orgulho. Três homens da Brigada de Rifles de Londres que haviam participado da retirada de 1914 estavam de volta a Mons no último dia da guerra, todos trazendo em suas túnicas as fitas da Estrela de Mons. Esses homens haviam escapado ilesos de todas as batalhas posteriores, voltando após quatro anos para libertar a cidade da qual eles haviam sido obrigados a se retirar de forma tão dramática. Os três jaziam mortos à beira da estrada, vítimas da última rajada de fogo, disparada quando os alemães, recuando às pressas, abandonavam a cidade em meio à escuridão.

A leste de Valenciennes, um batalhão britânico chegou a uma cidade aparentemente deserta quando já começava a clarear. Sob o comando de um cabo, uma patrulha de inspeção seguiu à frente. Eles encontraram um tenente alemão ferido escorando-se contra um muro. Ele havia sido atingido na coxa por estilhaços de granada e fora largado ali para que os britânicos cuidassem dele quando chegassem.

O tenente falava bem inglês. Ele disse a seus captores que os alemães haviam partido duas horas antes, e que a vila estava vazia. Acreditando nele, a patrulha chamou o resto do batalhão, que estava na outra extremidade do campo. A tropa entrou em formação ainda fora da vila e marchou como batalhão até a praça principal.

Eles foram um alvo fácil para as metralhadoras que abriram fogo da torre da igreja e de vários pontos em torno da praça. Mais de uma centena deles foram mortos ou feridos antes de conseguirem se dispersar. Enfurecidos, os britânicos atacaram os prédios circundantes e não fizeram prisioneiros. Todos os alemães morreram lutando, firmemente decididos a levar consigo o máximo possível de britânicos.

---

* Termo utilizado para se referir à Força Expedicionária Britânica enviada para a França na Primeira Guerra Mundial. (N. T.)

O cabo que comandava a patrulha atravessou a cidade e voltou ao lugar onde o tenente alemão ainda estava, apoiado contra o mesmo muro. O alemão permaneceu impassível enquanto o cabo o matava a golpes de baioneta. Mais tarde, o cabo abriu a porta de um celeiro e encontrou o corpo de uma menina. Ela estava totalmente nua e havia sido cruelmente mutilada antes de morrer. Os alemães a leste de Valenciennes não estavam aceitando a derrota de bom grado.

Mais adiante na linha de frente, Julian Pease Fox passara a noite em claro, recebendo uma ambulância cheia de feridos e tirando da cadeia um de seus homens que havia sido preso pela polícia ao ser encontrado "onde não devia estar". Por ser um *quaker*,* ele havia se alistado como voluntário na Unidade de Ambulâncias Amigas, para não ter que portar armas em combate. Desde janeiro de 1915, ele servia na Frente Ocidental. Dirigiu ambulâncias em Ypres e escapou por pouco de ser capturado pelos alemães. Em 1917, em Champagne, ele havia chegado tão perto da linha de frente francesa durante uma batalha, que os alemães acusaram os franceses de camuflar seus tanques com o emblema da Cruz Vermelha. A resposta dos franceses foi condecorar Fox com a Croix de Guerre, com uma estrela dourada por sua coragem.

Fox era *quaker* pelo lado de sua mãe, cujo desejo ele havia respeitado ao não tomar parte nos combates. Mas quando soube do Armistício, ainda se perguntava se havia tomado a decisão correta. Os alemães haviam cometido tantas atrocidades durante a guerra, contra civis e prisioneiros de guerra, que Fox se sentira fortemente tentado a entrar para o exército propriamente dito e desempenhar seu pleno papel na guerra. No final das contas, ele provavelmente se alegrava por não ter lutado, porque, no início de 1918, ocorreu um incidente que o convenceu de que os dois lados eram igualmente maus.

Nessa época, o exército alemão estava cheio de adolescentes, rapazes que mal haviam começado a se barbear. Um grupo deles ficara encurralado, após um ataque francês. Eles começaram a chorar, irritando as tropas francesas, que tinham de ficar escutando. Os franceses os

---

* Nome dado aos membros do grupo Sociedade Religiosa dos Amigos, de tradição protestante. (N.T.)

levaram prisioneiros e os alemães acabaram caindo nas mãos de tropas norte-africanas, que violentaram os rapazes durante toda a noite antes de os fuzilarem pela manhã.

O episódio em si já era lamentável, mas o pior de tudo, para Julian Fox, foi que todos acharam muito divertido quando, mais tarde, ficaram sabendo do ocorrido:

> Ouvimos a história de um oficial francês e de outros, e foi só mais tarde que me ocorreu a ideia de que tudo aquilo, para nós, havia soado como algo engraçado, sem que percebêssemos o absoluto horror da situação. Isso fez com que eu me desse conta de que a guerra não apenas mata as pessoas fisicamente, mas destrói o corpo e a alma.

Mas a guerra agora estava chegando ao fim, de modo que não haveria mais atrocidades desse tipo. Fox sentou-se, exausto da noite passada em claro, quando lhe passou pela cabeça que, no final das contas, o melhor seria que nenhum dos lados tivesse vencido. Vitória para um lado significava derrota para o outro e isso, fatalmente, traria problemas, mais cedo ou mais tarde. Se os britânicos fossem o lado derrotado, eles certamente haveriam de querer uma desforra.

No campo de pouso de La Brayelle, Bogart Rogers, o rapaz de Stanford servindo na RAF, estava sentado com seus amigos à mesa do café da manhã quando chegou a notícia do Armistício:

> As hostilidades devem cessar às 11 horas. Nenhum voo de guerra deve ser feito após o recebimento desta mensagem.

Eram notícias esplêndidas, é claro, mas Rogers não conseguia acreditar totalmente que a guerra, por fim, houvesse terminado. Parecia impossível que não haveria mais incursões em território inimigo, preocupações com os aviões de caça alemães e com fogo antiaéreo, e que ele não mais veria morrer homens bons que mereciam viver. No dia anterior, Rogers havia escoltado um esquadrão de bombardeiros através das linhas, e assistido a um deles ser abatido, atingido por um disparo certeiro de artilharia antiaérea. Seu amigo Bill Leaf fora morto uma semana antes; seu amigo Callender, "um dos homens mais corretos e decentes que já viveram neste mundo", morrera pouco antes. Como milhares de soldados, Rogers sentia-se culpado por ter chegado ileso ao Armistício, enquanto tantos outros não haviam conseguido:

> Quando penso em todos os rapazes que não vão voltar para casa, me pergunto que direito tenho de viver. Tenho certeza de que houve proteção divina... as pessoas podem tagarelar até o fim dos tempos sobre a guerra ser a salvação das nações, a única coisa que as impede de entrar em decadência, mas eu sei que o sacrifício jamais valerá a pena. Está tudo errado.

Após o café da manhã, Rogers foi para o campo de pouso com os outros pilotos para assistir o avião ser guardado. Depois, o pessoal de terra recebeu um dia de folga para fazer o que quisesse. A maioria rumou para a cantina, para beber cerveja e cantar. Rogers foi para lá mais tarde, e pagou uma rodada para todos. Não lhe agradava a ideia de beber de manhã cedo, principalmente porque ainda havia muito pela frente. A festa daquela noite fatalmente seria frenética, e certamente acabaria no refeitório dos sargentos, porque era lá que todas as grandes festas acabavam. Rogers, que bebia pouco para os padrões britânicos, pensou que ainda bem que não era sempre que eles tinham que celebrar a paz.

O capitão John Glubb estava em Sars Poteries quando o Armistício foi anunciado, ansioso para perseguir os alemães através da fronteira com a Bélgica. Uma brigada estava sendo formada para esse fim, e Glubb iria comandar os Engenheiros Reais:

> Iremos acompanhar a guarda avançada, é claro, e com certeza vai ser muito emocionante, se conseguirmos alcançar os boches. Sempre quis ter a oportunidade de pôr em ação minhas plataformas flutuantes e consertar uma ponte sob fogo inimigo!

Mas não seria assim. Glubb estava numa fazenda, dando feno aos cavalos, quando ouviu a notícia:

> Enquanto eu esperava embaixo, vendo os motoristas jogarem o feno da janela do celeiro, um ordenança montado chegou e nos disse que a guerra

havia acabado. Que golpe terrível! Eu estava começando a me divertir, e essa notícia vem pôr fim aos meus sonhos de participar da intrépida coluna de perseguição.

Glubb estava em franca minoria. Poucas pessoas, na Frente Ocidental, lamentaram ao saber que a guerra havia terminado.

A poucos quilômetros dali, do outro lado da linha, Herbert Sulzbach, da artilharia de campo alemã, sentiu o mesmo pesar quando chegou a ordem de cessar fogo às 12 horas, hora da Alemanha. Sulzbach já sabia que isso iria acontecer, o que em nada lhe ajudou a suportar o golpe:

A guerra acabou... Como esperávamos por esse dia, imaginamos que seria o momento mais maravilhoso de nossas vidas, e agora, aqui estamos nós, humilhados, dilacerados por dentro e derrotados – a Alemanha se rendeu à Entente!

Sulzbach havia recebido ordens de evacuar a área depois do meio-dia e começar a longa marcha de volta para casa. Segundo os termos do Armistício, todo o exército alemão deveria estar fora da Bélgica e do outro lado do Reno em quatorze dias. Seria um pesadelo logístico, com tantas unidades diferentes congestionando as estradas. Cada grupo do exército necessitava, para sobreviver, de cinco trens de ração e seiscentas cabeças de gado por dia, e havia quatro desses grupos em volta da única linha de estrada de ferro além de Namur, para onde o regimento de Sulzbach deveria se dirigir.

Namur era o lugar onde, para Sulzbach, a guerra havia começado. Ele havia dado uma volta completa, depois de mais de cinquenta meses no *front*, como se o começo e o fim da guerra estivessem se cumprimentando com um aperto de mão. Por mais amargurado que se sentisse com tudo o que havia acontecido nesse meio-tempo, ele não conseguia reprimir um forte sentimento de alívio por ter escapado ileso.

De vez em quando, sou tomado pela euforia de estar voltando para casa para sempre, e sinto uma indescritível gratidão por não ter sofrido um arranhão sequer em todas as lutas e batalhas de todos esses anos. Estive no *front* por quatro anos e dois meses, todo esse tempo, com a exceção de quatorze dias, na mortífera Frente Ocidental. Acredito, como sempre acreditei, na Providência e no destino. Duvido que haja muitos soldados que tenham estado no *front* por cinquenta meses e estejam voltando para casa sem um único ferimento, como eu!

O regimento recebeu ordens de criar uma comissão de representantes sindicais antes de partir de volta para a Alemanha. Cada comissão seria composta de um oficial, um oficial subalterno e de diversas outras patentes. Ninguém, na 63ª Artilharia de Campo, tinha o menor interesse em sindicatos, mas as ordens vinham de cima. Ao que parecia, os bolcheviques e seus simpatizantes estavam agora no comando do exército alemão, mesmo que apenas temporariamente.

Na Holanda, o kaiser estava a caminho de Amerongen. Seu trem havia deixado Eisden às 9:20 daquela manhã, rumando para o norte em direção a Arnhem, passando por Maastrich e Nijmegen. O trem partiu sem alarde, mas a Holanda inteira parecia saber que o kaiser estava chegando. Milhares de pessoas esperavam em cada cidade e em cada vila do caminho para dar a ele uma recepção hostil. Até mesmo nos campos abertos entre as estações, elas se juntavam para receber o kaiser com assobios e vaias, brandindo punhos cerrados e fazendo gestos de garganta cortada em direção a seu trem. Para um homem há tanto acostumado com bajulações, foi uma experiência profundamente humilhante.

A princípio, o kaiser sentou-se no vagão-restaurante com as cortinas fechadas. Ele já temia que isso acontecesse. Antes de deixar Spa no dia anterior, havia dito que não importava onde seria seu exílio, porque, onde quer que ele fosse, em qualquer lugar do mundo, ele seria odiado. Seus ajudantes-de-ordens aterrorizavam-se com a possibilidade de o trem ser atacado, e se perguntavam se não teria sido mais sensato viajar no escuro da noite. Eles deveriam chegar a Maarn, a estação mais próxima a Amerongen, um pouco antes das três da tarde. Como as vaias continuavam e os gestos ameaçadores os acompanhavam ao longo de todo o caminho, o kaiser e sua comitiva esperavam apenas conseguir chegar inteiros a seu destino.

Nos campos além de Verdun, os americanos estavam disparando sua munição para desfazer-se dela antes das 11 horas. Uma bateria francesa, localizada atrás da de Harry Truman, começara a atirar pouco depois do nascer do sol, disparando uma descarga atrás da outra, em sucessões rápidas, como se não fosse haver um amanhã. A casa de Truman tremia como se abalada por um terremoto, a cada vez que um canhão disparava. Sua bateria também atirava, testando um novo projétil que, segundo se dizia, tinha um alcance trinta por cento maior. Eles, sem dúvida alguma, estavam reduzindo a vila de Herméville a um monte de entulho.

Truman recebeu a notícia oficial do Armistício por volta das 10:30. Ele imediatamente, mandou chamar Squatty Meisburger, o sargento da bateria. Meisburger, ao chegar, encontrou Truman com um largo sorriso no rosto:

> Ele estava estirado no chão, comendo um pedaço de torta de amora. Onde ele conseguiu a torta, eu não sei... Seu rosto estava todo lambuzado. Ele me entregou uma folha de papel e disse entre mordidas, "Sargento, leve esta folha e leia para todos os homens da bateria".

Meisburger obedeceu com grande entusiasmo. Era o que todos esperavam ouvir, mas ainda havia munição a ser gasta antes do cessar-fogo. A bateria de Truman voltou ao trabalho, e disparou um total de 164 descargas naquela manhã. A última foi disparada às 10:45, 15 minutos antes do prazo final.

O som dos disparos chegava até Ratstatt, o campo de prisioneiros à beira do Reno. Naquela manhã, o barulho era tão alto, com a queima de toda a sobra de munição, que acordou o segundo-tenente Cole muito antes do amanhecer. Ele e os companheiros de cela ficaram deitados em seus catres, ouvindo, sem uma palavra, o ribombar distante. Eles faziam uma boa ideia do que aquilo significava:

> Fomos acordados às quatro da manhã por um terrível estrondo de canhões vindo da frente de Verdun. Obviamente, os franceses estavam usando a sobra das munições para um bombardeio final, em memória de Sedan. Às cinco da manhã estávamos todos de pé, fremindo de excitação e imaginando o que aconteceria em seguida. As notícias que chegavam eram fragmentadas e contraditórias, porque o serviço de notícias alemão estava completamente desorganizado... Os acontecimentos à nossa volta se sucediam tão rapidamente que não tínhamos tempo de parar e analisar nossas emoções, nem para celebrar a vitória de nossas forças. Nós, pessoalmente,

ainda éramos prisioneiros numa terra hostil e sombria – e nossos pensamentos iam principalmente para nossa libertação.

Coles passou o resto da manhã "quase que num sonho", agradecendo a Deus por ainda estar vivo para ver esse dia, e imaginando cenas de sua casa, na Inglaterra, "onde uniformes cáqui, a prisão e a guerra seriam coisas do passado – mortas, acabadas e esquecidas". Não demoraria muito para que ele fosse libertado do campo de prisioneiros e finalmente pudesse ir para casa, de volta à sua família e, o melhor de tudo, à sua namorada, Connie, em Preston. Para George Coles, quanto antes isso acontecesse, melhor.

Em Leipzig, Ethel Cooper também ansiava em voltar para casa. Australiana, ela estava em Leipzig quando a guerra eclodiu e, desde então, não conseguira sair de lá, proibida de viajar sob pena de ser acusada de espionagem. Durante a guerra, ela havia feito várias tentativas de deixar a Alemanha, primeiro fingindo doença e, depois, convencendo a embaixada holandesa a interceder em seu favor, mas sempre em vão. Os alemães se recusavam a deixá-la sair do país. Ela havia visto e ouvido coisas demais para ter permissão para partir.

A música havia trazido Ethel a Leipzig – além do amor pelas viagens a países estrangeiros. Antes da guerra, ela havia estado em Leipzig por diversas vezes, e fez bons amigos na cidade. Alguns deles haviam comido uma fatia do elefante do zoológico de Leipzig, quando o bloqueio de alimentos da marinha inglesa começou a incomodar. Os alemães haviam sido perfeitamente corteses com ela durante a guerra, embora seu apartamento fosse regularmente revistado pela polícia. Mas Ethel, ainda assim, queria ir embora, mesmo que apenas para fugir do bolchevismo que ameaçava se alastrar pelo país. Semanas antes, ela havia vendido sua última peça de mobília, guardando o dinheiro em seu quarto para não ter que confiá-lo a um banco, em tempos tão incertos. Ela estava preparada para, a qualquer momento, fazer as malas, embarcar num trem e ir embora de Leipzig.

Ela havia visto sua primeira bandeira vermelha na sexta-feira, como relatou, excitada, a sua irmã em Adelaide:

> Eu estava indo almoçar e, entrando numa das ruas principais, vi uma densa multidão vestida de cinza vindo em minha direção e, à sua frente, uma

grande bandeira vermelha. Tenho que confessar que fiquei estatelada, com o coração na mão. Como você sabe, há semanas que venho esperando por isso, mas da primeira vez que se vê é de tirar o fôlego. Eram, ao todo, algumas centenas de soldados, trajando o seu "cinza-campo", que corresponde ao nosso cáqui, mas suas dragonas, seus números, seus cinturões e suas armas haviam desaparecido. Misturei-me à multidão e fiquei ao lado de um soldado trajando uniforme de marcha e totalmente equipado – "Vocês vieram de fora?", perguntei eu. "Não, nos mandaram embora, mas agora acabou – chegamos ao fim", respondeu ele. Fiz outras perguntas, mas ele continuou marchando às cegas, como se numa espécie de sonho – na verdade, não creio que ele estivesse vendo, ouvindo ou pensando coisa alguma...

Chegamos ao Volkhaus, a sede do Partido Social-Democrata – eles então fizeram piquetes nas ruas, pararam os bondes e arrancaram as dragonas e as armas de todos os soldados e oficiais, e também da polícia. Foi tudo absolutamente ordeiro – um oficial resistiu e disparou um ou dois tiros, mas eles simplesmente o desarmaram e deixaram-no ir. No final da tarde, a cidade estava cheia de imensos cartazes dizendo que o "Conselho dos Trabalhadores e Soldados" havia assumido o governo da cidade, e que as autoridades civis e militares haviam se submetido a eles.

No sábado, chegou a notícia da abdicação do kaiser, acontecimento recebido em Leipzig com alívio geral. No domingo, os termos do Armistício foram publicados. O rigor deles fez com que Ethel ficasse tão chocada quanto todos os demais com as condições impostas:

Desde então, não ouso falar com um alemão, mas uma coisa está clara para mim: as condições *têm* de ser aceitas e, entretanto, *não podem* ser humanamente cumpridas. Pois, se o bloqueio continuar e 150 mil vagões e caminhões forem entregues (o que representa um quinto da frota alemã) e, ao mesmo tempo, oito milhões de homens forem transportados de todos os cantos da Europa de volta à Alemanha, será *impossível* abastecer de alimentos as grandes cidades.

Neste momento, essas grandes cidades já não têm muito, para dizer o mínimo, e se ocorrerem problemas, o povo terá de se rebelar e partir para saques, e a pior forma de terrorismo russo irá acontecer. Mas só posso esperar e acreditar que, assim que houver uma capitulação total, a Inglaterra levantará o bloqueio e as potências providenciarão para que os estoques de alimento necessários cheguem ou sejam enviados como de costume.

O dia do Armistício propriamente dito significou pouco para o povo de Leipzig. Com tantos desastres acontecendo no país, o mundo exterior havia deixado de existir para a grande maioria. Ethel se perguntava quanto tempo ainda demoraria até ela conseguir embarcar num trem e partir dali, talvez para a França, ou para a Holanda. Ela havia ido à central de polícia para se informar, mas a repartição estava em poder dos Guardas Vermelhos, que nada sabiam, e sugeriram que ela voltasse em alguns dias. Tudo estava tão caótico que Ethel chegou a pensar em partir sem permissão, confiando na sorte para levá-la para fora da Alemanha, antes que o país inteiro sucumbisse ao bolchevismo.

Em Osnabrück, na Baixa Saxônia, o soldado Erich Maria Remarque estava radiante por ter voltado a sua cidade natal, quando a guerra terminou. Tecnicamente, ele ainda pertencia ao exército alemão, servindo no 1º Batalhão de Guarda de Reserva, em Osnabrück, em treinamento de recuperação após uma estada de quinze meses no hospital. Na prática, contudo, o exército estava se desintegrando, e ninguém mais se interessava pelo o que os soldados faziam ou deixavam de fazer, e ele tinha total liberdade de ir e vir como lhe aprouvesse.

Ele sempre fora um soldado relutante, convocado aos 17 anos, quando cursava a faculdade de pedagogia, e enviado para a França em 1917, para juntar-se à infantaria no *front*. Os Remarque eram de origem francesa, uma família da Alsácia que, há muitas gerações, vivia tranquilamente na Alemanha. Erich Remarque não tinha ilusões sobre a guerra, ao chegar à Frente Ocidental. Ele havia presenciado e ouvido histórias de horror demais para acreditar na propaganda alardeada pelo governo alemão. Ele não tinha a menor paciência com os civis que, na Alemanha, espetavam bandeiras em mapas e pregavam as glórias da guerra – pessoas como o odioso professorzinho da escola católica-romana Präparande, em Osnabrück, que cuspia belicosidade e intimidava os alunos, desafiando-os a se alistar assim que atingissem a idade. Remarque não tinha paciência com gente assim.

Ele havia visto coisas terríveis no curto tempo que passou no *front*: seu melhor amigo atirado na lama com o abdome aberto, outros com os pés arrancados por balas arrastando-se pelos campos para se proteger das bombas que caíam à sua volta. Remarque havia estado em Passchendaele, a terceira batalha de Ypres, quando seu amigo Theo Troske foi atingido na perna por estilhaços de granada. Remarque, sob uma chuva de fogo, havia carregado Troske nos ombros até a estação de curativos. Eles estavam quase chegando quando Troske morreu de um ferimento na cabeça que Remarque não havia notado.

O próprio Remarque fora ferido alguns dias mais tarde. Ele ajudava um outro ferido em meio a uma tempestade, quando foi atingido por um projétil britânico. Os estilhaços retalharam seu pescoço, sua perna e seu braço, e a mão direita ficou tão lacerada que ele foi obrigado a abandonar a ideia de se tornar pianista profissional depois do fim da guerra. Remarque foi imediatamente retirado da linha de frente e enviado de volta à Alemanha. Ele havia servido no *front* por apenas algumas semanas. Depois de passar os quinze meses seguintes no hospital, finalmente, foi liberado em 31 de outubro de 1918.

Ele poderia ter sido liberado antes, se não tivesse feito seus ferimentos renderem mais do que o necessário, exagerando sua gravidade para evitar ser mandado de volta ao *front*. Como milhares de soldados em todos os exércitos, Remarque não tinha a menor pressa de retornar aos combates. Ele preferia, e muito, ficar no hospital, em segurança. Mesmo depois de seus ferimentos terem sarado, ele conseguiu permanecer no hospital por algum tempo, ajudando na administração, onde seus conhecimentos era úteis. Ele usou bem o tempo, começando a escrever seu primeiro romance enquanto convalescia, e vendendo alguns artigos para revistas literárias. Já que não poderia mais tocar piano, estava pensado em se tornar escritor depois que a guerra terminasse.

Por enquanto, contudo, Remarque ainda continuava no exército, um jovem zangado se pavoneando por Osnabrück num uniforme de tenente ao qual ele não tinha direito. O soldado Remarque esteve na Frente Ocidental por apenas dois meses, junho e julho de 1917, e não havia sido promovido. Ele, tampouco havia ganho a Cruz de Ferro, embora exibisse uma, de Primeira Classe, no peito.

Além disso, ele usava um monóculo e, onde quer que fosse, era acompanhado por um cachorro pastor alemão que, segundo ele, havia salvo sua vida no *front*. Erich Remarque, inteligente, mas de classe baixa, mantinha-se ocupado reinventando a si mesmo como oficial e cavalheiro, um herói voltando da guerra. Um dia, quando a guerra estivesse terminada, ele escreveria sobre ela. Chegara à conclusão que, na hora certa, suas poucas semanas no *front* dariam um ótimo romance.

Em sua casa na Cavendish Square, em Londres, o ex-primeiro-ministro Henry Asquith havia passado a noite acordado, celebrando o fim da guerra com a família. Alguém do Ministério da Guerra havia telefonado à meia-noite para contar a eles, equivocadamente, que o Armistício acabava de ser assinado. Animado demais para dormir, Asquith passou a noite em claro, na companhia de sua mulher e de sua filha, discutindo as notícias e especulando sobre os termos da paz. Asquith havia sido primeiro-ministro durante os dois primeiros anos da guerra, conduzindo seu país através de um dos tempos mais sombrios de sua história. Embora forçado a renunciar após a carnificina de Somme, onde seu próprio filho fora morto, ele mal podia conter o alívio por tudo, ao final, ter dado certo.

Já passava das seis da manhã quando os Asquith ficaram sabendo do engano do Ministério da Guerra. Alguns minutos mais tarde, um amigo americano telefonou a Margot Asquith para dizer que os alemães havia de fato assinado o Armistício às 5:30, e que a guerra realmente terminaria às 11 horas. Ela imediatamente correu para o andar inferior e ordenou à criadagem que saísse para comprar tantas bandeiras quantas encontrassem, para a casa, o telhado e o automóvel. Além disso, ela enviou três telegramas: um para o rei, outro para a mãe dele, a rainha Alexandra, e um terceiro para o general Sir John Cowans, e levou-os ao escritório de seu marido para que ele os assinasse.

Os Asquith tinham que comparecer a um funeral de família, após o café da manhã. Antes de sair, eles deram uma folheada nos jornais, cercados de barulhos incomuns vindos da rua: uma mistura de disparos de rifles, explosão de foguetes de sinalização, gritaria e vozes cantando *The British Grenadiers* e *God Save the King*. Olhando para fora, ela viu "um grupo de enfermeiras idosas trajando uniformes, e homens e mulheres comuns abraçando-se pela cintura, rindo e dançando no meio da rua".

O funeral foi no crematório de Golders Green. O falecido era o irmão de Asquith, um mestre-escola aposentado. Enquanto o caixão desaparecia através da porta de duas folhas, os pensamentos da maioria dos presentes estavam longe dali. Alguns pensavam no Armistício, outros em sepulturas na França, que naquele momento lhes vinham à mente. Os Asquith apresentaram suas condolências e, em seguida, entraram no carro, rumando de volta para o centro de Londres. Margot Asquith, principalmente, estava decidida a não perder nem mais um minuto da festa:

> Quando voltamos de Hampstead, pudemos ver que a grande notícia já corria à solta. Bandeiras, grandes e pequenas, de todas as cores e nacionalidades, tremulavam nos telhados, sacadas e janelas. Os homens que as colocavam acenavam seus bonés uns para os outros do alto de longas escadas, e pedestres que normalmente se portariam de maneira convencional davam assovios ou dançavam loucamente nas calçadas. Uma explosão mais espontânea de simples alegria seria impossível de imaginar...
>
> Ao chegarmos ao número 20, vimos que nosso zeloso mordomo, com patriotismo louvável, havia coberto a casa de bandeiras. Até mesmo a harpa galesa flutuava, toda verde, da janela da biblioteca de Henry.
>
> Avisaram-me que, em breve, só seria possível andar pelas ruas a pé, uma vez que já estavam congestionadas de charretes, bondes, automóveis e carretas de vendedores ambulantes; e que as filas na frente das lojas que vendiam bandeiras eram tão longas que bloqueavam a passagem até mesmo dos pedestres. Ao ouvir isso, saltei para dentro do carro e disse a nosso chofer que fosse pelas ruas principais, para que eu pudesse ver a multidão.
>
> Foi uma cena maravilhosa, mais parecida com os carnavais estrangeiros que com qualquer coisa que estamos acostumados a ver em nosso país. Caminhões pesados, abarrotados de operários e munições circulavam de um lado para o outro; homens e mulheres vestidos de cores vistosas, de pé nos ombros uns dos outros, gritavam, acenavam bandeiras e tocavam pandeiros. Todos tinham algum tipo de enfeite ou galhofavam com seu vizinho. Ninguém pretendia trabalhar naquele dia, nem se poderia esperar que alguém trabalhasse, quando o mundo inteiro explodia em alegria.

Naquela tarde, Lloyd George, o homem que havia substituído seu marido no cargo de primeiro-ministro, iria anunciar os termos do Armistício para a Câmara dos Comuns. Henry Asquith também estaria presente. Margot assistiria da tribuna de honra. Apesar de estar exausta depois da noite passada em claro, ela não perderia o evento por nada nesse mundo.

Na Casa Branca, Edith Wilson também estava exausta depois de uma noite de pouquíssimo sono. Já era uma da manhã quando ela entregou a seu marido, no Salão Oval, o último dos telegramas decodificados, uma mensagem de Paris, enviada pelo "Tigre" Clemenceau, sobre trabalhar em harmonia com os Estados Unidos durante as negociações de paz, após o Armistício. A notícia da assinatura havia chegado a Washington umas duas horas depois. Os Wilsons foram avisados assim que acordaram. Eles ficaram emudecidos, "incapazes de compreender plenamente o significado das palavras". A notícia já estava nas ruas, e os americanos acordavam para um dia de júbilo nacional. Desta vez, a guerra havia realmente terminado.

Depois do café da manhã, Wilson se trancou na Sala Oval. Na hora do almoço, ele se dirigiria a uma sessão conjunta do Congresso, para anunciar oficialmente a assinatura do Armistício em Compiègne. Da mesma forma que para Lloyd George, em Londres, e Clemenceau, em Paris, a ocasião seria de imensa importância para Wilson, um dos dias mais históricos de sua vida. Ele precisava do resto da manhã para trabalhar em seu discurso.

Mas a guerra ainda não havia terminado, pelo menos não na Frente Ocidental. A maior parte do exército alemão parecia ter conhecimento do cessar-fogo marcado para as 11 horas, mas algumas unidades isoladas, britânicas e americanas, não haviam recebido a notícia. Numa frente de centenas de quilômetros, com ambos os lados atirando para gastar munição e as linhas telefônicas cortadas em muitos pontos, era inevitável que nem todos ficassem sabendo do Armistício. Mesmo entre os que sabiam – particularmente entre os americanos de escalão intermediário – o entendimento tácito era de que a guerra só terminaria às 11 horas. Um número vergonhosamente alto de majores e coronéis americanos optaram por continuar avançando mesmo assim, em vez de recolher seus homens, arriscando-se a prejudicar suas carreiras. Eles continuaram a enviar tropas para o combate, sabendo perfeitamente que a luta terminaria em uma ou duas horas, e que não havia necessidade de mais sacrifício. Preferiam ver seus homens sendo mortos a terem suas perspectivas de promoção permanentemente manchadas por uma marca negra.

O 356º Regimento de Infantaria dos Estados Unidos era um dos que nada sabiam sobre o Armistício, ao avançar naquela manhã. Os homens do 356º haviam recebido ordens de forçar caminho através do rio Meuse, usando precárias pontes flutuantes, para então tomar a vila de Pouilly em meio ao nevoeiro. O segundo-tenente Francis Jordan, da companhia H, estava no centro da ação durante o avanço do regimento. Eles atravessaram o rio sem contratempos, mas não haviam ido muito longe quando Jordan e seus homens foram atingidos por fogo de metralhadora disparado de uma distância de pouco mais que seis metros:

> Fui ferido de leve no ombro, e a mesma bala perfurou meu embornal, que estava cheio de latas de comida. O impacto me jogou para trás e, ao cair, levantei a mão esquerda e levei uma bala na base do polegar esquerdo. A metralhadora girou rapidamente e matou o primeiro-sargento que vinha imediatamente atrás de mim, e um outro sargento que vinha logo atrás dele. Nosso avanço foi interrompido temporariamente.

Um dos cabos do regimento veio se arrastando e apoiou seu rifle sobre o peito de Jordan para disparar contra as metralhadoras. Os alemães devolveram o fogo com tanta precisão que a madeira da coronha do rifle se estilhaçou. Mais adiante, os alemães foram dominados e o avanço continuou, mas demorou para que Jordan fosse socorrido. Padioleiros o encontraram um pouco mais tarde, e o colocaram numa ambulância indo para Beaumont. Seus homens haviam prosseguido sem ele, e Jordan estava fora de combate, deixado com suas emoções conflitantes, enquanto a ambulância sacolejava a caminho da retaguarda. Ele nada sabia sobre o Armistício, e só veio a descobrir muito mais tarde.

Mais para leste, o general-brigadeiro John Sherburne, da 92ª Divisão do Exército dos Estados Unidos, havia assistido a um sensacional espetáculo de fogos de artifício na noite anterior, quando os alemães dispararam todos os foguetes luminosos que lhes haviam sobrado ao longo do rio Moselle, próximo a Metz. A exibição deixara óbvio que os alemães estavam se livrando de suas reservas de munição e não esperavam mais lutar.

Isso tornava ainda mais problemático o fato de dois regimentos da 92ª Divisão terem recebido ordens de avançar naquela manhã para capturar as aldeias de Champey e Bouxières, perto do rio. Como oficial encarregado da artilharia de apoio, Sherburne achou estranhíssimo que o ataque continuasse programado, quando todos sabiam que a guerra terminaria a qualquer momento, se é que já não havia terminado.

Sherburne telefonou para o quartel-general da divisão à 1:30 da manhã para saber se o ataque ainda estava marcado para as cinco horas. Foi-lhe dito que sim. Sem conseguir acreditar no que ouvia, ele passou por cima do comandante da divisão, dirigindo-se diretamente ao quartel-general da artilharia do Segundo Exército, em Toul, para questionar as ordens, argumentando que a colina sobre as duas aldeias estava fortemente defendida e que haveria muitas baixas, caso os americanos levassem adiante o ataque. Todos com quem ele falava concordavam, e todos sabiam das negociações do Armistício, mas ninguém estava disposto a contrariar ordens. O ataque deveria acontecer como planejado.

Ao final, foi permitido à 365ª ficar onde estava, mas a 366ª avançou, como ordenado. Os soldados de ambos os regimentos eram negros, a maioria deles convocados, todos segregados das tropas brancas do mesmo exército. Eles tinham alguns oficiais negros, mas nenhum de patente mais elevada que capitão ou major temporário, já que os negros não podiam ser promovidos além desses níveis. Os regimentos foram vinculados ao exército francês, para evitar conflitos com os americanos brancos. Não se esperava muito deles em razão da cor de sua pele. Seus líderes políticos tiveram que exercer muita pressão para que fosse permitido aos americanos negros lutar na guerra.

O 366º começou o avanço às cinco da manhã. Três horas mais tarde, Sherburne recebeu a confirmação oficial do Armistício. Ele, imediatamente, telefonou novamente ao quartel-general da divisão, certo de que o ataque, agora, seria cancelado, mas foi-lhe dito que ele ainda deveria ser lançado. Nada havia mudado. Seus canhões deveriam continuar dando apoio ao avanço.

Incrédulo, Sherburne voltou a suas obrigações, enquanto os homens do 366º se aproximavam de Bouxières. Os alemães, entrincheirados na colina de La Cote, abriram fogo de metralhadora e lançaram gás mostarda, assim que os americanos entraram em seu raio de alcance. O 366º conseguiu chegar à extremidade da aldeia, antes de ser forçado a recuar para o Bois de la Voivrotte. No bosque, eles se reagruparam e voltaram ao ataque, avançando novamente contra seu objetivo passando por cima dos corpos dos companheiros abatidos. Os alemães abriram fogo mais uma vez, e o 366º novamente bateu em retirada.

A guerra tinha menos de uma hora pela frente quando eles retornaram ao bosque pela segunda vez e começaram a se reorganizar para um terceiro assalto à aldeia à sua frente. Já eram 10:30 quando um mensageiro os alcançou com a notícia do Armistício. Mesmo assim, ele não trouxe ordens para que o ataque fosse cancelado. Até onde Sherburne ou qualquer outra pessoa soubesse, esperava-se que eles continuassem tentando capturar Bouxières até as 11h em ponto.

Também na frente britânica, a guerra nem de longe havia terminado, pelo menos não nas redondezas de Mons. Os britânicos estavam decididos a limpar a cidade e a estar bem além dela antes do cessar-fogo das 11 horas. Eles planejavam fincar seus marcadores em campo aberto, quando foi dada ordem de parar e a última linha de frente da guerra foi movida. Seria bom ter algum progresso para mostrar depois de quatro anos de combates, mesmo que apenas de algumas centenas de metros.

A infantaria canadense havia tomado Mons, mas foi a cavalaria que abriu caminho até os campos das redondezas. O 5º Regimento de Lanceiros (o Real Irlandês) havia sido o último regimento britânico a deixar Mons, em agosto de 1914. Eles foram também os primeiros a voltar no dia final da guerra, uma longa coluna de cavaleiros, atravessando a Grande Place num tropel propositalmente ruidoso, a caminho de Saint-Denis, para tomar o terreno alto a nordeste. Na Grande Place, eles foram reconhecidos por um padre belga que os havia visto bater em retirada quatro anos antes. "Nós vimos vocês partindo", gritou ele. "Nós sabíamos que vocês voltariam."

A guerra havia sido frustrante para a cavalaria. Seus cavalos de pouco serviam contra as metralhadoras. A maior parte do tempo, os lanceiros lutaram desmontados na infantaria, atuando nas trincheiras, como todo mundo. Só recentemente eles haviam reassumido o lugar que lhes cabia, quando as trincheiras foram abandonadas e a guerra, mais uma vez, ganhou mobilidade, transformando-se numa emocionante cavalgada pelos campos abertos, perseguindo um inimigo em contínua retirada. Era fantástico estar de volta na sela.

Os canadenses saíram do caminho enquanto os lanceiros avançavam com vontade. Ao deixar Mons, eles se posicionaram e entraram em formação de batalha para o avanço sobre Saint-Denis. Entre eles estava George Ellison, um soldado raso de vinte e cinco anos, originário de Leeds. Mais velho que a maioria de seus companheiros, Ellison era casado e sua mulher se chamava Hannah. Nada de extraordinário o distinguia do resto de sua tropa, mas Ellison, mesmo assim, estava decidido a conquistar fama no curto tempo que restava antes que a guerra chegasse ao fim.

Do outro lado da linha, Ernst Kielmeyer, da 26ª Artilharia de Campo de Reserva do Exército Alemão abrigava-se numa escola belga em Breuthaut quando seu sargento, sem fôlego, apareceu no vão da porta, trazendo a notícia que todos esperavam. A Alemanha, finalmente, era uma república, e o Armistício havia sido assinado. Era oficial. Às 11 horas, os combates cessariam e todos poderiam ir para casa.

A notícia foi mais que bem-vinda para Kielmeyer. Com apenas vinte anos, ele era veterano de Passchendaele, onde servia nas comunicações da artilharia, arrastando-se sob fogo cruzado para consertar as linhas telefônicas entre os observadores avançados e as baterias de canhões. Por algum tempo, ele trabalhou em dupla com um outro oficial, um cabo gordo, até que o volume do cabo passou a atrair fogo inimigo. Depois disso, ele preferiu trabalhar sozinho.

Uma vez, Kielmeyer havia avistado dois *tommies* que, tranquilamente, carregavam baldes d'água às margens do canal Yser, ignorando a presença de Kielmeyer. Eles estavam desarmados quando Kielmeyer fez pontaria. Após um momento de hesitação, ele abaixou seu rifle, incapaz de atirar em homens indefesos. Da mesma forma que os alemães, os britânicos talvez tivessem filhos esperando por eles, rezando para que eles voltassem sãos e salvos.

Kielmeyer não era bolchevique, mas já estava farto da guerra, do kaiser e de todas essas coisas. Ele estava contente de tudo ter terminado, mesmo que às custas da derrota da Alemanha. "Não vamos ter mais que suportar um outro inverno por aqui, sofrendo, congelando, morrendo e indo nos juntar a nossos camaradas que dormem o sono eterno, longe de casa", consolava-se ele na manhã do Armistício. Os belgas ainda eram um problema – "como eles são hostis... tentando nos matar com os olhos" – mas se os belgas não os apanhassem, Kielmeyer e seus companheiros talvez conseguissem estar em casa para o Natal.

Num outro ponto da linha de frente, Feldwebel Georg Bucher contava as horas para o cessar-fogo. Naquela manhã, sua unidade havia repelido um ataque americano, abatendo-os a tempo de impedir que eles se aproximassem dos alemães. Os americanos haviam transferido sua atenção para o setor vizinho, que eles bombardeavam furiosamente, para a grande consternação de Bucher, que não conseguia entender por que os ianques ainda estavam lutando, se o cessar-fogo estava marcado para as 11.

> Das trincheiras, assistíamos com faces pálidas e punhos cerrados. Por que nossos companheiros estavam sendo bombardeados? O inimigo já deveria estar ciente da notícia. Nossa única preocupação era como sobreviver durante as três horas seguintes. Muitos homens já haviam recolhido seu equipamento. Vi um homem andando de um lado para o outro perto da trincheira de comunicações, pronto para correr, se necessário para salvar a própria vida.

Bucher estava tão nervoso quanto os outros. Ele era raposa velha na companhia, um dos poucos veteranos de 1914 ainda vivos. Seus cinco amigos mais chegados há muito haviam sido mortos. Bucher não queria ir se juntar a eles agora, que o fim estava tão próximo.

Um rapaz de nome Walter havia sido ferido naquela manhã, e tinha queimaduras na perna e na coxa, provocadas pelo ácido corrosivo das bombas americanas. Deitado num abrigo de trincheira, ele sentia dores terríveis, mas tentava levar a situação da melhor maneira que podia, enquanto Bucher o confortava. Juntos, eles olhavam fixamente o relógio, vendo os ponteiros marcarem 10:30. "Só mais meia hora!", disse Walter a Bucher, em tom de brincadeira.

Mas ele brincou cedo demais. Ainda falava quando os americanos retomaram o bombardeio, desta vez, usando gás. Um sentinela, cambaleando, entrou no abrigo para dar o sinal de alarme, e então saiu novamente. Bucher correu para ajudar Walter a colocar sua máscara de gás, e então atou a sua própria. Ele não tinha um minuto a perder. À luz trêmula da vela, ele já podia ver o gás infiltrando a trincheira como uma névoa venenosa e mortífera vindo em sua direção.

A unidade de Bucher não era a única a sofrer bombardeios. Em dezenas de pontos da linha de frente, soldados ainda lutavam e morriam quando os ponteiros já se aproximavam das 11 horas. Alguns não faziam ideia de que a guerra estava para terminar. Outros sabiam, mas não se importavam. Eles ainda tinham munição para gastar, objetivos a tomar, amigos e família para vingar. Ainda outros continuaram lutando por que essas eram as ordens. Hábitos arraigados eram difíceis de serem abandonados, para homens que nunca haviam feito outra coisa.

Em toda a linha de frente, eles esperavam pelo fim. Da costa belga à Suíça, milhões de homens tinham plena consciência de que os combates logo estariam terminados, mesmo que decididos a só acreditar quando vissem acontecer. Homens de todo o mundo, de países e origens das mais diferentes: britânicos, alemães, americanos, franceses, belgas e portugueses; canadenses, australianos, neozelandeses e sul-africanos; maori e africânderes, indianos e americanos nativos, marroquinos e argelinos, senegaleses e chineses dos batalhões de trabalho, homens de todos os tipos e condições, um vasto corte transversal da humanidade, todos esperando que o barulho parasse e os tiroteios chegassem ao fim. Agora, não podia demorar muito.

As tropas britânicas, francesas e americanas ainda avançavam quando os ponteiros se aproximaram das 11 horas. Os alemães respondiam quando atacados mas, de modo geral, mantinham-se recolhidos, sem causar problemas. Ninguém queria ser morto agora, tão próximo do fim. Ninguém estava disposto nem mesmo a pensar nisso. Mais alguns minutos e, se Deus quisesse, tudo estaria terminado. Mais alguns minutos e os soldados de ambos os lados teriam atingido a linha de chegada. Não era uma espera tão longa.

9

Segunda-feira,
11 de novembro de 1918,
11 horas da manhã

Para muitos na linha de frente, o momento exato do Armistício, quando finalmente chegou, veio como um anticlímax. As tropas haviam esperado tanto tempo por algo que nunca vinha, que, quando de fato veio, o entusiasmo havia se esgotado. Quando o momento chegou, os soldados estavam exaustos demais e entorpecidos demais para dar mais que um viva desanimado. Uns poucos jogaram seus quepes para o alto, numa breve celebração. A maioria sentiu apenas alívio quando a maldita guerra finalmente acabou.

Deneys Reitz, comandando um batalhão dos fuzileiros reais escoceses, levava seus homens para a linha de frente quando o momento chegou. Aos dezessete anos, Reitz havia lutado contra os britânicos na Guerra dos Bôeres, juntando-se ao comando de Jan Smuts em ataques-relâmpago contra campos e comboios britânicos na África do Sul. Uma vez, ele havia encontrado um prisioneiro chamado Winston Churchill, que dizia ser correspondente de guerra, embora portasse um revólver quando foi capturado. Após a guerra, Reitz, na companhia de outros bôeres, preferiu seguir para o exílio a aceitar o domínio britânico. Mais tarde, Smuts o convenceu a voltar e tentar chegar a um acordo com os britânicos, para o bem do país. Smuts havia comparado os africâneres que se conciliavam com os britânicos aos americanos sulistas que ficaram do lado da União, na Guerra Civil.

Agora, Reitz comandava o avanço de seus fuzileiros, após um período na retaguarda. Eles haviam saído da vila de Le Quesnoy, capturada pelos neozelandeses na semana anterior de forma tão corajosa, e se dirigiam para a velha cidade-fortaleza de Mauberge, onde iriam levar reforços para o Batalhão de Guarda posicionado ao longo da estrada para Mons. Eles haviam partido ao alvorecer, mas, ao se aproximarem do combate, Reitz ainda não havia sido avisado sobre o Armistício:

> À nossa frente e à nossa retaguarda, milhares de soldados avançavam, e o ar estava pesado de excitação contida, pois cada homem sabia que essa seria a última investida. Às 11 horas, estávamos na zona de batalha, canhões britânicos e alemães disparavam e, de um ponto mais distante, vinha o crepitar de rifles e metralhadoras.
>
> De repente, à distância, ouvimos um tênue som de gritos de vivas trazido pelo vento, ganhando volume ao se aproximar de nós. Vimos então o major da brigada vindo pela estrada, lentamente abrindo caminho entre as tropas. Ele devia trazer boas notícias, pois, à sua volta, os gritos se tornavam ensurdecedores e, quando ele enfim chegou até mim, entregou-me uma mensagem que até hoje guardo cuidadosamente comigo. As notícias eram da máxima importância:

> As hostilidades cessarão às 11 horas de hoje, 11 de novembro. Os soldados aaa devem permanecer na linha atingida a essa hora, que deve ser comunicada ao QG do Corpo aaa. Não deverá haver contato com o inimigo e nenhum alemão terá permissão para entrar em nossas linhas, qualquer um que tentar entrar será feito prisioneiro.

Ao contrário das outras tropas da linha de frente, os Fuzileiros Escoceses não pareceram muito comovidos com o anúncio. Houve poucos aplausos e alguns soldados se abraçaram, mas a maioria permaneceu na mais perfeita calma. Para Reitz, no entanto, aquele era um momento supremo. Ele o via como o início de uma nova era para o mundo e para seu país.

Ele decidiu falar ao batalhão. Mandando-os entrar em formação numa área baldia à margem da estrada, ele, montado em seu cavalo, resolveu marcar a ocasião com um discurso inspirador, mas o nervosismo de falar em público fez com que as palavras lhe fugissem. Ele balbuciou algumas frases titubeantes e, incapaz de expressar os pensamentos importantes que lhe passavam pela mente, desistiu. Mudando de ideia, levou o batalhão para uma vila perto dali e disse-lhes que esperassem até receber novas ordens da brigada.

Um velho cura francês chegou para cumprimentá-los. Quando Reitz desceu do cavalo, o homem o abraçou e deu-lhe um grande beijo em cada face. O batalhão mal conseguiu disfarçar o riso, e ninguém mais que o capitão Hester, o oficial-intendente. Mas ele pagou por suas risadas:

> O cura me soltou e partiu para cima dele, estalando mais duas beijocas em seu rosto rubro. Os soldados que, por educação, evitaram rir do embaraço de seu oficial-comandante, desta vez desataram numa sonora gargalhada, caçoando da cara envergonhada de Hester.

Era um alívio poder rir de novo, agora que todos tinham do que rir.

Em Mauberge, para onde os fuzileiros se dirigiam, o capitão Oliver Lyttelton, da Guarda dos Granadeiros, foi acordado no meio da noite pela notícia do Armistício, e de que o cessar-fogo seria às 11 horas. Após acusar o recebimento da mensagem, ele voltou para a cama, sem se dar ao trabalho de perturbar seu brigadeiro. No café da manhã, ele também não mencionou a notícia, esquecendo-se de que o brigadeiro ainda não sabia. Foi apenas quando o brigadeiro perguntou se havia notícias da divisão que Lyttelton se lembrou de contar a ele que a guerra havia terminado.

Para todos os fins, os combates já haviam cessado nas redondezas de Mauberge. Os granadeiros haviam tomado a cidade sem luta, dois dias antes. Ainda havia alemães na região, mas eles não estavam causando problemas. Só lhes restava um único tiro no tambor, como Lyttelton veio a descobrir mais adiante, ainda naquela manhã:

> Por volta das dez da manhã, um projétil de alta velocidade explodiu na cidade, a cerca de cinquenta metros da casa onde estávamos, quase nos matando de susto. Depois, só silêncio, com a exceção, é claro, do cacarejar das galinhas, do ranger de rodas de carroça, do mugir das vacas e dos outros sons de uma vila em dia de mercado.
>
> Fizemos a ronda das tropas. Por toda a parte, a reação era a mesma, depressão e um desânimo insípido. Ganhar uma guerra é uma sensação emocionante, e nós não tivemos muitos dias para saboreá-la. Tínhamos contas a acertar e, agora, elas nunca seriam acertadas... Todos nos sentíamos vazios e abatidos.

Uma dessas contas, em particular, não havia sido acertada. Os granadeiros ainda espumavam de ódio com um incidente ocorrido em outubro, quando expulsavam os alemães da vila de St. Python. Uma menina de onze anos caminhava despreocupadamente pela rua, sem se dar conta do perigo que corria, quando foi atingida por um tiro disparado deliberadamente por um alemão. Um granadeiro arriscou a vida ao carregá-la para um lugar seguro, mas a criança morreu, e os granadeiros nunca esqueceram o episódio. Eles matariam todos os alemães de St. Python, se conseguissem pôr as mãos neles. Desde então, perseguiam os alemães, mas ainda não os haviam feito pagar pelo mal cometido. A dívida para com aquela menina não havia sido paga e, agora, nunca seria.

Em Malplaquet, do outro lado dos campos, a oito quilômetros de Mauberge, as tropas, na noite anterior, haviam imaginado que o Armistício estivesse próximo, por terem ouvido gritos e aplausos vindos das linhas alemãs. Os britânicos que estavam na cidade só ficaram sabendo oficialmente nas primeiras horas da manhã, quando um mensageiro acordou o major Wilfred House e deu-lhe a notícia. House era major da 57ª Brigada, um oficial que trabalhava com tanto afinco que, às vezes, passava quarenta horas seguidas sem dormir. Nessas últimas semanas, ele havia estado sob uma pressão particularmente intensa, porque a rapidez do avanço exigia esforço redobrado para manter as tropas se movimentando de forma eficiente.

Os civis da cidade estavam abrindo suas janelas quando House saiu à rua com a notícia. Todos saíram de suas casas para apertar a mão do britânico:

> Lembro-me de ter pensado "acabou" e, para meu total espanto, "estou vivo". Sempre dei por certo que não sobreviveria. Rapidamente, organizamos um chá para todas as crianças da escola da vila com a comida racionada. Elas trouxeram ramos de flores para os comandantes da divisão e da brigada, e alguns moradores trouxeram uma preciosa garrafa de vinho ou de conhaque, ou um patê de presente para nós, e ovos e manteiga para os soldados. Foi tudo muito simples e comovente.

Malplaquet era um local apropriado para o fim da guerra. O duque de Malborough e seus aliados prussianos haviam lutado ali uma épica batalha contra os franceses, em 1709. A luta foi sangrenta – tão sangrenta, em sua época, quanto Verdun ou Somme – mas os britânicos e prussianos conseguiram expulsar os franceses do campo de batalha, embora tivessem sofrido baixas demais por tal perseguição. Muitos dos regimentos britânicos que lutavam em torno de Malplaquet em 1918 já haviam ouvido esse nome, mesmo que não conhecessem os detalhes históricos, porque traziam Malplaquet em sua bandeira, como condecoração de batalha. O mesmo acontecia com os regimentos alemães que os confrontavam.

Perto de Malplaquet, o 11º Batalhão do Regimento de Manchester partiu para o *front* assim que começou a clarear, esperando entrar em ação mais tarde, naquele mesmo dia. O major S. C. Marriot, o segundo no comando, estava ocupado na retaguarda, quando os soldados puseram-se em marcha:

> Fui o último a sair da aldeia, próxima a Malplaquet, entre aplausos, apertos de mão e votos de boa-sorte dos moradores, que haviam se reunido para se despedir de nós... Depois de marchar por quase um quilômetro vi, de repente, o oficial-comandante e seu ajudante-de-ordens caminhando em sentido contrário ao longo da coluna, e então ouvi uma tremenda gritaria e vi milhares de quepes sendo atirados para o alto.
>
> Adivinhei imediatamente do que se tratava, e meu primeiro pensamento foi dar a notícia ao povo da aldeia. Dei meia-volta com meu cavalo e galopei como um raio pela estrada, até nossa última aldeia. Gritei a notícia para um grupo de Engenheiros Reais que consertavam uma ponte explodida. Eles jogaram para o alto suas ferramentas, picaretas, pás e capacetes e deram vivas. O povo da aldeia ouviu a barulheira e, quando entrei na cidade e gritei "*C'est fini!*", alguém colocou uma bandeira francesa em minhas mãos. Continuei cavalgando até o alojamento e o QG, gritando a notícia por toda parte, as pessoas ficaram loucas de alegria.
>
> A essa hora, o batalhão estava entrando em formação para marchar de volta, já que as hostilidades haviam cessado e, acompanhado do comandante, que havia chegado dois minutos depois de mim, fomos nos reunir às tropas, para reagrupá-las e trazê-las de volta. E lá vieram elas, em meio a cenas indescritíveis. Os soldados davam vivas, lançavam foguetes de sinalização, e um dos rapazes improvisou uma bandeira britânica, enquanto a banda tocava uma marcha animada.
>
> Fomos acompanhados por todo um esquadrão de aviões, que davam mergulhos à nossa volta e sobre nós, algumas vezes chegando a uma distância

de apenas uns dois metros acima de nossas cabeças, desenhando círculos no ar, disparando sinais e parecendo totalmente enlouquecidos, e foi assim que marchamos de volta à aldeia. Em seguida, fizemos uma marcha através da cidade tocando a *Marselhesa*, e as pessoas uma hora choravam e na outra davam vivas. Fomos cobertos de flores e de beijos... Apesar de tudo isso, ainda vai demorar muito até que consigamos nos dar conta de que a guerra, que esteve conosco por tanto tempo, agora é coisa do passado.

Em Flandres, Frank Hitchcock e sua companhia de Leinsters estavam a caminho de Wodecq desde as primeiras horas daquela manhã. Havia alemães pela frente, dominando uma ponte em Lessines, mas o brigadeiro Freyberg e um esquadrão da Cavalaria de Guarda estavam se encarregando deles, que não representavam ameaça para os Leinsters. Às dez horas, os irlandeses passaram por um batalhão do Regimento de Hampshire e assumiram a liderança como guarda avançada da brigada. Eles já sabiam do Armistício, de modo que iam tranquilos, ao marchar para seu destino:

> Era uma manhã gloriosa. A rota passava por campos dilacerados, algumas vezes por trechos de estrada, no entanto, com mais frequência, por um terreno montanhoso em meio a densos bosques. Os homens estavam com o bom humor de sempre. Muitos deles discutiam a situação, e alguns afirmavam que os boches estavam blefando. Mas seu otimismo ou pessimismo se concentrava mais na questão de se a sequência de quatro dias sem rum seria quebrada. Não conseguíamos nos dar conta de que a guerra havia chegado ao fim.
>
> De vez em quando, os oficiais e os soldados das comunicações olhavam furtivamente para seus relógios. Finalmente, os ponteiros marcaram a hora exata e gritei para a companhia as palavras: "Onze horas!".
>
> E assim, o momento mais dramático passou, enquanto marchávamos em silêncio.
>
> Alguns homens começaram a falar da Índia e das perspectivas de serem mandados para lá com o 1º Batalhão, agora que a guerra havia terminado. Muitos falavam de companheiros mortos, e ouvi um rapaz dizer: "Se o coronel Murphy estivesse com o batalhão, agora!"

Começou a chover fino pouco depois. Ao chegarem a Wodecq, os Leinsters estavam cansados, mas em perfeito bom humor, "como se um grande peso houvesse sido retirado de nossos ombros". A companhia de Hitchcock foi alojada num convento onde, antes da guerra, funcionava um colégio de freiras. As freiras não paravam de paparicar os soldados, encantadas ao saber que a maioria de seus libertadores eram católicos romanos. Os homens foram alojados em salas de aula, e Hitchcock ganhou um quarto só para ele, com piso de tabuado de madeira. O que mais deliciava as freiras, com a chegada dos Leinsters, era a visão de seus sentinelas andando de um lado para o outro em frente ao portão principal do convento. Desde 1914, as freiras viam homens com *pickelhaubes*, os capacetes pontiagudos do exército alemão, fazendo exatamente a mesma coisa, todo o santo dia. Os capacetes britânicos eram uma mudança mais que bem-vinda.

Enquanto os Leinsters marchavam para Wodecq, o brigadeiro da tropa corria na frente para capturar a ponte de Lessines antes que os alemães conseguissem destruí-la. Bernard Freyberg estava decidido a garantir a travessia do rio Dendre, no caso de os alemães se recusarem a aceitar os termos do Armistício e continuarem lutando após o cessar-fogo.

A guerra havia sido boa para Freyberg. Embora formado em odontologia na Nova Zelândia, ele encontrou sua verdadeira vocação no ofício das armas. Depois de se apresentar como voluntário em 1914, ele foi um dos que carregaram o caixão no funeral do poeta Rupert Brooke, em Spiros, e havia nadado até a costa, em Gallipoli, provocando explosões para desviar a atenção dos turcos, enquanto os britânicos desembarcavam num outro ponto do litoral. Depois disso, ele havia ido para a França, onde foi condecorado com a Cruz Vitória, no Somme, após ser ferido quatro vezes em 24 horas.

Lessines seria sua última tentativa, a última chance de golpear os alemães antes que o prazo se esgotasse. Não era realmente necessário capturar a ponte, mas Freyberg estava decidido a fazê-lo assim mesmo, porque havia gostado da guerra e lamentava muito que os combates estivessem chegando ao fim. Freyberg comandou pessoalmente o ataque à vila, como, mais tarde, contou satisfeitíssimo a seu amigo Winston Churchill:

> Decidi entrar em contato com os boches e atacá-los com minha cavalaria e meus ciclistas, pela última vez. Sabíamos que eles ainda ocupavam o cru-

zamento sobre o Dendre, na vila de Lessines. Partimos às 9:50 e galopamos por vinte quilômetros. Em seguida, nos lançamos a galope contra sua linha de postos avançados aos cinco minutos para as 11 e, com uma força de apenas nove homens, invadimos a vila, disparando nossos revólveres pelas ruas e perseguindo os boches pelos quarteirões. Capturamos a cabeça de ponte aos dois minutos para as 11 e limpamos a cidade, tomando mais ou menos quatro oficiais, 102 homens de outras patentes e várias metralhadoras. Pensei que você acharia a história divertida.

Mas os alemães não a acharam divertida, principalmente depois que alguns prisioneiros de guerra britânicos se voltaram contra seus captores e os atacaram. Os protestos alemães foram ignorados, e Freyberg, mais tarde, ganhou uma nova listra na sua Ordem de Serviços Distintos,* apesar de ter perdido alguns de seus homens de forma bastante desnecessária. A guerra lhe dava mais prazer que à maioria dos outros, mas ele estava longe de ser o único a desejar que a luta contra os alemães continuasse. Um pelotão do Regimento de Middlesex se viu em distância de ataque de uma posição alemã exatamente às 11 horas, e seus homens tiveram que ser contidos para não atacar além do prazo estabelecido. Ninguém ficaria sabendo, se eles tivessem atacado, e era uma pena não matar mais uns tantos alemães enquanto ainda tinham chance. Não haveria outra oportunidade.

A nordeste de Mons, o 5º dos lanceiros havia feito um bom progresso em seu avanço em direção a St-Denis, às 10:45, e lançava-se impetuosamente contra tudo o que encontrava pelo caminho, tentando tomar o terreno elevado antes do cessar-fogo. Os alemães estavam em meio à retirada desenfreada quando o soldado George Ellison foi atingido por uma bala de fuzil e caiu do cavalo. Ele morreu às 10:50 e é quase certo que tenha sido a última baixa sofrida pelos britânicos na guerra.

Pouco depois, ele foi seguido pelo soldado George Price, do 28º Batalhão canadense, o Saskatchewan, morto por um tiro disparado de uma fileira de casas de mineiros a exatamente dois minutos para as 11, no momento em que sua unidade cruzava o canal em Havre, logo a leste de Mons. Os dois homens foram enterrados no cemitério militar de St. Symphorien, perto do túmulo do soldado John Parr, o primeiro britânico a morrer em 1914.

---

* Condecoração militar do exército britânico. (N. T.)

Na frente de Lorena, o 313º Regimento do Exército dos Estados Unidos havia feito um lento progresso através do nevoeiro que cercava seu objetivo, a Ville-devant-Chaumont. Eles tinham acabado por tomar a vila e seguiam adiante em direção ao topo de um terreno elevado, quando foram atingidos por fogo pesado, disparado por alemães posicionados mais adiante. Henry Gunther e seu amigo Ernie Powell atiraram-se ao solo tentando se proteger, enquanto balas de metralhadoras esburacavam o chão à volta deles.

À sua frente havia uma barreira na estrada, defendida por pelo menos duas metralhadoras do 31º regimento prussiano. Os atiradores assistiam boquiabertos aos americanos se aproximando através da bruma. Os prussianos contavam os minutos para o Armistício, e embora a notícia tivesse chegado aos escalões de retaguarda do 313º aos 16 minutos para as 11, os homens da linha de frente ainda não haviam sido avisados. Henry Gunther nada sabia sobre o cessar-fogo iminente quando, ao que parece, ele decidiu que aquele era o momento para conquistar uma promoção em campo de batalha e recuperar sua patente antes do fim da guerra.

Faltava um minuto para as 11 quando Gunther se pôs de pé e arremeteu contra a barreira. Powell berrou para ele que parasse. Os alemães gesticulavam freneticamente para que ele voltasse. Gunther os ignorou e continuou avançando em direção ao inimigo, montando um ataque de um só homem contra o exército alemão, que terminou menos de sessenta segundos antes do cessar-fogo, quando um curto disparo de metralhadora o abateu. Ele foi, oficialmente, o último americano a morrer na guerra.

O sargento Rudolph Forderhase, um outro teuto-americano, teve mais sorte. Ele estava com o 356º, atacando a vila de Pouilly em meio a nevoeiro cerrado, quando um oficial o chamou para interrogar dois prisioneiros alemães capturados numa trincheira de metralhadoras. Os prisioneiros eram muito jovens, e estavam apavorados com a possibilidade de serem mortos, pois era um costume, seguido por ambos os lados, fuzilar artilheiros sem pensar duas vezes. Os alemães não haviam aberto fogo enquanto os americanos avançavam. O oficial queria que Forderhase descobrisse por que:

> Fiquei bem surpreso ao vê-los. O capitão sabia que eu falava um pouco de alemão e me disse que perguntasse a eles por que não haviam atirado em nós. Eles nos disseram que os combates cessariam às 11 horas daquela manhã, e não viam razão para sacrificar suas vidas, nem as nossas, desne-

cessariamente. Nem o capitão nem eu sabíamos se podíamos acreditar neles ou não.

Os prisioneiros foram mandados para a retaguarda, e o 356º continuou o avanço. Logo adiante, eles foram atacados por fogo de fuzilaria, e Forderhase esqueceu de tudo que não fosse as balas zunindo sobre sua cabeça:

> Ficamos um pouco preocupados, mas, de repente, os tiros pararam – tudo ficou em perfeito silêncio. Foi então que lembrei do que os prisioneiros alemães haviam dito mais cedo. Dei uma olhada no relógio de pulso barato que eu usava. Ele havia parado às 11 horas. Nunca mais consegui fazê-lo voltar a funcionar.

* * *

Eddie Rickenbacher, o ás da aviação americana, voava sobre a linha de frente às 11 horas. Contrariando ordens estritas, ele havia atravessado o nevoeiro para se deliciar com uma última imagem da guerra vista do alto. Ele estava lá no exato momento em que os últimos tiros estavam sendo trocados:

> Atingindo a vila de Pont-à-Mousson, no rio Moselle, voei a uma altitude de cerca de trinta metros por sobre o *front*, passando à esquerda de Metz e sobrevoando então a vila de Fontoy. Eram cerca de dois minutos para as 11 horas quando cruzei a linha, e as tropas de ambos os lados – alemãs e americanas – podiam ser vistas com toda a clareza.
>
> Alguns tiros foram disparados contra mim, mas, na hora marcada, todos os disparos cessaram e então, lenta e cautelosamente, os soldados começaram a sair das trincheiras alemãs e americanas, jogando para o alto seus fuzis e capacetes. Eles se encontraram e começaram a confraternizar, como um grupo de garotos de escola depois de um jogo de futebol – felizes ao se dar conta de que haviam sobrevivido a este horrível conflito. Era fantástico para eles – e para mim – saber que a guerra havia terminado.

Outros assistiam em terra:

Uma coisa bem surpreendente aconteceu. O contorno dos morros à nossa frente de repente se encheu de soldados que dançavam. Ladeira abaixo, até a cerca de arame farpado, bem na direção dos americanos, vieram as tropas alemãs. Os soldados vinham de mãos estendidas, trazendo largos sorrisos no rosto e lembranças a serem trocadas por cigarros... Eles vinham nos contar como estavam felizes de os combates terem terminado, como estavam felizes de o kaiser ter partido sabe-se lá para onde, e como era bom saber que a Alemanha, finalmente, seria uma república.

As confraternizações foram exceções, mais do que a regra. Elas podem ter ocorrido em pontos isolados, mas nem de longe foram uma reencenação do Natal de 1914. Coisas demais haviam acontecido desde então. Os britânicos e franceses, particularmente, não tinham mais nada a dizer aos alemães. Uma reação mais típica foi registrada por Webb Miller, correspondente da United Press, que havia combinado voar para o *front* na hora do Armistício com um outro aviador do esquadrão de Rickenbauer, mas recebeu a notícia de que o nevoeiro era denso demais, e que ele não conseguiria ver muita coisa. Miller, então, resolveu ir de carro através de Verdun, esquivando-se de um pesado fogo de barragem alemão enquanto percorria a pé os últimos oitocentos metros, ao longo de uma trincheira de comunicações encharcada de lama. Ele chegou ao *front* às 10:45 e descobriu que nenhum dos americanos de seu setor sabia do Armistício. Mas eles estavam interessados em ouvir as notícias:

Já eram quase 11 horas e os homens mantinham os olhos fixos em seus relógios de pulso. Da direção de Verdun, o ribombar da canhonada, amortecido pelo nevoeiro, foi gradualmente cessando. Em nosso setor, mais à esquerda, metralhadoras ainda faziam disparos esporádicos que, então, cessaram de todo.

Onze horas! A guerra acabou!

Seria uma reportagem mais interessante se eu pudesse contar de homens dando vivas aos berros, rindo e chorando de alegria, jogando seus chapéus de lata para o alto, se abraçando e dançando de felicidade. Mas não foi o que eles fizeram. Nada aconteceu. A guerra simplesmente acabou...

Os homens conversavam em pequenos grupos. O capitão deu permissão para que eu falasse por telefone com os postos avançados. Lá, tampouco, nada de espetacular havia acontecido. Eles disseram que, no nevoeiro, não conseguiam ver nem ouvir coisa alguma. Em outros pontos da linha, foi a mesma coisa. De repente, o exército não tinha mais razão de existir. Os soldados não sabiam o que fazer em seguida.

Aqui estava eu, na maior cobertura jornalística do mundo, e nada acontecia. Esse foi o fim da maior guerra da história do mundo, a guerra que matou 8 milhões e meio de pessoas, a guerra que, de algum modo, afetou cada homem, mulher e criança da face da Terra. E aqui, na linha de frente, havia menos entusiasmo, menos emoção e menos alegria que num bom jogo de dados.

Do lado alemão, o gás jogado pelos americanos contra a unidade de Georg Bucher havia se dissipado no vento, mas ele e seu jovem amigo Walter não queriam correr riscos, agora que a guerra chegava ao final e, por precaução, ainda vestiam suas máscaras. No abrigo, eles se aterrorizavam com a possibilidade de não viver para ver a paz, faltando tão pouco tempo:

Cada minuto parecia uma eternidade. Levantei a cabeça e escutei. Meus sentimentos me diziam, com mais clareza que meus ouvidos, que o bombardeio estava diminuindo, como uma chuva que aos poucos abrandava. O barulho foi se tornando menos intenso e menos violento, embora ainda pontuado por estrondos esparsos, vindos de muito perto. E então, cessou – cessou por completo em nosso setor, embora ainda ouvíssemos estrondos à distância. Retirei a máscara de gás do garoto e, sem dizer uma palavra, coloquei meu relógio de pulso bem em frente a seus olhos. Então, enfiei meu capacete bem firme na cabeça, saquei minha pistola, apanhei o saco de granadas e pulei para fora da trincheira.

Todos os homens capazes de empunhar um rifle ou de jogar uma granada estavam de prontidão. O inimigo iria nos atacar? Não íamos correr riscos, e lá ficamos, à espera. Esperança e determinação cintilavam em cada par de olhos.

O comandante da companhia, com seu sorriso de sempre e ar característico dos soldados de tropas de choque, caminhou arrogantemente ao longo da trincheira, assegurando-se de que cada um dos homens tinha seu rifle e suas granadas à mão. Ainda faltavam dez minutos. Ele me deu uma ordem, eu fiz que sim com a cabeça. Então seguiu adiante, e nós ficamos onde estávamos, num suspense esperançoso. Os minutos arrastavam-se lentamente. Então, fez-se um grande silêncio. Permanecemos imóveis, vendo a fumaça dos bombardeios se desfazendo lentamente sobre a terra de ninguém.

Os minutos pareciam não acabar nunca. Olhei para meu relógio – senti como se meus olhos estivessem grudados nele. A hora chegou. Voltei-me e disse: "Armistício".

Então, fui ter com o garoto. Eu não suportava mais continuar olhando para a terra de ninguém, nem para o rosto dos homens. Havíamos vivido uma experiência que ninguém que não tivesse estado lá poderia compreender. Armistício, Walter! Acabou.

No Meuse, perto de Damvilliers, o capitão Lebreton, do 415º Regimento do exército francês, passou a última meia hora da guerra procurando uma corneta para anunciar o cessar-fogo às 11 horas. Não havia muita necessidade de cornetas no *front*, mas diziam que o soldado Octave Delaluque tinha uma. Delaluque foi chamado, e chegou se arrastando sob fogo de metralhadora. Desde 1911, ele não soava o toque de cessar-fogo, de modo que Lebreton o assoviou para ele, para lembrá-lo da melodia. Delaluque procurou o bocal, que acabou encontrando em sua mochila, entupido de tabaco.

As últimas balas alemãs voavam pelo ar enquanto ele limpava o bocal e levava a corneta aos lábios. Eram precisamente 11 horas quando ele começou a tocar, primeiro o *"Garde à vous"* e, depois, o toque de cessar-fogo, que saiu com uma letra não-oficial (*"T'as tiré comme un cochon. T'auras pas de permission"*, ou "Você atirou feito um porco. Não vai haver licença para você"). Em seguida, Delaluque tocou *"Au Drapeau"* (À Bandeira), e todos os franceses num raio audível começaram a cantar a *Marselhesa*. Os alemães responderam com um toque de corneta de suas próprias trincheiras, e foi assim que a guerra acabou para eles.

Para os sul-africanos, o fim aconteceu em Grandrieu, bem na fronteira belga. Os homens do 1º Regimento olhavam para seus relógios, quando um alemão abriu fogo de metralhadora aos dois minutos para as 11, e atirou uma fita inteira antes que a hora marcada chegasse. Ele, então, se pôs de pé, tirou o capacete e fez uma reverência para seus antigos inimigos. Os sul-africanos assistiram atônitos enquanto o alemão voltava-lhes as costas e ia embora calmamente em direção à retaguarda. Em outros pontos da linha de frente, pelotões alemães inteiros fizeram o mesmo, tirando os capacetes e fazendo reverências para o inimigo às 11 em ponto, como se acabassem de tomar chá juntos, e não de lutar uma guerra.

O general Pershing estava em seu QG em Chaumont quando o relógio marcou a hora. Desde as seis da manhã ele sabia do Armistício, mas ainda não conseguira se livrar do sentimento de que os Aliados deveriam ter insistido na rendição incondicional da Alemanha, e não apenas no fim das hostilidades. "Creio que nossas campanhas terminaram", disse ele a um ajudante-de-ordens, enquanto estudava um mapa na parede de seu gabinete, "mas que diferença uns dias a mais teriam feito."

Dez dias teriam sido o bastante. Em mais dez dias, eles poderiam ter capturado todo o exército alemão, humilhando-os e deixando bem claro, sem sombra de dúvida, que eles haviam perdido a guerra. Em vez disso, os alemães iriam marchar de volta para casa na mais perfeita ordem, gabando-se de nunca terem sido derrotados. O que Pershing temia era que, caso os alemães não se dessem conta de que haviam sido vencidos, uma nova guerra acabaria tendo que ser lutada, no futuro.

Muitos eram os que concordavam com ele, inclusive o ex-presidente americano Theodore Roosevelt, que havia perdido um filho na guerra. Rendição incondicional era a única língua que os alemães entendiam. Roosevelt estava à beira da morte, mas havia participado de uma ferrenha campanha, nos Estados Unidos, a favor da rendição incondicional. Qualquer coisa menos que isso seria loucura.

E, além disso, os americanos não haviam tomado Sedan, algo que desejavam ardentemente fazer antes do fim da guerra. O marechal Foch havia usado a influência de seu cargo para exigir que Sedan fosse recapturada pelos franceses, quando chegasse a hora. Em vez de entrarem marchando na cidade envoltos numa aura de glória, o general MacArthur e seus homens foram retirados da linha e passaram o último dia da guerra na reserva, em Buzancy. Era um final frustrante para a campanha.

Mas agora não era hora de lamúrias. Com os olhos no relógio, Pershing e seu Estado-Maior começaram a gritar de alegria, todos ao mesmo tempo, quando os ponteiros marcaram 11 horas. Eles, então, saíram às pressas do QG e tomaram a direção do centro de Chaumont, apenas para se encontrar com o povo da cidade, que vinha na direção oposta. Houve cantorias e danças pelas ruas, lágrimas, risos e aplausos. Os auxiliares de Pershing estavam planejando uma grande festa para aquela noite, antes de o general partir para Paris. Ia haver mais danças e o champanhe correria solto. O balde de gelo para as garrafas seria um capacete alemão, agora desnecessário a seu dono.

Em Paris, o marechal Foch fora para casa depois de entregar o Armistício a Clemenceau, perfeitamente satisfeito com os termos que havia negociado. O exército alemão deveria deixar a França e a Bélgica imediatamente, e deveria, no futuro, permanecer além do Reno. Os objetivos da guerra haviam sido alcançados em Compiègne, "sem mais sacrifício de vidas". Foch bem que gostaria de ter assistido à rendição incondicional do exército alemão mas, com mais de um milhão e 300 mil franceses mortos até então, ele não teve muitas dúvidas ao evitar que a guerra se prolongasse ainda mais.

Foch morava na Avenue de Saxe, na Rive Gauche. Quando ele chegou, era dia de feira em sua rua. O carro estacionou em frente à sua casa, mas não demorou muito para que ele fosse reconhecido. Foch foi cercado por uma multidão em júbilo, e acabou tendo de fugir e se abrigar no quartel-general do exército. Paris inteira queria cobri-lo de flores e cantar a *Marselhesa* para ele. Era um dia assim, em Paris.

A assinatura do Armistício tornou-se oficial às 11 horas, quando dois canhões no Quai d'Orsay deram salvas de tiros e os sinos de Notre-Dame começaram a tocar, seguidos de outros canhões e dos sinos de todas as igrejas da cidade. As ruas rapidamente se encheram de uma multidão em êxtase, fervilhando de alegria, e as lojas e fábricas fecharam as portas para que todos pudessem sair para celebrar. As escolas decretaram feriado e centenas de milhares de pessoas convergiram para a Champs-Elysées, para a Place de la Concorde, para as Tulherias e toda a área vizinha.

Há muito as bandeiras haviam acabado nas lojas, de modo que todas as que não estivessem bem pregadas eram alegremente furtadas e acenadas bem alto, enquanto o povo de Paris lotava os bulevares, dançando em triunfo sobre as capotas dos carros e caminhões que rumavam para o centro.

Havia também os que subiam em árvores e trepavam nos canos dos dois grandes canhões alemães exibidos na Place de la Concorde, canhões que, até recentemente, apontavam contra Paris. O povo também se apossou dos canhões menores, que foram arrastados pelas ruas. Até mesmo dois aviões alemães capturados, agora exibidos em praça pública, foram levados para um passeio.

Allison Strathy, uma canadense da Cruz Vermelha americana, misturou-se à multidão quando a celebração começou:

Eu estava parada, sozinha, na esquina da Place de l'Opéra. Fez-se quase um silêncio, e seu significado era esmagador: PAZ. Então, aqui e ali, começaram a se juntar pequenos grupos de pessoas animadíssimas e uma multidão veio descendo a Avenue de l'Opéra, transformando-se num grande desfile. À sua frente marchavam estudantes do Quartier Latin (com grandes gravatas pretas) carregando as bandeiras dos países Aliados. Atrás deles vinham soldados, marinheiros, vendedoras, membros da Cruz Vermelha, e da Associação Cristã de Moços, civis e mais soldados. A marcha recebia reforços de todos os lados. À frente da Ópera, a procissão pareceu hesitar por um momento para então, em uníssono, começar a cantar a *Marselhesa*. Foi como jogar um fósforo num palheiro. Dali a pouco todos nós éramos uma multidão fervilhante que celebrava a VITÓRIA, VITÓRIA, VITÓRIA!

Juntei-me a eles e, quando dei por mim, estava de braços dados com soldados franceses que nunca havia visto antes. Esqueço-me de onde fomos, andamos pelas ruas, cantando, cantando, e o desfile ficava cada vez mais longo. Por fim, acabamos na Place de la Concorde e paramos frente ao monumento à "Cidade de Lille". A estátua estava coberta de bandeiras e pesadamente enfeitada com folhas de louro – os britânicos a haviam libertado das mãos alemãs. O monumento à "Cidade de Strasbourg" estava decorado da mesma maneira, pois ela havia sido recapturada pelos americanos.

Marie Curie também havia se juntado à multidão. Ela estava em seu laboratório, no Instituto do Rádio, quando os canhões começaram a soar. Imediatamente, saiu para comprar bandeiras, mas não conseguiu encontrar nenhuma, em lugar algum. Em vez disso, comprou panos nas cores vermelha, branca e azul e rapidamente costurou bandeiras improvisadas, com a ajuda da faxineira do Instituto. Ela as pendurou nas janelas do prédio antes de saltar para dentro de um carro da radiologia, com o zelador e sua assistente, Marthe Klein, para ir se juntar à festa.

O zelador dirigia. O carro era um velho Renault, um dos muitos que serviam na guerra como unidades móveis de raio-X. A equipe de Marie Curie os levava para o *front*, para serem usados nos hospitais militares. Ela, pessoalmente, havia conseguido e equipado dezoito desses carros durante a guerra tendo, além disso, instalado quase duzentos postos radiológicos permanentes. Ela era figura conhecida no *front*, com sua braçadeira da Cruz Vermelha colocada sobre roupas civis.

As ruas já estavam apinhadas quando eles saíram. Ao chegar à Place de la Concorde, eles mal conseguiam sair do lugar. Uma dúzia de completos estranhos saltaram para dentro do carro e lá ficaram pelo resto da manhã. Madame Curie não levantou objeções. Normalmente uma pessoa severa, estava simplesmente feliz de a guerra ter terminado, também porque, agora que os combates haviam cessado, ela voltaria a ter notícias de sua família na Polônia. Ela não sabia deles desde que os alemães haviam invadido o país, no início do conflito.

A guerra havia começado mal para os poloneses. O país foi assolado por uma onda de saques quando os alemães atravessaram o território para combater os russos. Os poloneses não tinham amor por seus senhores russos, mas tampouco amavam os alemães, embora muitos houvessem se decidido a lutar pela Alemanha, julgando-a o menor de dois males. Durante a maior parte da guerra, a Polônia esteve sob ocupação alemã, e os poloneses não gostaram nem um pouco da situação.

Mas, agora, os alemães haviam ido embora e os russos não retornaram. A Polônia voltaria a ser um Estado soberano, pela primeira vez desde o século XVIII. Os ucranianos a reivindicavam, mas a Ucrânia não tinha grande importância. A Polônia estava livre, e Marie Curie poderia voltar a ver sua família. Ela, além disso, poderia dar prosseguimento a seu verdadeiro trabalho, agora que os carros de raio-X não eram mais necessários. Marie Curie nunca fora uma mulher particularmente feliz, mas se sentia bem menos melancólica agora, percorrendo de carro as ruas de Paris em meio a uma multidão que gritava e dançava freneticamente, e que estava apenas começando a vibrar, engrossada por números cada vez maiores de pessoas que chegavam às pressas de toda a França para se juntar à celebração.

No canal da Mancha, a tripulação do HMS *Amazon* nada sabia sobre o Armistício, ao patrulhar as águas entre Dungeness e Beachy Head. À sua frente, eles podiam ver um barco de pesca francês, decorado da proa à popa com bandeiras. Os franceses gritavam vivas e acenavam seus bonés enquanto a Marinha Real se aproximava. Um oficial os chamou pelo megafone, perguntando o que estavam fazendo ali e o que estavam celebrando. Os franceses lhe disseram que a guerra havia acabado. O oficial não acreditou numa palavra sequer do que eles diziam e mandou-os voltar para o porto.

Mais tarde, o *Amazon* recebeu uma mensagem para cessar as hostilidades. O navio voltou a Dover, onde os sinos das igrejas tocavam e as sirenes dos barcos apitavam por sobre o mar. Uma outra mensagem comunicou que todas as licenças em terra estavam canceladas para todas as forças, até segundo aviso. W .G. Evans, o cozinheiro do navio, ficou amargamente decepcionado, embora reconhecesse a sensatez da ordem. Os marinheiros ficariam fora de controle, se tivessem autorização para desembarcar.

Em Folkestone, o tenente Dickie Dixon, da Real Guarnição de Artilharia, estava ansioso por uns dias de licença para ir para casa, quando seu navio chegou da França. Ao deixarem o território francês, eles estavam em guerra, mas estavam em paz ao chegar à Inglaterra. Dixon nada sabia sobre o Armistício até ouvir as sirenes e a gritaria em Folkestone, e pôde imaginar o que estava acontecendo. Os combates haviam cessado quando ele estava bem no meio do canal.

Acabou-se a carnificina, acabou-se a mutilação, acabou-se a lama, o sangue e a matança, os cavalos e mulas estripados, que era o mais difícil de suportar. Acabaram-se aquelas alvoradas sem esperança, com a chuva gelando a alma, acabaram-se as horas passadas agachados em esconderijos minúsculos, escavados nas paredes das trincheiras, acabaram-se o constante esquivar de balas atiradas à tocaia e os terríveis bombardeios. Acabou-se o ter que desenterrar pedaços de corpos humanos e jogá-los em sacos de areia. Acabaram-se os gritos chamando "padioleiros!", as bestiais máscaras de gás, o abominável cheiro doce tão letal para os pulmões, e ter que escrever as dolorosas e difíceis cartas para os parentes dos mortos... Toda a indústria da guerra havia terminado. Terminado de vez.

Atônitos ao pensar que talvez houvesse mesmo um futuro para eles, Dixon e seu amigo, o capitão Brown, tomaram o trem para Londres. Eles acenaram com garrafas de cerveja para as pessoas postadas ao longo da ferrovia, que acenavam de volta. Chovia quando eles chegaram à capital no começo da tarde, mas ninguém se importava. Dixon se despediu de Brown na estação de Charing Cross e foi mandar mensagens para sua namorada e para seus pais, avisando que havia chegado em segurança:

Saí na Strand e encontrei a rua repleta de uma multidão fervilhante de cidadãos animadíssimos, gritando e dando vivas, acenando bandeiras, garrafas e chapéus – literalmente milhares de pessoas, civis, soldados, marinheiros, mulheres do Corpo Auxiliar do Exército e da Força Aérea, enfermeiras, gente de todos os tipos imagináveis, celebrando o fim das hostilidades e saudando o rei e a rainha! Pois, ao sair na Strand, vi, atravessando bem devagar a multidão que aplaudia loucamente, o rei George e a rainha Mary, numa imponente carruagem aberta, puxada por uma parelha de cavalos.

Pensando na última vez que eu havia visto o rei George V, naquele castelo, antes da grande ofensiva que expulsou os alemães da França, mergulhei na multidão com a intenção de atravessá-la até a outra calçada, onde fica o correio. Afinal, consegui, e mandei dois telegramas, um para Babs, dizendo que eu chegaria em sua casa naquela noite, e outro para meu pai e minha mãe em Southport, Lancashire, informando que eu estava em casa de licença e estaria com eles em algum momento do dia seguinte.

Dixon agiu sem pensar. A última coisa que seus pais queriam era um telegrama de Londres. Como todas as famílias com um soldado no *front*, os Dixon haviam passado a temer e detestar telegramas vindos de Londres: mensagens breves e lacônicas do Ministério da Guerra, lamentando informar que o excelente jovem que eles haviam confiado à nação havia sido morto, e que o governo não devolveria seus restos mortais. Os Dixon não queriam um telegrama como esse. E ainda menos naquele dia. A última coisa que eles queriam era um telegrama de Londres.

O telegrama foi entregue em Hesketh Park Hydro, em Southport, onde os Dixon estavam morando. Um longo tempo se passou antes que Mrs. Dixon conseguisse abri-lo.

As ruas de Londres começaram a encher logo após o nascer do sol, quando as pessoas se reuniram para esperar por notícias do Armistício. Sem que nada de oficial houvesse sido dito, todos sabiam que aquele seria o dia. Multidões começaram a se aglomerar em torno do Palácio de Buckingham e de outros prédios públicos, à espera do anúncio oficial, das palavras que eles tanto ansiavam por ouvir. Mais gente chegava a cada minuto, todos decididos a não perder o momento, quando ele chegasse. A multidão que se comprimia na Downing Street foi recompensada quando a porta do número 10 se abriu, e o primeiro-ministro apareceu. Harold Nicolson, um jovem diplomata do Ministério do Exterior, localizado do lado oposto da rua, estava abrindo um mapa quando, por acaso, olhou pela janela:

> Um grupo de pessoas estava postado na rua, e havia uma meia dúzia de policiais. Eram 10:55 da manhã. De repente, a porta da frente se abriu. Mr. Lloyd George, com seus cabelos brancos esvoaçados pelo vento, apareceu no umbral. Ele agitava os braços num movimento aberto. Mais que depressa, abri a janela. Ele gritava a mesma frase, repetidamente. Consegui entender as palavras que ele dizia. "Às 11 horas desta manhã, a guerra estará terminada".
>
> A multidão se lançou em sua direção. Roliço e sorridente, ele fez gestos de despedida e se recolheu por detrás da grande porta. As pessoas corriam pela Downing Street e, em poucos minutos, a rua inteira estava congestionada. Não houve gritos de vivas. A multidão, silenciosamente, invadiu a praça da Horse Guards Parade e cercou o muro do jardim da Downing Street. De meu privilegiado posto de observação, vi Lloyd George sair para o jardim, nervoso e entusiasmado. Ele foi em direção ao portão do jardim para, em seguida, recuar de volta à casa. Dois secretários que o acompanhavam insistiram para que ele fosse adiante. Ele abriu o portão e saiu para a praça. Depois de acenar com os braços por um momento, recuou novamente. A multidão correu em direção a ele, tocando-o freneticamente, e dando tapinhas em suas costas.

Nesse mesmo momento, foguetes de sinalização começaram a ser lançados por toda a cidade, sinais luminosos que anunciavam a paz. Durante a guerra, os foguetes eram usados como alertas antiaéreos, e algumas pessoas chegaram a pensar que um novo ataque alemão estivesse a caminho. O mesmo ocorreu a alguns parisienses, quando os canhões do Quai d'Orsay começaram a disparar. A maioria, contudo, entendeu imediatamente que os foguetes eram um convite para abandonar o trabalho por um dia e sair correndo aos gritos pelas ruas. O povo não se fez de rogado.

Todos se dirigiram para o Palácio de Buckingham. Primeiro, aos milhares, depois às dezenas de milhares, a população de Londres deixou de lado o que quer que estivesse fazendo e, num torvelinho, rumou pelo Mall até o palácio. Todos queriam o rei. Ele era a personificação do povo britânico. Todos queriam vê-lo e aplaudi-lo como ele jamais havia sido aplaudido antes, no balcão da fachada do palácio.

O rei George esperava por eles. Sua mulher e filha também lá estavam, prontas para desempenhar seu papel. Durante a guerra, o rei George havia permanecido ao lado de seu povo. O filho do kaiser vestia roupas de jogar tênis ao se despedir das tropas alemãs que partiam para o *front*, mas o rei George usara uniforme militar durante toda a guerra, e não havia ido ao teatro uma vez sequer, porque não achava certo se permitir divertimentos enquanto seus súditos lutavam e morriam. Nesses últimos quatro anos, George colocara-se ao lado do povo britânico a cada passo do caminho. Eles sabiam disso, sentiam-se gratos e o amavam por isso. Ele era seu rei.

Ele fez sua primeira aparição no balcão no exato momento em que ocorria a troca da guarda daquela manhã. Ao vê-lo, a multidão entrou em delírio. O primo de George, Nicholas da Rússia, havia perdido o trono durante a guerra e fora assassinado pelos bolcheviques. Seu outro primo, Wilhelm, também havia sido destronado e, naquele exato momento, fugia para a Holanda. Mas George V ainda ocupava seu trono. O rei saiu para o balcão, e a maior multidão que ele já vira em toda a vida expressou da forma mais ensurdecedora seu total e incondicional apoio.

Patricia Carver, de 19 anos, estava lá. Ela havia ido ao palácio com seus pais e, mais tarde, narrou o ocorrido a sua prima, ainda em idade escolar:

Esta manhã, às 10:22, eu estava na sala onde fica o telégrafo (nós simplesmente passamos o dia grudados nele) quando vi uma notícia sair: "Armistício assinado". Nós, é claro, sabíamos que seria uma grande alegria, e que as pessoas iriam imediatamente para o Palácio de Buckingham, então lá fomos nós, mamãe, papai e a pequena Peg.

Às 11 horas, quando as hostilidades cessaram, foguetes foram disparados e uma multidão magnífica, mas tremendamente mal-comportada, se reuniu em frente ao palácio. Meninos trepavam em todos os monumentos, a polícia tentava fazer com que eles descessem, mas sem conseguir, é claro, e eles ficaram sentados na cabeça das estátuas, e por toda a parte! Bem, o rei (que Deus o abençoe) veio para fora com a rainha, o duque de Connaught e a princesa Mary, em uniforme do Destacamento de Ajuda Voluntária (da sigla em inglês VAD). A multidão aplaudiu loucamente, e nós todos cantamos o *God Save the King*. Em seguida, eles entraram no palácio, e a multidão continuou a aumentar. Conseguimos um ótimo lugar, nos degraus do monumento. Você precisava ter visto os táxis carregando *pelo menos* quatorze pessoas cada um, com gente dentro, fora e em cima da capota! Ah, eu queria tanto você aqui conosco! Bem, a multidão gritava, e não parava de gritar "QUEREMOS O REI GEORGE!". A cada momento, e não tenho palavras para descrever a emoção que foi. Um pouco antes, naquela manhã, havíamos visto o duque de C. sair, mas ele voltou e veio até os degraus com a princesa Pat (papai tirou o chapéu para os dois!). Estávamos pertíssimo deles, a princesa Pat apenas sorriu para o papai, e o duque devolveu a saudação, levantando também seu chapéu! Então, eles foram para o palácio, a banda da Guarda chegou, e o rei veio novamente ao balcão, e todos cantamos *Keep the Home Fires Burning*, *Tipperary*, canções religiosas, todos os hinos dos países Aliados e algumas outras músicas. Ao fim de cada uma, nós aplaudíamos e gritávamos "Queremos um discurso!" e, por fim, o rei falou. Eu estava muito perto do portão do palácio com mamãe, e consegui, com algum esforço, ouvir o que ele dizia... Ah, se você estivesse lá conosco!

O discurso do rei foi breve, indo direto ao ponto. "Com vocês eu me regozijo e agradeço a Deus pelas vitórias conquistadas pelas armas Aliadas, que puseram um fim às hostilidades e abriram a possibilidade da paz". Seus sentimentos eram nobres, mas foram abafados pela balbúrdia. Quase ninguém conseguia ouvi-lo.

Em meio à algazarra, a mãe de Esmée Mascall havia encontrado um lugar para sentar, num táxi. Ela estava entre os que não conseguiam ouvir nada, mas tinha uma excelente vista da multidão, como, mais tarde, contou a sua filha:

> Sou incapaz de descrever a cena! Nunca, como agora, desejei tanto ter o dom da escrita. Caminhões superlotados de homens e mulheres, todos carregando bandeiras, pessoas aglomeradas dentro de táxis, e nas capotas também. Grandes veículos do governo trazendo enfermeiras, mulheres do Corpo Auxiliar do exército e da marinha e soldados, e uma *multidão* de gente de todos os tipos à sua volta. Lá, todos nós esperávamos. Num certo momento, ocorreu uma grande comoção, quando policiais montados empurraram a multidão para dar passagem a bandas que se dirigiam ao pátio. Fiquei imaginando o que teria acontecido se estivéssemos lá, porque, apesar de a multidão estar de ótimo humor, todos foram empurrados pela polícia a cavalo.
>
> Em seguida, as bandas colocaram-se em formação e tocaram o *God Save the King* – e o rei, a rainha, a princesa Mary e o duque de Connaught apareceram no balcão. Creio que a rainha Alexandra também estava lá, mas não tenho certeza. A multidão rugiu em uníssono quando eles surgiram, e todos cantaram, acompanhando as bandas. Então o rei falou alguma coisa – mas é claro que não conseguíamos escutar o que ele dizia, e então a banda tocou *All the People on Earth*, e todos cantaram novamente. Em seguida, a banda tocou *Home Sweet Home*, e foi isso que realmente comoveu a multidão. A música foi cantada solenemente, quase num soluço e, minha querida, senti que estava vivendo um momento que jamais esqueceria. Pode-se imaginar como deve ter sido emocionante para o rei e a rainha.
>
> Depois disso, a reserva inglesa abriu caminho e cantou *For He's a Jolly Good Fellow*, e depois *Tipperary* e todos os diferentes hinos nacionais. Então, todos cantaram com as bandas *Now Thank We All our God*. Depois disso, o hino britânico foi novamente tocado, e a multidão gritava e gritava, sem parar, e a família real entrou no palácio...

Arthur Conan Doyle, ainda de luto pela morte de seu filho soldado, estava em meio a multidão, que cantava e aplaudia:

> Uma moça magrinha, que havia subido na capota de um veículo alto, liderava e regia a cantoria, como se fosse um anjo vestindo *tweeds* que acabava de cair de uma nuvem. Na densa multidão, vi um carro aberto conduzindo quatro homens de meia-idade, um deles, um civil de aparência rude, os outros, oficiais. Vi o civil agarrar uma garrafa de uísque e beber no gargalo. Eu bem que quis que a multidão o linchasse. O momento era de oração, e aquele animal estava manchando a paisagem...

Winston Churchill, o ministro das munições, estava em seu gabinete no Hotel Metrópole, quando o Big Ben marcou a hora. Requisitado para os esforços de guerra, o hotel tinha vista para a Trafalgar Square, ao longo da Northumberland Avenue. Churchill estava à janela, pensando no que fazer com os 3 milhões de operários de munições, agora desnecessários, quando o Big Ben começou a tocar:

> Então, de repente, a primeira batida do relógio. Olhei novamente para a larga rua a meus pés. Ela estava deserta. Da entrada principal de um dos grandes hotéis ocupados por repartições do governo, surgiu uma esbelta e jovem funcionária, gesticulando freneticamente, quando uma outra batida soou. Então, de todos os lados, homens e mulheres saíram às pressas para a rua. Torrentes humanas se despejavam de todos os prédios. Os sinos de Londres começaram a repicar. A Northumberland Avenue agora estava abarrotada de centenas, não, de milhares de pessoas, que corriam feito loucas de um lado para o outro, gritando e berrando de alegria.
>
> Pude ver que a Trafalgar Square já fervilhava de gente. À minha volta, em nossa própria sede, no Hotel Metrópole, a desordem corria solta. Portas batiam. Passos tamborilavam nos corredores. Todos se levantaram de suas mesas, deixando de lado canetas e papéis. Todos os limites foram rompidos. O tumulto aumentava como uma ventania vinda de todos os lados ao mesmo tempo. A rua, agora, estava tomada por uma fervilhante massa humana. Bandeiras apareceram como num passe de mágica. Multidões de homens e mulheres chegavam do Embankment, misturando-se à torrente

que se amontoava pela Strand, a caminho de aclamar o rei. Pouco antes de a última batida do relógio ter-se dissipado, as severas e ordeiras ruas de Londres, acostumadas a uma estrita disciplina de tempos de guerra, haviam se transformado num pandemônio triunfante. Pelo menos, já estava claro que ninguém mais trabalharia naquele dia.

A mulher de Churchill chegou para se juntar a ele. Eles decidiram ir cumprimentar Lloyd George. Vinte pessoas apinharam-se por cima do carro deles, que se arrastava lentamente ao longo da Whitehall, a caminho da Downing Street. Churchill não pôde deixar de se lembrar que ele e sua mulher haviam feito o caminho inverso, pela mesma Whitehall, na tarde do ultimato britânico à Alemanha, em agosto de 1914. A mesma multidão que hoje aplaudia também havia aplaudido naquele dia, sem nenhuma ideia do que estava para acontecer.

Churchill se orgulhava do povo britânico, que tanto havia suportado desde 1914, sem nunca titubear ou perder a fé em seu país. Ele, entretanto, tinha a incômoda consciência de que o povo havia sido fortemente prejudicado por algumas das decisões tomadas por seus governantes durante a guerra. Ele próprio carregava a culpa pelo fiasco nos Dardanelos. Se alegrava dos rostos felizes que via à sua frente parecerem prontos para perdoar e esquecer todos os desastres e decepções, agora que tudo havia dado certo no final.

Em Millbank, logo além das Casas do Parlamento, a enfermeira Vera Brittain trabalhava no turno diurno do Hospital Queen Alexandra, quando os foguetes de sinalização começaram a ser lançados. Ela lavava bacias para curativos num anexo fora de seu alojamento, quando a outra enfermeira do Destacamento de Ajuda Voluntária de sua enfermaria chegou correndo:

Brittain! Brittain! Você ouviu os foguetes? Acabou – acabou de verdade. Vamos sair para ver o que está acontecendo.

Mecanicamente, sem nenhum entusiasmo, Brittain a acompanhou até a rua. Há muito ela havia perdido todo e qualquer interesse pela guerra. Todos os homens jovens de quem gostava – seu noivo, irmão, amigos mais próximos – há muito tempo estavam mortos. Era difícil se emocionar com o fim de uma guerra, quando não sobrava ninguém com quem compartilhar essa alegria.

No momento em que elas pisaram na rua, um táxi fazia a curva do Embankment, atropelando uma senhora idosa, distraída com a comoção ao seu redor. Ao correr para junto dela, Vera Brittain pôde ver que não havia mais nada a ser feito. O rosto moribundo fez com que a enfermeira se lembrasse do amigo de seu irmão, Geoffrey Thurlow, cujos olhos haviam permanecido firmemente fixos em seu ordenança enquanto sua vida se esvaía, em algum lugar da França. O corpo de Thurlow havia desaparecido, quando voltaram para enterrá-lo.

Olive Wells, de 13 anos, estava na escola secundária de Streatham, no sul de Londres, quando os foguetes começaram a explodir:

> Viemos para a escola esta manhã sem perceber que o dia de hoje seria extraordinário.
>
> Miss Basset nos disse que o Armistício havia sido assinado – que recebemos as notícias às cinco da manhã. Gritamos de alegria até ficarmos roucas!
>
> Às 11 horas, os canhões dispararam, os sinos tocaram, as sirenes apitaram. Não pensamos em bombardeios aéreos, como teria acontecido num outro dia qualquer.
>
> Saímos à rua para celebrar. A bandeira britânica foi hasteada no mastro, e lá ficou flutuando na brisa.
>
> Fomos dispensadas do dever de casa por toda a semana.
>
> O dia não estava claro, mas muito úmido.
>
> Os canhões continuam explodindo enquanto eu escrevo.

Virginia Woolf estava em sua casa em Richmond, escrevendo para a irmã, que estava no campo esperando um bebê ilegítimo:

> Há meia hora que os canhões disparam e as sirenes uivam. Suponho, então, que estejamos em paz, e não posso deixar de me alegrar que seu precioso diabinho vá nascer num mundo moderadamente sensato. Vejo que não vão nos dar sossego o dia todo, já que as pessoas se puseram a assoviar, dar gritos estridentes e atiçar o latido dos cachorros. Mas tudo isso é feito de maneira intermitente, e o resultado não é nem um pouco comovente, apenas perturbador. Além de tudo, está muito cinzento e esfumaçado. Ah, meu Deus, agora soldados bêbados estão começando a dar vivas aos berros.

Como vou escrever meu último capítulo com todo esse tumulto, e com Nelly e Lottie entrando a toda a hora para me fazer perguntas? Lá está Nelly com quatro bandeiras diferentes, que ela está pendurando em todas as janelas da frente. Lottie diz que deveríamos fazer alguma coisa, e vejo que ela está prestes a desabar em lágrimas. Ela insiste em polir a aldrava da porta, gritando para o velho bombeiro que mora do outro lado da rua. Meu Deus! Que barulheira eles fazem. E eu, apesar de bastante emocionada (você estaria, eu me pergunto?), também me sinto imensamente melancólica. Sim, você escapou a tempo de tudo isso, porque, agora, todos os táxis estão buzinando, e sei que as crianças da escola, daqui a pouco, vão se reunir em torno da bandeira. E, certamente, há uma atmosfera de leito de morte, também. Neste momento, um órgão toca um hino, e uma grande Union Jack* é hasteada num mastro... Até agora, tivemos sinos de casamento, uma música, a *God Save the King* repetida duas vezes, mais ou menos uma dúzia de arroubos de gente gritando vivas, e o senhor que mora na casa em frente subiu até o alto de uma árvore com uma imensa Union Jack.

Bertrand Russell estava na Tottenham Court Road, vendo um homem e uma mulher se beijarem em plena rua. Eles não se conheciam, mas se beijaram mesmo assim, ao passar um pelo outro, dois perfeitos estranhos indo em direções opostas. Desde as 11 horas, a Tottenham Court Road pululava de cenas como essa. Todos haviam abandonado às pressas lojas e escritórios, invadindo os ônibus que passavam e exigindo serem levados para uma volta pela cidade. Russel estava feliz por eles, e bem que gostaria de se sentir parte da multidão que celebrava o fim dos combates. Mas, ao contrário, ele se sentia completamente só.

A guerra não havia sido boa para Russell. Professor de filosofia em Cambridge, viu seu colega Wittgenstein partir para lutar pela Áustria em 1914, mas nunca fora capaz de apoiar o esforço de guerra britânico. Pacifista desde sempre, se opunha violentamente à ideia do alistamento obrigatório, e lançou uma ferrenha campanha contra sua adoção, no início de 1916. Como resultado, ele perdeu o emprego em Cambridge, após ser repudiado pelos demais professores na mesa de honra. Foi atacado por mulheres armadas de

---

* Bandeira britânica.

porretes cravados de pregos e proibido até mesmo de chegar perto do mar, para impedi-lo de enviar sinais aos submarinos alemães. Após escrever um inflamado artigo para uma revista, acabou sendo condenado a seis meses de cadeia por traição. Ele acabava de ser libertado.

Ironicamente, Russell era um perfeito patriota, e estava felicíssimo pela Grã-Bretanha ter ganho a guerra, apesar de não aprová-la. Seu maior desejo era poder se sentir parte da multidão que, de forma tão impensada, havia ido à guerra em 1914, e que parecia não ter aprendido nada desde então, a não ser a se permitir prazeres mais imprudentes que os de antes. Ao contemplar seus pouco inteligentes compatriotas pinoteando pelas calçadas, Russell sentiu que nada tinha em comum com eles. Seu pacifismo o havia feito sofrer durante a guerra, mas a verdade era que Russell estava longe de ser pacifista. Ele era capaz de citar uma longa lista de guerras históricas que, em sua época, haviam sido perfeitamente justificáveis. Infelizmente, esta não era uma delas.

Agatha Christie também não era pacifista, embora compartilhasse do espanto de Russell ao ver os londrinos perdendo a compostura. Ela estava numa aula de contabilidade, quando a professora entrou correndo para anunciar que não haveria mais aulas naquele dia:

> Saí para as ruas, totalmente pasma. Lá, deparei-me com uma das cenas mais curiosas que já havia visto até então – na verdade, ainda me lembro dela com uma espécie de medo. Por toda a parte, mulheres dançavam nas ruas. Mulheres inglesas não são dadas a dançar em público, essa é uma reação mais típica de Paris e dos franceses. Mas lá estavam elas, rindo, gritando, dançando aos pulos, numa louca orgia de prazer quase brutal. Dava medo. Tive a sensação de que, se houvesse alemães por perto, aquelas mulheres avançariam neles e os cortariam em pedaços. Creio que algumas delas estavam realmente bêbadas, mas todas pareciam estar. Elas rodopiavam e cambaleavam aos gritos.

Agatha Christie não se juntou a elas. Tímida e reservada, ela esperava, um dia, tornar-se escritora. Nas horas vagas, escrevera um romance policial, que havia enviado a um editor. O livro tinha como personagem central um detetive belga inspirado em Sherlock Holmes. Agatha sabia bastante sobre os belgas, porque muitos refugiados daquele país moravam perto de sua casa. O primeiro editor a quem ela enviou o livro o recusou sem maiores comentários. Sem se deixar abater, ela o mandou a um outro, e ainda esperava pela resposta. Talvez ela tivesse notícias em breve, agora que a guerra havia terminado.

* * *

Das janelas do Alexandra Palace, com sua magnífica vista do norte de Londres, Rudolf Sauter e seus companheiros de prisão ouviram os canhões às 11 horas e, imediatamente, correram para fora rindo e conversando a caminho do pátio onde se exercitavam. Após anos de cadeia, sob a acusação de serem estrangeiros inimigos, eles logo estariam de novo em liberdade, livres para ir onde quisessem e fazer o que lhes aprouvesse. Mal podiam esperar.

Todos tinham sobrenomes alemães – Müller, Fischel, Habermann, Kesselburg – mas a maioria deles já vivia na Inglaterra muitos anos antes de a guerra começar, e alguns, lá haviam nascido. Eram alemães no nome, mas a maioria sequer falava a língua. Sempre se consideraram britânicos, até que, após os ataques dos zepelins, seus amigos e vizinhos se voltaram contra eles, que foram então levados pelas autoridades e encarcerados durante toda a guerra.

Sauter era um desses casos. Seu pai, nascido na Áustria, era um artista que há muito residia no Reino Unido. Sua mãe, irmã do romancista John Galsworthy, não poderia ser mais britânica. Sua mulher também era britânica. Sauter havia estudado em Harrow e, a cada verão, fazia a peregrinação a Lord, para assistir a partida entre Eton e Harrow, com seu tio, também ex-aluno. Mas, quando a guerra começou, nada disso foi levado em conta. O pai de Sauter foi o primeiro a ser preso, seguido pelo filho, logo depois. Sua mágoa com o tratamento que haviam recebido era indescritível.

O pai de Sauter estava decidido a deixar a Inglaterra para sempre, assim que fosse libertado. Ele não queria mais viver no país depois de tudo que havia acontecido. Sauter ainda estava dividido quanto ao que faria, da mesma forma que muitos de seus companheiros de prisão, como contou a sua mulher, no dia do Armistício:

Esses homens escolheram a Inglaterra como seu país. A maioria deles agora sente que seria impossível continuar vivendo aqui, depois de tudo o que aconteceu. Muitos sofreram enormemente durante o cativeiro em ambiente estranho. Eles foram separados de suas famílias, e seus negócios, em muitos casos, desapareceram como que em areia movediça. Agora, eles estão prestes a serem jogados num mundo já bastante empobrecido pela guerra...

É claro que muitos deles tentarão permanecer aqui, por amor a este país, ou por causa de suas famílias, ou ainda por razões de negócios. Para alguns deles, a Alemanha é uma terra estranha, cuja língua eles não falam nem aprenderam em quatro anos de prisão. Quantos deles, amargurados e humilhados pela vida, podem ver o Armistício – o fim do assassinato organizado – como o primeiro som das flautas de primavera?

O que Sauter mais temia eram as consequências da paz. Naquela manhã, ele havia lido os termos do Armistício com o coração apertado. Os Aliados estavam, na verdade, reduzindo os alemães à condição de escravos. Enquanto os sinos soavam por toda Londres, e seus companheiros de cárcere, cheios de excitação, aglomeravam-se no pátio, Sauter não podia deixar de se perguntar o que viria a acontecer se os Aliados continuassem a insistir num acordo tão draconiano. Tal intransigência, quase certamente, acabaria por levar a "uma nova guerra, filha desta que hoje acaba, como um fantasma assombrando o futuro". Rudolf Sauter já conseguia avistá-la no horizonte.

Os sinos tocaram por toda Londres, e também por todo o país. Em todas as cidades, grandes e pequenas, às menores vilas, os sinos das igrejas repicaram e os canhões deram salvas de tiros, enquanto o povo da Grã-Bretanha celebrava o retorno da paz. Ernest Cooper, secretário da Câmara Municipal de Southwold, no litoral de Suffolk, estava no trabalho quando ouviu a notícia:

> Fui para o escritório e, às 11 horas, recebi um telefonema do oficial-auxiliar do condado, me dizendo que o Armistício havia sido assinado, e que os canhões estavam atirando e os sinos tocando em Ipswich. A princípio, não entendi bem, e podia ouvi-lo gritar "a guerra acabou" do outro lado da linha. Fui correndo ter com o prefeito, e vi que ele também acabava de receber a notícia. Dali a poucos minutos, um carro chegou da estação

aérea de Covenhithe, cheio de oficiais enlouquecidos, gritando, acenando bandeiras e tocando cornetas. As bandeiras logo apareceram, os sinos começaram a tocar e alguns de nós nos transferimos para a casa do prefeito, onde abrimos garrafas de vinho espumante. Uma reunião extraordinária foi convocada e, do balcão, o prefeito leu o telegrama oficial. Alguns soldados chegaram de caminhão, trazendo uma imagem do kaiser, que eles amarraram à bomba de água da cidade, ateando-lhe fogo, em meio a aplausos.

Southwold também teve sua participação na guerra. A cidade havia sido bombardeada por zepelins e se submetido a um rígido blecaute, todas as noites, para o caso de ser bombardeada do mar, como outras cidades da costa leste haviam sido. Na qualidade de auxiliar da força voluntária local, Cooper desempenhou um papel ativo na defesa da cidade. Como capitão do corpo de bombeiros, ele havia trabalhado noite após noite em missões de vigilância contra incêndios. Ele mal acreditava que aquilo tudo havia acabado e que, de agora em diante, todos poderiam dormir tranquilos em suas camas, podendo até mesmo deixar as luzes acesas e abrir as cortinas, se quisessem. Parecia bom demais para ser verdade.

Em Liverpool, Miss McGuire sentia emoções muito semelhantes, como contou a sua irmã, que morava em Massachusetts:

Acho que todos nós enlouquecemos. Que dia! Parece bom demais para ser verdade. É claro que sabíamos que o Armistício ia ser assinado, mas agora que é fato consumado, mal podemos acreditar que a guerra tenha chegado ao fim. Eu já estava vestida, pronta para ir a Cruz Vermelha hoje de manhã, mas a notícia chegou logo antes de eu sair de casa. Todas as sirenes começaram a tocar, de modo que eu não poderia passar o dia trabalhando, é claro. Em vez disso, fui para a cidade, e Tia Tilly foi mais tarde. Como eu gostaria que você tivesse visto Liverpool! Todas as lojas e escritórios fecharam na mesma hora, e as ruas foram tomadas por uma multidão tão compacta que daria para andar sobre suas cabeças.

Bandos de soldados, moças das fábricas de munições, enfermeiras da Cruz Vermelha americana, gente de todos os tipos e condições. Encontramos as duas senhoritas Harrington e, depois de encontrar a Tia Tilly, decidimos tentar tomar um chá e assistir à cena através da janela. Fomos ao Boots Café, mas todas as garçonetes haviam saído, então fomos ao King's. Esperamos por algum tempo, mas ninguém veio nos atender – disseram-nos que as garçonetes haviam saído à francesa e sumido...

Nunca se viu coisa semelhante naquelas ruas. Bandeiras esvoaçavam, tambores rufavam etc. Um homem tocava tambor com garrafas de vinho. Os estudantes de medicina vieram marchando, ainda vestindo seus jalecos. Ouvimos um dos ianques fazer um discurso no Centro Americano, na Lord Street. Chegamos tarde demais e perdemos os discursos na prefeitura.

O clérigo aposentado E. H. Moberly estava em Southampton com sua mulher. Eles tinham um compromisso, mas precisaram desistir devido ao congestionamento:

> Todos os bondes estavam sufocantemente lotados, e centenas de crianças pegavam carona nas capotas, carregando bandeiras. Resolvemos então caminhar até o entroncamento e seguir naquela direção, para ver o que estava acontecendo... Tivemos que abrir caminho até perto da torre do relógio, com a multidão engrossando a cada passo. Em seguida, a banda naval americana veio marchando, tocando *Hail, Hail, the Yanks are Here*, seguida por uns cem soldados americanos e, mais atrás, por quase mil marinheiros de Eastleigh, todos cantando. Não havia oficiais, os homens comandavam seu próprio espetáculo. Muitas moças e mulheres entraram nas fileiras e marchavam de braços dados com eles, cantando, rindo e *gritando*! Às vezes, até oito marinheiros marchavam lado a lado. Nunca, em toda a minha vida, eu havia ouvido uma tamanha barulheira, e uma multidão como aquela jamais foi vista em Southampton.

Em Windsor, o prefeito vestiu seu tricórnio oficial e estava sendo levado num imenso carro de bombeiros vermelho até o castelo. Ele vinha acompanhado pela banda da Guarda Coldstream e por uma escolta militar. Todos pararam em frente à estátua da rainha Vitória, ao lado dos portões do castelo. O prefeito desceu e fez um discurso inaudível para uma multidão de moradores da cidade e de colegiais de Eton, animados demais para prestar atenção.

Os garotos de Eton, antes de cruzar o rio, haviam comprado todas as bandeiras britânicas que encontraram nas lojas da rua principal, e agora as traziam em suas cartolas, fazendo uma enorme algazarra. Bem mais de mil ex-alunos de Eton haviam morrido na guerra, inclusive um bom número de irmãos mais velhos dos atuais alunos – desastre que transformou para sempre a aristocracia. Depois do discurso do prefeito, a banda tocou a *Marselhesa* e outros hinos Aliados. Então, todos cantaram *God Save the King* e deram vivas.

Em Cambridge, os sinos da igreja da universidade permaneceram mudos até as 11 horas. Na cidade, os sinos eram os tradicionais arautos de boas novas, mas, durante toda a guerra, permaneceram em silêncio para evitar que um zepelim de passagem os ouvisse e se norteasse pelo som para determinar sua localização exata. O mecanismo do carrilhão estava danificado, de modo que a notícia foi anunciada com o hasteamento da Union Jack, a bandeira britânica, sobre o Guildhall.

Um bando de estudantes fazia um enorme rebuliço pela cidade, enquanto as ruas começavam a encher de gente. Depois de queimar a imagem do kaiser, eles atacaram uma livraria pacifista na King's Parade, atirando na calçada todas as cópias da *Cambridge Magazine*. A *Cambridge Magazine* há muito afirmava falar em nome dos 10 mil homens de Cambridge em serviço ativo, ao pedir uma paz negociada, em lugar da continuação do morticínio. Essa afirmação soou presunçosa demais aos estudantes, que quebraram as vitrines da loja e pisotearam na lama as revistas, só para mostrar o que pensavam de uma paz negociada, agora que haviam conquistado a vitória total.

Em Aldershot, sede do exército britânico, uma salva de cento e um tiros foi disparada, com um estrondo tamanho que chegou até Farnborough Hill, onde vivia a viúva de Napoleão III. Aos noventa e dois anos, a imperatriz Eugénie soube do Armistício de manhã cedo, mas só acreditou após ter recebido a notícia do rei George. Ele telefonou um pouco antes das onze e, só então, ela foi contar a novidade aos oficiais feridos internados em seu hospital. Ela havia transformado uma ala de sua casa num hospital de guerra e continuava a custeá-lo de seu próprio bolso. Os oficiais fizeram o possível para sentarem-se em posição de sentido enquanto a imperatriz caminhava entre as fileiras de leitos, em silêncio, apertando a mão de cada paciente, um de cada vez. À distância, os canhões ribombavam.

A roda havia dado uma volta completa para Eugénie. O triunfo alemão em Sedan, em 1870, havia feito seu marido perder o trono e fugir para o exterior. Agora, era a vez de o kaiser fazer o mesmo. A Alsácia e a Lorena seriam devolvidas à França, e a honra seria restaurada, após uma espera de quase meio século. Com os olhos cheios de lágrimas, a imperatriz Eugénie agradeceu a Deus em silêncio por permitir que ela vivesse para ver aquele dia.

O que acontecia na França e na Grã-Bretanha, acontecia também em boa parte do resto do mundo. Em todos os lugares, de Gibraltar, Malta e a África colonial, até a Índia, o Japão, a Austrália, a Nova Zelândia, o Canadá e os Estados Unidos, milhões de pessoas, fremindo de excitação, abandonaram o que quer que estivessem fazendo ao saber do Armistício e correram para as ruas para celebrar o fim dos combates. O fim da guerra foi o primeiro acontecimento verdadeiramente global assistido pelo mundo.

No Canadá e nos Estados Unidos, ainda não havia clareado quando a notícia chegou. Na Índia, já era fim de tarde e, na Austrália, a noite começava. Na Nova Zelândia já era a manhã seguinte e, no Japão, o outro dia. Mas onde quer que a notícia chegasse, fosse a hora que fosse, a reação era quase invariavelmente a mesma: um dia sem trabalho e festas de rua que se prolongaram noite adentro. Dos sinos das igrejas de Auckland aos apitos das locomotivas da ferrovia Canadian Pacific passando pelas sirenes das fábricas de Chicago e Nova York, o mundo celebrava o fim de uma guerra verdadeiramente desastrosa. Era a festa das festas.

Mas os combates ainda não haviam terminado de todo. Na Rodésia do Norte, o general Von Lettow-Vorbeck nada sabia sobre o Armistício ao pedalar até Kasama para conferenciar com um de seus comandantes de linha de frente sobre um ataque que planejavam a um depósito britânico em Chambezi. Foi apenas em 13 de novembro, com a captura de um motociclista britânico, que os alemães ficaram sabendo que a guerra havia terminado. Mesmo então, eles não conseguiam acreditar que a Alemanha tivesse sido derrotada.

Também na Frente Ocidental, os combates não haviam cessado por completo. Em Erquelinnes, logo do outro lado da fronteira belga, próximo a Mauberge, homens da cavalaria britânica, às 11:15, mataram um atirador alemão que se recusava a fazer parar sua metralhadora, talvez por seu relógio estar atrasado. Num outro ponto, o comandante de uma bateria britânica foi morto às 11 horas e 1 minuto, fazendo com que seus companheiros continuassem abrindo fogo contra os alemães por mais uma hora. Em Inor, sobre o rio Meuse, o tenente Thoma, do 19º Regimento de ulanos, partiu para as linhas americanas já bem depois das 11, para perguntar se eles precisavam de um lugar para alojar suas tropas, agora que a guerra havia acabado. Os americanos o atingiram de pronto, um erro de sua parte que deixou os ulanos atingiram de indignação. Gravemente ferido, Thoma, ao que parece, terminou o serviço dando um tiro na própria cabeça.

Em Stenay, a algumas milhas para o sul, os americanos ainda atiravam às quatro da tarde, abrindo fogo sobre o vazio, com a impressão de que qualquer ruído mecânico fosse um ataque inimigo. Em vários locais, unidades isoladas ainda estavam em ação, minas ainda explodiam, depósitos de munição iam pelos ares. Armadilhas de bombas deixadas pelos alemães continuaram a explodir por dias e semanas. A guerra podia ter acabado, mas muitas mortes ainda iriam acontecer. A Frente Ocidental teve por volta de 10.944 vítimas no dia 11 de novembro, incluindo 2.738 mortes. Quase tantas quanto no Dia D.

10

Segunda-feira, 11 de novembro de 1918, tarde

O estado de ânimo que predominou entre as tropas do *front*, quando soaram as 11 horas e os tiroteios começaram a se extinguir ao longo de toda a linha de frente, foi de um nítido anticlímax. Antes, até onde todos lembravam, sempre havia tiroteios num raio audível, e agora não mais. O silêncio parecia antinatural depois de toda a barulheira, quase uma contradição. Não era fácil se acostumar a ele.

O brigadeiro Richard Foot, da artilharia que dava apoio aos Batalhões de Guarda em Mauberge, havia detonado toda a sobra das munições já antes das sete da manhã, e foi então visitar dois soldados feridos numa estação de operações avançada. Ao voltar para sua unidade, mais tarde, ele falou por milhões de homens:

> Foi uma sensação estranha voltar para a bateria no silêncio que se seguiu às 11 horas. Havíamos nos acostumados ao ruído do fogo de artilharia que, muitas vezes, podia ser ouvido até na costa sul da Inglaterra. Próximo ao *front*, ouvia-se uma orquestração contínua de sons profundos e ressonantes, pontuada pelo matraquear mais nítido do fogo dos rifles e das metralhadoras. A paisagem também estava diferente: nenhum balão de observação à vista, nenhuma nuvem de fumaça saindo de explosões de bombas ou de prédios incendiados, nenhum avião riscando o céu. Depois de três anos e meio servindo na linha de frente, interrompidos apenas por curtas licenças ou estadas em hospitais, a paz era uma experiência nova e muito estranha.

Nas redondezas de Perquise, oficiais alemães se aproximaram em silêncio para apontar para os Reais Fuzileiros Galeses os locais onde a estrada estava minada. Atrás deles, vinha um corcunda com um acordeão, tocando triunfantemente a *Marselhesa*, enquanto os fuzileiros entravam marchando na vila. Os refugiados já começavam a retornar, percorrendo o trajeto de volta para casa, agora que os tiroteios haviam cessado. O capelão do exército Harry Blackburne assistiu à chegada de alguns deles, perto de Mons:

> As estradas se encheram de civis se apressando em voltar para as casas que os alemães os haviam forçado a abandonar, todos eles caminhando com dificuldade pelas estradas lamacentas, empurrando seus carrinhos de mão e suas carretas. Foi como na retirada de Mons: mulheres idosas, aflitas e doentes, absolutamente exaustas. Nossos caminhões levam tantos quanto podem carregar, e nossos soldados ajudam empurrando os carrinhos de mão dos mais velhos que mal conseguem andar. Na maioria das vezes, quando eles chegam não há mais casa, que foi destroçada pelos bombardeios. "Não importa", dizem eles, "sentimos o gosto da liberdade.

Na cidade de Mons, os habitantes estavam firmemente decididos a dar uma festa para seus libertadores, embora muitos canadenses estivessem tão exaustos que dormiam profundamente pelas calçadas. A entrada oficial dos canadenses na cidade estava marcada para as 15:30, quando eles marchariam ao som de bandas, sob as cores das bandeiras voando ao vento, mas a festa já havia começado, e a população não estava disposta a parar agora. As retaliações também estavam começando. Os belgas queriam os alemães capturados para se vingar dos quatro anos de ocupação. Os canadenses precisaram usar todo o seu tato para impedi-los de se lançar sobre os alemães e os fazer em pedaços.

Não muito distante de Mons, os soldados da Infantaria Ligeira dos Reais Fuzileiros Navais estavam deitados de bruços, enfileirados ao longo de uma barreira na estrada de ferro, quando os combates cessaram. Em 1914, um batalhão do Regimento de Manchester havia formado fileiras ao longo dessa mesma barreira, durante a retirada de Mons. Após o fim dos tiroteios, o fuzileiro Hubert Trotman e alguns companheiros se levantaram e foram dar uma caminhada pelo bosque do vale próximo dali. Eles então se depararam com esqueletos de 1914, homens do Regimento de Manchester que jaziam no local desde o começo da guerra. "Jogados no chão, ainda calçando botas, totalmente imóveis, sem capacetes, sem rifles enferrujados ou qualquer outro equipamento, apenas as botas". Essa foi uma cena que os fuzileiros jamais esqueceram.

Por toda a parte, reinava uma sensação de incredulidade, de que a guerra não havia realmente terminado, de que era apenas um sonho, que não estava acontecendo de verdade. Quando o fogo cessou às 11 em ponto, o soldado norte-americano Arthur Jensen foi um dos muitos que disseram: "Não se preocupem, daqui a pouco vai começar de novo". O artilheiro britânico Aubrey Smith, em Erquennes, ecoou o mesmo sentimento:

> Pensar que não haveria mais bombas, nem balas, nem gás, que não haveria mais noites geladas, em que montávamos guarda por medo de acender uma fogueira. De todas as notícias incríveis que nos haviam dado, essa foi a que nos deixou mais atônitos. Deve ser um sonho! É claro que, dali a pouco, voltaríamos a ouvir o som distante de metralhadoras, mostrando que estávamos iludidos! Aguçamos os ouvidos para escutar tiroteios à distância... Silêncio! Havia apenas o som de sinos de igreja repicando numa outra vila, proclamando o acontecimento...
>
> Por duas vezes, naquela tarde, nossos corações gelaram quando ouvimos estrondos distantes, parecidos com a detonação de um grande canhão, mas logo vieram nos dizer que se tratava de explosões de dinamite ou de minas que os alemães haviam deixado pelas estradas! Naquele dia, todos, soldados e civis, não foram ao trabalho. A boa gente do lugar nos convidou para suas casas e nos serviu xícaras de café, usando os parcos suprimentos que ainda tinham, e nos contou muitas histórias de sofrimentos e de dificuldades. Fizemos amizade com um camponês e sua família que moravam numa casinha humilde, próxima a nosso campo, e ouvimos histórias que eram uma réplica das que havíamos ouvido durante toda a semana anterior.

Ao longo de toda a linha de frente, os belgas serviram a comida que vinham escondendo para esse dia especial. Os alemães faziam batidas tão frequentes em suas casas, que eles tinham muito pouco além de uma ou duas garrafas de vinho enterradas no quintal e alguns artigos de qualidade que haviam conseguido esconder. Felizes, eles trouxeram tudo o que tinham e ofereceram aos soldados, sem se dar conta de que as tropas Aliadas estavam perfeitamente bem alimentadas e não precisavam de comida. Fazia tanto tempo que os civis que viviam por trás das linhas alemãs não tinham o bastante para comer, que eles haviam esquecido como era ter o estômago cheio. Comida era o melhor presente que podiam dar, a coisa mais valiosa que tinham para oferecer a seus libertadores. E deram com toda a boa vontade, felizes de fazer tudo o que podiam para marcar a ocasião. Em Mauberge, um velhinho francês ficou tão contente com os acontecimentos do dia, que vestiu seu velho uniforme da guerra franco-prussiana para celebrar.

Entre os americanos, Harry Truman ficou tão feliz quanto qualquer outro, ao ver a guerra chegar ao fim. Entretanto, também como todos os outros, sentiu uma nítida perturbação quando os canhões se calaram, às 11 horas:

> O silêncio era tão grande que tive a sensação de ter perdido a capacidade de ouvir. Os homens da bateria de metralhadoras, os capitães, os tenentes, os sargentos e os cabos, todos se entreolharam por alguns instantes e, então, gritos de alegria se ouviram ao longo de toda a linha. Podíamos ouvir os homens da infantaria, uns mil metros mais adiante, fazendo uma grande baderna. A bateria francesa localizada atrás de nossa posição dançava, gritava e acenava com garrafas de vinho...

Os homens de Truman logo se juntaram à festa, bebendo todo o vinho tinto que conseguiram encontrar, e mais conhaque do que conseguiam aguentar. O sol saiu ao meio-dia, e a festa continuou pela tarde e pela noite adentro. Foguetes foram lançados e pistolas luminosas foram disparadas, enquanto os homens da 129ª Artilharia de Campo celebravam o fim da tensão. Bem acima deles, num balão, o tenente Broaddus, da bateria F, assistia a tudo infelicíssimo. Mais cedo, ele havia recebido ordem de subir para orientar as últimas rajadas de fogo de artilharia. A guerra terminou quando ele estava lá em cima e, em meio à comoção geral, se esqueceram dele. Passaram-se duas horas e, só então, alguém se lembrou dele e o trouxe de volta.

Em outros locais, os americanos andavam à esmo, à cata de lembranças para levar para casa, agora que a guerra havia chegado ao fim. Por trás das linhas, havia mercado para lembranças de guerra, e seu comércio florescia entre os soldados da base, que nunca haviam chegado perto dos combates. Pistolas, capacetes, baionetas, qualquer coisa de algum valor era vendida a bom preço. Algumas vezes, os caça-lembranças chegavam até muito perto das trincheiras alemãs, do lado oposto da linha. Feldberg Georg Bucher e seus companheiros, que a essa altura mais pareciam espantalhos cobertos de piolhos, saíram cautelosamente de suas trincheiras no início da tarde, mal podendo acreditar que suas cabeças não iriam voar pelos ares assim que as levantassem. Atônitos, viram os homens que haviam metralhado naquela manhã, e que os retaliaram com gás, procurando troféus de guerra, a poucos passos dali:

> Ainda agachados por trás de nossa trincheira, assistimos incrédulos. Os americanos andavam de um lado para o outro pela terra de ninguém, mas muito pouca coisa havia sobrado da devastação causada pelos bombardeios. Alguns chegaram a uns dezoito metros de onde estávamos. Eles olhavam para nós com enorme raiva e desprezo, e pareciam não gostar de ainda termos granadas de mão penduradas nos cintos, e rifles nas mãos... Alguns de nós tentaram fazer amizade com o inimigo, mas em vão. Os americanos estavam amargurados demais com os acontecimentos do dia anterior, o que não era de surpreender. Eles haviam atacado três vezes, e foram repelidos com perdas pesadas.
>
> Era mesmo uma sensação muito estranha, ficarmos sentados a céu aberto, em frente à trincheira. A realidade era difícil de acreditar, e todos estávamos com um vago medo de que tudo acabaria sendo um sonho.

Mas não era sonho. A guerra havia realmente terminado, e os combates de fato cessaram. Quem quer que fosse o responsável pelo pesadelo, havia finalmente caído em si, e já não era sem tempo.

O tenente-coronel George Patton escreveu um poema para comemorar a ocasião. Ele estava em Langres na manhã do Armistício, recuperando-se de um ferimento no torso. Mais tarde, surgiu a lenda de que Patton fora um dos oficiais americanos que haviam corrido para o *front* assim que o cessar-

-fogo foi anunciado, para estar presente no momento do triunfo. Contaram que ele subornou um ordenança do hospital e chamou um táxi para levá-lo a Verdun. Na verdade, ele permaneceu bem longe das linhas, lamentando a chegada da paz:

> *We can but hope that ere we drown*
> *'Neath treacle floods of grace,*
> *The tuneless horns of mighty Mars*
> *Once more shall rouse the Race.*
> *When such times come, Oh! God of War*
> *Grant that we pass midst strife,*
> *Knowing once more the whitehot joy*
> *Of taking human life.**

Patton havia visto apenas cinco dias de luta durante toda a guerra. Ele, mais tarde, viria a realizar seu desejo de participar de uma nova matança.

* * *

Em Cambrai, os comandantes do exército britânico estavam reunidos para discutir os planos para os dias subsequentes, antes da marcha sobre a Alemanha. As 11 horas passaram quase despercebidas no quartel-general britânico, enquanto o marechal-de-campo Sir Douglas Haig e seus generais planejavam um programa de atividades para impedir que os homens se entregassem a brincadeiras de mau gosto. Em seguida, eles posaram para os cine-jornais, e Sir Julian Byng e outros fizeram o possível para que Sir Herbert Plumer sorrisse para as câmeras. Haig, então, voltou a seu trem de comando para um almoço comemorativo com o príncipe Fushimi, do Japão, que ia condecorá-lo com uma medalha japonesa antes de partir para uma visita aos campos de batalha.

---

* "Esperamos que, em breve, ondas de graça venham nos afogar. E que as trompas mudas do poderoso Marte mais uma vez venham despertar a Raça. Quando esses tempos chegarem, Ó, Deus da Guerra, concede-nos morrer lutando, e provar de novo o júbilo incandescente de tirar vidas humanas." (N. T.)

Haig sentia-se cheio de orgulho ao voltar para seu trem. A vitória sobre os alemães era uma vitória britânica, tanto quanto de qualquer outro país. As tropas britânicas e imperiais haviam arcado com o grosso do peso da guerra desde os motins franceses de 1917. Nos últimos meses, eles haviam feito quase tantos prisioneiros, e capturado quase tantas metralhadoras, quanto os exércitos francês, americano e belga, somados. Mas se a guerra havia sido ganha pela força das armas, Haig não tinha tanta certeza quanto à paz. Ele tinha graves restrições às condições do Armistício e as expressou numa carta a sua mulher:

> Temo que os estadistas Aliados tenham a intenção de impor termos humilhantes à Alemanha. Creio que isso seja um erro, pois só faz preparar terreno para problemas futuros, e pode alimentar um desejo de vingança.

Haig suspeitava principalmente de Lloyd George, antipatia que, aliás, era plenamente recíproca. Confrontado com uma guerra sem precedentes, na qual nenhum dos comandantes conseguia enxergar a totalidade do campo de batalha, Haig havia optado por dirigir seus exércitos de um ponto bem distante da linha de frente, enviando suas ordens do conforto de um bem equipado castelo, longe do calor da batalha. Havia boas razões para manter o quartel-general afastado da linha de fogo, mas, à medida que as baixas aumentavam, Lloyd George passou a lançar críticas ferozes a Haig, e não foi o único. O tenente-coronel Harold Alexander, comandante de um batalhão da Guarda Irlandesa, e Bernard Montgomery, chefe do Estado-Maior da divisão, haviam ambos prometido a si mesmos que, se algum dia chegassem a generais, iriam comandar do próprio *front*, inteirando-se minuciosamente das condições, antes de enviar os soldados para a batalha. Haig tinha pleno conhecimento das condições, mas seu erro foi o de não se fazer suficientemente visível para os homens incumbidos de lutar. Seus compatriotas mais cínicos o viam como o melhor general escocês de todos os tempos, pois sua estratégia de guerra havia matado mais ingleses que a soma das baixas ocorridas sob o comando de todos os outros generais.

Se ele sentia algum remorso, não deixou transparecer quando cumprimentou o príncipe Fushimi, ao recebê-lo no trem. O marquês Inouye, pertencente à nobreza do Japão, estava com ele, e também o príncipe Arthur de

Connaught. Os japoneses haviam lucrado muito com a guerra. Após se unirem a seus aliados britânicos contra a Alemanha, eles, muito sensatamente, se mantiveram distantes da Frente Ocidental, concentrando-se em tomar as Ilhas Marianas e Marshall dos alemães, e em capturar o porto chinês de Tsingtao. O Japão havia também ocupado o porto russo de Valdivostok, no momento em que os russos se viam incapazes de fazer-lhes frente, e esperavam manter suas conquistas quando o mapa do mundo fosse redesenhado na Conferência de Paz que ocorreria em breve.

Haig aceitou a condecoração e conduziu seus convidados para o almoço. O príncipe de Gales chegou mais tarde, para uma reunião com o príncipe Fushimi. Ele veio de má vontade, pois preferiria ter ficado com os canadenses em Mons. Durante o mês inteiro, ele participara do avanço canadense e, como se queixou a sua mãe, iria perder a apoteose final:

> Fiquei aborrecidíssimo de não poder estar lá, mas recebi ordens de ir me encontrar com o príncipe Fushimi no QG central às duas da tarde, onde ele almoçava com o comandante-em-chefe a bordo do trem! Eu estava me roendo por dentro só de pensar o quanto teria sido interessante ter entrado em Mons no mesmo dia que as primeiras tropas, mas "ordens são ordens", e tive uma curta conversa com o príncipe japonês que, sem dúvida alguma, fala um inglês muito bom. Arthur estava com ele, e eles partem para Paris esta noite. Mas passei uma meia hora muito interessante com o comandante-em-chefe, que me mostrou os planos e os mapas para a marcha sobre a Alemanha e para a ocupação do país, e também os termos de Foch para o Armistício, que eu não havia visto até então!

O príncipe de Gales se perguntava como o kaiser se sentiu naquele dia, obrigado a abandonar o trono e a fugir em desgraça para a Holanda. "Muito pior do que qualquer outro homem algum dia se sentiu, é o que penso e espero, também". Na opinião do príncipe de Gales, o kaiser mais que merecia tudo o que estava acontecendo a ele.

Em Bruxelas, a cidade continuava caótica quando a guerra chegou ao fim. Os alemães ainda brigavam entre si, arrancando os oficiais de seus carros e os linchando se eles ainda usavam as insígnias de sua patente. Na Gare du Nord, oficiais alemães apontaram suas metralhadoras contra seus próprios soldados, matando também alguns civis. Os oficiais foram perseguidos até um hotel na Place Rogier e bombardeados até se renderem, enquanto os belgas permaneciam em suas casas, assistindo da segurança de suas janelas. A camaradagem do dia anterior entre belgas e alemães bolcheviques se evaporara durante a noite. Os belgas não queriam mais qualquer contato com os alemães. Para eles, era ótimo vê-los se matando entre si, contanto que nenhum belga saísse ferido. Quanto mais alemães morressem, melhor.

As ruas estavam sombrias e desertas no dia do Armistício, exceto por bandos de soldados bêbados que faziam baderna pelos bulevares, saqueando todas as lojas que encontravam pela frente e invadindo bancos e casas particulares. Eles não apenas levaram tudo o que queriam dos belgas, mas roubaram também sua própria gente, invadindo a casa de campo do príncipe Ruppecht da Bavária e atirando na rua toda a mobília, enquanto o general se refugiava na casa do embaixador da Espanha. As posses de Ruppecht foram leiloadas ali mesmo, e empilhadas em carroças e vagões para a longa viagem de volta à Alemanha. Há dias, colunas de tropas passavam por Bruxelas, voltando para casa carregadas de objetos saqueados. O único objetivo, agora, era sair da Bélgica em segurança e atravessar a fronteira alemã levando o máximo que pudessem.

Gick Gifford, uma professora inglesa, estava lá para assistir a partida dos alemães:

> Que multidão desgrenhada, maltrapilha e faminta eram eles, acenando a bandeira vermelha, e até mesmo seus vagões estavam decorados com essa bandeira revolucionária! Na verdade, os homens pareciam desesperados, e ninguém ousava levantar os olhos enquanto eles passavam. Que contraste com as magníficas e invencíveis legiões de 1914! Que nêmesis!
> Muitos arrastavam carrinhos de mão, sem falar nas vacas e galinhas, qualquer coisa em que eles conseguissem colocar as mãos.

Como boa inglesa que era, Gifford, naturalmente, se compadecia mais dos animais que dos seres humanos:

> Os cavalos que vimos sendo levados eram de dar pena, animais em péssimo estado, nada além de um feixe de ossos e uma massa de ferimentos e chagas abertas. Pobres animais calados! Dava náuseas pensar em seu sofrimento mudo.

Os belgas se queixaram dos saques ao novo conselho dos soldados alemães em Bruxelas. Foi-lhes dada uma garantia formal de que o governo revolucionário em Berlim, mais adiante, indenizaria plenamente os prejudicados. Os belgas decidiram ver para crer.

O Armistício teve pouca repercussão imediata em Bruxelas. Em Berlim, também, ele passou quase despercebido na cidade ainda preocupada com seus próprios problemas. A situação havia se acalmado um pouco nos últimos dois dias, embora ainda não houvesse voltado ao normal. Ainda havia homens armados por toda a parte, e as rajadas de metralhadora eram constantes entre as facções rivais, que continuavam a disparar umas contra as outras, na esperança de provocar uma reação sangrenta. As multidões já não eram tão grandes quanto antes, e os ânimos estavam menos eriçados, mas ainda demoraria um pouco antes que fosse novamente seguro sair às ruas.

A princesa Blücher e seu marido ainda estavam na casa do dr. Mainzer, na Winterfeldstrasse, onde haviam se refugiado quando sua própria casa foi atacada. Apesar de os tiroteios continuarem, o príncipe Blücher decidiu se arriscar a voltar para casa para avaliar os danos e começar a pôr as coisas em ordem. Evelyn Blücher não foi com ele. Ela, em vez disso, foi com Frau Mainzer visitar suas amigas, para congratulá-las por terem sobrevivido às últimas quarenta e oito horas. Nas visitas dos dois dias seguintes, ela encontrou a todos horrorizados com os termos do Armistício, principalmente com a recusa de suspender o bloqueio naval até que o tratado de paz fosse assinado. Os alemães já estavam semimortos de fome, e morrendo como moscas de gripe espanhola. A continuação do bloqueio significaria morte lenta por exaustão, para muitos outros:

> Como uma inglesa disse a mim, a ideia de continuar a existir e se contentar com a pouquíssima comida ainda disponível era tão terrível que ela pensou que a coisa mais sensata a fazer seria sair para as ruas com seu filho e tentar ser baleada numa das muitas brigas de rua. Uma outra senhora, cujo marido está no *front*, e de quem ela há muito não tem notícias, vem pensando em ligar o gás e matar a si própria e a seus dois filhos pequenos, pondo fim aos horrores da vida.

A escassez de comida na Alemanha havia sido minimizada como questão secundária pelos Aliados, em Compiègne, e talvez até mesmo usada como manobra nas negociações, mas era bem real para Evelyn Blücher e para as outras mulheres famintas de Berlim.

Em Paris, a festa corria solta, e a cidade continuava a celebrar. No começo da tarde, a Champs Elyseés era uma massa fervilhante, tão densa que a rua havia desaparecido de vista. A Place de la Concorde estava igualmente lotada, cheia de gente vestida nas suas melhores roupas de domingo, colocando bandeiras e coroas de flores na "Cidade de Strasbourg", a estátua alegórica que havia testemunhado a morte de Luís XVI na guilhotina, durante a Revolução Francesa. Strasbourg era a capital da Alsácia, agora devolvida à França depois de mais de meio século. Sua reconquista havia vingado uma mancha ofensiva na honra nacional.

Música, canto, dança. Bandeiras e faixas coloridas, coros cantando *La Madelon de la Victoire*, uma canção popular sobre uma garçonete de bar. Viúvas de guerra vestidas de negro dançavam com soldados sem uma perna ou braço, que acabavam de ser liberados do hospital por um dia. Um jovem escalava até uma sacada para beijar um grupo de jovens vendedoras que se desfaziam em risinhos. Um médico, na esquina da rue de Rivoli, distribuía flores de uma banca de calçada. Com tantos franceses mortos e mutilados, o romancista Marcel Proust ficou chocado com a desinibição dos parisienses em seu momento de triunfo. "Choramos por tantos mortos, que uma alegria como essa não é a forma de celebração que eu gostaria de ver", queixou-se ele a um amigo. Mas ele estava enganado. Os franceses haviam trabalhado duro por essa vitória. Eles precisavam desabafar por uns dias, antes de serem trazidos de volta à dura realidade.

Norah Broadey, voluntária da Cruz Vermelha francesa no hospital americano de Neuilly, era uma das que se esbaldavam na multidão:

> Todos estão nas ruas e nos bulevares, e *não trabalhar* é a ordem do dia. As ruas são como mares de bandeiras Aliadas e, por toda a parte, as pessoas cantam, marcham em procissão e acenam bandeiras. Todos confraternizam! E, por toda a parte, ouvem-se os hinos nacionais dos Aliados e canções de guerra, tocados repetidamente. O som da *Tipperary* cantada por um pequeno grupo deu-me um nó na garganta. Não pude deixar de me lembrar dos homens galantes que embarcaram na Inglaterra ao som dessa canção, para nunca mais voltar.

Cenas animadíssimas estavam acontecendo na Place de l'Opéra, e uma manifestação das colônias britânicas nos encheu de felicidade. Um aviador francês fez acrobacias bem acima de nós – ele voou bem baixo por sobre a rue De la Paix e, então, subiu acima de nossas cabeças e da Ópera, em meio a aplausos entusiasmados. Homens subiam nos telhados e, um deles, dançava lá em cima, brincando com um cano de chaminé. A banda tocou a *Marselhesa*, o *God Save the King* e outros hinos nacionais.

Na frente da embaixada britânica, o embaixador, Lord Derby, foi assediado por uma multidão quando se encaminhava para o Palais Bourbon para ouvir Clemenceau anunciar os termos do Armistício. A banda da Real Guarda Montada tocou o hino nacional, enquanto Decima Moore, que chefiava o centro britânico de licenças em Paris, acenava com uma bandeira britânica do alto de um táxi, gritando "*Rule, Britannia!*"* Derby conseguiu abrir caminho entre a multidão e chegar até o Palais. Todos estavam indo para lá. Quando finalmente chegou, Derby se dirigiu à Câmara dos Deputados, onde Clemenceau faria o anúncio.

Foi um momento de forte emoção para o *premier* francês. Ainda jovem, Clemenceau estivera entre os mais de cem deputados que haviam assinado a moção oficial lamentando a derrota da França na guerra Franco-Prussiana e a anexação da Alsácia-Lorena. Agora, quarenta e sete anos depois, e único sobrevivente dos signatários do documento, ele pôde anunciar o retorno da Alsácia-Lorena à França. Desde a manhã, ele havia sido beijado por várias centenas de mulheres francesas, e abraçado por seu velho inimigo político Raymond Poincaré, o minúsculo presidente da França.

Clemenceau foi loucamente aplaudido, ao se postar em frente aos deputados para ler os termos do Armistício. Cada cláusula era saudada com um rugido de aprovação, à medida que suas implicações iam ficando claras. Os alemães não haviam apenas sido derrotados na guerra. Eles foram abjetamente humilhados. Era a vez da França triunfar, e Clemenceau prestou-lhes as devidas honras:

---

* Título de um poema de James Thompson, transformado em uma canção patriótica. (N. T.)

Em nome do povo francês, homenageio nossos magníficos mortos, que nos trouxeram a essa grande vitória... A França foi libertada pelo poder de seus exércitos... Graças a eles, a França, ontem o soldado de Deus, hoje o soldado da humanidade, será sempre o soldado dos ideais.

Nenhuma menção aos aliados da França. Tropas britânicas e imperiais haviam morrido em quantidades maciças em solo estrangeiro, mas era como se britânicos e americanos não tivessem desempenhado qualquer papel na vitória, a julgar pelo crédito que lhes foi dado por Clemenceau. Mais tarde, Lord Derby deixou a câmara "parecendo bem menos exuberante e animado que de costume", segundo um amigo francês. Ele sentiu-se bem melhor logo depois, quando um americano, no Café de Paris, pôs-se de pé e brindou à saúde da Inglaterra, "que, na verdade, foi quem venceu a guerra". Isso era muito mais o que Lord Derby desejava ouvir.

Do outro lado do Atlântico, a festa começou antes do amanhecer, quando o Novo Mundo acordou para um cessar-fogo que, no Velho Mundo, já havia sido assinado e selado. Salvas de tiros foram detonadas às cinco da manhã da cidadela de Halifax, em Nova Escócia, seguidas, um pouco mais tarde, pelos sinos das igrejas e por danças nas ruas. Houve uma entusiástica parada da vitória em Montreal, e um conjunto de várias bandas tocou *Maple Leaf Forever*, no Parliament Hill, em Ottawa. Em Toronto, a multidão ficou tão delirante que tombou um caminhão de entregas e o empurrou através da vitrine de uma sapataria, antes de saquear as mercadorias.

Em Nova York, a Estátua da Liberdade foi acesa antes do nascer do sol, pela primeira vez desde que os Estados Unidos entraram na guerra. Na Grand Central Station, oitocentos soldados do Bronx, que acabavam de ser convocados e esperavam pelo trem que os levaria para o quartel do exército, sentiram um grande alívio ao saber do Armistício. Ao longo da Quinta Avenida, centenas de milhares de nova-iorquinos se juntaram a uma multidão frenética que marchava até a Broadway, atravessando a rua Quarenta e Dois, tendo à frente elefantes de circo e era acompanhada por pessoas de todos os tipos imagináveis:

Mulheres bem vestidas tilintando sininhos de vaca; moleques de rua gritando e dançando; estenógrafas com chapéus de papel nas cores vermelha, azul e branca; marinheiros às risadas sob as abas largas dos chapéus das moças, e moças desfilando em bonés de marinheiro. Havia automóveis superlotados de passageiros barulhentos, carruagens puxadas por um cavalo, carroças de fazenda cheias de garotas sorridentes, barcos salva-vidas trazidos na carroceria de caminhões, ônibus de turismo fervilhando de gente.

Em São Francisco, uma imensa fogueira ardia no Telegraph Hill. Em Minnesota, sinos badalavam e apitos assoviavam na Escola Indígena de Wahpeton. No Mississipi, os alunos da Escola Secundária de Tupelo encenaram uma batalha com rojões e fogos de artifício. E em Gettysburg, na Pensilvânia, o tenente-coronel Dwight Eisenhower praguejava em silêncio, furioso de a guerra haver terminado antes de ele ter tido a chance de ganhar experiência de campo de batalha. Seu embarque para a França estava marcado para 18 de novembro. Agora, ele teria que ficar calado para sempre nas reuniões de West Point, deixado de lado enquanto seus companheiros trocavam lembranças da guerra, tratando-o com desprezo por ele jamais ter ouvido um único tiro.

Einsenhower havia visto os cartazes de recrutamento: "O que você fez na guerra, papai?", onde um pai envergonhado, sentado em sua poltrona, via passar os homens que marchavam para a guerra. Ele ficou imaginando o que, um dia, iria dizer a seu próprio filho. O mais irritante de tudo é que ele já teria ido para a França há muito tempo, não fosse por seu excepcional talento como organizador. Ao invés de mandá-lo para a guerra, o exército o havia enviado para Gettysburg, para treinar os soldados em combates com tanques, no antigo campo de batalha da Guerra Civil. Eisenhower havia visto milhares de outros partirem para a guerra, enquanto ele ficava para trás.

Em Michigan, o capitão Winn Johnstone Wilson, do Real Regimento de Sussex, foi acordado às cinco da manhã pelas celebrações do Armistício. "Pasmo com os americanos, que conseguem vibrar de entusiasmo a sangue-frio, numa hora dessas", ele deixou Bay City após o café da manhã, tomando o trem para Cheboygan, sobre o Lago Huron, onde daria uma palestra aos moradores da localidade. Gravemente ferido na Frente Ocidental, Johnstone Wilson sobreviveu, contrariando todas as expectativas, mas foi declarado incapaz de serviço ativo. Ele foi então mandado aos Estados Unidos, como integrante de uma missão militar britânica de promoção da guerra, que tinha como objetivo ajudar os americanos a entender por que estavam lutando.

Johnstone Wilson logo percebeu que sua tarefa seria árdua. Ele gostava dos americanos e admirava imensamente sua democracia, mas ficava horrorizado com sua ignorância quanto a tudo o que se referia ao mundo exterior. Muitos eram veementemente anti-britânicos, e não apenas porque preferiam os alemães. Johnstone Wilson também se ressentia da crença generalizada de que os americanos haviam ganho a guerra sozinhos, como se ninguém mais houvesse lutado:

> Eles não sabem nada sobre a guerra. Para eles, é como se Chateau-Thierry tivesse sido a *única* batalha. A ignorância do americano inteligente é assombrosa, e com isso quero dizer seus conhecimentos sobre qualquer coisa que não seja negócios. Eles só conseguem pensar nos mercados e na América, e acham que esse conhecimento é suficiente para resolver todos os problemas da Europa. O sentimento anti-inglês ainda prevalece, e é mais forte que os sentimentos pró-germânicos... Quando não estão trabalhando nem organizando, eles estão sempre comendo...

A preocupação de Johnstone Wilson era que o Armistício houvesse ocorrido cedo demais para ser confiável. Ele estava em Washington no dia do falso Armistício, em 7 de novembro, e foi um dos britânicos pessimistas que se recusaram a celebrar enquanto todos à sua volta enlouqueciam. Ele pensou então, e ainda pensava, que o exército alemão deveria ter sido derrotado de fato, antes da assinatura de um Armistício:

> Ainda me pergunto, agora que tudo terminou, se não é uma grande pena que o Armistício tenha acontecido antes de os Aliados terem esmagado por completo o exército alemão. Por aqui, a ideia também não é muito aceitável, e é difícil convencer o americano comum e inculto de que ele não ganhou a guerra sozinho.

Johnstone Wilson sentia antipatia e desconfiança pelo patriotismo irracional que encontrava por toda a parte na América. Fora essas bravatas patrióticas, contudo, ele via o povo dos Estados Unidos como uma gente muito decente: "Eu gostaria muito deles, se eles não fossem tão orgulhosos de sua América".

Em Burton, no Kansas, um grupo armado estava a caminho de uma fazenda das redondezas para pegar John Schrag e trazê-lo para a cidade. Os homens queriam que ele participasse das celebrações do Armistício, para mostrar que não era um vagabundo inútil.

Schrag era menonita, um homem temente a Deus, descendente de suíços-alemães. Juntamente com o restante da comunidade menonita, ele, desde o início, havia se recusado a apoiar a guerra, resistindo às pressões de comprar títulos de guerra, que significavam, entre o povo do local, a grande prova de lealdade. Ia contra as crenças menonitas apoiar violência de qualquer espécie.

Seus filhos se recusaram a dizer onde ele estava, quando os homens chegaram. Eles revistaram a propriedade, arrancaram Schrag de seu esconderijo e pintaram as listras amarelas da covardia nas casas da fazenda, e o levaram à força para a cidade. Fogueiras ardiam em volta da praça principal quando uma multidão hostil cercou Schrag, insistindo que ele fosse à frente da parada da vitória e comprasse títulos de guerra ou, então, que sofresse as consequências. Ele se ofereceu para doar duzentos dólares para a Cruz Vermelha ou para o Exército da Salvação, mas a turba não se contentou. Ou ele apoiava a guerra, ou era traidor.

Uma bandeira americana foi enfiada em suas mãos. Schrag se recusou a tocá-la. A bandeira caiu no chão e alguém na multidão gritou que Schrag havia pisado na bandeira americana. O fazendeiro Charles Gordon assistiu ao que aconteceu em seguida:

> Eu nunca tinha ouvido uma tamanha gritaria e tanto palavrão, e dei um tapa nele. Cobri-o de bofetadas, pancadas e chutes. Em hora nenhuma ele tentou resistir. Um dos sujeitos foi a uma loja de ferragens e comprou um galão de tinta amarela. Tirou a tampa e derramou na cabeça de Schrag. Ele usava uma barba comprida, era meio baixo e troncudo, mas era uma barba bonita, e a tinta escorreu pelos olhos, pelo rosto e pelas roupas...
>
> Ele não ofereceu qualquer resistência, um outro homem voltou à loja de ferragens e comprou uma corda, que amarrou no pescoço de Schrag, e o

puxou pela cidade até perto do prédio da cadeia, um pequeno calabouço. Havia uma árvore no local, e eles iriam enforcá-lo nessa árvore.

O xerife interveio e, à mão armada, forçou a multidão a se afastar, prendendo Schrag para salvar-lhe a vida. Na cadeia, ele foi colocado sobre uma plataforma elevada, para que as pessoas pudessem caçoar dele pela janela. Naquela noite, enquanto todos celebravam o Armistício, ele foi levado para uma outra cidade, por questões de segurança, e foi acusado de profanar a bandeira americana. Em Long Island, a essa mesma hora, o sargento Irving Berlin se perguntava o que fazer com uma canção que ele havia composto para o musical *Yip, Yip, Yaphank*, mas que não havia usado por ser solene demais. A canção era *God Bless America*.

Em Washington, o presidente Wilson chegou ao Capitólio para uma sessão conjunta do Congresso. A Casa não estava cheia, porque muitos senadores e deputados ainda estavam a caminho de Washington, regressando das campanhas eleitorais, mas as galerias estavam lotadas de diplomatas que, em meio a uma atmosfera trepidante, esperavam pelo anúncio dos termos do Armistício. Roman Dunovski, presidente do Comitê Nacional Polonês, lá estava para assistir, assim como Tomás Masaryk, Presidente do Conselho Nacional Tcheco-eslovaco. Era um novo começo para os pequenos países da Europa, agora que os antigos impérios se esfacelavam.

Todos aplaudiram entusiasticamente quando Wilson entrou. Ele parecia cansado e tinha a voz rouca, como se estivesse gripado. Depois de apertar a mão do presidente e do vice-presidente da Casa, ele falou ao Congresso durante trinta minutos, resumindo os termos do Armistício, cláusula por cláusula, antes de concluir com algumas observações sobre a paz:

> Não é agora possível fazer conjecturas sobre as consequências desta grande consumação. Sabemos apenas que essa guerra trágica, cujas chamas destrutivas se alastraram de uma nação a outra até que o mundo inteiro se incendiasse, está chegando ao fim, e que foi um privilégio para nosso povo ingressar nela no momento mais crítico, de tal maneira e com tal força que pudemos dar uma grande contribuição, da qual muito nos orgulhamos, a seu grande desfecho.

Sabemos também que o objetivo da guerra foi alcançado: o objetivo almejado, do fundo de seus corações, por todos os homens livres, e alcançado de maneira tão radical e completa, que até agora não conseguimos compreender sua plena extensão. O imperialismo armado, tal como concebido pelos homens que ainda ontem eram os senhores da Alemanha, chegou ao fim, e suas ambições ilícitas foram engolfadas por um grande desastre. Quem agora tentará revivê-lo?

Wilson foi novamente aplaudido ao fim de seu discurso, e políticos de ambos os partidos se puseram de pé para ovacioná-lo. Ele e seus convidados voltaram à Casa Branca para um almoço tardio, sendo aplaudidos ao longo de todo o caminho. Wilson apareceu novamente às quatro da tarde e, da escadaria do Gabinete Executivo, assistiu a uma parada dos operários da guerra. Em seguida, ele caminhou até os portões da Casa Branca, parecendo mais feliz que nunca, para assistir à festa que ganhava força na Avenida Pensilvânia. Toda a cidade havia saído às ruas para festejar o fim do conflito. As dúvidas que as pessoas porventura tivessem a respeito da guerra haviam se dissipado, agora que tudo chegara ao fim, e os Estados Unidos haviam saído vencedores. A nação inteira exultava com esse desfecho.

Enquanto os americanos comemoravam por todo o país, seus últimos mortos de guerra, que haviam tornado possível a vitória, ainda jaziam insepultos nos campos de batalha da França. Alguns dias depois do Armistício, o soldado Arthur Jensen se deparou com uma mixórdia de mortos alemães e americanos, nos barrancos do Meuse, próximo a Brandeville:

Em alguns lugares, os homens haviam sido mortos por balas, mas, em outros, foram estraçalhados por granadas: aqui, um braço com a mão faltando e, mais adiante, uma perna com os genitais pendurados, ou uma cabeça solitária que parecia acusar a civilização com seu silêncio! Num certo ponto, encontrei um estômago perdido na grama, enquanto os intestinos se enroscavam nos galhos de uma árvore próxima.

Mais adiante, Jensen encontrou quatro alemães mortos, conhecidos como "holandeses" na gíria americana, empilhados um sobre o outro:

Sua carne fétida havia esverdeado, apresentando um espetáculo tão repulsivo que eu conseguia ver, cheirar e sentir o gosto de todos ao mesmo tempo! Por mais nauseante que tenha sido, suponho que a história irá dizer que essa batalha foi uma vitória gloriosa para as armas americanas, o que seria verdadeiro, sem dúvida alguma. No entanto, se essas pobres e abandonadas carcaças humanas pudessem falar, elas provavelmente diriam:

Somos os dividendos da guerra;
Foi por nós que você veio para a Europa.
Nossa causa foi derrotada, morremos em vão,
E agora, apodrecemos na chuva!

Mas eu ainda não havia visto nada. Mais adiante, vi um soldado americano pisoteando o rosto de um alemão morto até reduzi-lo a uma pasta. Imagino que um de seus amigos tenha sido morto pelos alemães, porque, ao pisá-lo, ele murmurava entre dentes cerrados: Seu holandês imundo, filho de uma puta!

Em Londres, o sionista britânico Chaim Weizmann há muito tinha um almoço marcado com Lloyd George, na Downing Street nº 10. Telefonando com antecedência para saber se o compromisso ainda estava de pé, Weizmann ficou surpreso ao saber que sim, e que ele e o primeiro-ministro almoçariam a sós.

Não havia a menor chance de conseguir um transporte público, de modo que Weizmann caminhou até Downing Street de sua casa, na Addison Road. Ele saiu de casa ao meio-dia, mas teve dificuldade em atravessar a densa multidão:

Eram cerca de 13:30 (a hora combinada), e eu estava no Green Park, em frente ao portãozinho que leva à Downing Street. Muitas outras pessoas também estavam lá. O portão estava fortemente guardado por vários policiais. Timidamente, me aproximei de um dos que estavam do nosso lado, pedindo que me deixassem passar, o que, é claro, foi prontamente recusa-

do. "Mas", disse eu, "tenho um almoço marcado com o primeiro-ministro."
O policial me olhou de alto a baixo. "Várias pessoas já me disseram o
mesmo", foi sua resposta seca. Tirei então da carteira um cartão de visitas,
pedindo-lhe que o mostrasse a seu colega do lado de dentro do portão, que
poderia perguntar ao porteiro do número 10 se eu estava ou não dizendo a
verdade. Após alguma hesitação, ele concordou e, alguns minutos depois,
voltou, desta vez todo sorridente, para me deixar entrar.

Encontrei o primeiro-ministro lendo os Salmos, comovido até o fundo da
alma e, na verdade, à beira das lágrimas. A primeira coisa que ele disse
foi: "Acabamos de enviar sete trens carregados de pão e de outros alimentos de primeira necessidade para serem distribuídos por Plumer, em
Colônia".

Esses trens, ao que parece, eram um mito. Weizmann falou a Lloyd
George sobre a possibilidade de criação de uma pátria para o povo judeu na
Palestina, após a rendição dos turcos, mas era óbvio que os pensamentos do
primeiro-ministro estavam bem longe dali. Weizmann não queria tomar-lhe
mais tempo do que o necessário. Mais tarde, ele assistiu Lloyd George sair
do número 10 para ir anunciar os termos do Armistício na Câmara dos Comuns. Uma multidão entusiasmada lançou-se sobre o primeiro-ministro assim
que ele pôs os pés fora de casa, e o carregou nos ombros, levando-o para fora
do campo de visão de Weizmann.

Na Câmara dos Comuns, Lloyd George foi novamente ovacionado ao
entrar no plenário com Henry Asquith. Após as preces, ele leu os termos do
Armistício para uma Câmara atenta. O conservador Stanley Baldwin, membro do Parlamento, sentiu-se mais perto das lágrimas que da exultação, ao
pesar os custos da vitória: "Minha mente fica atordoada, ao pensar em tudo
isso. Três impressões surgem com mais força: gratidão pelo fim do morticínio, a lembrança dos milhões de mortos e a visão da Europa em ruínas".
Assistindo da galeria de honra, Margot Asquith não pôde deixar de sentir
pena dos alemães, quando a severidade dos termos se revelou:

Cobri o rosto com as mãos e uma onda de emoção fez tremer meu coração. Para o cidadão comum, os termos que acabávamos de ouvir eram
apenas o esperado. Eu, entretanto, não pude deixar de imaginar, cheia de

compaixão, o que aquilo deveria significar para uma raça orgulhosa que, até 1914, possuía tudo o que a indústria e a ciência podem alcançar, e que havia lutado durante quatro anos esperando derrotar não apenas a França, mas também metade da Europa. Não pela primeira vez, senti-me compelida a obedecer o alto mandamento que nos diz que devemos temperar nossos julgamentos com misericórdia.

Mas não havia misericórdia para os alemães. O sentimento, por toda a Europa, era de rancor implacável, após tudo o que eles haviam feito. Depois de ler os termos, Lloyd George encerrou os trabalhos da Câmara naquele dia:

Não é hora para palavras. Nossos corações estão cheios demais de uma gratidão que língua nenhuma conseguiria expressar. Proponho, portanto, que esta Câmara, imediatamente, suspenda os trabalhos, até amanhã a esta mesma hora, e que nos dirijamos todos, como Câmara dos Comuns, à Igreja de Saint Margaret, para, com humildade e reverência, agradecer pelo mundo ter sido libertado de tamanho perigo.

Henry Asquith aprovou a proposta. Ambas as Casas do Parlamento atravessaram a rua e se dirigiram em massa para Saint Margaret, a pequena igreja ao lado da Abadia de Westminster, onde estava o túmulo de Sir Walter Raleigh. O arcebispo de Canterbury conduziu o serviço. A congregação cantou *O God, Our Help in Ages Past*. Em seguida, todos se ajoelharam e oraram ao Todo-Poderoso, pedindo que nada semelhante aos últimos quatro anos viesse a acontecer novamente.

* * *

Enquanto os Comuns oravam, o rei George e a rainha Mary circulavam pelas ruas com sua filha, mostrando-se ao povo em sua carruagem aberta. Debaixo de uma chuva fina, eles seguiram pela Strand até a Mansion House, na City, voltando depois para o Palácio de Buckingham, passando pelo Piccadilly Circus no caminho. Na lembrança do rei, "havia uma vasta multidão, de excelente humor e, em alguns pontos, era praticamente impossível avançar". Londrinos de todos os tipos atiraram-se sobre a carruagem, querendo cumprimentar seu soberano. A polícia tentou contê-los, mas George V não permitiu, insistindo que até mesmo os mais pobres entre os pobres deveriam poder seguir pendurados na carruagem, se assim o desejassem. Todos haviam estado juntos na guerra.

O poeta americano Ezra Pound estava num ônibus aberto em Piccadilly, quando a carruagem do rei passou, a uns poucos passos de distância. "O pobre diabo parecia feliz, e creio que pela primeira vez em toda a sua vida", contou Pound a um amigo. O rei certamente estava se divertindo imensamente, no que, segundo ele, era "um dia magnífico, o maior dia da história deste país". As pessoas que conseguiam vê-lo de perto percebiam que sua barba estava grisalha e seu rosto parecia exausto, mas que, mesmo assim, ele era um homem feliz. Ele havia se empenhado tanto quanto qualquer outro para levar a guerra a seu bem-sucedido desfecho.

A rainha Mary também estava feliz. "Isso nos compensa por tanto trabalho penoso e pelos longos momentos de profunda e amarga angústia", escreveu ela a um de seus filhos. A família real, como todos os outros, perdera amigos e parentes nos combates. Eles haviam suportado um breve período de republicanismo, num momento em que a guerra ia particularmente mal. Depois de compartilhar os piores momentos com seus súditos, eles agora colhiam os frutos.

Ao voltar ao palácio, a família real saiu novamente para o balcão. A multidão não havia diminuído e não dava sinais de pretender se dispersar. Ao contrário, ela continuava a crescer à medida que mais gente chegava de outros bairros de Londres e da periferia da cidade. Todos queriam participar e desfrutar da ocasião. Seria necessário mais que uma garoa fina para impedir o povo inglês de celebrar o fim da guerra.

* * *

Nem todos estavam se divertindo. Vera Britton só conseguia pensar nos mortos, ao olhar para a multidão do andar superior de um ônibus, em Piccadilly. Duff Cooper, que chegava de Norfolk com Lady Diana Manners, sentia o mesmo. Malcolm Muggeridge, de 15 anos, indo de ônibus de Woolwich a Croydon com um amigo, era esnobe demais para se juntar à festa, embora ele bem que quisesse:

Da parte superior aberta, assistíamos à multidão cantando, gritando, dançando, se abraçando, vomitando, subindo na capota dos táxis, se agarrando e correndo para os parques. A mim, a cena parecia estranha e perturbadora, mais do que alegre – os rostos excitados e animalescos, as mulheres desgrenhadas, as vozes roucas... é isso que significa liberdade?

Em casa, em Hertfordshire, George Bernard Shaw sentia-se feliz com o fim da guerra, mas não quis participar dos festejos em seu vilarejo. "Todos os jovens promissores que conheço foram feitos em pedaços", lamentara-se ele, durante a guerra. Nem agora Shaw conseguia se forçar a celebrar, com tantos mortos perdidos para sempre. Em Bateman's, Sussex, Rudyard Kipling também não conseguia se alegrar. Ele havia perdido seu único filho em Loos, em 1915, e o corpo nunca havia sido encontrado. Festividades patrióticas não trariam seu filho de volta, nem revelariam seu último lugar de descanso.

Como escreveu em seu diário, Henry Rider Haggard estava felicíssimo com a vitória na guerra, mas profundamente inquieto com a paz a ser em breve firmada:

Os alemães não irão perdoar ou esquecer. Nem dinheiro nem conforto importarão para eles, daqui em diante. Eles foram derrotados pela Inglaterra e viverão e morrerão para esmagar a Inglaterra – que nunca teve nem terá um inimigo mais mortal que a nova Alemanha. Meu temor é que, nos anos vindouros, os ingleses, autocentrados e de boa índole, se esquecerão que, do outro lado do mar existe um povo forte, frio e impiedoso, esperando para lançar um ataque e feri-los no coração. Pois eles irão atacar um dia, ou assim acredito.

Em Shrewsbury, a família Owen alegrava-se com o fim do conflito, sem se preocupar com o futuro. Tom e Susan Owen haviam enviado três filhos à guerra e, durante anos, viveram atormentados pelo medo de que um deles não voltasse. Wilfred, o filho mais velho, estava com o Regimento de Manchester, na França. Harold foi para alto-mar com a Marinha Real. Colin pertencia ao Real Corpo de Aviação. Os temores dos Owen haviam acabado, agora que as bandas tocavam e os sinos repicavam comemorando a paz. Seus filhos logo estariam em casa, de volta ao lugar a que pertenciam.

Os sinos ainda tocavam ao meio-dia, quando a campainha da porta da frente dos Owen tocou. Era um telegrama de Londres endereçado a eles.

Enquanto os Owen tonteavam com o golpe, um espião alemão que vivia em Liverpool lutava com emoções bem diferentes, ao assistir os ingleses cantando e dançando na praça da igreja, bem em frente à sua janela. Julius Silber havia trabalhado como censor postal durante a guerra, em tese, lendo toda a correspondência enviada para o exterior e apagando tudo o que pudesse ter algum valor para o inimigo mas, na prática, passando essas informações aos alemães. Como espião, nesse dia terrível, Silber precisava se juntar aos demais e tomar parte nas celebrações, para evitar denunciar seu disfarce. Como alemão patriota, entretanto, seu estômago se revoltava com a ideia.

Nascido na Silésia, Silber havia deixado a Alemanha ainda adolescente e passara grande parte de sua vida adulta perambulando pelo Império Britânico. Ele havia trabalhado como intérprete e censor nos campos de concentração britânicos na guerra da África do Sul, mais tarde se mudando para a Índia, para onde milhares de prisioneiros bôeres haviam sido transferidos. De lá, ele havia acabado nos Estados Unidos, onde ainda estava em 1914, quando a Grã--Bretanha declarou guerra à Alemanha. Ao pensar na melhor maneira de servir a seu país na guerra, Silber decidiu ir para a Inglaterra como espião.

Ele não tinha passaporte, de modo que, ao chegar à Inglaterra, declarou--se franco-canadense. Após uma verificação nada minuciosa – ninguém sequer questionou seu sobrenome alemão – Silber voltou a trabalhar como censor, primeiro em Londres, e depois em Liverpool. No quadro-negro da sala dos censores havia uma lista de nomes de pessoas suspeitas de serem agentes alemães, que estavam sob vigilância, e cuja correspondência deveria ser examinada com especial cuidado. Silber alertou-os, enviando a lista para seu contato, num envelope carimbado com "Aberto pelo censor".

Em Liverpool, ele havia se filiado ao Clube do Serviço Público, onde jogava bridge com vários oficiais que conversavam desinibidamente sobre a guerra. Quando as baixas começaram a aumentar, Silber foi alistado para serviço militar e, desde então, vivia em pânico com a possibilidade de ser convocado. Sem certidão de nascimento nem documentos válidos, seria imediatamente desmascarado. Ele havia tentado adiar o inevitável, fingindo sintomas em juntas médicas, mas o inevitável não poderia ser adiado para sempre. Já em desespero, decidiu fugir do país, mas acabou se perdendo no nevoeiro ao tentar embarcar num cargueiro neutro, próximo à foz do rio Dee.

Sua última consulta numa junta médica estava marcada para 12 de novembro. Talvez ela fosse cancelada, agora que a guerra havia chegado ao fim. Mas, mesmo que isso viesse a acontecer, a tarefa de Silber ainda não estava terminada. Ele continuava sendo um espião alemão. A pena para o que ele fizera ainda seria a morte. Ao voltar para casa mais cedo, atravessando as multidões em êxtase, Silber decidiu que teria de comparecer ao jantar comemorativo daquela noite no clube, para manter as aparências. Na manhã seguinte, ele se apresentaria à junta médica, se eles ainda o quisessem e, em seguida, voltaria para o trabalho, pois a correspondência continuava tendo que ser censurada até que um tratado de paz fosse assinado. Talvez ele ainda fosse capaz de ajudar a pátria, se encontrasse nas cartas alguma coisa de interessante que pudesse ser usada pelos negociadores alemães na conferência de paz.

Enquanto Silber ia para casa, os sinos tocavam na Catedral de Lincoln, no alto do morro sobre a cidade. O povo de Lincoln havia lutado ferrenhamente na guerra, mas estava tão feliz quanto todos os outros com o retorno da paz. Lincoln era uma cidade antiga, que guardava uma das quatro cópias que restavam da Magna Carta. Impregnada de tradições ancestrais de justiça e liberdade, os fazendeiros de Lincoln ficaram horrorizados com a invasão alemã da Bélgica, um país grande e poderoso forçando entrada num país pequeno e indefeso. Eles ficaram indignados quando os belgas que resistiram foram encostados num paredão e fuzilados. E alistaram-se em massa para combater os alemães e para assegurar os direitos das pequenas nações de serem senhoras de seu próprio destino, sem sofrer ameaças de seus vizinhos. Se houve uma razão para a guerra ter sido lutada, foi essa.

De sua cela na cadeia de Lincoln, Eamon de Valera ouviu os sinos e ficou radiante ao saber do cessar-fogo. Com um pouco de sorte, isso significava que ele e seus companheiros do Sinn Fein seriam libertados a tempo de concorrer às eleições gerais que Lloyd George havia convocado para dezembro. De Valera já era membro do Parlamento por East Clare, embora tivesse se recusado a assumir sua cadeira. Se sua avaliação estivesse correta, o Sinn Fein ficaria com a imensa maioria das cadeiras irlandesas na eleição, não deixando ao governo britânico outra escolha que não a de reconhecer a independência irlandesa na conferência de paz que se seguiria à guerra.

Antes de mais nada, entretanto, os candidatos teriam que sair da cadeia para fazerem suas campanhas. Após o fracasso do levante de 1916, em

Dublim, e a execução de seus líderes no pelotão de fuzilamento, De Valera e seus colegas republicanos irlandeses começaram a criar tantos problemas que setenta e três deles haviam sido presos em maio, falsamente acusados de unirem-se aos alemães para conspirar contra o governo. Ninguém acreditou numa palavra sequer das acusações – nem mesmo o oficial britânico que pediu seus autógrafos quando eles estavam a caminho da cadeia – mas, mesmo assim, foram sido encarcerados, sem julgamento, até o dia em que os regulamentos de tempos de guerra não estivessem mais em vigor. Podiam apenas supor que em breve seriam libertados, agora que já não havia mais uma desculpa legítima para mantê-los atrás das grades.

Mas, mesmo que isso não acontecesse, De Valera estava decidido a não ficar na cadeia por muito mais tempo. Pretendia fugir, se os britânicos não o soltassem. Seu plano era imprimir em cera a chave do portão que ficava com o capelão e providenciar para que seus amigos lhe mandassem uma lima escondida dentro de um bolo. Era uma ideia bizarra, assar um bolo com uma lima dentro, mas De Valera estava disposto a qualquer coisa para sair da cadeia de Lincoln.

Do outro lado do mar da Irlanda, o homem responsável pela prisão de De Valera ocupava-se em enviar telegramas aos vencedores da guerra, cumprimentando os comandantes por seus triunfos e assegurando-lhes da profunda gratidão do povo irlandês por tudo que haviam feito. Na qualidade de vice-Rei britânico em Dublim, o marechal-de-campo Lord French enviou um telegrama para o marechal Foch, um outro para o almirante Sir David Beatty, e um terceiro para o marechal-de-campo Sir Douglas Haig, o homem que o havia substituído como o comandante britânico na Frente Ocidental, após French ter sido afastado do cargo no final de 1915.

A guerra não havia corrido bem para French. Já marechal-de-campo quando ela foi deflagrada, havia conduzido o exército britânico para a França em agosto de 1914, mas logo ficou evidente que ele não era adequado para a tarefa, tanto intelectual quanto fisicamente. Assim que foi possível, ele foi discretamente afastado do comando, agraciado com um título e, mais tarde, despachado para a Irlanda, na esperança de que seu sangue irlandês de alguma forma fizesse com que os nativos o aprovassem.

Sua vida sexual foi afetada em decorrência da demissão. Homem de forte apetite por mulheres, French havia dado larga vazão a seus desejos durante os primeiros anos da guerra. As mulheres se sentem atraídas por homens poderosos. French detinha o poder de manter seus filhos e maridos bem longe do *front*. Uma longa fila de esposas e mães havia assim passado por sua cama, pensando na Inglaterra enquanto o horrível homenzinho grunhia e babava sobre elas. Seus parentes de sexo masculino, mais tarde, tinham a agradável surpresa de se verem retirados da linha de frente e destacados para algum lugar seguro, onde não correriam riscos. Todos tinham que fazer sacrifícios, nesta guerra.

Mas a autoridade de French para distribuir cargos foi cortada quando ele perdeu o emprego na Frente Ocidental. As mulheres, então, mostraram-se bem menos dispostas a sentir seu bafo sobre elas, principalmente se eram mais altas que ele, como sempre costumava acontecer. Os irlandeses também não gostaram dele. French havia prometido um governo autônomo para a Irlanda, com a condição de os irlandeses, em troca, aceitarem a convocação para o serviço militar. Os irlandeses se recusaram a concordar com a proposta, se isso significava seus jovens serem mortos a troco de nada numa guerra britânica. Eles prefeririam ter independência total em seus próprios termos.

E havia também o Ulster, um outro problema para French. De Valera e seus companheiros do Sinn Fein podiam ganhar a eleição em todo o restante da Irlanda, mas os homens do Norte não queriam nada com o republicanismo. Eles não haviam lutado como demônios no Somme para agora se tornarem uma república. Para os protestantes do Ulster, governo autônomo significava governo de Roma. Nem por um momento eles contemplariam essa hipótese.

* * *

Na França, Maude Onions estava tão ocupada no escritório de sinais de rádio de Boulogne que só teve tempo de dar uma rápida olhada no relógio, quando as 11 horas soaram, e a guerra se transformou em paz. O momento veio e passou sem que um único murmúrio fosse ouvido no escritório e, a princípio, os franceses da cidade também não lhe deram muita importância. Os únicos que imediatamente se deram conta dele foram as tropas australianas que convalesciam no acampamento situado no alto despenhadeiro com vista para o porto. No meio da manhã, eles já estavam completamente bêbados quando despencaram morro abaixo, a caminho de Boulogne, tomando a direção da rue de Saint Pol, onde moravam as garotas que acendiam luzes vermelhas nas janelas.

Os australianos haviam lutado magnificamente nos últimos meses. Ao lado dos canadenses, eles lideraram a investida partindo de Amiens, em agosto, um dia considerado por Luddendorf como o mais negro da história do exército alemão. Nas semanas que se seguiram, os australianos haviam lutado praticamente sozinhos. Mais corpulentos que os britânicos, e muito mais bem pagos, perseguiram os alemães com coragem e ousadia, pressionando adiante enquanto os exaustos britânicos tendiam a ser mais cautelosos e precavidos. Os australianos haviam sido abençoados com um general notável, Sir John Monash, que liderava por inspiração e sabia exatamente o que estava fazendo. Eles se perguntavam por que razão Monash não estava no comando de todas as tropas britânicas, já que ele parecia ser o melhor comandante que possuíam. Eles esperavam que não fosse pelo fato de Monash ser judeu.

Mas os australianos também tinham um lado turbulento. No exército, eram quase um sinônimo de indisciplina. Em 1915, eles haviam destroçado o Cairo, e ainda cometiam uma proporção significativamente mais alta de crimes graves que as tropas dos outros países aliados. No momento em que os australianos corriam desenfreados para a rue de Saint Pol, Sir Douglas Haig dizia a seus generais, em Cambrai, que "muitas vezes, os melhores soldados são os mais difíceis de controlar nos momentos de calma". Isso, sem dúvida alguma, se aplicava aos australianos.

Eric Hiscock, um soldado britânico que se recuperava de ferimentos de estilhaços de granada, cambaleava ladeira abaixo com os australianos. No acampamento, ele havia feito amizade com um enorme rancheiro do *outback*, o bravio interior da Austrália, que o tomou pelo braço, conduzindo-o com firmeza ao seu destino:

> Fomos para a zona da luz vermelha. Homens e mulheres que pareciam ser de todas as nacionalidades, com predominância de britânicos e australianos, acotovelavam-se nas ruas, onde, das janelas dos bordéis, mulheres e garotas olhavam para fora, não exatamente com prazer.

Hiscock nunca havia ido a um bordel, mas a maioria dos australianos os conhecia bem. Com a franqueza característica de seu povo, um deles disse o que muitos estavam pensando:

"Vamos, rapazes, vamos foder elas de graça", gritou a voz áspera de um enorme sargento, acenando seu chapéu de brim cáqui, de abas largas e enfeitado com uma pena de avestruz, e arremetendo em direção a uma das portas que, muito rapidamente, apagou sua luz vermelha. Outros foram atrás dele e, pelas janelas abertas, pude ouvir os gritos da mulher, e os berros roucos dos homens embriagados. Prostitutas em pânico, com as blusas arrancadas, apareceram nas janelas e foram imediatamente arrastadas para trás, desaparecendo de vista, ao som de gritos ainda mais estridentes. Então, de uma das janelas, um colchão pegando fogo foi jogado na calçada, sendo seguido por outros pedaços de prazeres passados, todos em chamas, atirados de outras janelas. Com energia depravada, os australianos destruíam seu antigo ninho de prazeres e eu, inocente que era, não pude deixar de sentir pena das prostitutas.

Os gendarmes chegaram, não de muito bom grado, ao que me pareceu. Dali a uns dois minutos, a polícia do exército, com seus bonés vermelhos, veio montada em suas motocicletas Triumph, mas havia um ar de má-vontade em toda a operação, e não vi nenhuma prisão sendo feita. O fogo dos colchões foi apagado com as mangueiras trazidas pelos gendarmes e, ao meio-dia, a rue de Saint Pol estava calma e, com certeza, havia voltado a funcionar normalmente. Como afirmou um australiano intratável, quando cambaleávamos de volta ao acampamento: "Foi um jeito bom pra caralho de cessar as hostilidades!" e, talvez, só mesmo um pacifista teria discordado.

Em outros locais de Boulogne, a paz chegou com mais decoro. O silêncio inicial foi substituído por uma cacofonia de sons, quando todos os sinos começaram a tocar e todas as sirenes do porto se puseram a apitar ao mesmo tempo. No início da tarde, a cidade estava coberta de bandeiras e multidões lotavam as ruas em volta do cais, para assistir à partida dos soldados britânicos que iam para casa de licença. Miss T. F. Almack, enfermeira voluntária britânica, também estava lá. Ela ainda esperava pela sua própria licença, mas sentia-se feliz pelos soldados que já haviam conseguido as deles, e estavam a caminho da Inglaterra:

Depois do almoço, caminhei pela costa e assisti à partida do navio que levava os soldados de licença. Os barcos ancorados no porto tocaram suas sirenes por pelo menos duas horas, todos cobertos de bandeiras. Os soldados que partiam no barco gritavam e agitavam bandeiras, e a multidão que havia se reunido no cais respondia, acenando de volta. Foi uma cena maravilhosa, mas não se podia deixar de pensar nas centenas de homens que jamais voltariam para suas casas na Inglaterra, e nas famílias que nunca mais se emocionariam com a chegada do trem que os trazia de volta.

Maude Onions sentia o mesmo. Quando seu turno terminou, ela caminhou até o cais, mas teve a impressão que ninguém tinha muita disposição para celebrações, com tantos mortos a chorar:

Às três horas, todas as sirenes e buzinas dispararam, todos os sinos repicaram, numa barulheira atordoante. Mas nem um som, nem um movimento veio das centenas de seres humanos que se aglomeravam nas ruas. A alma ferida da França parecia ter perdido até mesmo o desejo de se alegrar. Em meio ao ruído ensurdecedor, as bandeiras do navio britânico foram hasteadas e, pela primeira vez em quatro exaustivos anos, ele lançou-se ao mar sem uma escolta. Alguns de nós tentamos gritar vivas, mas a voz ficou presa na garganta. Então, de repente, em meio ao barulho atordoante, o soluçar de uma mulher, a alguns passos de distância – "*Finis, finis – incroyable...*".

Quase inconscientemente, dei por mim no pequeno cemitério militar, longe das ruas congestionadas da cidade, onde nossos homens jaziam enterrados em covas rasas, pois a terra era cara na França. As sepulturas haviam sido lindamente cuidadas pelas mãos amorosas de uma moça vestindo uniforme cáqui. Com os olhos mareados de lágrimas, mal pude distinguir os nomes.

Maude estava prestes a ir embora, quando tropeçou num toco de madeira, enterrado tão fundo que mal era visível. O toco era tudo o que restava de uma cruz que marcava a sepultura abandonada de um soldado alemão. Cautelosamente, temendo ser vista por alguém, Maude se abaixou e colocou flores no túmulo. Talvez aquele soldado, em Boulogne, fosse um alemão odioso, mas, na Alemanha, ele era o filho amoroso de alguém.

O MAIOR DIA DA HISTÓRIA **275**

Enquanto Maude chorava, o imperador Karl I da Áustria, em Viena, deixava o Palácio de Schönbrunn pela última vez. Acompanhado de sua mulher, ele rezou uma curta prece na capela, antes de dar adeus à criadagem no salão de cerimônias. Descendo pela ampla escadaria, ele se dirigiu ao comboio de automóveis que, na luz mortiça do fim da tarde, esperava para levar a família real para Eckartsau, a residência de caça particular no sul da Áustria.

Foi um momento de grande emoção para o imperador de trinta e um anos. Mais tarde beatificado pela Igreja Católica, ele sempre fora um homem amante da paz, a completa antítese do kaiser. Em 1916, Karl havia herdado o trono de seu tio-avô e, com o trono, uma situação que ele certamente não havia provocado. Karl, em 1917, entrou em negociações secretas com os franceses, tentando estabelecer uma paz separada, o que enfureceu os alemães quando eles ficaram sabendo, uma vez que a aliança com a Áustria havia sido a razão do ingresso do país na guerra. As negociações haviam dado em nada, e Karl, desde então, vinha perdendo prestígio.

O primeiro-ministro e o ministro do Interior vieram vê-lo naquela manhã, com um documento a ser assinado por ele. Eles queriam que Karl o assinasse imediatamente, sem perder mais tempo examinando-o. O documento exigia que o imperador abrisse mão de toda e qualquer participação nos negócios do Estado e reconhecesse por antecedência a forma de constituição escolhida pela nova assembleia austríaca, qualquer que fosse ela. Não se tratava exatamente uma abdicação, mas seu efeito, na prática, significava o fim de seis séculos e meio de poder da dinastia Habsburg.

Relutando em pôr seu nome num documento sem antes dar-lhe a devida consideração, Karl fugiu pelo palácio, correndo de sala em sala, furiosamente perseguido pelos ministros. "Se vocês nem sequer me deixam ler o documento, como podem querer que eu o assine?", perguntou ele. Os ministros acabaram por ceder e permitiram que o imperador o folheasse rapidamente. Retirando-se para a sala de porcelana com sua mulher e um ajudante-de-ordens, Karl refletiu e chegou à conclusão de que o documento evitaria a crise que ameaçava a Áustria, deixando também a porta aberta para uma monarquia, no futuro. Ele o assinou relutante, e os ministros se retiraram, deixando o imperador livre para partir em paz para Eckartsau com sua família.

A imperatriz estava a seu lado, quando eles e seus filhos deixaram Schönbrunn:

Postados dos dois lados das arcadas, em duas fileiras, estavam nossos cadetes das academias militares, rapazes de dezesseis e dezessete anos, com lágrimas nos olhos, mas ainda impecáveis e nos protegendo até o fim. Eles realmente haviam feito jus ao lema que a imperatriz Maria Thereza havia cunhado para eles: "Leais para Sempre".

Naquele momento já estava escuro e a névoa encobria a noite de outono. Entramos nos veículos... Não ousando sair pelo portão da frente do palácio, tomamos o caminho paralelo ao prédio principal, seguindo pela larga alameda de cascalho que leva ao portão lateral leste. Saímos por ele e deixamos a capital seguindo uma rota especial. Já era tarde da noite quando chegamos, sem problemas nem incidentes, a Eckartsau.

O tio de Karl, Franz Ferdinand, havia sido baleado em Sarajevo. O assassinato do arquiduque pelo nacionalista sérvio Gavrilo Princip foi o episódio que havia deflagrado a guerra. Princip jamais teria feito o que fez, se não estivesse morrendo de tuberculose, não tendo mais nada a perder. Uma borboleta freme as asas, e ocorre um terremoto no Peru. Um jovem sérvio revoltado recebe más notícias de seu médico, e tronos desmoronam por toda a Europa.

O kaiser chegou a seu destino às 3:20. Maarn era apenas uma estação do interior, mas centenas de curiosos esperavam por ele na chuva. A polícia tentava contê-los, enquanto o anfitrião, o conde Godard Bentinck, aguardava na plataforma, acompanhado do governador de Utrecht.

Ao sair do trem, o kaiser ainda vestia uniforme, embora houvesse tirado suas condecorações. Bentinck o apresentou ao governador como "Wilhelm de Hohenzollern". Num silêncio rancoroso, a multidão assistiu o kaiser se despedir de sua comitiva e acompanhar Bentinck até o carro que os levaria a Amerongen. Entre os espectadores estava Lady Susan Townley, mulher do embaixador britânico na Holanda. Ela havia vindo de Haia dirigindo Gladys, seu carro de dois lugares, para encarar o kaiser de frente e dizer-lhe algumas verdades.

Ela havia viajado incógnita, com a intenção de se perder na multidão, mas, apesar do véu, ela foi reconhecida pelo general Onnen, um amigo holandês que fazia parte da delegação oficial. Ele encontrou para ela um lugar de onde ela poderia ter uma boa visão do kaiser partindo para Amerongen. Susan Townley o aproveitou ao máximo:

Era um dia úmido e chuvoso, e todos pareciam de péssimo humor. A rua longa e estreita que ligava a estação à estrada para Amerongen estava totalmente bloqueada pelos carros dos curiosos. Fiquei me perguntando como seria possível abrir caminho para o carro do imperador, já que não parecia existir outra saída. Toda a recepção havia sido extremamente mal planejada.

Mas esse contratempo me deu a oportunidade de, por cinco minutos, ver o kaiser bem de perto. Como eu havia previsto, seu carro não pôde partir antes que vários outros fossem retirados do caminho, e ele foi forçado a esperar, sentado ao lado do conde Godard e exposto ao olhar curioso de todos os presentes, no que suponho ter sido o momento mais desagradável de toda a sua vida. Ele parecia muito branco, com seus cabelos e sua barba branca, ao sair do trem e passar por mim, conversando com o conde Godard e se dirigir ao automóvel. Mas sua postura era firme e sua indiferença, quer natural ou fingida, era perfeita.

De modo pouquíssimo diplomático, Susan Townley se atirou sobre o kaiser quando ele se dirigia ao carro. Ela teve que ser arrancada da capota e contida à força, até que fosse aberta passagem, e o veículo pudesse partir. Alguns garotos holandeses, trepados nos galhos de uma árvore, aplaudiram o kaiser, mas as vaias e os assovios de todos os demais abafaram os aplausos, deixando bem claro o que os adultos pensavam da guerra. Humilhado, o kaiser falou muito pouco durante o trajeto de 11 quilômetros até Amerongen.

Já escurecia quando eles chegaram. O kaiser se empertigou um pouco quando o carro atravessou o fosso interno e estacionou em frente à porta principal do castelo. Com trinta anos de atraso, seu sangue inglês começou a se afirmar quando ele entrou na casa com Bentinck, finalmente em segurança, depois de sua jornada. "Agora", disse ele ao conde, "sirva-me uma xícara de um bom chá inglês".

11

Segunda-feira, 11 de novembro de 1918, noite

Enquanto o kaiser entrava para tomar chá, Ivone Kirkpatrick estava em Roterdã, preparando-se para ir a Maastricht numa missão para inspecionar a fronteira alemã. A preocupação do serviço secreto britânico era de que a revolução na Alemanha acabasse por se alastrar para a Holanda, caso o perigo não fosse cortado pela raiz. Como chefe do serviço em Roterdã, a tarefa de Kirkpatrick era fazer com que isso acontecesse.

Kirkpatrick era oficial subalterno dos Reais Fuzileiros de Inniskilling. Gravemente ferido em Gallipoli, ele havia sido mandado de volta para casa por invalidez, antes de ser enviado a Roterdã, com a função de administrar as operações de espionagem britânicas nas regiões da Bélgica e da França que faziam fronteira com a Holanda. No último ano, ele vinha dirigindo uma rede de cerca de três mil agentes, que o supriam com um fluxo constante de informações provenientes dos territórios sob ocupação alemã. Os alemães construíram uma cerca eletrificada ao longo de toda a fronteira para evitar o vazamento de informações. Os agentes de Kirkpatrick contornavam o obstáculo de uma série de maneiras, usando desde pombos-correio e tinta invisível até o suborno dos guardas com sabão, manteiga e pares de sapatos. Ocasionalmente, ocorriam tiroteios, e agentes alemães eram discretamente eliminados, mas as informações continuavam a chegar. A fronteira parecia uma peneira.

A preocupação, agora, era que o bolchevismo se infiltrasse na Holanda. Muito regimentos holandeses já haviam sido contagiados, e o próprio Kirkpatrick havia visto trens carregados de soldados agitando a bandeira vermelha, exatamente como seus colegas alemães. O povo da Holanda não estava celebrando o Armistício com tanto entusiasmo quanto os franceses e os belgas. Eles estavam assustados demais com a revolução para se permitir festejos.

Ao partir para Maastricht na noite do Armistício, Kirkpatrick estava preparado para o pior. Seu plano era ir de automóvel na manhã seguinte até a fronteira holandesa, na altura de Aix-la-Chapelle. Aix estava nas mãos dos bolcheviques, e repleta de tropas alemãs ostentando a roseta vermelha nos chapéus. O exército holandês mantinha um posto de observação num morro com vista para a linha ferroviária de Aix, de onde, contrariando a lei, os holandeses, desde o começo da guerra, passavam aos britânicos informações sobre o movimento das tropas alemãs. Era um lugar excelente para espionar a região, caso Kirkpatrick e seus homens precisassem se instalar na Alemanha nos dias subsequentes, a fim de impedir que os bolcheviques fugissem ao controle.

Enquanto Kirkpatrick se dirigia a Maastricht, o brigadeiro Hubert Rees e seus companheiros, todos prisioneiros de guerra em Bad Colberg como ele, acabavam de saber do Armistício. Trancafiados num antigo sanatório no coração da Alemanha, eles eram sempre os últimos a ficar sabendo de qualquer coisa importante que acontecesse. De qualquer forma, as notícias seriam bem-vindas se significassem que eles, em breve, estariam fora dali e a caminho da Inglaterra.

Rees havia sido capturado em maio, perto de Beaurieux. No dia seguinte, ele foi levado para conhecer o kaiser, que estava com Hindenburg, visitando o campo de batalha de Aisne. A princípio, Rees não acreditou, até que viu a comitiva real no alto de uma colina:

> Quando nos aproximamos, o kaiser, que aparentemente estava almoçando, veio em nossa direção e, do alto de um barranco, chamou-me para falar com ele. Ele me fez inúmeras perguntas sobre minha história pessoal e, ao descobrir que eu era galês, disse: "Então, você é parente de Lloyd George". Ele não me fez qualquer pergunta que eu pudesse responder sem entregar informações, nem tentou conseguir informações dessa natureza de forma indireta. Em seguida, ele disse: "Seu país e o meu não deveriam estar lutando um contra o outro, deveríamos estar lutando juntos contra um terceiro. Eu não fazia ideia de que vocês declarariam guerra a mim. Sempre manti-

ve as melhores relações com a família real de seu país, de quem sou aparentado. Agora, é claro, tudo mudou, e esta guerra se arrasta, com toda sua desgraça e seu terrível derramamento de sangue, pelos quais não sou responsável.

O kaiser continuou nessa mesma linha, falando sobre o ódio que os franceses tinham da Alemanha, e perguntando se os ingleses desejavam a paz. Ele havia se encontrado com outros prisioneiros ingleses capturados no mesmo dia que Rees, rapazes extremamente jovens. Rees disse que esperava que eles tivessem lutado bem, antes de caírem prisioneiros.

"Os ingleses sempre lutam bem", foi a resposta do kaiser, com um meneio de cabeça que indicava que a entrevista havia terminado.

Agora, o kaiser havia partido, e Hubert Rees logo estaria novamente em liberdade. A notícia do cessar-fogo chegou a Bad Colberg na noite do Armistício, mas só na manhã seguinte o intérprete do campo, com seu inglês precário, contou aos prisioneiros o que todos esperavam ouvir: "Esperamos vocês logo poder de volta para Blighty mandar".

Rees mal podia esperar.

Em Ratstatt, a cozinha do acampamento passou a tarde lotada de prisioneiros ocupados em atacar o precioso estoque de mantimentos, pensando no jantar que iriam preparar para comemorar o Armistício. Na chamada daquela noite, o comandante do campo e os outros oficiais alemães foram forçados a aparecer novamente, desta vez em uniformes de soldados rasos. Foram distribuídos panfletos com os detalhes dos termos do Armistício, que também informavam sobre a fuga do kaiser para a Holanda. Segundo os panfletos, Luddendorf também havia fugido, desaparecendo sem deixar rastro. George Coles ficou radiante com as notícias e com a severidade dos termos do acordo. Em sua opinião, os alemães estavam tendo o que mereciam. "O extermínio é a única cura para uma raça diabólica como os alemães."

Na noite do Armistício, Coles foi para a cama "exausto de alegria e animação". Na manhã seguinte, ele se viu num mundo totalmente novo:

Eram cerca de dez horas, quando uma banda alemã da cidade marchou pela rua que passa ao lado de nosso presídio tocando a *Marselhesa* e a *Bandeira Vermelha*. A multidão se dirigia a nós como "camaradas", e

O MAIOR DIA DA HISTÓRIA **281**

fomos convidados para sair e celebrar com eles a alvorada de uma nova era. Se tivéssemos aceito, seríamos como camundongos entre gatos. O estado de ânimo da plebe alemã mudava de uma hora para outra. Sabendo disso, recebemos ordens de dormir vestidos e calçando botas – prontos para marchar, lutar ou fugir, conforme o caso. As grades de nossas celas agora garantiam nossa segurança.

No decorrer do dia, alguns de nós, por entre as grades das janelas, jogaram biscoitos da Cruz Vermelha numa ruela que passava ao lado do presídio. Não demorou dez minutos, e as ruas ficaram apinhadas de crianças famintas, gritando por mais biscoitos. O coronel – o oficial britânico de patente mais alta – entregou-nos dez latas de biscoitos tiradas da despensa do campo. Os biscoitos eram ferozmente disputados, assim que caíam na calçada.

Em Kleinblittersdorf, não houve jantar comemorativo para o soldado Tom Bickerton e seus companheiros de prisão, na noite do Armistício. Eles estavam tão fracos de fome que, para continuarem vivos, se viam obrigados a comer cascas de batatas, açúcar de beterraba, "qualquer porcaria em que conseguíssemos pôr as mãos". Sofrendo de disenteria e cobertos de piolhos e feridas, eles estavam tão mal-alimentados que muitos morreram de desnutrição. Da comida da Cruz Vermelha, se é que ela havia chegado, Bickerton e seus amigos haviam visto muito pouco no campo de prisioneiros onde estavam.

Bickerton era prisioneiro desde março, quando foi capturado na ofensiva alemã da primavera. Sua vida foi salva por um alemão amistoso, que o arrastou para dentro da cratera aberta por uma bomba, para proteger a ambos do fogo britânico. Já outros alemães golpearam os prisioneiros britânicos com a coronha de seus rifles e roubaram suas rações enquanto os levavam para a retaguarda. Desde então, Bickerton havia chegado à conclusão de que havia alemães de todos os tipos. Alguns eram patifes da pior espécie que, cometiam os piores abusos e ameaçavam os prisioneiros à mão armada. Outros haviam sido perfeitamente corretos, dividindo com os prisioneiros a pouca carne que tinham e contando confidencialmente a Bickerton que o kaiser havia sido deposto e que a guerra estava perto do fim. Esses alemães eram pessoas como ele, civis de uniforme que tinham tanto interesse pela guerra quanto ele próprio.

Henrik Simon era um desses alemães, e Ida Brodac, também. Bickerton conheceu Ida no depósito de madeira de Littenweiler, onde ele havia sido escalado para trabalhar. Era um rapaz de boa aparência, e Ida havia se encantado com ele. Às escondidas, lhe trazia comida e havia escrito uma carta para ele que, se descoberta, a teria colocado em grandes dificuldades. Bickerton ainda estaria se encontrando com ela se não tivesse, de uma hora para outra, sido transferido para Kleinblittersdorf.

O boato que agora corria era que, nos próximos dias, os prisioneiros marchariam para a linha de frente e seriam entregues aos franceses para serem repatriados. Nem todos acreditaram. Alguns pensavam que a guerra ainda estivesse acontecendo, e que os alemães estavam planejando levá-los para o *front* com o objetivo de usá-los como escudos humanos. Fosse qual fosse a verdade, Tom Bickerton estava decidido a manter o moral alto e a escapar ileso. Ele havia combinado manter contato com Ida e com Henrik, depois do fim da guerra, e queria estar vivo para cumprir a promessa.

Na Sérvia, o Armistício significou muito pouco para Isabel Emslie Hutton, uma médica escocesa que trabalhava num hospital administrado pelos britânicos em Vranja. Com seiscentos pacientes para cuidar, ela passara o dia ocupada demais para pensar no Armistício, e certamente não tinha tempo para celebrar. "Ouvimos dizer que era o dia do Armistício", ela mais tarde recordou, "mas ninguém parecia feliz, e nós mal percebemos o que isso significava". Da mesma forma que na Alemanha, a comida era uma preocupação muito mais imediata que a chegada da paz:

> Na tarde do dia do Armistício, um grande comboio de prisioneiros búlgaros esperava para ser atendido na entrada do ambulatório, quando Jean Lindsay, uma assistente nossa do hospital, cruzou o pátio com uma grande vasilha de sobras de comida para dar a umas galinhas magras que havíamos comprado. Sem mais nem menos, os búlgaros se atiraram sobre ela, empurrando-a para um lado, depois para o outro. Eles eram como lobos famintos e mal pareciam humanos, brigando, ferindo-se uns aos outros, grunhindo, xingando e devorando tudo que podiam. Então, ao verem o latão de lixo num canto, eles o despejaram no chão e, caindo de quatro, devoraram as cascas de batatas, os ossos e todos os restos que ele continha. Que cena repulsiva foi aquela, e logo num dia em que tudo deveria ser felicidade e alívio!

A boa notícia foi que o gerador, afinal, havia sido instalado. Ele havia chegado num caminhão, alguns dias antes, e agora já estava funcionando. Para a felicidade geral, o hospital não tinha mais que usar velas como iluminação. A luz elétrica fez tudo brilhar na noite do Armistício.

> A fiação do prédio havia sido instalada por Rose West e seu assistente, e nosso motor Lister nos deu luz elétrica – um acontecimento que nos deu muito mais alegria que o Armistício.

No Egito, a enfermeira voluntária Kit Dodsworth foi cedo para a cama na noite do Armistício, derrubada por uma combinação de excesso de trabalho e sequelas da gripe espanhola. Ela havia tirado um dia de folga de seu hospital em Alexandria, e foi dormir perto das oito horas, e nem teria ficado sabendo do Armistício se uma amiga não tivesse aparecido mais tarde para lhe contar:

> Às 11 horas, fui bruscamente acordada por Eva, que me sacudia com toda a força. Eu não a havia visto naquele dia. Ela estava de plantão e, à noite, saiu para celebrar, e agora lá estava ela, gritando em meus ouvidos. "Você tem que acordar! O Armistício foi assinado e eu fiquei noiva!"
> Pulei da cama e abracei Eva. Vesti um roupão e fomos para o telhado plano de onde se avistava a rua principal. Vimos o desfile mais extraordinariamente cosmopolita que se pode imaginar. Cada pequena multidão cantava músicas de seu próprio país. Havia franceses, gregos, italianos, belgas e, misturando-se a todos eles, britânicos. Todos nós cantamos e gritamos até ficar roucos. Que noite foi aquela! Nem sei que horas eram quando finalmente fomos para cama e dormimos. Estávamos muito alegres e animados e, em todos os sentidos, foi um dia muito feliz, porque eu também fiquei noiva. Exatamente uma semana depois, casei-me com meu oficial no consulado do Cairo.

Em Lod, na Palestina, os britânicos já sabiam do Armistício desde as quatro horas, mas só quando a noite caiu eles realmente começaram a celebrar. A luta contra os turcos havia cessado em outubro, e as tropas já estavam a caminho de casa, vindo da Síria para o Egito, onde tomariam o barco de volta para a Inglaterra. Elas receberam a notícia com naturalidade, como recordou um soldado do 179º Corpo de Metralhadoras:

> A princípio, todos receberam a notícia tranquilamente, mas quando anoiteceu foguetes e sinalizadores começaram a explodir em todas as direções, e o entusiasmo daquele grande momento começou a contagiar os rapazes. Podíamos ver os fogos subindo até mesmo na distante Ramallah, no alto do morro. Na estação de Lod, todas as locomotivas soaram seus apitos por cerca de meia hora. A artilharia disparou, e também as armas de menor porte. Fogueiras foram acesas e os cantos, os gritos de vivas e outros barulhos alegres entraram pela noite, prolongando-se muito além da hora em que todos costumavam se recolher. Temos mesmo que celebrar, pois não viveremos para ver um outro dia tão grandioso quanto hoje.

As tropas indianas também celebravam, os sikhs, os da Caxemira e do Punjabi que haviam respondido ao chamado às armas dos britânicos. A campanha havia corrido bem na Palestina. Os turcos haviam sido completamente derrotados, e o povo era agora dono do próprio destino, embora não se soubesse por quanto tempo. O coronel T. E. Lawrence havia prometido um Estado independente para os árabes, se eles se rebelassem contra seus governantes turcos. O secretário de Relações Exteriores, Arthur Balfour, havia prometido uma pátria aos judeus. Os governos britânico e francês haviam concordado em dividir as terras entre si, como território colonial. A única certeza, na confusa política do Oriente Médio, era que não se podia confiar nos britânicos. Para T. E. Lawrence, que estava em Londres na noite do Armistício, era uma traição vergonhosa de tudo por que ele e os árabes haviam lutado.

Na Índia, já era noite quando a notícia do Armistício chegou aos postos militares. O major Arthur Hamilton jantava com os outros oficiais da 16ª Cavalaria quando eles a ouviram. Em vez de comemorar em seu próprio refeitório, que fatalmente acabaria destruído, eles decidiram festejar no da 93ª e, lá, deixar a farra correr solta. No caminho, depararam-se com oficiais da 93ª, que haviam tido a mesma ideia, e estavam indo para a 16ª. Assim, eles se juntaram e, com uma banda à sua dianteira, dirigiram-se para o refeitório da 72ª:

O MAIOR DIA DA HISTÓRIA   **285**

Então, todos nós marchamos para o quartel da Infantaria Ligeira Duque de Cornualha, e lá fizemos uma grande algazarra que foi até às duas da manhã, quando afinal fomos embora porque, àquelas alturas, não restava uma gota sequer de bebida nos refeitórios dos oficiais, dos sargentos e dos cabos.

Em Gujarat, Mahatma Gandhi estava de cama com disenteria, e tão fraco, após uma visita ao *ashram* de Sabamarti, próximo a Ahmedabad, que mal conseguia falar ou ler. Partidário militante da guerra, ele estava exausto após uma longa campanha de recrutamento, que tinha como objetivo alistar mais soldados no exército. Ex-sargento na Guerra dos Bôeres, ele chegou a pensar em se apresentar como voluntário, para dar o exemplo. Seus discípulos não entendiam como um homem tão amante da paz podia apoiar uma guerra britânica, mas, para Gandhi, a questão era simples. Se os indianos queriam uma parceria em pé de igualdade com o Império Britânico, eles teriam que fazer sua parte na defesa do império. E foi o que eles fizeram, mais de um milhão deles, na África, no Oriente Médio e na Frente Ocidental.

Na Austrália, o cabograma anunciando o Armistício chegou no correio de Adelaide, no início da noite, e foi saudado apenas pela barulhenta multidão que já esperava por ele. Em Melbourne, os sinos tocaram e fogos de artifício explodiram nas ruas, deixando inquietos os soldados mandados de volta para casa por sofrerem traumas psicológicos causados pela guerra. Um vagão de bonde foi desviado dos trilhos e jogado contra a vitrine de um escritório comercial. Em Sydney, uma multidão se reuniu na Martin Place, cantando e dançando até tarde da noite. Imagens do kaiser foram malhadas e incendiadas por toda a cidade, enquanto os australianos celebravam o fim de uma guerra que os havia atingido tanto quanto a qualquer outro povo. Quase dois terços das tropas australianas enviadas ao exterior sofreram baixas de um tipo ou de outro, a proporção mais elevada de todo o Império Britânico.

Na África do Sul, o subtenente Harold Owen, do navio britânico HMS *Astrea*, passou a tarde imerso em profunda melancolia, caminhando sozinho ao longo dos despenhadeiros da periferia da Cidade do Cabo. Naquela manhã, serviram champanhe na cabine do capitão, e foi concedida à tripulação uma licença em terra, mas Owen não conseguia compartilhar da alegria geral pelo fim da guerra. Os mortos eram tantos que ele não via razão para festejos. Ele se preocupava, entre outras coisas, com seu irmão Wilfred, e não conseguia se livrar da sensação de que alguma coisa havia acontecido a ele, alguma coisa terrível, da qual ele ainda não sabia.

Caminhando de volta à Cidade do Cabo quando começou a escurecer, ele resolveu telegrafar a seus pais para saber se eles haviam tido alguma notícia. A Cidade do Cabo celebrava, e Owen, com dificuldade, abriu caminho até o correio por entre ruas apinhadas. Num bloco de telegramas, ele começou a escrever uma mensagem para seu pai:

> Eu já havia escrito o telegrama quando hesitei. Eu me lembrava bem do pavor que os telegramas inspiravam na Inglaterra – a visão de uma bicicleta vermelha num raio de cem jardas de sua casa era o bastante para fazer o coração disparar, como se fosse saltar do peito... em casa, talvez todos já soubessem que Wilfred estava em segurança, e um telegrama enviado da África só poderia significar uma coisa... lentamente, rasguei o telegrama e o joguei na lata de lixo... *Tem* de estar tudo bem. Afinal, eu não havia recebido um telegrama de casa, e a guerra já havia acabado...

Owen havia combinado se encontrar com um outro oficial do navio, para jantar. A Adderley Street estava lotada de gente quando ele se dirigiu ao hotel. A multidão, de modo geral, estava de bom humor, mas alguns bôeres lançavam provocações a homens trajando uniformes britânicos. No início da guerra, houve uma insurreição, quando rebeldes bôeres tentaram derrubar os britânicos, aproveitando o momento em que sua atenção estava voltada para outros problemas. Os rebeldes haviam sido contidos, mas não derramariam lágrimas se os britânicos, por sua vez, fossem derrotados pelos alemães.

De sua mesa na varanda do andar superior, Owen e seu amigo tinham um bom panorama da festa de rua:

> Podíamos ver que, aqui e ali, brigas irrompiam com frequência cada vez maior. À distância, um grupo de marinheiros ingleses parecia estar sendo atacado. Bonés eram arrancados de suas cabeças, e cordões e lenços eram tirados à força de seus pescoços. Se esses atos eram hostis, ou se os arruaceiros queriam apenas lembranças para guardar, era difícil de dizer. De qualquer forma, não havia nada que pudéssemos fazer. Grupos de mulheres

e garotas tomadas pela histeria coletiva exibiam-se de forma provocantemente sórdida. Cantorias embriagadas e gargalhadas bêbadas se ouviam em meio ao ruído pulsante e ritmado que vinha das ruas abarrotadas de gente.

Mais deprimido que nunca, Owen acompanhou seu amigo até a rua, quando o jantar terminou:

Enquanto tentávamos atravessar a multidão, nosso caminho foi barrado pelo congestionamento à nossa frente, obrigando-nos a parar. Olhando por cima e pelas brechas na multidão, vimos um bando de valentões de rua e de indivíduos totalmente embriagados arrancando bandeiras britânicas dos carros estacionados e das janelas, e jogando-as no chão para pisoteá-las. Outros grupos, sentindo-se ofendidos, imediatamente os retaliaram com igual violência...

Eu não conseguia tirar Wilfred da cabeça e, talvez, o fato de eu estar pensando nele tenha aumentado minha sensibilidade, mas repulsa era tudo o que eu conseguia sentir – repulsa pelo sentimentalismo barato das canções patrióticas, pela embriaguez que se tornava mais evidente por toda a parte: homens desmaiados caídos pelas sarjetas, mulheres jovens, e até algumas meninas, bebendo no gargalo pelas ruas, garrafas vazias sendo atiradas ao chão, cobrindo as calçadas de cacos de vidro. Eu tinha que sair dali. Com uma força que, em si, deve ter parecido uma provocação, a cotoveladas, abri caminho, entre a multidão. Antes de me ver livre, fui assediado por um bando de mulheres e moças, enlouquecidas por uma mistura de álcool e histeria, que se lançaram a uma caça por suvenires, obviamente pró-britânicas – pró-britânicas demais para o meu gosto – mas, de algum modo, consegui escapar de suas atenções demasiadamente desinibidas. Minha última e desagradável lembrança dessa horrível noite do Armistício foi a visão repulsiva de uma garota muito jovem, deitada de bruços, com braços e pernas abertos, sobre a capota de um carro estacionado, vomitando violentamente.

Do outro lado do Atlântico, o tenente Arch Whitehouse sentia o mesmo que Owen ao assistir as celebrações em Newark, New Jersey. Piloto da RAF em licença, Whitehouse havia ficado sabendo que era proibido por lei servir bebidas alcoólicas a homens uniformizados, até mesmo a pilotos da artilharia de metralhadoras, de cuja folha corrida constava a derrubada de 16 aviões inimigos e de seis balões de observação. Mas a proibição não estava sendo obedecida por ninguém:

> Multidões e gangues badernavam pelas ruas, arrastando bonecos de pano com as feições do kaiser e de seu filho. Calhambeques chacoalhavam pelas estradas, pichados com as mais grosseiras e vulgares bravatas... Alguns homens de uniformes cáqui ou azul podiam ser vistos entre a multidão ululante, mas grande parte da frenética comoção parecia ser provocada por mulheres imundas, garotas aos berros e sujeitos de meia-idade estupidamente bêbados.

Whitehouse, britânico de origem, havia trabalhado para a empresa Edison Storage Battery, em West Orange, antes de se alistar. O próprio Thomas Edison ficou tão chocado com as celebrações do Armistício que quebrou uma regra que havia seguido por toda a vida, e fez uma gravação de sua própria voz para marcar a ocasião, pedindo aos americanos que não fossem chauvinistas com relação à vitória. A ideia de que a guerra não havia realmente começado até os americanos entrarem nela, e de que ninguém mais havia lutado de verdade era totalmente equivocada. As tropas americanas, mais de uma vez, bateram retirada frente aos alemães, e seus generais se mostraram tão ineptos quanto os de qualquer outro país. O inventor do fonógrafo fez um apelo por um maior senso de perspectiva:

> Aqui é Edison falando. Nossos rapazes foram ótimos na França. A palavra "americano" agora tem um outro significado na Europa... Espero que, ao reverenciar a memória de nossos bravos rapazes, não nos esqueçamos de seus irmãos de armas que usavam os uniformes de nossos Aliados.

Os americanos, alegremente, atenderam a seu apelo. A Quinta Avenida, em Nova York, foi rebatizada de Avenida dos Aliados por um dia, e as bandeiras da França, da Grã-Bretanha e da Itália foram penduradas nos postes de iluminação, ao lado de bonecos representando o kaiser. Na Metropolitan Opera, naquela noite, Enrico Caruso e um retumbante coro cantaram os hinos nacionais Aliados, entre os atos de *Sansão e Dalila*, de Saint-Saëns.

No Teatro Garrick, estreou uma peça de autoria do primeiro-ministro francês Georges Clemenceau. A peça era péssima, mas a audiência a aplaudiu mesmo assim, antes de sair para ir se juntar à festa na rua Trinta e Cinco. As luzes de Manhattan brilharam pela primeira vez em muito tempo. A iluminação pública foi reacesa, já que não havia mais o perigo de ataques. As autoridades da cidade de Nova York haviam anunciado a medida naquela manhã, conclamando cada escritório e cada residência a fazer o mesmo, para iluminar o céu de forma nunca antes vista:

> Vamos dar ao kaiser um velório tão iluminado e tão magnífico que, por um momento, a lembrança de todos os incêndios que seu exército provocou, e de todos os tiros que seu exército disparou serão abafadas e obscurecidas.

Os nova-iorquinos responderam ao chamado acendendo todas as luzes de suas casas e fogueiras nas ruas. Eles cantaram *Tipperary*, *Over There*, *Pack up Your Troubles*, todas as canções de guerra favoritas, e dançaram à luz do fogo. Em Chicago, mais de um milhão de pessoas se aglomeraram no Loop e fizeram o mesmo. Uma mulher usando um chapéu de soldado conduzia o tráfego na esquina da State Street e da Monroe, enquanto a polícia, indulgentemente, fingia não ver. Por toda a América as pessoas festejaram e, em Michigan, Henry Ford disse aos gerentes de suas fábricas que parassem de fabricar tanques e começassem a se reequipar para a paz. O bom negócio, de agora em diante, seriam os tratores, principalmente para os que chegassem primeiro. Estava na hora de acabar de vez com os velhos arados.

Na Europa, o Kapitanleutnant Martin Niemöller e a tripulação do U-67 não faziam ideia de que a guerra havia terminado. Eles navegavam à profundidade de periscópio, tentando se esgueirar pelo Estreito de Gibraltar ocultos pela escuridão. O estreito não era um bom lugar para os alemães naquele momento, quando a Real Marinha ainda sofria a perda do HMS *Britannia*, afundado por Heinrich Kukat, amigo de Niemöller, dois dias antes. Para piorar ainda mais as coisas, Niemöller estava tendo que pilotar sozinho, pois seu oficial de navegação estava doente de gripe espanhola, como diversos outros da tripulação.

Havia barcos de patrulha demais, para o gosto de Niemöller. Às dez horas da noite, ele avistou um par de torpedeiros com as luzes acesas e imaginou, num momento de loucura, que a guerra poderia ter terminado. Mas, como os torpedeiros vinham seguidos por outras embarcações ainda às escuras, Niemöller resolveu não arriscar, ao conduzir vagarosamente o U-67 pelo Rochedo de Gibraltar e entrar no Atlântico. Se tudo corresse bem, o submarino estaria de volta em Kiel, em segurança, em duas semanas. Então, se já não houvesse mais uma Marinha Imperial, Martin Niemöller pensava em se tornar pastor luterano.

Na Itália, o motorista de ambulância Ernest Hemingway escrevia a seus pais da sede da Cruz Vermelha Americana, em Milão. Naquela cidade, as celebrações haviam começado em 10 de novembro, quando Benito Mussolini, que era sargento antes de ser afastado por invalidez, fez um discurso bombástico para um grupo de soldados italianos, num café de Milão, afirmando que a Itália havia ganho a guerra para os Aliados. Resplandecente numa túnica de oficial ao estilo britânico, que havia mandado fazer sob medida, Hemingway ainda se recuperava dos ferimentos de estilhaços de granada recebidos quatro meses antes, no rio Piave. Entediado com a rotina de dirigir ambulâncias na retaguarda, ele havia se apresentado como voluntário para trabalhar numa cantina para os soldados italianos do *front*. Ele havia ido de bicicleta até uma trincheira perto de Fossalta, trazendo chocolates e cigarros para os homens. Uma granada explodiu assim que escureceu, ferindo-o gravemente nas pernas. Hemingway só teve tempo de arrastar um outro soldado até um lugar seguro, antes de perder a consciência.

Desde então, ele entrava e saía do hospital, recuperando-se lentamente com a ajuda da enfermeira Agnes von Kurowsky. Ele acabara de conhecer Eric Dorman-Smith, oficial britânico e cavalheiro de um tipo que Hemingway nunca encontrara antes e admirava muitíssimo. Dorman-Smith o regalava com histórias da retirada de Mons, que Hemingway imaginou que, algum dia, poderia usar num conto, se seus esforços literários conseguissem ir além do jornalismo que praticava nos Estados Unidos.

Na noite do Armistício, entretanto, a única coisa que ele escrevia era uma carta para seus pais, que moravam em Chicago:

> Bem, acabou! E acho que todo mundo está muito contente. Eu gostaria de ter assistido às celebrações nos Estados Unidos, mas, na última ofensiva, o exército italiano mostrou que é feito de excelentes homens. Eles são grandes soldados, e gosto imensamente deles.

Ainda vou precisar de mais um mês e meio de tratamento com aparelhos para minha perna... Cheguei muito perto da grande aventura, nesta última ofensiva e, pessoalmente, sinto o mesmo que todos os outros com relação ao fim da guerra. Mas, puxa vida, foi fantástico terminá-la com uma tamanha vitória!

Segundo seus próprios cálculos, Hemingway havia sido ferido 227 vezes durante seu tempo de serviço como não-combatente na Itália. Esse número teria sido recebido com ceticismo na Frente Ocidental.

Na Bélgica, o correspondente de guerra Philip Gibbs ainda tentava se acostumar ao silêncio da paz. No caminho de volta para Mons, estava tudo tão quieto que ele podia ouvir até o farfalhar das folhas:

Não havia clarões de fogo de artilharia no céu, nem labaredas na escuridão, nem longos rastros de fumaça sobre as árvores negras, onde, durante quatro anos, as noites trouxeram esmagadora morte a seres humanos. O fogo do inferno fora apagado. Estava tudo em silêncio ao longo da linha de frente, o lindo silêncio das noites de paz...

Outros sons vinham das cidades e dos campos, no crepúsculo alaranjado que invadia o mundo de sombras cada vez mais profundas do dia do Armistício. Eram os sons da alegria humana. Homens cantavam em algum lugar da estrada, e suas vozes ecoavam felizes. Bandas tocavam e, durante o dia todo, em meu caminho para Mons, ouvi sua música à frente das colunas em marcha...

Automóveis riscavam as ruas belgas, ziguezagueando entre o tráfego e, quando a noite caiu, foguetes foram lançados deles. Jovens oficiais às gargalhadas disparavam sinalizadores contra a escuridão, celebrando o fim das hostilidades com esse símbolo de uma explosão de estrelas que, entretanto, não iam tão alto quanto seu estado de espírito. De cidades escuras como Tournai e Lille, esses foguetes subiam e ardiam em luz branca por um momento.

Nossos aviadores voavam como morcegos no escuro, deslizando por sobre as copas das árvores e os topos dos telhados, dando cambalhotas endiabradas contra o pôr-do-sol acastanhado, fazendo acrobacias, lançando-se para o alto e atirando-se em profundos mergulhos que pareciam morte certa até se aplainarem e subirem novamente. E esses rapazes, agora resgatados do perigo que os ameaçava tão de perto a cada voo, também eles disparavam luzes e foguetes, que caíam sobre as multidões de franceses e belgas que, do chão, acenavam.

Na França, o oficial de artilharia George Mallory havia ido visitar Geoffrey Keynes, um velho companheiro de escaladas de antes da guerra. Da enfermaria cirúrgica de Cambrai, onde Keynes estava internado, eles assistiram de camarote os fogos de artifício, como Keynes, mais tarde, relembrou:

Juntos, assistimos aquela cena extraordinária, quando toda a frente francesa parecia tomada por loucos disparando foguetes, sinalizadores e todos os outros tipos de exibicionismo em que eles conseguiam pôr as mãos. Locomotivas apitavam e buzinavam. A disciplina havia temporariamente desaparecido. Todos pensamos que a guerra era coisa do passado.

Assistindo de St. Roch, perto dali, o soldado Arthur Wrench, da mesma forma que Keynes, preocupou-se com a quebra de disciplina que reinava durante as explosões de fogos disparados indiscriminadamente:

É um pandemônio, e acho que devemos estar todos loucos. De uma extremidade à outra. Da mesma forma que, antes, eu costumava pensar que um dia iríamos acordar e descobrir que a guerra havia terminado, eu agora torcia para que todos se acalmassem e voltassem a ter bom-senso. A fogueira está ardendo novamente no pátio, e caixas e mais caixas de foguetes luminosos alemães estão sendo despejados no fogo para serem lançados. Há explosões e disparos por toda a parte, como se festejando uma liberdade recém-conquistada. Mas é perigoso, e alguém pode sair ferido.

Wrench esperava que, depois do fim da festa, alguém se lembrasse dos mortos, e que o dia 11 de novembro não fosse esquecido nos anos futuros. Mallory passou o resto da noite com seu irmão mais novo, Trafford Leigh-Mallory, no clube dos oficiais de Cambrai. Trafford havia começado a guerra na infantaria, mas agora era comandante de esquadrão na RAF. Para ele, a grande questão, agora que a guerra chegava ao fim, era se havia um futuro para ele na RAF, já que os alemães haviam sido derrotados, ou se, como todos mais, ele deveria se juntar à corrida de volta à vida civil.

Em Rouen, as pontes sobre o rio haviam sido enfeitadas naquela noite com centenas de luzes coloridas que piscavam alegremente para os próprios reflexos na água. Uma banda australiana tocava do lado de fora do teatro e, de algum lugar das redondezas, vinha o som de gaitas-de-foles. Elizabeth Johnston, uma motorista do corpo auxiliar feminino do exército, escocesa de nascimento, assistia seus compatriotas atenderem ao chamado:

> Nossos *jocks** não demoraram a chegar e formaram fileiras atrás do gaiteiro. Em bando, eles marchavam ao seu redor, marcando passo ao ritmo de *Hielan' Laddie*. E, atrás dos *jocks*, vieram soldados franceses em seus pitorescos uniformes azuis, belgas feridos, australianos em batas de hospital, todos marchando. Americanos, portugueses e chineses vieram engrossar a parada e, mais atrás, aglomeravam-se sul-africanos escoceses de pele morena, vestindo o xadrez de Atholl, os musculosos das montanhas canadenses e os indianos. Ao vê-los, dava para pensar no flautista da lenda, atraindo as crianças pelas ruas de Hamelin. Mas, na rue Grand Pont, crianças crescidas de todos os cantos do mundo dançavam e saltavam ao som estridente das gaitas-de-foles.
>
> Civis franceses vieram se juntar à parada, reforçando a multidão de soldados que seguia pelas ruas. Crianças pequenas infiltravam-se aos bandos por entre as fileiras, ou eram carregadas sobre os ombros... As crianças, radiantes, riam e gritavam e, de mãos dadas com gigantescos neozelandeses e *tommies*, saltitavam e dançavam pela rue Jeanne d'Arc e, de lá, até o Hôtel de Ville. Lá, a procissão histórica parou e, à sombra da magnífica estátua equestre de Napoleão, *jocks*, moças francesas, australianos e *tommies* dançaram ao som das gaitas.

Owen Stephens, um *quaker* da Pensilvânia e membro da Unidade de Reconstrução dos Amigos, dos Estados Unidos, testemunhou uma cena semelhante em Troyes:

---

* Soldados escocêses.

Jantamos cedo e fomos nos juntar ao povo da cidade. A humanidade, àquelas alturas, havia enlouquecido. Milhares lotavam as ruas estreitas e se concentravam na Place des Boucheries e em torno do Hôtel de Ville. Multidões de pessoas circulavam se acotovelando em todas as direções. O ar ressoava com gritos, gargalhadas e canções. Mulheres idosas vendiam bandeiras e fitas tricolores em bancas ambulantes, e todos carregavam bandeiras e fitas tricolores...

Um *tommy* carregando uma bandeira francesa cambaleava bêbado pela rue Émile Zola; atrás deles, vinha um multidão rindo e berrando, e um tambor de corda rufava no meio dela... Mac usava uma pequena bandeira americana; um grupo de moças passou roçando por nós, e uma delas arrancou a bandeira... Alguns hotéis estavam acesos de alto a baixo, mas, mantendo o costume de quatro anos, as pessoas ainda escondiam as luzes de suas casas. Caminhando por uma das vielas desertas, um francês cantava a plenos pulmões o hino socialista *L'Internationale*.

Em Lille, as celebrações, já discretas durante o dia, foram minguando até acabar ao cair da noite. A eletricidade não havia voltado, e a cidade continuava às escuras. Uma fábrica explodiu naquela tarde, quando uma bomba de ação retardada deixada pelos alemães detonou. A explosão por pouco não atingiu um grupo de homens do Corpo de Metralhadoras, que estava saindo bem naquela hora. Naquele mesmo dia, Alick McGrigor, ajudante-de-ordens do general Birdwood, foi de automóvel até St. Omer para tentar conseguir champanhe para o jantar de comemoração. Ele encontrou algumas garrafas, mas o jantar foi alegre e tranquilo, sem turbulências desenfreadas. Na noite anterior, o rei da Bélgica havia aparecido de surpresa para o jantar, depois de uma visita não programada a Tournai.

Para a irmã Catherine Macfie, que trabalhava num posto de triagem de feridos, na periferia da cidade, o Armistício não trouxe trégua para o número de rapazes que continuavam morrendo em sua enfermaria. Alguns morriam de ferimentos, mas um número muito maior falecia de gripe espanhola. Por todo o mundo, jovens morriam de gripe, e nem ela nem ninguém podia fazer muita coisa para evitar:

Não podíamos mandá-los de volta para a linha de frente, porque eles estavam doentes demais para se mexer, e as mortes foram tantas! Estávamos o tempo todo ocupados, e aquela foi uma época muito deprimente – mais deprimente ainda, num certo sentido, quando as boas notícias começaram a chegar. Os rapazes chegavam com um resfriado e uma dor de cabeça, e em dois ou três dias, estavam mortos. Rapazes altos e bonitos, chegavam e morriam. Não houve celebração em Lille, na noite do Armistício. Celebração nenhuma.

Em Wimereux, um pouco ao norte da costa, bem próximo a Boulogne, a enfermeira voluntária Peggy Marten também não conseguiu celebrar:

O dia do Armistício foi o mais terrível de toda a minha vida. Recebemos um grande comboio de casos de gripe, e a irmã estava muito ocupada, por isso me pediu para representar a enfermaria numa pequena cerimônia que ia acontecer, um pequeno serviço de ação de graças ao ar livre, em volta do mastro, com o toque de recolher e um minuto de silêncio ao final.

Quando eu caminhava para o mastro, vi um pai e uma mãe sendo conduzidos até o necrotério. Eles, provavelmente, haviam sido chamados para visitar o filho ferido e chegaram tarde demais, e agora estavam sendo levados para ver o corpo. Pensei, "Aqui estamos nós, no final da guerra, mas não chegamos ao final do sofrimento".

De noite, depois do jantar, minhas três amigas e eu fizemos uma pequena celebração em nossa barraca. Uma das meninas havia ido à cidade e trazido uma garrafa de vinho e uns biscoitos, e nós fizemos uma pequena festa, só nós quatro, brindando à saúde umas das outras.

Na cidade-catedral de Abbeville, o segundo-tenente André Maurois, do exército francês, jantou, como de costume, com seus colegas britânicos no QG do tenente-general Sir John Asser. Maurois fazia parte do quartel-general como membro da missão francesa junto ao exército britânico. Nos últimos dois anos, ele vinha trabalhando com um ex-aluno de Eton que afirmava ser descendente de Hereward the Wake, o herói da resistência à conquista normanda; com um outro que se dizia uma autoridade em estratégia por ter, certa vez, ganho um troféu numa caçada de javalis; e com um jovem oficial de artilharia que soltava gritos de caça sempre que Maurois falava ao telefone. Para todos esses homens, o bombardeio alemão de civis inocentes era um crime quase tão hediondo quando caçar uma raposa ou pescar trutas com iscas de minhoca. Usando tal material tão inverossímil, Maurois havia construído um romance sobre os britânicos que, nas horas vagas, ele datilografava na máquina de escrever do quartel-general. Intitulado *Les Silences du Colonel Bramble* [O silêncio do coronel Bramble], o livro, imediatamente, tornou-se um best-seller, encantando igualmente franceses e britânicos com seu retrato dos britânicos como uma taciturna, mas simpática massa de contradições. Todos, de Clemenceau ao marechal-de-campo Haig, leram o livro e gostaram.

Agora, os britânicos queriam expressar sua gratidão. Na noite do Armistício, os colegas de Maurois tinham uma surpresa para ele, assim que os pratos foram retirados da mesa:

> Ao final do jantar, eles se levantaram, obrigando-me a ficar sentado e, com toda a seriedade, cantaram: *"Ele é um bom companheiro, ninguém pode negar"*. Em seguida, me presentearam com uma bela bandeja de prata, na qual haviam gravado suas assinaturas. Fiquei profundamente tocado. Sua afeição, como eu bem sabia, era sincera. De minha parte, eu havia aprendido a estimá-los e amá-los.

Perto da Place de la Concorde, em Paris, a enfermeira canadense Alison Strathy estava com seus amigos Bea, o dr. Ladd e sua mulher. Mrs. Ladd era escultora e, naquela época, fazia máscaras faciais para os soldados mutilados. Os exércitos forneciam máscaras padronizadas para os soldados que haviam tido o rosto desfigurado, mas Mrs. Ladd oferecia um serviço sob medida, criando máscaras personalizadas a partir de velhas fotografias. Valia a pena, pois, para homens que haviam sido bonitos, isso significava que as crianças não fugiriam mais deles, gritando de medo.

Os quatro rumaram para o Quartier Latin para jantar. Eles se sentaram à mesma mesa que um oficial francês cego, e todos os outros fregueses do restaurante faziam brindes e discursos. Então, o oficial se levantou e cantou uma música patriótica, em agradecimento à retomada de Lille. Foi para Lille que ele havia dado sua visão. Depois do jantar, Alison e seus amigos se despediram do oficial com beijos, e ele voltou para o hospital, enquanto os britânicos foram se juntar à multidão:

Um caminhão dirigido por soldados da infantaria americana estava indo para o centro da cidade, e pegamos carona, pulando para dentro – ou para cima – do veículo. Eu me sentei na frente, com quatro rapazes. Quando chegamos à Place de la Concorde, dois *tommies*, ambos escoceses de Londres, amarraram um pequeno canhão à traseira do carro, e foram se equilibrando sobre ele até acabarem caindo!

Quando chegamos aos bulevares, filas de táxis e caminhões circulavam pelas ruas, e todos que conseguiam pegavam carona – soldados, as moças sentadas no colo deles, todo mundo, por toda a parte. Demos uma volta por Paris, mas quando gente demais começou a se amontoar na capota do caminhão, meus amigos me puxaram, dizendo que estava ficando arriscado e violento demais. Com muita pena, me despedi. Então, fomos para a Ópera onde, num balcão iluminado, integrantes do coro cantavam a *Marselhesa*, *Madelon*, *Tipperary*, e a multidão começou a cantar junto. Os holofotes dançavam por todo o céu. Outras procissões chegaram, as pessoas dançavam de um lado para o outro entre os canhões, todas alegres e despreocupadas, e a *Marselhesa* ainda soava pelas ruas. Por fim, voltamos a nosso hotel e nos despedimos de nossos anfitriões, os Ladds.

A preferida do povo era *Madelon*, a canção sobre uma garçonete de bar que enchia o copo e bebia à saúde dos *poilus*, os soldados franceses que haviam vencido a guerra. No palco do Cassino de Paris, o cantor Maurice Chevalier deixou de lado o texto da peça e improvisou, dando à plateia o que ela queria:

Madelon, emplis ton verre!
Et chante avec les poilus!
Nous avons gagné la guerre!*

A casa veio abaixo com a canção. Chevalier também havia sido *poilus*, até que os alemães terminaram a guerra para ele colocando uma bala em seu peito. A bala ainda estava lá, pois seus captores não haviam conseguido extraí-la. Num campo de prisioneiros próximo a Magdeburg, Chevalier havia aprendido inglês com um prisioneiro britânico e tido um caso com um pri-

---

* Madelon, enche teu copo, e canta com os poilus! Nós ganhamos a guerra! (N. T.)

sioneiro francês, enquanto sua namorada, a cantora de *music-hall* Mistinguett, angustiava-se até a loucura por sua causa. Estrela dos palcos e da tela, ela havia concedido favores especiais ao rei Alfonso da Espanha, tentando conseguir a repatriação de Chevalier. Atravessando a Suíça, ela rumou para a Alemanha para ver o namorado, mas no caminho foi presa, acusada de espionagem e condenada à morte num pelotão de fuzilamento. Contatos influentes foram acionados, Chevalier foi libertado e também Mistinguett que, ao que se conta, foi trocada por uma horda de prisioneiros. Ela também estava no palco naquela noite, mostrando suas famosas pernas em *Phi-Phi*, no Théatre des Bouffées Parisiennes.

Mas o namoro dos dois havia esfriado. O amante de Chevalier fora libertado com ele, e ainda estava por perto. Houve também o caso de umas calcinhas cor-de-rosa que Mistinguett havia achado no chão do quarto de dormir de Chevalier, e da garota que ela havia flagrado com ele em seu camarim, no meio da noite. Vestindo apenas um casaco sobre a camisola, Mistinguett atacou-o com uma faca de açougueiro, tentando uma vingança à altura. Os gendarmes foram chamados, Chevalier escapou são e salvo, mas o namoro nunca voltou a ser o que era antes, embora eles ainda trabalhassem juntos, ocasionalmente. O espetáculo tinha de continuar.

Enquanto Chevalier cantava e Mistinguett dançava, Georges Clemenceau, que havia ido para casa cedo, estava sentado em seu escritório, no escuro, com o telefone fora do gancho. Foi lá que sua irmã Sophie o encontrou. Depois de preparar alguma coisa para ele comer, ela o convenceu a sair um pouco para assistir à festa. Os dois caminharam quilômetros antes de serem reconhecidos no Boulevard des Capucines, perto da Ópera. Os gendarmes o salvaram de uma multidão entusiástica e, às pressas, os levaram para um hotel que dava frente para a Place de l'Opéra. Clemenceau foi chamado ao balcão e dirigiu algumas palavras à multidão, embora ninguém conseguisse ouvi-lo, em meio a tanto barulho. Ele queria que o povo gritasse *Vive la France!*, em vez de *Vive Clemenceau!*.

Sua filha Madeleine chegou para se juntar a eles. Clemenceau sentia-se abatido e infeliz, e incapaz de compartilhar do entusiasmo geral despertado pelo Armistício.

"Papai, diga-me que você está feliz", pediu Madeleine.

"Não posso, porque não estou", respondeu ele. "Não adiantaria nada."

Claude Monet, amigo de Clemenceau, escreveu-lhe no dia seguinte, sugerindo uma pintura em homenagem aos mortos. Salgueiros-chorões eram o símbolo tradicional do luto, mas Monet achava que lírios d'água poderiam servir.

Em Amerongen, o kaiser estava começando a se acostumar com seu novo ambiente. Ele estava instalado numa suíte de quatro aposentos na parte dos fundos do castelo, com vista para o Reno e seu tráfego de embarcações, a um quilômetro e meio de distância. Havia uma cama para ele e outra para sua mulher, que esperava deixar Potsdam e vir se juntar a ele, se conseguisse escapar dos bolcheviques. A cama do kaiser era uma esplêndida peça de quatro colunas, onde Luís XIV dormira durante a ocupação francesa de 1672.

Parte da comitiva do kaiser estava com ele, tantos quanto o castelo podia acomodar. Os demais se hospedaram na vila perto dali. Há algum tempo o conde Bentinck vinha preparando o castelo para receber uma horda de refugiados belgas, de modo que a mudança de planos não foi tão difícil. Ele já tinha tudo combinado com sua governanta, uma escocesa patriótica que guardou para si sua opinião sobre a súbita chegada dos alemães. Ela preparou para o chá do kaiser os mesmos *scones** e o mesmo *shortbread*** que ele, ainda na infância, havia saboreado no Castelo de Balmoral, durante as temporadas que passava com sua avó, a rainha Vitória.

Bentinck tinha quase tanto sangue inglês quanto o kaiser. Seu pai havia servido com os Coldstream Guards,*** em Waterloo, e também seu irmão. Um sobrinho seu, também com os Coldstreams, fora morto no Somme. Um de seus filhos, por outro lado, estava na marinha alemã. Tudo isso forneceu assunto para conversas, quando os dois se sentaram para jantar.

Havia quarenta pessoas à mesa. A prataria da qual eles se serviam trazia o brasão da família Aldenburg, já que um dos filhos do kaiser havia se casado com uma das filhas deles. A conversa foi um pouco tensa, mas o kaiser fez o possível para deixar todos à vontade. Ele estava indignado com o papel desempenhado em sua queda pelo príncipe Max, que deu a entender que o

---

* Um tipo de pão escocês. (N. T.)
** Tipo de biscoito. (N. T.)
*** Tropa de infantaria de elite do exército britânico (N. T.)

kaiser havia abandonado seu povo, o que não era verdade. Fora isso, entretanto, ele demonstrou pouca amargura em relação a tudo o que havia acontecido. Sua comitiva continuava a tratá-lo com deferência, ainda sem conseguir acreditar que ele não era mais o kaiser. Todos sentiam-se bastante perplexos, tentando se dar conta de tudo que havia dado errado naqueles últimos dias. Coisa demais para absorver de uma vez só.

Do outro lado do mar do Norte, a Grande Frota Britânica lançou âncoras próximo à costa escocesa. A linha de navios de guerra se estendia ininterruptamente por 48 quilômetros, na mais impressionante exibição de poderio naval de todo o mundo. Navios de guerra, cruzadores, destróieres, torpedeiros, navios minadores, embarcações de todos os tipos para todos os fins. A frota já sabia do Armistício desde a manhã, mas foi só depois do anoitecer que as celebrações oficiais começaram. Foi dada ordem de bracear as vergas, o que, na gíria naval, significava uma generosa rodada de rum para todos. Quando o sinal foi dado, todas as luzes se acenderam e as sirenes começaram a apitar. Os sinos tocaram e os holofotes cruzaram o céu, iluminando a escuridão num raio de muitas milhas. Do convés do HMS *Tobago*, o oficial subalterno Henry Hill nunca vira coisa igual:

> Estamos todos ocupados em fazer tanto barulho e tanta bagunça quanto possível. É uma visão magnífica, a frota esta noite. Todos os navios estão feericamente iluminados. Os navios maiores jogam os holofotes para o alto, e os menores disparam sinalizadores e foguetes. Cada embarcação parece tentar superar os demais em exibição de entusiasmo. Sinos estão tocando. Tambores e bandas estão a pleno vapor. Todos estão roucos de tanto gritar.
>
> O almirante Beatty acaba de mandar uma mensagem para os navios: "É assim que se faz!". Tanto os oficiais quanto os marinheiros estão arrebatados por um entusiasmo que cresce a cada minuto. Acaba de passar por nós uma lancha decorada com bandeiras e luzes. A banda toca *Ragtime*. Dizse que o almirante Beatty está a bordo da lancha. Ele é bem capaz de coisas assim. Mas, de qualquer maneira, graças a Deus que tudo terminou.

Havia mais de um século que a Marinha Real policiava os oceanos do mundo, combatendo o comércio de escravos, a pirataria, impedindo que os alemães recebessem o material de que precisavam para lutar a guerra. Mas, se o presidente Wilson fizesse valer sua opinião, as funções da marinha seriam assumidas pela Liga das Nações, há pouco proposta. Ele queria que os britânicos desarmassem sua frota, agora que os combates haviam terminado, para garantir a liberdade nos mares para todos os países. Se isso não viesse a acontecer, sua intenção era que os Estados Unidos construíssem sua própria frota, lançando ao mar duas embarcações para cada navio britânico.

O presidente Wilson não era muito admirado na Marinha Real.

Na Downing Street nº 10, Lloyd George jantava calmamente com uns poucos colegas. Winston Churchill estava presente, e também seu amigo F. E. Smith e o general Sir Henry Wilson. Sob o olhar de retratos de Pitt, Fox, Lord Nelson, do duque de Wellington e de George Washington, eles discutiam o problema do kaiser e do que fazer com ele, agora que o monarca havia sido derrubado. A discussão se centrava em torno da questão de o kaiser ser ou não um criminoso de guerra.

Ele certamente era um homem mau, que havia se comportado de forma vergonhosa antes da guerra, intimidando os vizinhos da Alemanha, fazendo tinir seu sabre, sempre empregando a ameaça de intervenção militar, seu método preferido de resolver conflitos, em lugar de uma diplomacia discreta. O monarca também havia levado outros países da Europa a formar alianças defensivas contra ele, chegando ao ponto de forçar os britânicos, aliados naturais dos alemães, a se jogarem nos braços dos franceses, casamento esse que estava longe de ser ideal. E, uma vez formadas essas alianças, o kaiser havia se queixado de a Alemanha estar cercada de inimigos, e de que o resto da Europa conspirava contra ele.

Quando a guerra chegou, foi contra sua vontade, mas ele nada fez para evitá-la. As atrocidades alemãs foram tremendamente exageradas pela propaganda aliada, mas ninguém contestava que bebês haviam sido empalados com baionetas, nem que mulheres haviam sido estupradas em praça pública no mercado de Liège. Os alemães haviam invadido um país neutro, bombardeado civis, atacado tropas com gás venenoso e torpedeado navios não-combatentes sem levar em conta suas tripulações. Eles haviam quebrado as regras da guerra e teriam que responder por isso.

Lloyd George era a favor de fuzilar o kaiser, e F. E. Smith pensava o mesmo. Wilson e Churchill discordavam. Wilson era de opinião que o kaiser devia ser desmascarado como o vilão que era, e depois abandonado à própria sorte. Churchill se preocupava mais com o futuro que com o passado:

> Meu estado de espírito se dividia entre angústia pelo futuro e desejo de auxiliar o inimigo destruído. A conversa girou sobre as grandes qualidades do povo alemão, demonstradas na tremenda luta travada por eles contra três quartos do mundo, e sobre a impossibilidade de reconstruir a Europa sem sua ajuda.

Churchill preocupava-se também com a falta de comida na Alemanha. Alemães famintos seriam presas fáceis para os bolcheviques:

> Sugeri que nós, imediatamente, a depender de notícias posteriores, enviássemos para Hamburgo 12 grandes navios abarrotados de provisões. Embora o Armistício determinasse a continuação do bloqueio até a assinatura da paz, os Aliados haviam prometido fornecer o necessário, e o primeiro-ministro via o projeto com bons olhos.

Enquanto discutiam, eles podiam ouvir, do lado de fora, o ronco surdo das celebrações que continuavam por toda Londres. Dentro das paredes do nº 10, o ronco soava, para Winston Churchill, como "ondas quebrando na areia". Para Alice Connor, na Trafalgar Square, "o som era como ondas quebrando numa praia".

No palácio, o rei ainda estava no balcão, ainda acenando para a multidão. De vez em quando, ele entrava para continuar a trabalhar nas centenas de telegramas que havia recebido de todo o mundo, mas a multidão o chamava de volta, querendo vê-lo de novo. Dois refletores de palco haviam sido instalados para iluminar o balcão, para que as pessoas pudessem ver o rei, em pé na chuva fina, com a rainha a seu lado. Ele, vestindo uniforme, ela, diamantes e pérolas. A banda dos Guardas Irlandeses tocava, e as pessoas cantavam hinos e canções patrióticas. Elas ainda ficariam ali por algumas horas, e voltariam no dia seguinte.

O rei destronado de Portugal, Manoel, assistia de um dos portais do palácio, abrigando-se da chuva. Durante a revolução de 1910, ele havia se refugiado na Inglaterra, onde passara a morar. Margot Asquith o encontrou por acaso, quando ia ver Lord Stamfordham, o secretário particular do rei George. Ela trocou algumas palavras com Manoel e entrou no palácio para procurar Stamfordham.

Ela o encontrou sobrecarregado, exausto com o entra-e-sai de gente, e com os telegramas que chegavam de todas as partes do mundo. Um em cada cinco seres humanos era súdito do rei George, e um inacreditável número deles havia decidido enviar-lhe seus cumprimentos nessa ocasião alegre. Stamfordham ainda chorava a perda de seu único filho, morto em 1915. Margot Asquith o beijou nas duas faces e o cumprimentou por seu penoso trabalho durante os anos de guerra. Os dois ficaram então em silêncio, não ousando dizer mais uma palavra sequer.

* * *

As luzes voltaram a se acender em Londres, pelo menos parcialmente. Não houve tempo para retirar o sombreamento negro das lâmpadas dos postes de iluminação pública, mas a maioria delas estava acesa, e o Big Ben estava iluminado. A Trafalgar Square brilhava à luz de fogueiras. "Os sons dos vivas e da cantoria ainda penetram em meu quarto, onde estou com as *janelas abertas*!", escreveu Winifred Kenyon em seu diário. "Nossa primeira prova tangível, deste lado do mar, de que as hostilidades realmente cessaram."

Arnold Bennet estava em Piccadilly quando as luzes foram acesas. Naquela manhã, seu amigo John Buchan havia passado por seu escritório no Ministério da Informação, na hora do anúncio do Armistício. Naquela noite, Buchan foi para a cama cedo, mas Bennet ficou acordado e viu as luzes se reacenderem:

> Foi uma luta atravessar duas vezes o Piccadilly Circus... Veículos passavam, carregados de seres humanos aos berros. Outros, no escuro, com apenas um ou dois passageiros. Muita luz em Piccadilly, até a esquina do Ritz e também no Piccadilly Circus. Tudo parecia tão brilhante! Alguns teatros estavam com as fachadas iluminadas. O empreendedor Trocadero havia pendurado fios de luzes temporárias sob um de seus pórticos.

O Ritz estava esplendorosamente iluminado para o tão esperado jantar do Armistício. Lady Diana Manners estava lá com seu noivo, Duff Cooper.

Eles até que se esforçaram para se divertir, mas nenhum dos dois teve ânimo, já que muitos de seus amigos não estavam mais vivos para assistir à cena. Cooper, que convalescia da gripe espanhola, foi para casa mais cedo. Diana Manners logo em seguida fez o mesmo, sentindo-se incapaz de suportar os festejos por mais tempo. "Depois de tantas perdas amargas, não era natural sentir alegria. Os mortos estavam tão gravados em nossas mentes que não havia lugar para os que haviam sobrevivido." Ao chegar em casa, ela perdeu o controle e desatou em prantos.

Oswald Mosley passava pelo Ritz quando ouviu o som das gargalhadas, e parou para ver o que estava acontecendo. Afastado da linha de frente por invalidez, Mosley compartilhava da aversão de Diana Mosley pelas festividades:

> Gente bajuladora e presunçosa, que nunca havia lutado nem sofrido, parecia, aos olhos dos jovens – naquele momento envelhecidos de tristeza, cansaço e amargura – estar comendo, bebendo e rindo sobre as sepulturas de nossos companheiros. Fiquei à margem da turba delirante, silencioso e só, destroçado por lembranças.

O único ponto luminoso para Mosley foi Cimmie Curzon, filha de Lord Curzon, que estava no Ritz, enrolada numa bandeira britânica, cantando músicas patrióticas. Mais tarde, naquela noite, ela saiu pela Trafalgar Square feito uma louca, ateando fogo em velhos carros e caminhões, para o horror de seu pai. Passaram-se dezoito meses antes de Mosley se casar com ela, mas ele nunca esqueceu da noite em que a viu no Ritz.

Siegfried Sasson estava em Chelsea, numa festa repleta de estrangeiros. Ele havia estado em Oxford pela manhã, caminhando pelos campos alagados próximos a Cuddesdon, quando os sinos começaram a tocar. Cheio de desdém pelas celebrações, ele, entretanto, não conseguiu manter-se afastado delas. Tomando o trem para Londres, ele se hospedou na casa do amigo de um amigo, que o havia convidado para o jantar em Chelsea.

O amigo de Sasson servia na RAF e, entre todos os presentes, os dois eram os únicos que haviam estado na guerra. Eles não estavam com disposição para celebrações, e acharam difícil acompanhar a exuberância dos outros convidados:

O coro foi liderado por uma expansiva jornalista americana, que confessou a mim jamais ter sentido tamanha liberação de emoções, o que, provavelmente, era uma descrição precisa de seus sentimentos, mas acolhi sua confidência num silêncio taciturno. Por acaso, eu e meu amigo éramos os únicos convidados da festa que haviam participado dos combates, embora dois outros fossem de idade militar, sugerindo que eles deveriam ter lutado, caso seu patriotismo, agora tão exuberante, tivesse despertado neles o desejo de aventura. Mais para o fim do excelente jantar, essa infeliz discrepância se tornou mais evidente.

Sasson e seu companheiro entraram numa discussão com um "cavalheiro bastante jovem, de idade militar". Os dois foram enfáticos ao afirmar que a guerra havia sido uma tragédia tenebrosa que nenhuma espécie de ardor patriótico poderia mudar. Eles não esconderam o desprezo pelo companheiro de mesa e, antes de a festa terminar, haviam se tornado extremamente malquistos por todos. Mais tarde, Sasson ficou sabendo que o tal homem havia passado a guerra trabalhando no Conselho Central de Controle de Bebidas Alcoólicas. Provavelmente, ele havia ganho uma medalha por sua contribuição.

* * *

No Adelphi, Monty Shearman dava uma festa, que havia começado após o almoço e iria se prolongar intermitentemente por vários dias. Quase todo o pessoal do círculo de Bloomsbury passou pela festa em algum momento, embora, depois, não conseguissem se lembrar exatamente de quem estava lá com quem.

D. H. Lawrence certamente esteve lá com sua mulher Frieda von Richthofen, prima do ás da aviação alemã. Lady Mond, alemã naturalizada e mulher de um ministro do gabinete, também. August John esteve lá, acompanhado por moças do campo, ainda vestindo culotes e perneiras de couro. Osbert Sitwell foi com Sergei Diaghliev, e David Garnett, com Duncan Grant. Lady Ottoline Morell também compareceu, assim como Clive Bell, Roger Fry e Mark Gertler. E ainda Lydia Lopokova, Maynard Keynes e Lytton Strachey.

Quase todos dançaram, até mesmo Lytton Strachey, cena que não se via com muita frequência. Strachey havia chegado de Sussex pretendendo pernoitar em Londres. Famoso por afirmar à banca de convocação militar que, se um soldado alemão tentasse estuprar sua irmã, ele tentaria impedir, Strachey havia passado boa parte da guerra deitado numa espreguiçadeira, pedindo limonada e contemplando o gracioso rapaz substituto do carteiro, que havia partido para a guerra. Às vezes, enquanto lia um livro, ele ouvia os canhões do outro lado do canal. Ele era pioneiro de uma nova forma de biografia, na qual cada defeito de caráter do biografado era impiedosamente esmiuçado em letras impressas.

Entre os poucos que não dançavam estava Sergei Diaghliev, que já se ocupava com dança o suficiente no Ballets Russes. A caminho da festa, o primeiro bailarino da companhia, Léonide Massine, parou por um momento para assistir as danças de rua em busca de novas ideias, mas não gostou do que viu. Os britânicos eram melhores na guerra que no balé.

Mais tarde, a festa atravessou a Trafalgar Square e transferiu-se para o apartamento de Keynes, na Gordon Square. Era lá que Strachey ia passar a noite, porque era tarde demais para voltar a Sussex. Keynes era um anfitrião afável e disse a Garnett que a guerra não seria retomada, porque as pessoas se recusariam a voltar a lutar, agora que haviam parado. O que quer acontecesse na conferência de paz, a guerra certamente havia chegado ao fim.

O que preocupava Keynes era a paz. Como professor de Cambridge e economista do Tesouro, ele já pensava no futuro, planejando a reconstrução europeia do pós-guerra. As indenizações a serem exigidas da Alemanha o preocupavam, pois ele temia que os alemães fossem pressionados além de sua capacidade. Keynes entendia o desejo de obrigar os alemães a pagar por cada centavo do prejuízo que haviam provocado, mas, como economista, ele sabia que isso não iria acontecer. Ao contrário, os alemães deveriam ser auxiliados a se reerguer o quanto antes. A recuperação da Alemanha era do interesse de todos.

A chave seria a conferência de paz. Os políticos adotariam uma solução sensata, nas linhas já sugeridas por Keynes, ou perseguiriam seus próprios objetivos, destroçando os alemães porque sabiam que isso traria bons dividendos políticos no cenário interno? Keynes não estava otimista. Clemenceau estava decidido a se vingar, e Lloyd George sempre atuava para a plateia. Wilson era excessivamente magnânimo, e entendia muito pouco do mundo externo aos Estados Unidos. Todos charlatões, na opinião de Keynes. A paz era importante demais para ser deixada na mão de políticos que, fatalmente, criariam um fiasco se não ouvissem cuidadosamente o que ele tinha a dizer.

Noël Coward estava na Trafalgar Square, ainda lotada de gente que, na maior alegria, balançava de um lado para o outro "como um campo de milho dourado movendo-se num vento escuro". Coward, de 18 anos, acabava de ser dispensado do exército após uns poucos e horríveis meses, durante os quais ele mostrou-se um fracasso como soldado. No exército, ele fora obrigado a marchar pelas estradas e a abrir sacos de palha com uma baioneta, tarefas para as quais sua experiência prévia no teatro não o havia preparado. Diagnosticado com neurastenia aguda, foi com alívio que ele retornou à vida civil. Seu ideal de acampamento era bem diferente do praticado no exército.

Ele passou o dia do Armistício caminhando a esmo pelas ruas e misturando-se à multidão. Mais tarde, jantou com um diplomata chileno rico e homossexual e sua mulher. Os chilenos pertenciam a um mundo decadente e glamuroso, muito distante do de Coward:

> Depois do jantar, entramos num rolls-royce vermelho escuro e fomos dar um passeio pelo parque e pela Trafalgar Square, onde ficamos presos num engarrafamento, quando hordas aos gritos subiram na capota, nos estribos e no radiador do automóvel. Gritamos junto com eles e apertamos as mãos de tantos quanto pudemos, e senti uma felicidade ignóbil, nesse momento de júbilo nacional, por estar vestindo um fraque, dentro de um rolls-royce e em companhia tão obviamente aristocrática. Depois de cerca de duas horas na Trafalgar Square, conseguimos chegar ao Savoy, onde todos usavam chapéus de papel, jogavam serpentina e bebiam champanhe, e Delysia, num cintilante vestido cor-de-rosa, subiu numa mesa e cantou a *Marselhesa* inúmeras vezes, sendo retumbantemente aplaudida. Foi uma noite emocionante.

T. E. Lawrence acabava de chegar da Arábia e estava na Trafalgar Square jantando calmamente com amigos no Union Club. Lady Mond dançava na praça, depois de sair da festa de Monty Sherman. Soldados canadenses haviam derrubado uma fileira de tapumes coberta de propagandas da guerra e atiravam as tábuas na fogueira acesa na base da coluna de Nelson. As chamas iluminavam os rostos na multidão, que cantava *Keep the Home Fires Burning*. Todos estavam alegres e bem-humorados, mais por estarem contentes de a guerra ter acabado do que por exultarem a vitória. Osbert Sitwell que, em 1914, havia assistido a multidão "gritar vivas à própria morte" em frente ao Palácio de Buckingham, assistia novamente, agora:

> Um longo pesadelo havia chegado ao fim. Muitos soldados, marinheiros e aviadores misturavam-se à multidão, às vezes se abraçando, dando as mãos e debatendo-se como ondas do mar contra as extremidades da praça, contra as grades da National Gallery, e às vezes indo além da baixa escadaria de pedra de Saint Martin-in-the-Fields. As sucessivas ondas recuavam, ganhavam ímpeto e quebravam novamente... Era uma multidão honesta e feliz, gente boa que possuía uma espécie de sabedoria ou filosofia, bem como uma perseverança que poucas raças conhecem, mas que não tinha nada da graça latina.

Vera Brittain estava em Whitehall, bem perto da Trafalgar Square. Ela havia saído para dar uma volta na companhia de um grupo de enfermeiras, até que foram emboscadas por um bando de soldados:

> Na frente do almirantado, um grupo louco de *tommies* convalescentes estava coletando espécimes de uniformes, e empurrando as pessoas que os vestiam para dentro de táxis embandeirados. Aos gritos, eles capturaram duas de minhas companheiras e desapareceram na multidão ruidosa, acenando bandeiras e tocando chocalhos. Em todos os lugares onde íamos, salvas de aplausos entusiásticos saudavam nossos uniformes da Cruz Vermelha, e completos estranhos com os ferimentos enfaixados vinham nos cumprimentar com calorosos apertos de mão. Depois daquela longuíssima escuridão, parecia um conto de fadas ver as luzes das ruas brilhando através da fria noite de novembro.

Vera afastou-se das outras e caminhou sozinha pela Whitehall. Ela sentia-se terrivelmente deslocada nesse mundo novo e iluminado. Todos que lhe eram próximos haviam morrido. Não havia mais ninguém com quem compartilhar lembranças e, à medida que ela fosse envelhecendo, até as recordações dos mortos iriam se apagar aos poucos. Uma escuridão ainda mais profunda iria cercar os rapazes que haviam sido seus alegres companheiros:

> Pela primeira vez me dei conta, de forma total e absoluta, de como tudo o que até agora preenchera minha vida havia desaparecido com Edward e Roland, com Victor e Geoffrey. A guerra havia terminado, uma nova era começava, mas os mortos estavam mortos e nunca voltariam.

No East End, a região pobre de Londres, as pessoas comemoravam o Armistício de forma discreta. Em Canning Town, à margem das docas, crianças da escola municipal de Freemasons Road haviam ouvido as sirenes às 11 da manhã e pensaram que se tratava de um outro bombardeio aéreo. As crianças conheciam bem os bombardeios aéreos, já que certa vez haviam sido bombardeadas quando estavam na escola. Um dia, uma imensa cratera apareceu no pátio do recreio e Dora Dayers, a professora, fez com que todas as crianças batessem palmas e cantassem *Grand Old Duke of York* para distraí-las do barulho dos canhões antiaéreos que disparavam à sua volta.

Mas, desta vez, as sirenes traziam boas notícias. Os professores da escola secundária vieram correndo anunciar o Armistício, e as crianças tiveram folga pelo resto do dia para irem se juntar às celebrações. Uma loja na esquina da rua onde Dora morava abriu pela primeira vez desde o começo da guerra para distribuir fogos de artifício gratuitos, para que as crianças se divertissem naquela noite.

Infelizmente, as crianças nunca haviam visto fogos de artifício antes e, na noite do Armistício, decidiram, após devida consideração, que não gostavam nem um pouco deles. "Essas coisas que parecem bomba" faziam-nas lembrar demais dos alemães.

Do outro lado do Atlântico, a festa continuava. A embaixada italiana oferecia um baile. Era o aniversário do rei da Itália, e todos os que eram alguém em Washington acorreram em bando para a embaixada, para ajudar os italianos a celebrar.

Até mesmo o presidente estava lá. Não era exatamente de praxe um presidente visitar uma embaixada estrangeira, mas ele sentia que precisava ir a algum lugar, numa noite como aquela. Esplêndido em sua casaca e gravata branca, ele chegou com Mrs. Wilson sem ser anunciado, fazendo o embaixador descer às pressas para recebê-lo. Passava um pouco das 11, e o baile estava no auge. Viam-se uniformes por toda a parte, e o presidente aceitou uma taça de champanhe e bebeu à saúde do rei.

Ele e Edith ficaram na festa por uma hora. Ao voltarem para a Casa Branca, os dois estavam excitados demais para dormir. Sentaram-se no sofá do quarto de Edith, aquecendo-se junto à lareira, e conversaram até altas horas. Antes de ir para a cama, o presidente leu um capítulo da Bíblia. Ele havia prometido a uma delegação de soldados que leria um capítulo por noite, por mais ocupado que estivesse. Foi a última coisa que ele fez, antes de apagar a luz.

Na França, Harry Truman também estava na cama. Ele se recolhera às dez horas, exausto após tanta animação. Sinalizadores e foguetes foram disparados depois do escurecer, exatamente como em todos os outros lugares. A artilharia francesa à sua retaguarda havia conseguido vinho e estava dando uma festa. Truman tentava dormir, mas os franceses não deixavam:

> A bateria francesa estava embriagada graças a uma carga de vinho que havia chegado pela estrada de ferro destinada à munição. Eles resolveram marchar até perto de onde eu dormia e, um por um, bateram continência e gritaram *Vive President Wilson, vive le capitaine d'artillerie américaine!* Uma noite inteira sem dormir. A infantaria disparou sinalizadores e todos os fogos em que conseguiram pôr as mãos, detonou tiros de rifles, pistolas e qualquer coisa que fizesse barulho, a noite toda. Parecia mais o Quatro de Julho que a linha frente.

Em Vosges, o cabo Teilhard de Chardin celebrou com igual vigor, bebendo com os oficiais de seu regimento. Houve brindes, canções, lágrimas e ainda mais brindes. Teilhard sentiu alívio quando finalmente conseguiu se retirar e voltar para o quarto cedido a ele no presbitério de Docelles. Já era alta madrugada quando ele, tateando a porta, tentou enfiar a chave na fechadura, mas a chave parecia de borracha. Ele não conseguia fazê-la entrar. Irritado, desistiu de tentar algum tempo depois, e foi dormir no celeiro. O maior filósofo e teólogo da França desabou num monte de palha e, minutos depois, dormia profundamente.

A caminho de Mons, o oficial norte-americano Howard Vincent O'Brien e seu motorista, dirigindo na escuridão, derraparam para fora da pista e foram parar em cima de uma mina que, felizmente para eles, não explodiu. Cuidadosamente, eles tiraram o carro e seguiram viagem até serem parados, no meio da chuva, por um destacamento de soldados escoceses indignados com o fato de eles estarem dirigindo com os faróis acesos.

Brian contou a eles que a guerra havia terminado.

"Sim", respondeu um deles ceticamente. "Já ouvimos isso antes."

Eles continuaram em frente e O'Brien encontrou alojamento para um pernoite em Grandéglise. Ele e seu motorista dividiram um quarto com dois soldados dos Fuzileiros de Northumberland. Eles se prepararam para ir para a cama. Enquanto se acomodavam, um dos *tommies* arriscou a opinião de que os Estados Unidos haviam entrado na guerra com um atraso criminoso.

"É verdade", concordou O'Brien. "Sorte de vocês que os *canucks*[*] cuidaram deles até a gente chegar."

A conversa foi morrendo. Todos adormeceram.

Adolf Hitler não conseguia dormir. No hospital de Pasewalk, ainda totalmente desperto, ele ruminava os calamitosos acontecimentos do dia, ainda sem conseguir acreditar no que havia ocorrido:

> Então, tudo foi em vão. Em vão todos os sacrifícios e privações, em vão meses intermináveis de fome e sede, em vão as horas em que, mesmo com os corações apertados por um medo mortal, cumprimos nosso dever, em vão a morte dos 2 milhões que se foram... Foi para isso que meninos de 17 anos foram se atolar na lama de Flandres? É esse o significado do sacrifício que a mãe alemã fez pela pátria quando, com o coração angustiado, deixou partir seus amados rapazes para nunca mais voltar a vê-los? Tudo isso aconteceu apenas para que uma corja de miseráveis criminosos pudesse se apoderar da pátria?

Os alemães haviam sido apunhalados pelas costas. Isso estava claro. Traidores de dentro do próprio país eram os responsáveis: os aproveitadores, os especuladores, os revolucionários marxistas, os judeus. Eles haviam

---

[*] Termo pejorativo para os canadenses.

traído os soldados do *front* justamente quando a Alemanha estava à beira da vitória.

Era tudo culpa dos judeus. Eles eram os responsáveis. Os judeus estiveram por trás de tudo, desde o começo. Foi ali, deitado na cama, em Pasewalk, que Hitler decidiu ingressar na política assim que saísse do hospital. Era seu dever. Ele devia isso à pátria. Ele devia isso ao povo alemão.

Esses judeus desgraçados! Eles pagariam caro pelo que haviam feito...

Bibliografia

Adam Smith, Janet, *John Buchan,* Hart-Davis, 1965.

Adam, H. Pearl, *Paris Sees it Through,* Hodder and Stoughton, 1919.

Arthur, Max, *Forgotten Voices of the Great War,* Ebury, 2002.

Asquith, Margot, *The Autobiography of Margot Asquith,* Butterworth, 1920.

Aston, Sir George, *The Biography of Marshal Foch,* Hutchinson, 1929.

Aubry, Octave, *Eugenie,* Cobden-Sanderson, 1939.

Baker, Carlos, *Ernest Hemingway,* Collins, 1969.

Baumont, Maurice, *The Fall of the Kaiser,* Allen and Unwin, 1931.

Bennett, Arnold, *The Journals of Arnold Bennett,* Cassell, 1932.

Bentinck, Lady Norah, *The Ex-Kaiser in Exile,* George Doran, 1921.

Birdwood, Lord, *Khaki and Gown,* Ward, Lock, 1941.

Blackburne, Harry, *This Also Happened,* Hodder and Stoughton, 1932

Blucher, Princess Evelyn, *An English Wife in Berlin,* Constable, 1920.

Boyden, Matthew, *Richard Strauss,* Weidenfeld, 1999.

Brittain, Vera, *Testament of Youth,* Gollancz, 1933.

Buchan, John, *The History of the South African Forces in France,* Imperial War Museum, 1920.

Bucher, Georg, *In the Line,* Jonathan Cape, 1932.

Chandos, Viscount, *The Memoirs of Lord Chandos,* Bodley Head, 1962.

Christie, Agatha, *An Autobiography,* Collins, 1977.

Churchill, Winston, *The World Crisis,* Butterworth, 1923.

Clark, Stanley, *The Man who is France,* Harrap, 1960.

Conan Doyle, Arthur, *Memories and Adventures,* John Murray, 1930.

Cooper, Caroline Ethel, *Behind the Lines,* Collins, 1982.

Cooper, Lady Diana, *The Rainbow Comes and Goes,* Hart-Davis, 1958.

Coper, Rudolf, *Failure of a Revolution,* Cambridge UP, 1955.

Coward, Noël, *Autobiography,* Methuen, 1986.
Crawley, Aidan, *De Gaulle,* Collins, 1969.
Crozier, Brian, *De Gaulle,* Eyre Methuen, 1973.
Emslie Hutton, Isabel, *With a Woman's Unit in Serbia,* Williams and Norgate,1928.
Erzberger, Matthias, *Erlebnisse im Weltkrieg,* Stuttgart, 1920.
Evans, A. J., *The Escaping Club,* Bodley Head, 1931.
Foch, Ferdinand, *The Memoirs of Marshal Foch,* Heinemann, 1931.
Garnett, David, *The Flowers of the Forest,* Chatto & Windus, 1955.
Gibbs, Sir Philip, *The War Dispatches,* A. Gibbs, Phillips and Times Press, sem data.
Gilliam, Brian, *The Life of Richard Strauss,* Cambridge UP, 1999.
Glubb, John, *Into Battle,* Cassell, 1978.
Graham, Stephen, *A Private in the Guards,* Macmillan, 1919.
Gussow, Mel, *Zanuck,* W. H. Allen, 1971.
Haffner, Sebastian, *Failure of a Revolution,* André Deutsch, 1973.
Hindenburg, Gert, *Hindenburg,* Hutchinson, 1935.
Hiscock, Eric, *The Bells of Hell Go Ting-a Ling-a Ling,* Corgi, 1977.
Hitchcock, Captain F. C., *Stand To,* Hurst and Blackett, 1937.
Hitler, Adolf, *Mein Kampf,* Hutchinson, 1969.
Holroyd, Michael, *Lytton Strachey,* Heinemann, 1967.
Horn, Daniel, *Mutiny on the High Seas,* Rutgers UP, 1969.
Houston, David, *Eight Years with Wilson's Cabinet,* Doubleday, 1926.
Lloyd George, David, *War Memories of David Lloyd George,* Nicholson and Watson, 1936.
Longford, Earl of, *Eamon de Valera,* Hutchinson, 1970.
Ludendorff, Erich, *My War Memories* 1914-1918, Hutchinson, 1919.
Ludendorff, Margarethe, *My Married Life with Ludendorff,* Hutchinson, 1930.
MacArthur, Douglas, *Reminiscences,* Heinemann, 1964.
MacDonogh, Giles, *The Last Kaiser,* Weidenfeld & Nicolson, 2000.
McGuinness, Brian, *Wittgenstein,* Duckworth, 1988.
Mann, Thomas, *Diaries,* André Deutsch, 1983.
Masur, Gerhard, *Imperial Berlin,* Basic Books, 1970.
Matthias, Erich, *Die Regierung des Prinzen Max von Baden,* Droste, 1962.
Maurois, Andre, *The Silence of Colonel Bramble,* Bodley Head, 1965.
Max von Baden, *Memoirs of Prince Max of Baden,* Constable, 1928.
Millard, Oscar e Vierset, Auguste, *Burgomaster Max,* Hutchinson, 1936.
Miller, Webb, *I Found No Peace,* Gollancz, 1937.
Mosley, Sir Oswald, *My Life,* Nelson, 1968.
Muggeridge, Malcolm, *Chronicles of Wasted Time,* Collins, 1972.
Nicolson, Harold, *Peacemaking,* Constable, 1933.
Niemann, Alfred, *Revolution von Oben,* Verlag für Kulturpolitik, 1928.
Noakes, F. E., *The Distant Drum,* edição particular, 1952.
Norwich, John Julius, *The Duff Cooper Diaries,* Weidenfeld, 2005.

O MAIOR DIA DA HISTÓRIA **315**

O'Brien, Howard Vincent, *Wine, Women and War,* J. H. Sears, 1926.
Onions, Maude, *A Woman at War,* edição particular, 1928.
Owen, Harold, *Journey from Obscurity,* Oxford UP, 1965.
Pershing, John, *My Experiences in the World War,* Hodder and Stoughton, 1931.
Priestley, J. B., *Margin Released,* Heinemann, 1966.
Quinn, Susan, *Marie Curie,* Heinemann, 1995.
Rawlinson, Lord, *The Life of General Lord Rawlinson of Trent,* Cassell, 1928.
Reitz, Deneys, *Trekking On,* Faber & Faber, 1933.
Rickenbacker, Eddie, *Fighting the Flying Circus,* Frederick Stokes, 1919.
Rider Haggard, Lilias, *The Cloak that I Left,* Hodder and Stoughton, 1951.
Riva, Maria, *Marlene Dietrich,* Bloomsbury, 1992.
Rogers, Bogart, *A Yankee Ace in the RAF,* University Press of Kansas, 1996.
Russell, Bertrand, *The Autobiography of Bertrand Russell,* George Allen and Unwin, 1967.
Sandes, Flora, *The Autobiography of a Woman Soldier,* Witherby, 1927.
Sassoon, Siegfried, *Diaries,* Faber, 1983.
Schebera, Jürgen, *Kurt Weill,* Deutscher Verlag für Musik, 1983.
Schubert, Paul, and Gibson, Langhorne, *Death of a Fleet,* Hutchinson, 1933.
Schultze-Pfaelzer, Gerhard, *Hindenburg,* Philip Allan, 1931.
Scott, Michael, *The Great Caruso,* Hamish Hamilton, 1987.
Seth, Ronald, *The Spy Who Wasn't Caught,* Robert Hale, 1966.
Sitwell, Osbert, *Laughter in the Next Room,* Macmillan, 1975.
Smith, Aubrey, *Four Years on the Western Front,* Odhams, 1922.
Stallworthy, Jon, *Wilfred Owen,* Chatto and Windus, 1974.
Stephens, D. Owen, *With Quakers in France,* C. W. Daniel, 1921.
Stumpf, Richard, *The Private War of Seaman Stumpf,* Leslie Frewen, 1969.
Sulzbach, Herbert, *With the German Guns: Four Years on the Western Front,* Leo Cooper, 1973.
Teilhard de Chardin, Pierre, *The Making of a Mind,* Londres, 1965.
Terraine, John, *Douglas Haig,* Hutchinson, 1963.
Tims, Hilton, *Erich Maria Remarque,* Constable, 2003.
Townley, Lady Susan, *Indiscretions of Lady Susan,* Butterworth, 1922.
Truman, Harry, *Dear Bess,* W. W. Norton, 1983.
Tschuppik, Karl, *Ludendorff,* George Allen and Unwin, 1932.
Tumulty, Joseph, *Woodrow Wilson as I Knew Him,* Heinemann, 1922.
Von Ilsemann, Sigurd, *Der Kaiser in Holland,* München, 1968.
Von Lettow- Vorbeck, Paul, *My Reminiscences of East Africa,* Hurst and Blackett, 1920.
Walker, Roy, *Sword of Gold,* Indian Independence Union, 1945.
Weizmann, Chaim, *Trial and Error,* East and West Library, 1950.
Wemyss, Lady Wester, *The Life and Letters of Lord Wester Wemyss,* Eyre and Spottiswoode, 1935.
Westman, Stephen, *Surgeon with the Kaiser's Army,* William Kimber, 1962.

Weygand, Maxime, *Memoires,* Flammarion, 1953.
Wilhelm, Kaiser, *My Memoirs,* Cassell, 1922.
Wilson, Edith, *Memoirs of Mrs Woodrow Wilson,* Putnam, 1939.
Woolf, Virginia, *The Question of Things Happening,* Hogarth Press, 1976.

Departamento de Documentos do Museu Imperial da Guerra

Almack, Miss T. F. (05/61/1)
Bickerton, T. A. (80/43/1)
Coles, Second Lieutenant G. T. (03/58/1)
Cooper, E. R. (P121)
Cox, C. H. (88/11/1)
Dixon, Lieutenant R. G. (92/36/1)
Foot, Brigadier R. C. (86/57/1)
Gifford, Miss J. H. (93/22/1)
Hamilton, Major A. S. (93/31/1)
Hill, H. A. (87/20/1)
House, Major H. W. (88/56/1)
Hulme, H. (01/60/1)
Johnstone Wilson, Captain W. W. (97/5/1)
Kirkpatrick, Sir Ivone (79/50/1)
McGrigor, Captain A. M. (P399)
McGuire, Misses A. & R. (96/31/1)
Mascall, Mrs E. M. (P121 & PP/MCR/284)
Mullineaux, Mrs A. (78/36/1)
Rees, Brigadier H. C. (77/179/1)
Sauter, R. (Con Shelf)
Wells, Miss O. (91/5/1)
Wilson, Commander H. M. (04/1/1)
Wilson, J. (84/52/1)
Wrench, A. E. (85/51/1)

Coleção Liddle, Universidade de Leeds

Major S. C. Marriott. Letter 1.11.18
Julian Pease Fox CO 036

Arquivos Reais

RA GV/CC9/3 November 1918
RA GV/CC9/10 November 1918
RA GV/CC9/11 November 1918
RA GV/GVD/11 November 1918

Índice remissivo

Abbeville 295
Abertura para Egmont (Beethoven)
  122
Adenauer, Konrad 83-4
África do Sul 210, 268, 285
Aix-la-Chapelle 120, 136, 162, 279
Albânia 67
Aldershot 241
Alemão, exército
  avaliação de Gröner do 31-2
  campanha na África Oriental 69-70,
    182, 243
  continua lutando 204-7
  defesa de Bermeries 54
  defesa do canal de Sambre-Oise 22
  desintegração do 22
  evacuação da Bélgica 194
  força 29-31
  medo de castração 106-7
  medo dos civis do 42-4
  motim 165-6
  ofensiva de primavera de 1918 29
  pornografia 22
  reação ao Armistício 206-9
  rendição de Le Quesnoy 19-23
  retirada do 28, 52-4, 62-5
  tratamento dos prisioneiros 281
Alemão, exército, formações
  19º Ulanos 244
  26ª Artilharia de Campo de Reserva
    207

63ª Artilharia de Campo 26, 53, 65,
  106, 195
Alemã, Frota de Alto-Mar
  motim de Kiel 31-2, 50-2, 59-60
  motim de Wilhelmshaven 60-3, 82-3
  termos do Armistício 182
Alemanha
  ameaça de colapso econômico 180-2
  bloqueio da 63, 162-3, 181-2, 197-9,
    254, 301-2
  e judeus 115
  entrega do poder aos social-
    democratas 140-1
  ocupação da 104
  os judeus são culpados 148, 312
  proclamação da república 141-2
  revolução 60, 72, 83-7, 104, 115-6,
    119-22, 128-9, 135-6, 138-42, 151
Alexander, tenente-coronel Harold 251
Almack, T. F, 273
Alsácia 80, 162, 255
Alsácia-Lorena 103, 243, 256
Amazon, HMS 227
Amerongen 178, 195, 276-7, 299
Amiens 132, 272
árabes 284
Arc-Anières 157-8
Argentina 91
Argonne, o 22, 38, 41
armadilhas de bombas 243-4

Armistício, comissão do
   assina o Armistício 181-4
   autorizada a aceitar os termos 179-
      80
   chefia 76
   chegada em Spa 72-7
   condições impostas para 100-6
   credenciais 72-3
   cruza as linhas francesas 99-100
   espera 1 28-30
   fica sabendo onde está 156-7
   Foch exige resposta da 175-6
   membros 73
   nomeação do chefe da delegação 72
   partida 73-4
   providências para passagem segura
      75-6
   trem 100
   viagem a Compiègne 100-2
Armistício, o 35-7
   a luta continua 184-91, 203-9, 216-9,
      243-4
   a notícia se espalha pelo mundo
      242-4
   Aliados concordam sobre os termos
      56-7
   assinado 181-4
   baixas e perdas, 29-30
   boatos sobre a assinatura 87-96
   celebrações 222-44, 254-8, 263-8,
      287-9, 291-311
   cláusulas de reparação 130
   condições 103-5
   condições aceitas 175-7
   divulgação da notícia 185
   Max von Baden discute 58-60
   mensagem de Hindenburg às tropas
      171-2
   novembro 244
   oposição de Pershing 37-8
   reação ao 192-5, 200-4, 210-6, 219-
      27, 245-51
   reação de Hitler à notícia 172-3
   termos 59, 148-51, 181-2
   últimas mortes 217-9, 243-4
Arthur de Connaught, príncipe 251
Asquith, Henry 201, 203, 264-5
Asquith, Margot 201-2, 264, 302-3
Astraea, HMS 285

ataques aéreos 34,170
atrocidades 42, 67-8, 159, 167-8, 190-3,
   301
Austrália 243, 272, 284
Áustria-Hungria 36
Armistício austríaco 17, 48, 91, 93
Averill, tenente Leslie 19, 20

Bad Colberg 279-80
baixas e perdas
   11 de novembro 244
   americanas 92
   ataque de Zeebrugge 160
   Bermeries 54
   Boulogne 173-5
   britânicas 41
   civis 159
   exagero sobre ferimentos 199-201
   fogo amigo 109
   HMS Britannia 132
   RAF 25-7
   tratamento 63-4
   últimas fatalidades 217-9, 243-4
Baldwin, Stanley 264
Balfour, Arthur 284
Bavária, monarquia derrubada 84-7
Bayreuth 115
Beau-Ménil, fazenda 78
Beaumont 171, 204
Beethoven, Ludwig von 122
Bélgica 19, 29-30, 34, 36, 45, 63-4, 72-4,
   91, 94, 106, 117, 133, 158, 160, 165,
   167, 177, 184, 189, 192, 194, 224,
   253, 269, 278, 291, 294
Bennet, Arnold 303
Bentinck van Aldenburg, conde Godard
   178, 276-7, 299
Berlim 29-30, 34-5, 37-8, 72
   distúrbios 48-50, 118-22
   impacto do Armistício em 253-5
   luta continua 152-4, 167-70
   plano do kaiser de marchar sobre
      117, 119, 123, 127
   pós-revolução 145-9
   revolução em 128-9, 135-6, 138-42
Berlin, Irving 261
Bermeries, captura de 54
Bickerton, soldado Tom 281-2
Birdwood, general Sir William 109-10, 294

Blackburne, Harry 246
Bloomsbury, círculo de 305
Blücher, Evelyn 120-1, 138-9, 152-3, 168-9, 254-5
Bois de la Voivrotte 205
Boitsfort 166
bolchevismo, ameaça do 31-5, 56-7, 279-80
Bossuit 80
Boulogne 25, 173-5, 271-3
Bourbon-Busset, major príncipe de 97, 99, 100, 106
Bousfield, soldado 109
Bouxières 205-6
Brandeville 262
Brest 87-9, 92, 95
Brest-Litovsk, tratado de 28, 104
Britannia, HMS 130-2
britânico, exército
    avanço do 21-3
    baixas 41
    continua lutando 205-7
    operadores de telégrafo 173
    os Velhos Desprezíveis 190
    última fatalidade 217
britânico, exército, formações
    5ª (Reais Irlandeses) de Lanceiros 206, 217
    57ª Brigada 213
    179º Corpo de Metralhadoras 284
    Brigada de Rifles de Londres 190
    Cavalaria de Guarda 215
    Corpo Auxiliar Feminino do Exército 173
    Corpo Médico do Exército Real 42
    Engenheiros Reais 23, 55, 108, 193, 214
    Fuzileiros Reais Escoceses 210-1
    Fuzileiros Reais Galeses 246-7
    Guardas Escoceses 38-9, 53-4
    Guardas Galeses 40, 55
    Guardas Granadeiros 40, 212-3
    Honorável Companhia de Artilharia 110-2
    Infantaria Ligeira dos Reais Fuzileiros Navais 246
    Regimento de Leinster 65-6, 80, 107-9, 157-8, 215-6
    Regimento de Manchester 22-4, 214, 246-7, 267

Regimento de Middlesex 217
    rifles de Westminster da rainha 80-1
Brittain, Vera 234-5, 308
Broadey, Norah 255
Brodac, Ida 282
Brooke, Rupert 216
Brunsbüttel 60
Brunswick 119
Bruxelas 165-6, 252-4
Buchan, John 303
Bucher, Feldwebel Georg 207-8, 221, 249
búlgaro, exército 67
Byng, Sir Julian 249

Callender, Alvin 24, 192
Cambrai 69, 250, 272, 292
Cambridge 112, 236, 242, 306
Cambridge Magazine 242
Canadá, Armistício do
    celebrações 130, 233, 257
canadenses, forças 132-3, 158-9, 188-90, 205-6, 217-8, 246-7
canal da Mancha 92, 227
canhão ferroviário 161
Cidade do Cabo 285-6
Cabo de Trafalgar 132
Caruso, Enrico 90, 288
Carver, Patricia 230
castração, medo da pelas tropas alemãs 106-7
cavalaria 206
Cavell, Edith 167
Cayeux 94-5
cessar-fogo 183
    contagem regressiva 194-5
    silêncio 245-51
celebrações do Armistício 224-7, 254-7, 296-9
Celles 157
Chamberlain, Houston 115-6
Champagne 191
Champey 205
Chaumont 223-4
Chevalier, Maurice 297-8
Chimay 95
Christie, Agatha 237
Churchill, Winston 210, 216, 233-4, 301-2
Citers 79

civis
   ataques às tropas alemãs 107
   atitude dos 55-6, 64-5, 134-5, 159
   baixas e perdas 159
   fome 66
   medo 43-4
   tratamento médico 63-4
   volta para casa 246
Clemenceau, Georges 36, 184, 203, 224,
   256-7, 289, 296, 298-9, 306
Coblenz 104
Coles, segundo-tenente George 162-4,
   197, 280
colaboradores 64
Colônia 83-5, 104, 119-20
Compiègne 100-1, 123, 129-30, 144,
   156-7, 175-80, 203, 224, 254
confraternização 219
Cook, major Fred 88
Cooper, Duff 266, 303
Cooper, Ernest 239-40
Cooper, Ethel 197
Coward, Noël 307
Cox, Cecil 110-2
Cruz Vermelha 63, 163, 191, 225-6, 240,
   255, 281, 290, 308
Cruz Vitória 24, 216
Cuba 91
Cuprija 65-6, 68
Curie, Marie 225-6
Curzon, Crimmie 304
Curzon, Lord 109-10, 304
Cuxhaven 60

Damvilliers 222
Darmstadt 163
De Gaulle, capitão Charles 47-9
De Valera, Eamon 269-71
Debeney, general Marie Eugene 97, 99
Delaluque, soldado Octave 222
Dendre, rio 216-7
Derby, Lord 256-7
Derenthall, Frau von 146, 152-3
Diaghilev, Sergei 305-6
Dietrich, Marlene 147-8
Dinckaer, sargento Pierre 155
Dixon, tenente Dickie 227-9
Dodsworth, Kit 283
Dorman-Smith, Eric 290

Douai 26, 162
Doyle, Arthur Conan 233
Dublin, 215
   insurreição 167-8
Dumowski, Roman 261
Durazzo 67
Dyl, major Van 156

Ebert, Friedrich 59-60, 72, 136, 140-1,
   145, 149-50, 176-7, 180
Ecluse 160
Edison, Thomas 288
Edward, príncipe de Gales 132, 158, 252
Egito 283
Eisden 154, 156, 177-8, 195
Eisenhower, tenente-coronel Colonel
   Dwight 258
Eisner, Kurt 84-7, 114-5, 122
Ellison, George 207, 217
Erquelinnes 243
Erquennes 247
Erzberger, Matthias 72-7, 95-6, 99, 100-5,
   129, 156-7, 176-7, 180-3
Escarmain 38
espiões 116, 160
Estados Unidos da América
   atitudes do público com relação à
      guerra 259
   celebrações do Armistício 242-4,
      257-62, 287-9
   celebrações prematuras do
      Armistício 88-90
   comissão do Armistício 309-10
   eleição, 1918 56-7, 71
   linchamentos públicos 260-1
   Menonitas 260
   teuto-americanos 186-7
Estados Unidos, exército dos
   afro-americanos nos 204-6
   avanço do 22-3, 41
   baixas e perdas 92-3
   celebrações do Armistício 248-50
   continua lutando 185-8, 195-7,
      203-6, 207-9, 244
   em Sedan 46
   em Verdun 47
   força do 28-9
   na Itália 111-2
   últimas fatalidades 217-9

Estados Unidos, exército dos, formações
92ª Divisão 308-10
129ª Artilharia de Campo 42-6, 160,
248
313º Regimento de Infantaria 186-7,
218
356º Regimento de Infantaria 204,
218-9
366º Regimento de Infantaria 205-6
Divisão Buckeye 91
Eton 238, 241-2, 295
Etroeungt 64
Eugénie, imperatriz 242-3
Evans, W, G, 227
exército belga 41

fábricas de gordura 167-8
Falkenhausen, general von 165
Felleries 106
ferrovias 42
filhos de pais alemães 64
Flandres 25, 27, 34, 65, 215, 311
Flensburg 60
Foch, marechal Ferdinand 35-6, 38, 57,
75-7, 100-5, 156, 161, 175-6, 180-5,
223-4, 252, 270
Folkestone 175, 227
Fontaine-au-Bois 55
Foot, brigadeiro Richard 245
Ford, Henry 289
Forderhase, sargento Rudolph 218-9
forças australianas 272-4
floresta de Mormal 55
Fort Nine, Ingolstadt 47
Fox, Julien Pease 191-2
Frameries 158
franco-atiradores 46, 53
Frank, Bruno 115
Frankenberg, general von 155
Franz Ferdinand, arquiduque 276
French, marechal-de-campo Lord John
270-1
francês, exército
ação no canal Oise-Aisne 26
atrocidades 191-2
avanço do 22, 41
avanço na Alsácia 79-81
em Sedan 46
tropas marroquinas 79-81

francês, exército, formações
171ª Regimento de Infantaria 97
415º Regimento 222
Freyberg, brigadeiro Bernard 157-8,
215-7
Fushimi, Príncipe 250-2

Gallipoli 216, 278
Gandhi, Mahatma 285
gás 93-5, 208
George V, rei 177, 183-4, 228, 230, 266
Gersdorf, condessa 147
Geyer, capitão Herrmann 123, 184
Gibbs, Philip 189, 291
Gifford, J. H. 166-8, 253
Glubb, capitão John 155-6, 193-4
Gompers, Sam 71
Gordon, Charles 260, 306
Graham, soldado Stephen 38-9, 40, 53-4
Grandrieu 222
Grant, Ulysses S. 37
Grã-Bretanha
celebrações prematuras do
Armistício 88-91
prisioneiros 238-40
gripe espanhola 30, 34, 49, 58, 66, 68,
71, 73, 81, 178, 254, 283, 289, 294,
304
Gröner, general Wilhelm
aceita a necessidade da abdicação do
kaiser 125-6
antecedentes 31-2
apoio à monarquia 48-50
avaliação da situação 117
avaliação da situação ao assumir o
comando 30-2
discute a oferta do Armistício 58-60
e a comissão do Armistício 72-3
e o plano do kaiser de marchar sobre
Berlim 117, 123, 127
encontro com o kaiser, 9 de
novembro 126-9
estuda os termos do Armistício
148-51
parada em Hannover 76
plano da morte do kaiser 51-3
reação à abdicação 142
Grübl, Olga 187
guerra com submarinos 28, 36, 131

Gujarat 285
Gündell, general Erich von 73
Gunther, soldado Henry 186-8, 218

Haggard, Henry Rider 267
Haig, marechal-de-campo Sir Douglas 250-2, 270, 272, 296
Halifax, Nova Escócia 257
Hamburgo 60, 302
Hamilton, major Arthur 284
Hamilton, Lord Claude 158
Hankey, Sir Maurice 37
Hannover 60, 76
Harries, general George 88
Haudroy 96
Haussmann, Konrad 72
Haute Saône 79-80
Heidelberg 163-4
Heinemann, tenente Bruno 51
Heinrich da Prússia, grande almirante príncipe 33-4, 51-2
Helldorf, conde Wolf Heinrich von 104, 106, 122-3, 129
Hemingway, Ernest 290-1
Henckel, príncipe 168
Herméville 196
Herzog, Wilhelm 115
Hester, capitão 212
Het Loo 178
Heutsz, Johannes van 118
Hill, oficial subalterno Henry 300
Hindenburg, Marechal-de-campo Paul von
aceita a necessidade da abdicação do kaiser 124-5
apoio à monarquia 49-50
carreira militar 124-5
e a comissão do Armistício 76-7
e Ludendorff 28-9
e o plano do kaiser de marchar sobre Berlim 117, 123
encontro com o kaiser, 9 de novembro 126-9
Mensagem à Comissão do Armistício 179-80
mensagem às tropas 171-2
pedido de demissão 29-30
plano para a morte do kaiser 51-3
preocupação com a economia alemã 181-2

reação à abdicação 142-3
telegrama a Foch 75-6
Hintze, almirante Paul von 76, 119, 136, 142
Hiscock, Eric 272-3
Hitchcock, capitão Frank 65-6, 80-1, 107-8, 157-8
Hitler, Adolf
decisão de entrar para a política 311-2
reação ao Armistício 172-3
Holanda
ameaça bolchevique 278-9
chegada do kaiser na 155-6
pedido de asilo do kaiser 177-8
viagem do kaiser pela 194-6
Homblières 98
Hope, contra-almirante George 103, 181
House, coronel Edward 36, 38
House, major Wilfred 213
Houstoun, David 57
Howard, Roy 87-9, 95
Hulme, soldado 42-3
Hutton, Isabel Emslie 282

Índia 243, 284-5
Índia, tropas da 283-4
Ingolstadt, campo de prisioneiros de guerra 47
Inor 244
Inouye, marquês 251
Irlanda 270-1
Itália 110-3, 290-1
italiano, exército 67-8

Japão 243, 250-2
Jemappes 132, 158
Jensen, soldado Arthur 247, 262
judeus 115-6, 148, 284, 311-2
Johnston, Elizabeth 293
Johnstone Wilson, capitão Winn 258-9
Jordan, segundo-tenente Francis 204
Jutlândia, batalha da 32, 51, 131

Kajambi 69-70
Kane, soldado 109
Kansas 260
Karl I, Imperador da Áustria 275-6
Karlsruhe 164

Kasama   70, 243
Kenyon, Winifred   303
Kerr, segundo-tenente H.   20
Keynes, Geoffrey   292
Keynes, John Maynard   305-7
Kiel, motim   31-4, 50-1, 59-62, 72, 83, 96,
   107, 131-2, 182
Kielmeyer, Ernst   207
Kipling, Rudyard   267
Kirk, segundo-tenente James   23-4
Kirkpatrick, Ivone   278-9
Klein, Marthe   226
Kleinblittersdorf, campo de prisioneiros
   281-2
König   32-3, 50
Krafft, conde   168
Kriege, Herr   73-4
Krosig, almirante Günther von   61
Kuhnt, Bernard 62, 169
Kukat, capitão-tenente Heinrich   131-2, 289
Kurowsky, Agnes von   290

La Brayelle, campo de pouso   26, 192
La Capelle   97, 107
La Reide   154
Lane, Franklin   57
Langres   249
Lawrence, T. E.   307
Le Quesnoy, captura de   19-22, 38-9, 210
Leaf, Bill   192
Liga das Nações   71, 301
Lebreton, capitão   222
Leigh-Mallory, Trafford   292
Leipzig   197-9
lembranças   21, 248
Lenin, Vladimir Ilyich   151
Les Silences du Colonel Bramble
   (Maurois)   295-6
Lessines   215-7
Lettow-Vorbeck, general Paul von   69,
   70, 182, 243
Lhuillier, capitão   97
Liebknecht, Karl   140-2, 148-9, 176
Liège   154, 156, 301
Liga Espartaquista   140
Lille   42, 109, 160, 225, 291, 294-6
Lincoln   269-70
Lindsay, Jean   282
Liverpool   240, 268

Lloyd George, David   35-8, 109, 115, 144,
   183-4, 202-3, 229, 234, 251, 263-5,
   269, 279, 301, 306
Londres   25, 143-6, 201-3
   celebrações do Armistício   228-40,
   263-8, 302-10
Lübeck   60
Ludendorff, general Erich   28-9, 30, 146-9
Ludwig III, rei da Bavária   86-7
Lyttelton, capitão Oliver   212

Maarn   195, 276
Maastricht   155, 177, 278-9
MacArthur, general-brigadeiro Douglas
   45-7, 78, 223
Macfie, Catherine   294
McGrigor, capitão Alick   110, 294
McGuire, Miss   240
Mainz   104
Mainzer, dr.   168-9, 254
Maistrau, Victor   188
Maitre, sargento   97
Mallory, George   292
Malplaquet   213-4
Mann, Katia   114
Mann, Thomas   114-5
Manoel, rei de Portugal   302-3
Marlborough, duque de   157, 213
Marriott, major S. C.   214
Marten, Peggy   295
Mary, rainha   228, 265-6
Masaryk, Tomas   261
Mascall, Esmée   232
Mauberge   210, 212-3, 243, 245, 248
Maurois, segundo-tenente André   295-6
Max von Baden, príncipe   31, 49, 58, 72,
   74, 87, 116-7, 119-20, 129, 135-7,
   140-2
Melbourne   285
Meuse, rio   28, 46, 64, 204, 244, 262
Michigan   258, 289
Miller, Webb   220
minas de ação retardada   159
Mistinguett   298
Moberly, E. H.   241
Moen   80
Monash, Sir John   272
Monet, Claude   299
Mons   132-3, 158-9, 188-90, 206, 211,

217, 246, 252, 290-1, 311
Montgomery, Bernard 251
Moore, Decima 256
Mosley, Oswald 304
Muggeridge, Malcolm 266
mulheres 42-4, 66-9
Munique 84-6, 96, 113, 115-6, 119
Münster, princesa 121
Mussolini, Benito 290

Namur 194
Nova York
    celebrações prematuras do Armistício
       88-90
    celebrações do Armistício 257-8,
       287-9
Nova Zelândia 216, 243
Nova Zelândia, forças da 19-23, 39
Nicolson, Harold 229
Niemöller, capitão-tenente Martin 289-90
Nimmo, soldado James 20-2
Noakes, soldado Fen 94-5
Noyelles 56
Nulle, cabo Lance 162

Oberndorff, conde Alfred von 74, 77,
    101, 103, 182-3
O'Brien, Howard Vincent 133-5, 159-60,
    311
ocupação, hábitos da 42-4
oficiais, amantes dos 43-4
Oise-Aisne, canal 26
Oldenburg 62, 169
Oldenburg, duque de 62
Onions, Maude 173, 175, 184, 271, 274
Orlando, Vittorio 36
Ors 22, 24
Osnabrück 199, 200
Ostend 133-4, 159-60
Oudenarde 157
Owen, Colin 267
Owen, sub-tenente Harold 285
Owen, Susan 267
Owen, Tom 267
Owen, segundo-tenente Wilfred 22, 24,
    30, 267, 286-7

pacifismo 237
Palestina 264, 283-4
Parada do Lord Prefeito, Londres 143

Paris 29, 35-7
Parr, soldado John 217
Pasewalk, hospital militar 172-3, 311-2
Passchendaele, batalha de 111, 200, 207
Patton, tenente-coronel George 249-50
Péronne 93
Perquise 246
Pershing, general John 37-8, 77-8, 223-4
Piave, rio 111, 290
Pinsent, David 113
Pless, princesa 121
Plumer, Sir Herbert 250
Poincaré, Raymond 256
Polônia 226
Pouilly 204, 218
Pound, Ezra 266
Powell, Ernie 218
Preux au Sart 53
Price, soldado George 217
Priestley, J. B. 93
prisioneiros de guerra 22, 41-2, 47-9, 65,
    94, 112-3, 121, 161-5, 167-8, 196-7,
    218-9, 279-83
Proust, Marcel 255

Rastatt, campo de prisioneiros 162
Ratzeburg 60
Rawlinson, general Sir Henry 41-2
Rees, Brigadeiro Hubert 279-80
refugiados 63
Reitz, Deney 210-2
Remarque, soldado Erich Maria 199-201
Rendsburg 60
reparações 103-4, 130
retaliações 246
Réthondes 101, 157
Rodésia, invasão da 69-70, 182, 243
Richmond 235
Richthofen, Manfred von 26
Rickenbacker, Eddie 219
Rogers, tenente Bogart 24-6, 192-3
Roosevelt, Theodore 223
Roterdã 278
Roubaix 42
Rouen 93, 293
Real Força Aérea
    32° Esquadrão 24-6
    ataques 162-4
    baixas e perdas 25-6

voluntários americanos   24, 287-9
Real Orquestra de Berlim   122
Real Marinha   130-2
   ataque de Zeebrugge   160
   bloqueio da Alemanha   63-4, 162-3,
     182, 197-8
   celebrações do Armistício   299-301
Rupprecht da Bavária, príncipe   253
Russell, Bertrand   236-7

St-Denis   206-7, 217
St. Python   213
St. Roch   292
St. Symphorien, cemitério militar   217
Sambre, rio   22
Sambre-Oise, canal, ataque ao   22
São Francisco   258
Sandes, sargento major Flora   66
saques   134, 142, 147, 253-4, 257
Sars Poteries   193
Sassoon, Siegfried   304
Sauter, Rudolf   238-9
Scheidermann, Philipp   60, 140
Scheldt, rio   65-6, 80-1, 107, 109-10, 157
   travessia do   107-9
Schrag, John   260-1
Schulenburg, general Friedrich von der
   127-8, 135, 137
Schwerin   119
Sedan   41, 46, 74, 78-9, 89, 100, 124, 196,
   223, 243
Seehaus, Anna   163
Sellards, Ensign James   88
Sellier, cabo   97
Semeries   65
Senlis   101
Sérvia   67, 282
Shaw, George Bernard   267
Shearman, Monty   305
Sherburne, general-brigadeiro John   204-6
Silber, Julius   268-9
silêncio   245, 291
Simon, Henrik   282
Sitwell, Osbert   305, 308
Smith, Aubrey   247
Smith, capitão Charles   133
sabão, gordura humana derretida para
   fazer   167-8
Sociedade de Jesus   79

Soissons   130
Somme, batalha do   41, 201
Southampton   92, 241
Southwold   239-40
Spa   29-32, 35, 49-52, 72-7, 95, 102, 105-6,
   116-20, 123, 127, 129-30, 135-7, 142,
   148, 150, 153-4, 156, 171, 177, 183-4,
   195
Stenay   244
Stephens, Owen   293
Strachey, Lytton   305-6
situação estratégica
   4 de novembro   19-20
   5 de novembro   41-2
   8 de novembro   110
Strasbourg   225, 255
Strathy, Alison   225, 296
Strauss, Richard   122
Stumpf, Richard   60-1, 82-3, 170
Sulzbach, tenente Herbert   26-8, 53, 64-5,
   106-7, 171, 194
Supremo Conselho de Guerra   38
Sydney   90, 285

tanques   22, 54, 186, 191, 258, 289
Teilhard de Chardin, padre Pierre   79-80,
   310
telegramas   228
Tergnier   100
Thoma, tenente   244
Thurlow, Geoffrey   235
Tizard, cabo George   188
Tobago, HMS   300
Tournai   110, 157, 291, 294
Townley, Lady Susan   276-7
Tractatus Logico Philosophicus
   (Wittgenstein)   113
Trélon   95-6
Trento   112
Troske, Theo   200
Trotman, Hubert   246
Troyes   293
Truman, capitão Harry   43-6, 160-2, 195-6,
   248, 310
Tumulty, Joe   71
Turquia   36-7

U-50   131-2
U-67   289-90

Unidade de Ambulâncias Amigas 191
Unidade de Reconstrução dos Amigos
    293-4

Valenciennes 22, 35, 132, 163, 190-1
Vanselow, capitão Ernst 74, 101-2, 182-3
Veneza 110
Verdun 44, 47, 79, 160, 162, 164, 195-6,
    213, 220, 250
Verdun, batalha de 44
Villa Fraineuse 117, 126, 135-6
Villa Francport 98
Ville-devant-Chaumont 186, 218
Villers-Pol 39-40
Vranja 282

Wagner, Richard 115, 122
Warner (motorista do kaiser) 153-4
Wedel, príncipe 168
Weil, Kurt 148
Weizmann, Chaim 263-4
Wells, Olive 235
Wemyss, vice-almirante Sir Rosslyn 102-4,
    130, 180-4
Weniger, capitão Karl 32-3, 50-1
West, Rose 283
Westmann, Stefan 62-4
Weygand, general Maxime 101-4, 175,
    181, 183-4
Whitehouse, tenente Arch 287-8
Wilhelm II, kaiser
    aceita o pedido de demissão de
        Ludendorff 28-9
    anúncio da abdicação 136, 164-5
    apoio do exército ao 49-50
    bombardeado na Bélgica 33-6
    concorda em abdicar 150-1
    discussão da abdicação 59-60
    em Spa 29
    encontra-se com prisioneiros de
        guerra 279-80
    foge para a Holanda 153-7
    grupo enviado de Colônia para
        prender o kaiser 119-20
    instala-se em Amerongen 296-7
    intenções 116-8
    Lady Townley ataca 276-7
    morte de herói planejada para 51-3
    necessidade da abdicação 72

o exército retira seu apoio ao 126-8
pede asilo 177
plano de marchar sobre Berlim 117,
    119, 123, 127
príncipe Max exige abdicação 116,
    118-20, 129
propõe abdicação parcial 135
reação à abdicação 142-4
recusa-se a aceitar o anúncio da
    abdicação 136-7
seu destino é discutido na Downing
    Street 301
viagem através da Holanda 197-8
Wilhelmina, rainha da Holanda 118, 177-8
Wilhelmshaven 169-70
    motim em 60-2, 82-3
Wilson, Edith 90, 179-80, 203, 310
Wilson, general Sir Henry 35, 301
Wilson, almirante Henry 88
Wilson, presidente Woodrow
    conversas sobre o Armistício 36-7
    e a eleição de 1918 56-7, 71
    e as celebrações prematuras do
        Armistício 88-90
    espera o acordo do Armistício 178-
        80
    fala ao Congresso 261-2
    fica sabendo da assinatura do
        Armistício 202-4
    opinião de Keynes sobre 306-7
    plano de 14 pontos 36
    visita à embaixada italiana 309-10
Wimereux 295
Windsor 241
Winterfeldt, major-general Detlev von
    74, 97, 100-2, 104-5, 123, 183
Wittelsbach, o 60, 86
Wittgenstein, tenente Ludwig 112-3, 236
Wodecq 215-6
Woolf, Virginia 235
Wrench, soldado Arthur 292

Ypres 79, 120, 191
Ypres, terceira batalha de 200
Yser, canal de 207

Zanuck, soldado Darryl 91-3
Zeebrugge, ataque a 160
Zenker, tenente Wolfgang 50-1

IMPRESSÃO E ACABAMENTO:
YANGRAF Fone/Fax:
2095-7722
e-mail:santana@yangraf.com.br